KB143587

표상의
언어에서
추론의
언어로

언어표현이 의미하는 것은 무엇인가

표상의
언어에서
추론의
언어로

언어표현이 의미하는 것은 무엇인가

성균관대학교
출 판 부

목 차

머리말

제1부 표상주의 의미론

제2부 비표상주의 의미론

머 리 말

현대 언어철학에서 지금껏 거의 주류 이론의 역할을 해 온 의미론은 이른바 '진리조건 의미론'이다. 이 의미론에 따르면, 문장의 의미는 문장의 진리조건에 의해 결정된다. 폴란드 논리학자 타르스키Alfred Tarski는 그의 논문 「형식화된 언어 속에서의 진리 개념」에서 형식적으로 옳고, 실질적으로 적합한 '진리'에 관한 엄밀한 정의를 제시한다. 타르스키의 진리이론을 이용해 데이비드슨Donald Davidson은 매우 체계적인 의미론 프로그램을 제시한다. 그런데 타르스키의 진리이론은 형식화된 외연 언어에만 적용되는 것이기 때문에 그것을 자연언어에 적용하기 위해서는 자연언어를 어떻게든 외연 언어와 유사하게 형식화시켜야 한다. 그러나 자연언어에는 이렇게 형식화하기 어려운 내포적 표현들이 많이 있다. 그래서 데이비드슨 자신은 물론 수많은 학자들이 데이비드슨의 의미론 프로그램을 성공시키기 위해 오랫동안 헌신적인 노력을 했지만 아직까지도 여전히 프로그램의 성격에서 크게 벗어나지 못하고 있다. 이런 이유에서 진리조건 의미론의 대안을 좀 더 진지하게 추구해 볼 때가 왔다.

현재 진리조건 의미론과 경쟁하는 가장 유력한 대안은 셀라스Wilfrid Sellars가 제시하고, 브랜덤Robert Brandom이 발전시킨 이른바 '추론주의 의미론'이다. 추론주의 의미론은 비트겐슈타인Ludwig Wittgenstein이 제시한 의미사용이론에 뿌리를 둔 이론으로, 문장의 의미를 문장의 진리조건이 아니라, 그것의 추론적 사용을 통해 해명하고자 한다. 필자는 이 의미론이 진리조건 의미론보다 훨씬 더 유망하다고 생각한다. 그래서 필자는 2004년에 출판한 논문 「의미전체론과 의미 불안정성 문제에 관하여」 이래로 추론주의 의미론을 옹호하는 여러 논문들을 써 왔다. 그런데 이 의미론이 대부분의 사람들에게 매우 생소한 탓에 지금껏 여러 가지 종류의 오해들을 받아 왔다. 이런 이유에서 필자는 추론주의 의미론을 체계적으로 설명해 주는 책이 필요하다는 생각을 오랫동안 해 왔고, 이것이 이 책을 쓰게 된 가장 중요한 동기이다. 이 책을 읽고 많은 독자들이 추론주의 의미론을 좀 더 쉽게 그리고 좀 더 깊게 이해할 수 있는 계기가 되길 소망한다.

이 책은 두 부분으로 구성되어 있다. 제1부의 목표는 이른바 '표상주의 의미론'을 설명하고, 왜 이 접근방식이 설득력이 없는지를 해명하는 데 있다.

우선 표상주의 의미론의 주요 이론적 동기는 다음과 같다. 우리가 세계 속에서 생존하고 번영을 누리기 위해서는 세계에 대한 적절한 정보가 필요하다. 그런데 우리 각자가 홀로 획득할 수 있는 정보는 매우 제한적이기 때문에 다른 사람들로부터 정보를 얻는 것이 필요하다. 그러기 위해서 우리는 상호간에 커뮤니케이션을 해야 하고, 이를 위해 언어를 사용한다. 이런 의미에서 언어는 세계에 관한 것이라고 말할 수 있다. 예컨대 버락 오바마Barack Obama의 머리카락이 검은색이라는 사실에 대해 말하기 위해서 우리는 '버락 오바마의 머리카락은 검은색이다'와 같은 문장을 사용할 수 있다. 그렇다면 여기서 이름 '버락 오바마'의 의미는 무엇인가? 우리는 이 이름을 특정인을 지칭하기 위해 사용한다. 따라서 표상주의 의미론에 의하면 이 이름은 이 이름의 지칭체, 즉 버락 오바마를 표상한다. 이제 고양이 한 마리가 돗자리 위에 있는 상황을 고려해 보자. 이 상황을 기술하기 위해 우리는 '고양이 한 마리가 돗자리 위에 있다'라는 문장을 사용할 수 있다. 따라서 표상주의 의미론에 의하면 '고양이 한 마리가 돗자리 위에 있다'는 문장은 위 상황을 표상한다. 이와 같은 생각은 매우 직관적이고 자연스러워 보인다.

그러나 표상주의 의미론은 구체적 대상의 속성을 기술하는 특정 종류의 문장들에 관해서는 어느 정도 설득력이 있지만, 그 밖의 종류의 문장들에 대해서는 그다지 직관적이지 않다. 예컨대 '자유는 노예상태보다 낫다'라는 문장에서 자유와 노예상태라는 추상적 개념들은 무엇을 표상하는가? '박근혜는 대통령이 아닐 수도 있었다'와 같은 양상적 사실, '아마도 주말에는 비가 올 것이다'와 같은 확률적 사실, 그리고 '사람들은 존중돼야만 한다'와 같은 규범적 사실에 대응하는 표상들은 과연 있는가? 이와 같은 물음들에 제대로 답하는 것은 결코 쉽지 않다. 또한 언어는 다양한 용법들을 가진다. 세계를 기술하거나 표상하는 것은 언어가 가지고 있는 다양한 기능들 중의 하나일 뿐이다. 따라서 표상주의 의미론은 극히 일부의 언어활동을 지나치게 중시하는 의미론이라고 말할 수 있다.

이제 제1부의 각 장의 내용을 간략히 소개하면 다음과 같다.

제1장, 의미지칭이론: 의미지칭이론의 이론적 동기를 설명하고, 그 다음 왜 의미지칭이론이 언어표현 전반에 관한, 일반적인 의미론으로서 설득력이 없는지에 대해 논한다.

제2장, 마이농의 대상이론: '각 단칭어의 의미는 그것의 지칭체이다'라는 논제가 직면하는 네 가지 문제들을 다룬다. 즉 (1) 존재하지 않는 것을 지칭하는 것처럼 보이는 문제, (2) 부정존재진술의 문제, (3) 동일성에 관한 프레게Gottlob Frege의 퍼즐, (4) 대체실패의 문제를 다룬다. 또한 '모든 단칭어는 대상을 지칭한다'라는 마이농Alexius Meinong의 대상이론을 소개하고, 왜 이 이론이 설득력이 없는지에 대해 논한다.

제3장, 프레게의 뜻 이론: 프레게는 표현의 뜻과 표현의 지칭체를 구분한다. 그에 따르면 표현의 뜻은 표현의 지칭체가 우리에게 제시되는 방식이다. 이 장에서는 이와 같은 프레게의 뜻 이론을 소개하고, 그 다음 이 이론의 문제점들에 대해 논한다.

제4장, 러셀의 확정기술이론: '확정기술구는 진정한 단칭어가 아니다'라는 러셀Bertrand Russell의 이론을 설명하고, 또한 이에 대한 스트로슨P. F. Strawson의 비판들을 다룬다.

제5장, 이름의 의미와 기술주의: 의미지칭이론이 직면하는 네 가지 문제들을 살펴보고, 이러한 문제들을 해결하기 위해 러셀이 제시한 이름의 기술주의, 즉 '일상적 이름은 확정기술구와 의미론적으로 동등하다'라는 견해를 비판적으로 고찰한다. 또한 설John Searle의 다발이론을 소개하고, 그 이론의 문제점들에 대해 논한다.

제6장, 기술주의에 대한 크립키의 비판과 직접지칭이론: 기술주의에 대한 크립키Saul Kripke의 세 가지 비판들을 살펴보고, 그 다음 '이름의 유일한 의미론적 기능은 이름의 담지자를 지칭하는 것이다'라는 이름의 직

접지칭이론에 대해 논한다.

제7장, 인과·역사이론: 이름이 지칭체와 어떻게 연결되는지에 관한 철학적 설명으로서 크립키는 이른바 인과·역사이론을 제시한다. 이 이론의 장점 및 단점들에 대해 논한다.

제8장, 직접지칭이론의 난점들: 제5장에서 다룬 의미지칭이론의 네 가지 문제들을 직접지칭이론이 해결할 수 있는지에 대해 논한다.

제9장, 인과·역사이론의 난점들: 제7장에서 다룬 인과·역사이론에 대해 제기된 난점들을 면밀히 살펴본다.

제10장, 자연종명사들과 퍼트넘의 쌍둥이지구논증: 직접지칭이론을 자연종명사들에 확장할 수 있다는 퍼트넘Hilary Putnam의 견해와 의미론적 외재주의를 옹호하는 그의 유명한 '쌍둥이지구논증'에 대해 논한다.

제2부의 목표는 표상주의 의미론의 대안으로서 추론주의 의미론을 설명하고, 그 다음 이 의미론을 자세히 옹호하는 데 있다. 제2부의 각 장의 내용을 간략히 소개하면 다음과 같다.

제11장, 벽돌쌓기 모델과 전체론 모델: 의미론에는 크게 두 가지 접근 방식이 있다. 하나는 벽돌쌓기 모델이고, 다른 하나는 전체론 모델이다. 전통적으로 표상주의 의미론은 주로 벽돌쌓기 모델에 입각하여 주장됐다. 이 모델에 따르면, 우리는 문장의 구성요소들, 즉 이름들과 단순한 술어들의 의미들을 먼저 설명하고, 그 다음 그것들을 기반으로 문장 전체의 의미를 설명해야 한다. 반면 전체론 모델에 따르면, 우리는 먼저 문장 전체의 의미를 설명하고, 그 다음 이를 기반으로 문장의 구성요소들의 의미들을 설명해야 한다. 이 장에서 우리는 전자의 접근방식 대신에 왜 후자의 접근방식을 택해야 하는지에 대해 논한다.

제12장, 비트겐슈타인의 의미사용이론: 비트겐슈타인이 제시하는 의

미사용이론에 따르면 의미는 사용이다. 다시 말해 특정한 언어표현을 이해하는 것은 그것이 어떻게 사용될 수 있는지를 이해하는 것이다. 이 장에서 우리는 이와 같은 사용이론의 이론적 동기와 장점들을 설명하고, 또한 이 이론이 해결해야 하는 대표적 난점들에 대해 논한다.

제13장, 추론주의 의미론: 추론주의 의미론은 의미사용이론의 한 버전이다. 이 장에서 우리는 추론주의 의미론의 주요 이론적 동기를 설명하고, 또한 이 의미론의 중요한 특징들에 대해 논한다. 특히 추론주의 의미론의 첫 번째 요소와 두 번째 요소에 대해 설명한다. 첫 번째 요소는 추론들이다. 문장의 의미론적 내용은 문장이 추론들 속에서 전제 또는 결론으로서 수행하는 추론적 역할에 의해 결정된다. 그리고 추론주의 의미론의 두 번째 요소는 대체 추론들이다. 문장 내부의 표현들은 그것들이 포함된 문장들 속에서 하나를 다른 하나로 대체했을 때 그 문장들의 추론적 역할에 변화가 없으면 동등한 내용을 가진다.

제14장, 대용어 메커니즘: 추론주의 의미론의 세 번째 요소는 대용어 메커니즘이다. 이 세 번째 요소에 대해 자세히 살펴본다.

제15장, 추론주의 의미론은 의미사용이론의 난점들을 해결할 수 있는가: 제12장에서 논의한 의미사용이론의 난점들을 추론주의 의미론이 어떻게 해결할 수 있는지에 대해 자세히 논한다.

제16장, 의미 불안정성 문제: 추론주의 의미론은 의미 전체론을 받아들인다. 그런데 의미 전체론에 의하면, 진술의 의미는 전체 체계 속에서 그것이 수행하는 추론적 역할에 의해 주어지기 때문에, 전체 체계가 조금만 달라져도 의미가 변하게 된다. 이 장에서 우리는 그와 같은 의미 불안정성 문제에 대한 브랜덤의 평등주의적 전체론과 셀라스의 비평등주의적 전체론을 비교한다. 그 다음 왜 후자가 의미 불안정성 문제에 대한 더 적절한 해결책인지에 대해 논한다.

제17장, 허구의 이름에 관한 추론주의 의미론: '셜록 홈즈'와 같은 허구의 이름들의 의미를 설명해 주는 필자의 추론주의 설명을 제시한다. 또한 이를 토대로 '존재하지 않는 것을 지칭하는 것처럼 보이는 문제'와 '부정존재진술의 문제'가 필자의 추론주의 설명에 왜 전혀 문젯거리가 아닌지에 대해 논한다.

제18장, 필연성과 개념의 수정가능성: '물은 필연적으로 H_2O이다'와 같은 필연성 주장과 '물은 H_2O가 아닌 것으로 밝혀질 수도 있다'와 같은 오류가능성 주장이 어떻게 양립 가능한지의 문제를 추론주의 의미론의 관점에서 어떻게 해결할 수 있는지에 대해 논한다.

제19장, 규칙주의, 규칙성주의, 그리고 중도中道의 길: 언어표현의 사용은 옳은 사용을 규정하는 언어규칙에 일치하면 옳고, 그렇지 않으면 옳지 않다. 따라서 언어를 배운다는 것은 언어규칙에 지배되는 방식으로 언어행동을 할 수 있게 되는 것이다. 그렇다면 우리는 어떻게 언어규칙에 지배되는 행동을 할 수 있는가? 이 물음에 대한 규칙주의Regulism와 규칙성주의Regularism의 견해들과 그 문제점들에 대해 논한다. 그 다음 양자 사이의 중도의 길을 제시하는 셀라스의 견해를 옹호한다.

제20장, 데이비드슨의 진리조건 의미론과 그 한계: 현대 언어철학에서 데이비드슨의 진리조건 의미론은 지금껏 거의 주류 이론의 역할을 해 왔다. 따라서 이 의미론의 성격과 한계에 대해 좀 더 구체적으로 살펴볼 가치가 있다. 이것이 이 마지막 장의 목표이다.

필자는 이 책의 초고를 2015년 1학기에 개설했던 성균관대 철학과 대학원 세미나에서 교재로 사용하였다. 그때 참여했던 대학원생들, 특히 김영성, 김용성, 김정균, 박성근, 박성수, 반재선, 백송이, 음호빈, 이재현의 여러 좋은 질문들과 제안들은 이 책을 개선하는 데 도움이 되었다. 이에 대해 고마움을 표한다. 끝으로 이 책을 쓰는 데 들어간 오랜 기간 동안 필자의 든든한 정서적 버팀목이 되어 준 어머니 구자호 여사, 아내 홍소의, 딸 이규원에게 이 책을 바친다.

2017년 2월

명륜동 연구실에서

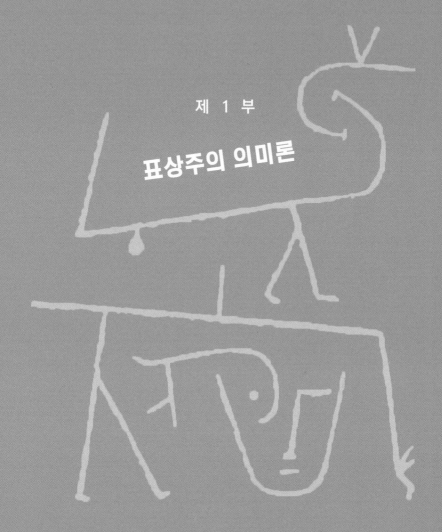

제 1 부

표상주의 의미론

제 1 장

의미지칭이론

표상주의 의미론

1. 의미란 무엇인가

사하라사막에 거센 모래바람이 휘몰아친 후 어떤 모래언덕 위에 다음과 같은 흔적이 순전히 우연히 생겼다고 가정해 보자.

히틀러는 난폭했다.

과연 위 흔적은 의미가 있는가? 있다면 무슨 의미인가? 없다면 왜 없는가? 만약 필자가 독일의 나치정권에 관해 말하는 맥락에서 '히틀러는 난폭했다'라고 말한다면, 이 말은 분명히 의미가 있고, 따라서 옳거나 또는 틀린 것으로 평가될 수 있다. 그렇지만 사하라사막의 모래언덕 위에 생긴 위 흔적은 화자話者가 있는 경우가 아니다. 그렇다면 특정 형태의 표시 또는 소리가 어떻게 특정한 의미를 가지게 되는가? 예컨대 '히틀러'라는 언어표현이 특정한 의미를 가진다면, 이것의 언어적 의미는 과연 무엇인가?

위 물음에 대해 가장 오래되고 또한 가장 자연스러운 대답은 이른바 '의미지칭이론'the referential theory of meaning이다. 이 이론에 따르면 한 언어표현의 의미는 그 표현이 지칭하는 것이다. 예컨대 '아돌프 히틀러'라는 이름의 의미는 그 이름이 지칭하는 특정한 대상, 즉 아돌프 히틀러이다.[1] 또한 '개'라는 일반명사의 의미는 이 일반명사가 옳게 적용되는 대상들, 즉 개들이다. 이 장의 목적은 의미지칭이론을 소개하고, 이를 비판적으로 검토하는 데 있다.

2. 의미지칭이론의 주요 이론적 동기

우리가 세계 속에서 성공적으로 생존하고 번영을 누리기 위해서는 세계 속에서 무엇을 추구하고, 무엇을 피해야 하는지를 알아야 한다. 그런데 우리 각자가 홀로 획득할 수 있는 정보는 매우 제한적이기 때문에 다른 사람들로부터 정보를 얻는 것이 필요하다. 따라서 우리는 상호간에 커뮤니케이션을 해야 하고, 이를 위해 언어를 사용한다. 이런 의미에서 언어는 세계에 관한 것이라고 말할 수 있다. 예컨대 우리는 세계 속에 존재하는 특정한 대상, 예컨대 버락 오바마에 관해 서로 정보를 주고받길 원할 수 있다. 그러기 위해서는 이 특정한 대상을 지칭하는 이름이 필요하다. 이를 위해 우리가 '버락 오바마'라는 이름을 도입했다고 가정해 보자. 그러면 우리는 그 이름을 사용해 다음과 같이 말할 수 있다.

(1) '버락 오바마'는 버락 오바마를 지칭한다.

먼저 위 문장을 좀 더 정확히 이해하기 위해서 사용use과 언급mention의 구분을 이해할 필요가 있다. 다음의 두 문장들을 고려해 보자.

(2) 서울은 인구가 많다.
(3) '서울'은 이음절어이다.

우리는 어떤 대상의 이름을 사용함으로써 그 대상에 대해 무언가를 말할 수 있다. 그리고 우리는 어떤 언어표현에 작은따옴표를 붙임으로써 그 표현의 이름을 형성할 수 있다. 따라서 문장 (2)에서 '서울'이라는 이름은 사용되고, 또한 이 사용을 통해 '서울'이라고 불리는 특정 지역이 언급된다. 그런데 우리는 대상 자체가 아니라, 대상의 이름에 관해 무언가를 주장하길 원할 수도 있다. 예컨대 (3)은 '서울'이라는 언어표현에 관한 주장이다. 그래서 (3)에서는 '서울'이라는 이름이 언급되고, 이 언급을 통해서 '서울'이라는 이름에 대해 무언가를 말할 수 있다. 다시 말해 '서울'이라는 이름은 (2)에서는 사용되지만, (3)에서는 언급된다.

위와 같은 사용-언급의 구분에 의해서 문장 (1)에서 첫 번째 나오는 '버락 오바마'의 사례는 언급되는 경우이고, 그 다음에 나오는 사례는 사용되는 경우이다. 그리고 의미지칭이론에 따르면 (1)이 성립하기 때문에 '버락 오바마'라는 이름의 의미는 바로 이 이름의 지칭체referent, 즉 버락 오바마이다.

또한 우리는 특정 종류의 동물을 다른 것들과 구분하길 원할 수 있다. 그래서 '개'라는 일반명사를 도입할 수 있다. 그러면 우리는 다음과 같이 말할 수 있다.

(4) '개'는 개들을 지칭한다.

이 경우 의미지칭이론에 따르면 일반명사 '개'의 의미는 이 표현이 지칭하는 개들이다.

이번에는 고양이 한 마리가 돗자리 위에 있는 상황을 기술記述, describe하기 위해 '고양이 한 마리가 돗자리 위에 있다'는 문장을 사용하는 경우를 고려해 보자. 이 경우 우리는 다음과 같이 말할 수 있다.

(5) '고양이 한 마리가 돗자리 위에 있다'는 문장은 '고양이 한 마리가 돗자리 위에 있다'는 사실을 표상表象, represent 한다.

의미지칭이론에 따르면 '고양이 한 마리가 돗자리 위에 있다'는 문장은 이 경우 '고양이 한 마리가 돗자리 위에 있다'는 사실을 의미한다. 이러한 생각은 매우 자연스럽고 직관적으로 보인다. 그럼에도 의미지칭이론에는 심각한 난점들이 있다.

3. 의미지칭이론의 세 가지 난점들

의미지칭이론의 첫 번째 난점은 지칭체가 없는 것처럼 보이는 언어표현들이 있다는 사실이다. 다음의 문장을 고려해 보자.

(6) 페가수스는 날개가 있는 말이다.
(7) 방 안에는 아무것도 없었다.
(8) 포숙아가 관중을 도운 것은 그들의 우정 때문이었다.

문장 (6)은 명백히 유의미하다. 그러나 '페가수스'는 순수하게 허구적인 이름이다. 따라서 의미지칭이론을 받아들이기 위해서는 허구의 이름은 지칭체를 결여한다는 상식적 견해를 거부해야 한다.

(7)과 (8)의 경우에는 문제가 좀 더 심각하다. (7)에서 '아무것'이 지칭하는 것은 무엇인가? 만약 '아무것'이 지칭하는 것이 있다면, (7)은 방 안에 어떤 것이 있었음을 함축한다. 그리고 (8)에서 '때문'이 지칭하는 것은

무엇인가? 이름, 명사, 그리고 형용사와 같은 표현들은 범주 용어範疇用語, categorical terms이다. 반면 '매우', '때문에', '……의'와 같은 표현들은 여범주 용어餘範疇用語, syncategorical terms이다.[2] 여범주 용어들도 문장의 의미에 일정 부분 기여를 한다. 예컨대 (8)에서 '때문에'라는 표현을 제거하면 문장의 의미가 바뀐다. 그렇지만 이와 같은 여범주 용어들이 무언가를 지칭한다고 생각하는 것은 매우 반직관적이다.

　의미지칭이론의 두 번째 난점은 다음과 같다. 의미지칭이론에 의하면 문장의 각 요소는 의미를 갖기 위해서 무언가를 지칭하는 이름의 역할을 해야 한다. 따라서 의미지칭이론에 의하면 문장은 일종의 이름들의 목록과 다를 바 없다. 그런데 문제는 이름들의 목록은 진리치를 갖지 못한다는 점이다. 예컨대 다음과 같은 이름들의 목록은 참도 아니고, 거짓도 아니다.

　(9) 버락 오바마, 달, 지구, 대한민국, 3.

　그러나 위와 같은 이름들의 목록과 달리, '지구는 태양 주위를 공전한다'와 같은 평서문은 진리치를 가진다.

　위와 같은 비판에 대해 의미지칭이론가는 다음과 같이 반론할 수 있다. 문장이 이름들의 목록이긴 하지만, (9)와 매우 다른 종류의 목록이다. 왜냐하면 술어predicate는 구체적 대상이 아니라 속성property을 지칭하기 때문이다. 예컨대 다음의 문장을 살펴보자.

　(10) 민상은 뚱뚱하다.

　위 문장에서 이름 '민상'은 특정인을 지칭한다. 그리고 이 이름을 제거하고 남은 부분인 '……은 뚱뚱하다'는 술어는 뚱뚱함fatness이라는 속성을 지칭한다. 따라서 (10)은 단지 이름들의 목록이 아니라, 특정한 대상을 지칭하는 표현과 속성을 지칭하는 표현의 목록이다.

(11) 민상 뚱뚱함

그러나 (11)은 참 또는 거짓일 수 있는 문장이 아니다. 이것이 정상적인 주어–술어 형식을 갖기 위해서는 민상과 뚱뚱함 사이를 연결시켜 주는 연결사가 필요하다. 다시 말해 민상과 뚱뚱함을 연결해 주는 관계가 필요하다. 예컨대 양자는 전자가 후자를 소유한다는 관계에 의해 연결될 수 있다.

(12) 민상은 뚱뚱함을 소유한다.

(10)과 같은 문장은 두 부분으로 구성된다. 하나는 이름이고 다른 하나는 술어이다. 민상은 구체적 대상이다. 구체적 대상은 시공간 속에 존재한다. 그런데 뚱뚱함은 모든 뚱뚱한 것들이 공유하는 것이다. 이와 같이 공유되는 것은 시공간 속에 존재하지 않는다. 따라서 뚱뚱함은 추상적 속성 abstract property이다. 플라톤에 의하면 추상적 속성은 플라톤적 보편자 세계에 존재한다. 그래서 구체적 대상과 추상적 속성은 서로 매우 이질적인 것들이다. 그렇다면 이렇게 이질적인 것들이 어떻게 연결될 수 있는가? 예컨대 시공간 속에 존재하는 민상은 시공간 속에 존재하지 않는 뚱뚱함과 어떻게 연결될 수 있는가?

브래들리는 그의 책 『현상과 실재』(Bradley, 1893)에서 그의 유명한 '무한 퇴행 논증' the infinite regress argument을 제시한다.[3] 민상과 뚱뚱함이 관계 R에 의해 연결된다고 가정해 보자. 예컨대 R은 소유함having의 관계일 수 있다. 그런데 소유함은 명백히 구체적 대상이 아니므로, 일종의 추상체

抽象體, abstract entity일 것이다. 그런데 추상체는 시공간 속에 존재하지 않는다. 따라서 이 R과 민상을 연결시켜 주는 일종의 형이상학적 접착제 metaphysical glue가 필요하다. 이것을 관계 R'이라고 하자. 그런데 이 R'도 구체적 대상이 아니므로, 일종의 추상체여야 한다. 따라서 이 R'과 민상을 결합시켜 주는 또 다른 관계 R''이 필요하다. 이 R''도 추상체이므로 시공간 속에 존재하지 않는다. 그렇다면 이 R''과 민상을 결합해 주는 어떤 관계 R'''이 필요할 것이다. 이런 식으로 우리는 구체적 대상과 추상체를 연결시키기 위해 계속 R'''', R''''' 과 같은 관계들이 무한히 필요하다. 그러나 이와 같은 무한퇴행은 불가능하다. 따라서 이름은 구체적 대상을 지칭하고, 술어는 속성을 지칭한다는 생각에는 큰 난점이 있다.

의미지칭이론의 세 번째 난점은 다음과 같다. 공지칭어共指稱語, co-referring terms들은 많은 경우 동의어同意語가 아니다. 다음의 예를 살펴보자.

(13) 노무현

(14) 제16대 대한민국 대통령

(13)과 (14)는 공지칭어이다. 즉 지칭체가 같다. 그러나 직관적으로 두 표현의 의미는 다르다. 따라서 의미를 단지 지칭에 의해 설명하기 어렵다.[4]

위에서 지적한 난점들은 의미지칭이론의 입장에서 해결하기 매우 어려운 것들이다. 따라서 의미지칭이론은 언어표현 전반에 관한, 일반적 의미론으로서 설득력이 없다.

제 2 장

마이농의 대상이론

표상주의 의미론

앞 장에서 살펴본 것처럼, 의미지칭이론은 언어표현 전반에 관한 의미론, 즉 일반적 의미론으로서 설득력이 없다. 그렇지만 의미지칭이론의 이론적 동기에는 뭔가 옳은 점이 있는 듯 보인다. 적어도 어떤 표현들은 세계 속의 대상들에 관한 것이다. 예컨대 '버락 오바마'라는 이름은 세계 속에 존재하는 특정인에 관한 것이다. 따라서 비록 의미지칭이론이 언어표현 전반에 관한 의미론으로서 설득력이 없다 하더라도, 단칭어單稱語, singular term의 의미를 설명하는 이론으로서 여전히 설득력이 있을 수 있다. 이런 이유에서 다음의 제안을 진지하게 고려해 볼 필요가 있다.

> 의미지칭이론은 적어도 단칭어들에 관해 성립한다. 즉 단칭어의 의미는 그 단칭어의 지칭체이다.

우리가 궁극적으로 답하고자 하는 문제는 '언어표현의 의미는 무엇인가?'이다. 이 문제를 해결하기 위해 우리는 분할정복전략the divide and conquer strategy을 사용할 것이다. 이 전략은 주어진 문제를 작은 문제들로 나누고, 각각의 작은 문제들을 먼저 해결하는 방법이다.[5] 언어표현 전반의 의미를 한꺼번에 해명하는 것은 매우 복잡하고 어려운 작업이다. 따라서 분할정복전략에 의해 우리는 단칭어의 의미를 해명하는 작업을 먼저 수행할 것이다. 그런 다음에 나머지 언어표현들의 의미를 해명하는 작업을 할 것이다.

1. 단칭어의 종류

단칭어는 특정한 대상을 지칭하는 언어표현이다. 단칭어에는 여러 종류가 있다.

> (i) 이름: 버락 오바마, 노무현, 박근혜, 이순신 등등
> (ii) 확정기술구: 현재의 영국 여왕, 현재의 한국 대통령, 지구의 자연위성 등등
> (iii) 단칭 인칭대명사: 너, 그, 그녀
> (iv) 지시대명사: 이것, 저것

이제 분할정복전략을 한 번 더 적용하여, 단칭어의 일종인 확정기술구確定記述句의 의미를 먼저 규명하도록 하자. 다음의 논제를 살펴보자.

의미지칭이론은 확정기술구들에 관해 성립한다. 즉 한 확정기술구의 의미는 그것의 지칭체이다.

확정기술구는 '현재의 한국 대통령', '지구의 중력중심', '햄릿의 저자'와 같은 언어표현들을 가리킨다. 확정기술구는 단지 하나의 대상만을 지칭한다는 점에서는 이름과 같지만, 이름과 달리 오직 하나의 대상만이 만족하는 조건을 기술함으로써 하나의 대상을 지칭한다. 예컨대 '셰익스피어'라는 이름은 직접적으로 그 이름의 담지자擔持者, bearer, 즉 셰익스피어를 지칭하는 것처럼 보인다. 그러나 '현재의 한국 대통령'이라는 확정기술구는 2007년에는 노무현 씨가 이 조건을 유일하게 만족시키기 때문에 노무현 씨를 지칭하고, 2016년에는 박근혜 씨가 이 조건을 유일하게 만족시키기 때문에 박근혜 씨를 지칭한다.

그리고 기술구에는 두 가지 종류가 있다. 하나는 확정기술구들definite descriptions이고, 다른 하나는 불확정기술구들indefinite descriptions이다. 영어에서 양자는 확연히 구분된다. 영어로 지구의 자연위성은 'the natural satellite of the Earth'이고, 화성의 자연위성은 'a natural satellite of Mars'이다. 전자가 확정기술구임은 정관사 'the'를 통해 명시적으로 표현되고, 후자가 불확정기술구임은 부정관사 'a'를 통해 명시적으로 표현된다. 지구의 자연위성은 유일하게 달the Moon이지만, 화성에는 포보스Phobos와 데이모스Deimos라는 두 개의 자연위성들이 있다. 따라서 영어에서는 확정기술구가 정관사 'the'에 의해 불확정기술구와 표현상 명확히 구분되지만, 한국어에서는 '지구의 자연위성'과 '화성의 자연위성'의 사례가 보여 주듯이 양자가 표현상 명확히 구분되지 않는다. 이를 구분하기 위해서는 '지구의 그 자연위성', '화성의 한 자연위성'과 같이 다소 어색한 표현을 사용해야 한다.

이제 앞서 제시했던 논제 '확정기술구의 의미는 그것의 지칭체이다'가 성립하는지에 대해 살펴보자. 이 논제는 다음과 같은 문제들에 직면한다. 우선 이 논제는 '존재하지 않는 대상을 지칭하는 것처럼 보이는 문제'에 직면한다. 다음의 예를 살펴보자.

현재의 프랑스 왕은 대머리이다.

위 문장은 유의미한 것처럼 보인다. 그런데 위 문장의 주어 '현재의 프랑스 왕'the present King of France이라는 확정기술구가 지칭하는 대상은 세계 속에 없다. 현재 프랑스는 군주제가 아니라 공화제를 채택하고 있기 때문이다. 따라서 '확정기술구의 의미는 그것의 지칭체이다'라는 논제에 의하면 위 문장은 무의미하다. 그렇지만 이 함축은 매우 반직관적이다.

또한 위 논제는 '부정존재진술의 문제'에 직면한다. 다음의 예를 살펴보자.

현재의 프랑스 왕은 존재하지 않는다.

위 문장은 유의미할 뿐만 아니라, 명백히 참이다. 그러나 위 논제에 따르면 위 문장은 무의미한 표현을 포함한다. '현재의 프랑스 왕'이라는 확정기술구가 그 어떤 것도 지칭하지 않기 때문이다. 그리고 무의미한 표현을 포함한 문장은 결코 참일 수 없다.

2. 마이농의 대상이론

오스트리아 철학자 마이농Alexius Meinong은 앞 절에서 논의했던 문제들을 의미지칭이론의 관점에서 해결할 수 있는 매우 흥미로운 이론을 제시한다.[6] 그는 그의 논문 「대상들의 이론」(Meinong, 1960)에서 다음의 논제를 주장한다.

각 단칭어는 한 대상을 지칭한다.

따라서 '현재의 프랑스 왕'도 한 대상을 지칭한다. 그러나 앞서 언급했던 것처럼 현재의 프랑스 왕은 세계 속에 존재하지 않는다. 이 문제를 해결하기 위해 마이농은 이른바 '대상이론'the theory of objects을 주장한다. 이 이론에 따르면, 대상들은 있음Sein, being을 가진 대상들과 있음을 결여한 대상들로 분류된다. 예컨대 확정기술구 '현재의 프랑스 왕'은 특정한

알렉시우스 마이농 Alexius Meinong

대상을 지칭하지만, 이 대상은 있음을 결여한다. 이제 마이농의 대상이론을 좀 더 자세히 이해하기 위해 다음의 문장들을 고려해 보자.

(1) 황금산은 금으로 구성되어 있다.
(2) 둥근 정사각형은 존재하지 않는다.
(3) 지구가 둥글다는 사실은 콜럼버스의 항해로 입증됐다.
(4) 빨강은 색깔이다.

위 예들에서 '황금산', '둥근 정사각형', '지구가 둥글다는 사실', '빨강'은 문법적으로 모두 단칭어들이다. 따라서 마이농의 대상이론에 의하면 이 단칭어들은 모두 특정한 대상들을 지칭한다. (1)에서 '황금산'은 비록 현실세계에 존재하는 그 어떤 것도 지칭하지 않지만, 대신 가능한possible 대상을 지칭한다. 그리고 어떤 것이 둥글면서 정사각형인 것은 불가능하다. 따라서 (2)에서 '둥근 정사각형'은 불가능한impossible 대상을 지칭한다. 또한 (3)에서 '지구가 둥글다는 사실'은 특정한 사실을 지칭한다. 끝으로, (4)에서 '빨강'은 특정한 추상적 대상을 지칭한다. 이와 같은 이유에서 마이농의 존재론은 가능한 대상들, 불가능한 대상들, 사실들, 추상적 대상들을 포함하는 매우 팽창된 우주를 받아들인다.

이제 마이농의 팽창된 우주에 대해 좀 더 자세히 살펴보자. 우선 앞서 언급한 바와 같이 대상들은 두 가지 범주로 구분된다. 하나는 있음Sein, being을 가진 대상들이고, 다른 하나는 있음을 결여한 대상들이다. 그리고 있음을 가진 대상들은 또 다시 두 가지 범주로 구분된다. 하나는 존재存在, exist하는 대상들이고, 다른 하나는 존립存立, subsist하는 대상들이다. 존재하는 대상들은 시공간 속에 있는 구체적 대상들이다. 그렇다면 존립하는 것들은 무엇인가? 예컨대 빨간 자동차 한 대와 빨간 집 한 채를 고려해 보자. 양자는 빨강을 서로 공유한다. 그런데 빨간 자동차와 빨간 집은 시공간에 존재하지만, 빨강 자체는 시공간에 존재하는 것이 아니다. 이 세상에 존재하는 모든 빨간색 대상들이 사라진다고 해서 빨강이라는 속성 자체가 없어지는 것은 아니다. 이 속성은 나중에라도 다시 시공간 속에 있는 어떤 대상에 예화될 수 있다. 따라서 어떤 의미에서 빨강은 있다. 이처럼 시공간 속에 있는 것은 아니지만, 어떤 의미에서 있는 대상에 대해 마이농은 존재하지는 않지만 존립한다고 말한다. 따라서 존립도 존재와 마찬가지로 있음의 한 유형이다. 비슷한 맥락에서, 지구는 평평하다는 사태와 달리, 지구가 둥글다는 사실도 어떤 의미에서 있다. 그렇지만 지구는 구체적 대상으로서 시공간 속에 존재하지만, 지구가 둥글다는 사실은 시공간 속에 존재하는 것이 아니다. 따라서 마이농에 의하면 이와 같은 사실들도 존립한다.

이제 있음을 결여한 대상들에 대해 살펴보자. 이러한 대상들은 세 가지 범주로 분류된다. 첫 번째는 가능한 대상들이다. 예컨대 황금산, 페가수스, 유니콘과 같은 것들은 가능한 대상들이다. 두 번째는 불가능한 대상들이다. 예컨대 둥근 정사각형, 나무로 구성된 쇠와 같은 것들이 불가능한 대상들이다. 세 번째는 실현되지 않은 사태들이다. '태양이 지구 주위를 돈다는 사태'라는 표현은 태양이 지구 주위를 돈다는 사태를 지칭한다. 마찬가지로 '지구는 평평하다는 사태'라는 표현은 지구가 평평하다는 사태를 지칭한다. 이와 같은 사태들은 실현되지 않은 사태들이다. 마이농에 따르면 이와 같이 실현되지 않은 사태들도 있음을 결여한 대상들이다.

지금까지 간략히 살펴본 마이농의 대상이론에는 중요한 장점들이 있다. 우선 이 이론은 의미지칭이론을 옹호하는 데 매우 유용하다. 먼저 존재하지 않는 것을 지칭하는 것처럼 보이는 문제를 다시 살펴보자.

현재의 프랑스 왕은 대머리이다.

마이농의 견해에 따르면 위 문장은 유의미하다. 주어인 '현재의 프랑스 왕'은 한 가능한 대상을 지칭하기 때문이다. 이제 부정존재진술의 문제를 다시 살펴보자.

현재의 프랑스 왕은 존재하지 않는다.

마이농의 견해에 따르면 위 문장은 유의미할 뿐만 아니라 명백히 참이다. 현재의 프랑스 왕은 가능한 대상이기는 하지만, 시공간에 존재하는 것이 아니기 때문이다.

또한 마이농의 대상이론은 심리적인 것의 지향성intentionality을 설명하는 데 있어서도 매우 유용하다. 우리는 페가수스에 관해 생각할 수 있다. 예컨대 우리는 이것이 날개 달린 말이라고 생각할 수 있다. 또한 우리는 둥근 정사각형에 관해 생각할 수 있다. 예컨대 우리는 이것이 불가능한 것이라고 생각할 수 있다. 그런데 페가수스나 둥근 정사각형에 관해 생각하기 위해서는 이런 것들이 생각의 대상일 수 있어야 한다. 마이농의 대상이론은 이와 같은 직관을 설명하는 데 매우 유용하다.

3. 마이농의 대상이론의 문제점들

마이농의 대상이론은 이론적 장점들도 갖고 있지만, 심각한 난점들도 또한 갖고 있다. 러셀Bertrand Russell, 콰인Willard Van Orman Quine, 브랜덤Robert

Brandom, 그리고 반 인와겐Peter van Inwagen이 각기 제기한 비판들에 대해 살펴보자.

러셀의 비판[7]

마이농의 속성이론Meinong's Sosein theory에 따르면 속성Sosein은 있음Sein 과 독립적이다. 다시 말해 한 대상은 그것이 있음을 가지는지와 무관하게 속성들을 가질 수 있다. 예컨대 다음의 문장을 고려해 보자.

　　페가수스는 날개가 있다.

　　마이농에 따르면 페가수스는 가능한 대상이다. 그런데 페가수스는 날개가 있는 말이다. 따라서 이 가능한 대상은 날개가 있음이라는 속성을 소유한다. 따라서 우리는 '페가수스는 날개가 있다'라고 말할 수 있다. 그런데 페가수스는 단지 가능한 대상이기 때문에 존재하지 않는다. 따라서 대상은 그것이 있음을 가지는지와 무관하게 속성들을 가질 수 있다. 다시 말해, 대상의 속성은 그것의 있지 않음에 의해 영향을 받지 않는다. 마찬가지 이유에서 마이농의 속성이론에 따르면 우리는 '둥근 정사각형은 둥글면서 정사각형이다'라고 말할 수 있다.

　　위와 같은 주장에 대해 러셀(Russell, 1905a)은 두 가지 비판을 제기한다.[8] 첫째, 둥근 정사각형과 같은 불가능한 대상은 모순율을 위반한다. 둘째, 다음의 두 진술들은 모순적이다.

　　(5) 존재하는 둥근 정사각형은 존재함을 가진다(The existent round square is existent).

(6) 존재하는 둥근 정사각형은 존재하지 않는다(The existent round square does not exist).

마이농의 속성이론에 따르면 존재하는 둥근 정사각형은 존재함being existent, 둥긂being round, 그리고 정사각형임being square이라는 속성들을 가진다. 따라서 (5)가 성립한다. 또한 마이농의 대상이론에 따르면 존재하는 둥근 정사각형은 불가능한 대상이고, 따라서 존재하지 않는다. 그러므로 (6)도 성립한다. 그러나 (5)와 (6)이 둘 다 성립한다는 주장은 모순적인 것처럼 보인다.

그렇다면 마이농은 위 비판들에 대해 어떻게 답하는가? 첫 번째 비판에 대해 마이농은 다음과 같이 응답한다. 그의 속성이론에 따르면 둥근 정사각형은 둥글면서 동시에 정사각형이다. 즉 둥근 정사각형은 서로 모순되는 속성들을 소유한다. 그렇지만 이것은 지극히 당연한 귀결이다. 둥근 사각형은 이처럼 모순적인 속성들을 갖고 있다는 바로 그 이유에서 불가능한 대상이기 때문이다.

또한 마이농은 자신이 'A & ~A' 형태의 모순을 받아들이는 것은 아니기 때문에 모순율을 위반하지 않는다고 주장한다.[9] 그는 술어 부정predicate negation과 문장 부정sentence negation을 구분한다. 그리고 그 구분을 토대로 'x는 ~P이다' 형태의 술어 부정과 '~(x는 P이다)' 형태의 문장 부정이 논리적으로 동치가 아니라고 주장한다. 또한 그와 같은 동치는 현실적인 대상들과 가능한 대상들에 한하여 성립하며, 불가능한 대상들에는 성립하지 않는다고 주장한다. 이제 다음의 문장들을 살펴보자.

(7) 둥근 정사각형은 둥글다(The round square is round).
(8) 둥근 정사각형은 둥글지 않다(The round square is not round).

(9) 둥근 정사각형이 둥글다는 것은 성립하지 않는다(It is not the case that the round square is round).

앞서 언급했던 것처럼, 마이농의 속성이론에 의하면 (7)이 성립한다. 또한 둥근 정사각형은 정사각형이고, 정사각형은 둥글지 않기 때문에 (8)도 성립한다. 따라서 마이농은 (7)과 (8)을 승인한다. 그런데 불가능한 대상에 관해서는 술어 부정이 문장 부정을 함축하지 않는다. 따라서 (8)로부터 (9)가 함축되지 않는다. 이런 이유에서 마이농은 (9)를 승인하지 않는다. 요컨대 마이농은 술어 부정과 문장 부정을 구분함으로써 'A & ~A' 형태의 모순을 피할 수 있다고 주장한다.

그리고 마이농은 러셀의 두 번째 비판에 대해 다음과 같이 응답한다. 앞서 언급한 것처럼 다음의 두 진술들은 서로 모순적인 것처럼 보인다.

(5) 존재하는 둥근 정사각형은 존재함을 가진다(The existent round square is existent).
(6) 존재하는 둥근 정사각형은 존재하지 않는다(The existent round square does not exist).

그런데 마이농의 이론에 따르면 있음being에는 두 가지 양태가 있다. 하나는 존재existence이고, 다른 하나는 존립subsistence이다. 따라서 존재는 있음의 한 양태a determination of Sein이다. 따라서 (6)에 포함된 '존재한다'exist는 표현은 있음의 한 양태를 표현한다. 그리고 마이농의 속성이론에 따르면 속성Sosein은 있음Sein과 독립적이다. 따라서 있음의 한 양태로서의 존재는 대상의 본성을 구성하는 속성이 아니다. 예컨대 페가수스를 고려해 보자. 페가수스는 날개가 있음, 말임 등과 같은 여러 속성들을 가진다. 그리고 이와 같은 속성들은 페가수스의 본성을 구성한다. 또한 이와 같은 속성들은 'x는 날개가 있다', 'x는 말이다'와 같은 술어들에 의해 표현된다. 그러나 존재는 페가수스의 본성을 구성하는 속성이 아니다. 왜냐하면 마이농에 의하면 대상이 존재하는지 여부는 그 대상의 본성과 무관하고, 단지 그 대상이 실제로 시공간 속에 위치하는지 여부에 의해 결정되기 때문이다. 달리 말해 'x는 존재한다'는 비록 문법적으로 술어이기는 하지만, 'x는 날개가 있다' 또는 'x는 말이다'와 같은 종류의 진정한 술어가 아니다. 이런 이유에서 마이농주의에 따르면 존재는 속성Sosein의 한 양태가 아니라, 있음Sein의 한 양태이다. 반면 (5)에서 둥긂being round은 존재하는 둥근 정사각형the existent round square의 본성을 구성하는 속성들 중의 하나이다. 마찬가지로, 존재함being existent도 그 대상의 본성을 구성하는 속성들 중의 하나이다. 따라서 (5)에서 존재함being existent은 속성의 한 양태이다. 따라서 마이농의 견해에 의하면 (5)와 (6)은 겉보기에는 서로 모순적으로 보이지만, 실제로는 서로 모순적이지 않다. 왜냐하면 (5)는 속성의 한 양태에 관한 주장인 데 반하여 (6)은 있음의 한 양태에 관한 주장이기 때문이다.

그러나 존재함being existent과 존재existence를 구분함으로써 모순을 피할 수 있다는 마이농의 주장에 대해 러셀은 양자 사이에 어떤 유의미한 차이가 있는지 이해할 수 없고, 따라서 이에 대해 더 이상 할 말이 없다고 말한다.[10] 그리고 이로써 러셀과 마이농 사이의 논쟁은 종결됐다.

지금까지의 논의를 정리해 보자. 우선 러셀의 비판들이 마이농의 견해를 성공적으로 논박했다고 말하기는 어렵다. 마이농은 러셀의 비판들로 인해 전혀 흔들림이 없었기 때문이다. 그렇지만 러셀이 지적한 바와 같이 존재함과 존재 사이에 어떤 유의미한 차이가 있는지 이해하기 쉽지 않다. 예컨대 다음의 두 진술들을 비교해 보자.

(10) 버락 오바마의 존재하는 부인은 변호사이다(The existent wife of Barack Obama is a lawyer).

(11) 버락 오바마의 부인은 존재한다(The wife of Barack Obama exists).

(10)은 (11)을 함축하는 것처럼 보인다. 따라서 존재함being existent은 어떤 대상이 시공간에 존재하는 것과 무관치 않다. 그러나 (12)는 (13)을 함축하지 않는다.

(12) 존재하는 둥근 정사각형은 둥글다(The existent round square is round).

(13) 둥근 정사각형은 존재한다(The round square exists).

그렇다면 존재함being existent은 (12)의 경우에는 왜 어떤 대상이 시공간에 존재하는 것과 무관한가? 있음을 결여한 대상이 어떻게 존재함이라는 속성을 가질 수 있는가? 도대체 존재함은 어떤 속성인가? 마이농이 이와 같은 의문들에 대해 어떻게 답할 수 있는지 분명치 않다. 이런 이유에서 마이농의 대상이론이 우리의 건전한 실재감각our robust sense of reality에 어긋나는 이론이라는 러셀의 주장에 공감하는 철학자들이 많다.

콰인의 비판[11]

콰인은 "동일성이 없으면 대상도 없다"No entity without identity라는 존재론적 허용가능성 기준을 제시한다.[12] 이 기준에 의하면 대상은 그것을 다른 것들과 구분시켜 주는 동일성 조건이 성립하는 한에서만 존재론적으로 진정한 대상으로서 허용된다. 그런데 마이농의 이른바 '가능한 대상들'은 이 존재론적 허용가능성 기준을 위반한다. 왜 그러한가?

우선 이른바 가능한 대상들은 배중률을 위반한다. 배중률에 따르면, 모든 평서문 'A'에 대해 'A'가 참이거나 또는 이것의 부정 '~A'가 참이다. 따라서 배중률이 성립하면 'A ∨ ~A' 형태의 모든 문장은 참이다.[13] 그리고 다음의 두 문장들은 이 형태의 문장들이다.

(14) 황금산은 높이가 100미터이거나 또는 황금산은 높이가 100미터가 아니다.
(15) 셜록 홈즈는 그의 왼쪽 발에 사마귀가 있거나 또는 셜록 홈즈는 그의 왼쪽 발에 사마귀가 없다.

그렇다면 (14)의 첫 번째 선언지 '황금산은 높이가 100미터이다'의 진리치는 무엇인가? 이 문장을 참이라고 말하기 어렵다. 그렇다고 해서 이 문장을 거짓이라고 말하기도 어렵다. (14)의 두 번째 선언지 '황금산은 높이가 100미터가 아니다'의 경우에도, 마찬가지로 이것을 참이라고 말하기도 어렵고, 그렇다고 해서 거짓이라고 말하기도 어렵다. 이제 (15)를 살펴보자. 코난 도일은 그의 홈즈 스토리들에서 셜록 홈즈가 왼쪽 발에 사마귀가 있는지 여부에 대해 전혀 언급한 적이 없다. 그렇다면 (15)의 진리치는 무엇인가? 우리는 (15)의 각 선언지에 확정적인 진리치를 부여하기 어렵다. 이런 이유에서 (14), (15)와 같은 선언 문장들은 배중률을 위반한다고 말할 수 있다.

또한 (14)에서 '황금산'the golden mountain은 단칭어이다. 따라서 유일한 대상을 지칭해야 한다. 그렇지만 우리는 다음과 같은 물음을 제기할 수 있다. 과연 마이농이 말하는 대상들의 우주 속에 왜 오직 한 개의 황금산이 있어야 하는가? 직관적으로 복수의 황금산들이 가능하다. 그렇다면 임의의 가능한 황금산 a와 임의의 가능한 황금산 b는 같은 대상인가, 아

윌러드 밴 오먼 콰인 Willard Van Orman Quine

니면 다른 대상들인가? 이제 콰인 자신의 예를 살펴보자. 어떤 출입구에 있는 가능한 뚱뚱한 남자 c를 고려해 보자. 또한 그 출입구에 있는 가능한 대머리 남자 d를 고려해 보자. 과연 c와 d는 동일한 사람인가? 아니면 다른 사람들인가? 과연 그 출입구에는 몇 명의 가능한 남자들이 있는가? 과연 가능한 뚱뚱한 남자들은 가능한 홀쭉한 남자들보다 더 많은가? 우리는 이와 같은 물음들에 적절히 답하기 어렵다. 이런 이유에서 현실화되지 않은 가능한 대상들에는 동일성 기준이 적용되지 않는다.

결론적으로, 마이농이 주장하는 이른바 '가능한 대상들'은 존재론적 허용가능성 기준을 위반한다. 따라서 이것들을 진정한 의미의 대상들로 간주하기 어렵다.

브랜덤의 비판

브랜덤에 따르면 마이농주의는 지칭의도referential purport와 지칭성공referential success을 적절히 구분하지 못한다.[14]

어떤 사람 s가 프랑스를 왕정국가라고 생각하는 매우 심각한 오해에 빠져 있다고 가정해 보자. 또한 프랑스가 선진국이고 매우 큰 나라라는 이유에서 그가 '현재의 프랑스 왕은 부자임에 틀림없다'라고 말했다고 가정해 보자. 이 경우 s는 확정기술구 '현재의 프랑스 왕'을 사용하여 어떤 특정인을 지칭하고자 의도했지만, 그 지칭의도는 성공적이지 않다. 왜냐하면 프랑스에는 왕이 존재하지 않기 때문이다. 즉 s의 '현재의 프랑스 왕'이라는 표현의 사용은 특정 대상을 지칭하는 데 실패한다. 그러나 마이농주의는 이와 같은 지칭실패를 적절히 설명하지 못한다. 마이농주의에 따르면 s가 사용한 '현재의 프랑스 왕'이라는 표현은 가능한 대상을 성공적으로 지칭하기 때문이다. 그렇지만 이와 같은 함축은 지칭의도와 지칭성공 사이의 구분을 무력화시킨다. 왜냐하면 마이농주의에 따르면 모든 단칭어가 어떤 대상을 항상 어떤 식으로든 지칭할 수밖에 없기 때문이다.

반 인와겐의 비판

마이농의 대상이론에 따르면 대상들은 있음being을 갖는 대상들과 있음을 결여한 대상들로 분류된다. 후자에 관한 마이농의 학설은 이른바 '있음 너머에 관한 학설'the doctrine of Aussersein이다. 그런데 'x는 있음을 가진다'를 역설적이지 않게 표현하기가 쉽지 않다. 이 학설에 따르면, 페가수스는 날개가 달린 말이지만, 페가수스와 같은 것은 있지 않다. 왜냐하면 페가수스는 있음을 결여한, 단지 가능한 대상에 불과하기 때문이다. 비슷한 이유에서 둥근 정사각형은 둥글면서 정사각형이지만, 둥근 정사각형과 같은 것은 있지 않다. 이것은 있음을 결여한, 불가능한 대상이기 때문이다. 그렇지만 있음 너머의 기묘한 대상들도 형이상학적 우주 속 어디엔가 위치해야 한다. 그렇다면 이것들은 어디에 있는가? 물체들과 사람들과 같은 구체적인 대상들은 존재하는 대상들이고, 이것들은 시공간 속에 있다고 말할 수 있다. 그리고 속성들, 집합들, 수들과 같은 추상적 대상들은 존립하는 대상들이다. 플라톤주의에 따르면, 그것들은 보편자의 세계에 있다. 그러나 불가능한 대상들의 경우처럼 있음을 결여한 대상들은 있지 않은 대상들이다. 그래서 이와 같은 대상들은 기존의 형이상학이 용인할 수 있는 영역, 즉 구체적 대상들의 영역과 추상적 대상들의 영역에 속할 수 없다. 따라서 마이농은 있음을 결여한 대상들을 '집이 없는 대상들'homeless objects이라고 말한다.[15]

위와 같은 이유에서 집 없는 대상들은 진정한 의미에서 대상들임에도 불구하고, 그와 같은 것들은 있지 않다. 그렇다면 이 주장을 과연 역설적이지 않게 해석할 수 있는가? 마이농주의자는 두 가지 종류의 대상적 양화사objectual quantifier를 구분할 수 있다. 하나는 있음을 결여한 대상들을 포함하여 모든 대상들을 영역으로 하는 양화사 '(∃x)'이고, 다른 하나는 있음을 가지는 대상들만을 영역으로 하는 양화사 '(Ex)'이다. 이와 같은 구분을 할 수 있다면 마이농주의자는 앞서 언급했던 역설적으로 느껴지던 문장들을 더 이상 역설적이지 않게 해석할 수 있다. 예를 살펴보자.

'p'는 '페가수스'라는 이름, 'Wx'는 'x는 날개가 있다'는 술어, 'Hx'는 'x는 말이다'라는 술어, 'Rx'는 'x는 둥글다'라는 술어, 그리고 'Sx'는 'x는 정사각형이다'라는 술어라고 하자. 그러면 '페가수스는 날개가 달린 말이지만, 페가수스와 같은 것은 있지 않다'는 문장은 다음과 같이 기호화될 수 있다. (∃x)(x = p & Wx & Hx & ~(Ey)(y = x)). 또한 '둥근 정사각형은 둥글면서 사각형이지만, 둥근 정사각형과 같은 것은 있지 않다'는 문장은 다음과 같이 기호화될 수 있다. (∃x)(Rx & Sx & ~(Ey)(y = x)).

그렇지만 위 견해는 'x는 있음을 가진다'는 말을 이해하기 어렵게 만든다. 비마이농주의자의 견해에 따르면 'x는 있음을 가진다'는 말은 '~(∀y)(x ≠ y)'를 의미한다. 즉 임의의 어떤 y에 대해서도 x가 y와 같지 않다는 것은 참이 아니다. 이런 이유에서 비마이농주의자에 따르면, 'x는 있음을 가진다'는 것은 '모든'all과 '아니다'not의 개념으로 정의될 수 있다. 그러나 마이농주의자는 'x는 있음을 가진다', 즉 '(Ey)(x = y)'가 '~(∀y)(x ≠ y)'에 의해 정의될 수 있음을 부정해야 한다. 왜냐하면 여기서 '(∀y)'는 있음을 결여한 대상들도 포괄하는 보편양화사이고 따라서 x가 어떤 y와 동일하다고 할지라도, 그 y가 있음을 결여한 대상일 가능성을 배제할 수 없고, 따라서 '~(∀y)(x ≠ y)'는 'x는 있음을 가진다'라는 주장을 표현하지 못하기 때문이다. 이런 이유에서 마이농주의자는 '있음을 가진다'를 원초적primitive이고, 정의할 수 없는indefinable 용어로 간주해야 한다. 그렇지만 '있음을 가진다'라는 말이 이처럼 원초적이고 정의할 수 없는 것이라면, 이 말이 무엇을 의미하는지 이해하기 어렵게 된다. 달리 표현하면 있음을 결여한 대상들은 대상들의 우주에 속하는 것들이면서도 동시에 있지 않은, 다시 말해 없는 대상들이다. 그런데 없는 대상이 진정한 대상으로서 대상들의 우주에 속한다는 것이 무슨 뜻인지 결코 이해하기 쉽지 않다. 이런 이유에서 반 인와겐은 있음을 넘어서서 양화quantifying를 하는 것은 이치에 맞지 않는다고 주장한다.[16]

4. 의미지칭이론의 또 다른 난점들

앞서 언급했던 존재하지 않는 것을 지칭하는 것처럼 보이는 문제와 부정존재진술의 문제 이외에도 의미지칭이론이 해결해야 할 문제들이 더 있다.

의미지칭이론이 해결해야 할 세 번째 문제는 동일성에 관한 프레게Gottlob Frege의 퍼즐이다.[17] 프레게는 그의 논문 「뜻과 지칭에 관하여」(Frege, 1892)에서 동일성에 관한 한 가지 퍼즐을 제시한다. 다음의 두 동일성 문장들을 고려해 보자.

(16) 샛별the Morning Star은 개밥바라기the Evening Star이다.[18]
(17) 샛별은 샛별이다.

샛별과 개밥바라기의 동일성은 천문학적 발견을 통해 알려진 사실이다. 따라서 (16)은 우리에게 실질적 정보를 제공해 준다. 반면 (17)은 사소하게 참인 문장이다. 따라서 (16)과 (17) 사이에 중요한 인지적 차이cognitive difference가 있다. 그러나 의미지칭이론은 이와 같은 인지적 차이를 설명하지 못한다. '샛별'과 '개밥바라기'는 같은 대상을 지칭하는 단칭어들이고, 따라서 의미지칭이론에 의하면 의미가 동일하다. 따라서 의미지칭이론에 의하면 (16)과 (17)은 동일한 명제를 표현한다. 그런데 어떻게 동일한 명제가 한편 실질적인 정보를 제공하면서 다른 한편 사소하게 참일 수 있는가? 이것이 동일성에 관한 프레게의 퍼즐이다.

의미지칭이론이 해결해야 할 네 번째 문제는 '대체실패의 문제'이다. 대체원리에 따르면 한 문장 속의 어떤 이름을 공지칭어co-referring expression로 대체했을 때 전체 문장의 진리치에 변화가 없어야 한다. 다음의 예를 살펴보자.

(18) 마크 트웨인은 유명한 미국의 소설가였다.
(19) 새뮤얼 클레먼스는 유명한 미국의 소설가였다.

(18)은 참이다. 그리고 '마크 트웨인'Mark Twain과 '새뮤얼 클레먼스'Samuel Clemens는 공지칭어들이다. 따라서 (18)의 '마크 트웨인'을 '새뮤얼 클레먼스'로 대체하여 얻은 문장인 (19)도 마찬가지로 참이다. 그런데 대체원리는 명제태도 문장들에 적용되지 않을 수 있다.

(20) 철수는 샛별이 샛별이라고 믿는다(Chulsoo believes that the Morning Star is the Morning Star).
(21) 철수는 샛별이 개밥바라기라고 믿는다(Chulsoo believes that the Morning Star is the Evening Star).

믿음문장 (20)은 믿음주체 철수와 믿음의 내용인 '샛별은 샛별이다'라는 명제 사이의 관계를 표현한다. 우리는 이와 같은 문장을 명제태도 문장이라고 부른다. 그리고 이 경우 '샛별은 샛별이다'는 사소하게 참인 문장이므로 철수는 당연히 이 문장을 믿을 것이다. 따라서 (20)은 참일 것이다. 그렇지만 철수는 샛별이 개밥바라기라는 천문학적 사실을 모를 수 있다. 즉 (21)은 거짓일 수 있다. 이런 이유에서 명제태도 문장들에서는 대체실패가 발생할 수 있다. 그러나 의미지칭이론에 의하면 '샛별'과 '개밥바라기'는 의미가 같기 때문에 (20)과 (21)은 정확히 같은 명제를 표현한다. 그렇다면 어떻게 정확히 같은 명제를 표현하는 두 문장들이 하나는 참이고, 다른 하나는 거짓일 수 있는가? 의미지칭이론은 이 물음에 답해야 한다.

제 3 장

프레게의 뜻 이론

표상주의 의미론

앞 장에서 우리는 '한 확정기술구의 의미는 그것의 지칭체이다'라는 논제가 다음의 네 가지 문제들에 직면한다는 사실에 대해 논했다.

    (i) 존재하지 않는 것을 지칭하는 것처럼 보이는 문제

    (ii) 부정존재진술의 문제

    (iii) 동일성에 관한 프레게의 퍼즐

    (iv) 대체실패의 문제

위 문제들을 해결하지 못하면 의미지칭이론은 옹호될 수 없다. 이 장에서 우리는 의미지칭이론을 거부하는 프레게의 이론에 대해 살펴볼 것이다.

1. 뜻과 지칭의 구분

프레게는 그의 유명한 논문 「뜻과 지칭체에 관하여」(Frege, 1892)에서 뜻 sense과 지칭체reference를 구분한다. 그의 예를 살펴보자.

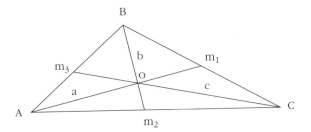

    직선 a는 꼭짓점 A에서 선분 BC의 중간점 m_1을 연결하는 선이다. 직선 b는 꼭짓점 B에서 선분 AC의 중간점 m_2를 연결하는 선이다. 또한 직선 c는 꼭짓점 C에서 선분 AB의 중간점 m_3을 연결하는 선이다. 이 경우 'a와 b의 교차점'은 위 삼각형의 중간점 o를 지칭한다. 마찬가지로 'b와 c의 교차점'도 o를 지칭한다. 따라서 'a와 b의 교차점'과 'b와 c의 교차점'은 공지칭어들이다. 그런데 이 공지칭어들은 직관적으로 서로 의미가 다르다. 따라서 프레게에 의하면 한 표현의 의미를 단지 그 표현이 지칭하는 것에 호소함으로써 설명할 수 없다. 그렇다면 'a와 b의 교차점'과 같은 표현의 의미를 어떻게 설명해야 하는가?

    'a와 b의 교차점'과 같은 확정기술구는 이름들과 마찬가지로 특정한 대상을 지칭하는 단칭어이다.[19] 그리고 이러한 단칭어의 의미는 그것이 지칭하는 대상과 관련이 있다. 예컨대 우리는 'a와 b의 교차점'의 의미를 이해함으로써 그 단칭어의 지칭체가 o임을 결정할 수 있다. 프레게는 우리가 단칭어를 이해할 때 파악하는 것을 단칭어의 '뜻'sense이라고 부른다. 그리고 우리는 단칭어의 뜻을 통해 단칭어의 지칭체가 무엇인지 결정할 수 있다. 다시 말해 단칭어의 뜻은 단칭어의 지칭체를 결정한다. 또한 프레게는 이와 같은 뜻을 다음과 같이 설명한다.

    'a와 b의 교차점'과 'b와 c의 교차점'은 동일한 대상 o를 지칭체로서 결정하는 다른 방식을 제시한다. 다시 말해 우리는 대상 o를 'a와 b의 교차점'과 'b와 c의 교차점'이라는 서로 다른 방식으로 파악할 수 있다. 또한 대상 o는 우리에게 'a와 b의 교차점'이라는 방식으로 제시될 수도 있고, 'b와 c의 교차점'이라는 방식으로 제시될 수도 있다. 따라서 한 단칭어의 뜻은 한편 우리가 '그것의 지칭체에 관해 생각하는 한 방식'a way of thinking about the referent이라고 말할 수 있다. 다른 한편 그 지칭체가 우리에게 제시되는 한 방식a mode of presentation of the referent이라고도 말할 수 있다. 이런 이유에서 'a와 b의 교차점'과 'b와 c의 교차점'은 같은 대상을 지칭하지만, 다른 뜻을 가진다.[20] 요컨대 프레게에 따르면 한 표현의 의미는 그 표현의 뜻이고, 그 뜻은 그 표현의 지칭체가 우리에게 제시되는 한 방식이다.

그렇다면 언어표현의 '뜻'은 존재론적으로 어떤 종류의 것인가? 우선 뜻은 물리적 영역에 속하지 않는다. 물리적 영역에 속하는 것은 시공간 속에 위치하는 구체적 대상들이다. 예컨대 '샛별'의 지칭체는 금성이고, 그것은 시공간에 위치하는 구체적 대상이다. 따라서 '샛별'의 지칭체는 물리적 영역에 속한다. 그러나 '샛별'의 뜻은 우리가 그 이름을 이해할 때 파악하게 되는 것이기 때문에 '샛별'의 지칭체와 구별된다. 그리고 '샛별'의 지칭체인 금성이 설령 우주에서 사라지게 된다고 해도 '샛별'의 뜻이 사라지게 되는 것은 아니다. 따라서 '샛별'의 뜻은 물리적 영역에 속하지 않는다.

또한 뜻은 심적 영역에 속하지 않는다. 프레게에 따르면 한 언어표현의 뜻은 우리가 의사소통을 통해 전달할 수 있고, 또한 이를 통해 공유할 수 있는 것이다. 다시 말해 우리가 성공적으로 의사소통을 할 수 있는 이유는 뜻이 공적公的인 것이기 때문이다. 따라서 한 언어표현의 뜻을 파악하는 것은 주관적 관념이나 사적私的인 심적 이미지를 갖는 것과 다르다. 만약 뜻이 주관적 관념이나 사적인 심적 이미지에 불과하다면, 언어적 의 사소통이 어떻게 성공적으로 수행되는지를 이해하기 어렵게 된다. 예컨대 '개'의 뜻이 심적 이미지라고 가정해 보자. 각 사람은 개에 관해 서로 상이한 심적 이미지를 가질 수 있다. 어떤 사람은 애완견의 일종인 치와와의 이미지를 가질 수 있고, 다른 어떤 사람은 테리어나 독일 포인터와 같은 사냥개의 이미지를 가질 수 있다. 그렇게 되면 '개'의 뜻이 사람마다 다르게 된다. 그러나 뜻은 공적이고 객관적인 것이어야 한다.

따라서 뜻은 구체적 대상도 아니고, 그렇다고 주관적인 것에 불과한 것도 아니다. 그래서 뜻은 물리적 영역에 속하지도 않고, 심적 영역에 속하지도 않는다. 그렇다면 뜻은 어디에 속하는가? 프레게는 뜻이 속하는 제3의 영역the third realm이 있어야 한다고 주장한다.

제3의 영역이 인정돼야 한다. 이 영역에 속하는 그 어떤 것도 관념들과 마찬가지로 감각에 의해 지각될 수 없다. 또한 사물들과 마찬가지로 이 영역에 속하는 것들이 의식의 내용에 속하기 위해서 소유자가 필요치 않다. 예컨대 피타고라스 정리 속에 표현된 생각은 누군가가 그것을 참인 것으로 여기는 것과 독립적으로, 무시간적으로 참이다. 이 생각의 내용은 소유자를 필요치 않는다. 이것은 발견되었을 때에야 비로소 참이 되는 그런 것이 아니다. 이것은 한 행성이 누군가에 의해 발견되기 이전에도 다른 행성들과 상호작용을 했던 것과 마찬가지다(Frege, 1918, p. 337).

이처럼 뜻을 제3의 영역에 위치시킴으로써 프레게는 의미의 객관성을 확보하고자 했다.

또한 프레게에 따르면 이름과 마찬가지로 문장도 뜻과 지칭체를 가진다. 예컨대 '소크라테스는 철학자이다'라는 문장을 고려해 보자. 이 문장의 뜻은 우리가 이 문장을 이해할 때 파악하게 되는 이 문장의 명제적 내용이다. 이것을 프레게는 '생각'thought, Gedanke이라고 부른다. 그리고 이 문장이 지칭하는 것은 이 문장의 진리치이다. 따라서 '소크라테스는 철학자이다'라는 문장의 지칭체는 참the True이다. 또한 문장의 뜻은 문장을 구성하는 요소들의 뜻들에 의해 결정되고, 문장의 진리치는 문장을 구성하는 요소들의 지칭체들에 의해 결정된다. 그런데 '소크라테스는 철학자이다'라는 문장은 이름과 술어로 구성된다. 여기서 이름은 '소크라테스'이고, 술어는 이 문장에서 '소크라테스'라는 이름을 제거하고 남은 부분이다. 그리고 문장은 뜻과 지칭체를 가지고, 또한 술어는 문장의 일부이기 때문에 술어도 뜻과 지칭체를 가진다. 프레게에 의하면 이름이 지칭하는 것은 대상이고, 술어가 지칭하는 것은 개념concept이다. 예컨대 'x는 철학자이다'라는 술어는 철학자의 개념을 지칭하고, 'x는 개이다'라는 술어는 개의 개념을 지칭한다.

그런데 여기서 한 가지 주목할 점은 프레게가 말하는 개념들과 플라톤주의에서 말하는 보편자들 사이에 중요한 차이가 있다는 사실이다. 우선 프레게에 따르면 대상들과 개념들은 범주적으로 구분된다. 예컨대 철학자의 개념은 소크라테스라는 한 대상이 논항argument으로 주어지면 참이라는 진리치를 값value으로 산출하는 일종의 함수function이다. 따라서 '소크라테스'와 같은 이름이 지칭하는 대상은 그 안에 채워져야 할 빈 부분이 없다는 의미에서 그 자체로 완전한complete 것인 반면, 'x는 철학자이다'와 같은 술어가 지칭하는 개념은 그 안에 채워져야 할 빈 부분이 있다는 의미에서 불완전한incomplete 것이다. 이와 달리 플라톤주의에서 말하는 보편자들은 그 안에 채워져야 할 빈 부분이 있는 것들이 아니다.[21]

또 한 가지 주목할 점은 프레게가 일차개념first-level concept과 이차개념 second-level concept을 구분한다는 사실이다. 일차개념은 개별적 대상들을 논항으로 취하는 일종의 일차함수이다. 예컨대 'x는 행성이다'라는 술어가 지칭하는 일차개념은 수성, 금성, 지구 등과 같은 개별적 대상들을 논항으로 취할 수 있다. 반면 이차개념은 일차개념들을 논항으로 취하는 일종의 이차함수이다. 예컨대 '(∃x)(x는 행성이다)'는 'x는 행성이다'가 지칭하는 일차개념의 사례가 있음을 표현한다. 그리고 여기서 존재양화사 '(∃x)'는 'x는 행성이다'와 같은 술어들이 지칭하는 일차개념들을 논항으로 취할 수 있는 '사례가 있다'has an instance가 표현하는 이차개념을 지칭한다.

2. 네 가지 문제들에 대한 뜻 이론의 적용

이제 프레게의 뜻 이론이 가지는 장점을 살펴보자. 이를 위해 앞서 논의했던 의미지칭이론의 네 가지 문제들을 다시 살펴보자.

존재하지 않는 것을 지칭하는 것처럼 보이는 문제

(1) 현재의 프랑스 왕은 대머리이다.

프레게의 뜻 이론은 왜 위와 같은 문장이 한편 유의미하면서도 다른 한편 부적절한지를 잘 설명해 준다. 위 문장의 주어 '현재의 프랑스 왕'은 뜻이 있는 표현이기 때문에 위 문장은 유의미하다. 그렇지만 '현재의 프랑스 왕'은 지칭하는 것이 없다. 프레게에 따르면 이와 같이 지칭체가 없는 단칭어에 술어가 적용된 문장은 지칭체를 결여한다. 따라서 (1)은 참도 아니고, 거짓도 아니다.

(2) 현재의 프랑스 왕은 존재하지 않는다.

앞서 언급한 것처럼, '현재의 프랑스 왕'은 뜻이 있기 때문에 위 문장은 유의미하다. 그런데 '현재의 프랑스 왕'은 지칭체가 없다. 따라서 (2)는 참이다.

그런데 지칭체가 없는 표현을 포함한 (2)와 같은 문장이 어떻게 참일 수 있는가? 프레게는 존재에 관한 의미론적 상승이론a semantic ascent theory of existence을 주장한다. 다음의 예들을 살펴보자.

(3) 사자는 존재한다.
(4) 용은 존재하지 않는다.

앞서 언급한 것처럼 프레게는 일차개념과 이차개념을 구분한다. 일차 개념은 개별적 대상을 논항으로 취해 진리치를 산출하는 일차함수의 역할을 한다. 예컨대 'x는 사람이다'라는 술어가 지칭하는 일차개념이 아리스토텔레스를 논항으로 취하면 참을 산출한다. 다시 말해 개별적 대상 아리스토텔레스는 사람이라는 일차개념에 속falling under한다. 그리고 이차개념은 일차개념을 논항으로 취해 진리치를 산출하는 이차함수의 역할을 한다. 예컨대 존재양화사 '(∃ x)'는 'x는 사자이다'가 지칭하는 일차개념을 논항으로 취해 참이라는 진리치를 산출한다. 다시 말해 'x는 사자이다'가 지칭하는 일차개념은 '사례가 있다'가 지칭하는 이차개념에 포섭falling within된다.

따라서 (3)은 'x는 사자이다'가 지칭하는 일차개념의 사례가 있음을 표현하고, 실제로 그런 사례가 있기 때문에 참이다. 그리고 (4)는 'x는 용이다'가 지칭하는 일차개념의 사례가 없음을 표현하고, 실제로 그런 사례가 없기 때문에 참이다. 따라서 '존재한다'는 술어가 아니라 존재양화사로서 이해돼야 하며, 존재양화사는 일차개념들이 포섭되는 이차개념을 지칭한다. 이런 이유에서 프레게에 따르면 존재는 개별자들의 속성이아니라, 이차속성, 즉 속성들의 속성이다.[22]

이제 지칭체가 없는 표현을 포함한 문장 (2)를 다시 살펴보자. 이 문장은 'x는 현재의 프랑스 왕이다'가 지칭하는 일차개념이 '사례가 있다'가지칭하는 이차개념에 포섭되지 않음을 표현한다. 그리고 실제로 이 일차개념이 적용되는 사례가 없기 때문에 (2)는 참이다. 따라서 존재에 관한프레게의 이론은 지칭체가 없는 표현을 포함한 문장이 어떻게 참일 수 있는지를 잘 설명해 준다.

동일성에 관한 프레게의 퍼즐

(5) 샛별은 샛별이다.
(6) 샛별은 개밥바라기이다.

'샛별'과 '개밥바라기'의 지칭체는 금성이다. 따라서 (6)이 참인 이유는 '샛별'과 '개밥바라기'의 지칭체가 동일하기 때문이다. 그런데 (5)와달리 (6)이 정보적인 이유는 '샛별'과 '개밥바라기'의 뜻이 서로 다르기때문이다. '샛별'의 뜻은 대략적으로 '새벽에 동쪽 하늘에 매우 밝게 보이는 별'이다. 그리고 '개밥바라기'의 뜻은 대략적으로 '저녁에 개가 배가고파서 저녁밥을 바랄 무렵에 서쪽 하늘에 밝게 보이는 별'이다. 따라서두 표현의 뜻은 서로 다르다. (6)이 정보적인 이유는 이처럼 서로 다른 뜻을 가진 두 표현들의 지칭체가 동일함을 알려 주기 때문이다.

대체실패의 문제

(7) 철수는 샛별이 샛별이라고 믿는다(Chulsoo believes that the Morning Star is the Morning Star).

(8) 철수는 샛별이 개밥바라기라고 믿는다(Chulsoo believes that the Morning Star is the Evening Star).

프레게는 위 문제를 해결함에 있어서 두 가지 제약사항을 받아들인다.

① (7)과 (8)의 진리치는 서로 다를 수 있다.
② 대체원리가 성립한다. 즉 한 문장 속의 어떤 이름을 공지칭어로 대체했을 때 전체 문장의 진리치에 변화가 없어야 한다.

(7)은 참이고 (8)은 거짓일 수 있다는 것은 부정하기 어려운 언어적 직관이다. 또한 수학은 대체원리에 기반을 둔 학문이기 때문에 대체원리를 부정하기도 어렵다. 예컨대 '2'와 '1 + 1'은 같은 수를 지칭한다. 따라서 수학등식에서 하나를 다른 하나로 대체했을 때 여전히 등식이 성립한다. 예컨대 '2 + 3 = 5'가 참이기 때문에, '(1 + 1) + 3 = 5'도 참이다. 수학자로서 프레게는 대체원리를 당연시했다. 그런데 (7)과 (8)에 포함된 '샛별'과 '개밥바라기'의 지칭체가 같다면, (7)과 (8)의 진리치가 서로 다를 수 있다는 사실을 설명하기 어렵다.

앞 절에서 지적했던 것처럼, 프레게에 따르면 문장은 뜻과 지칭체를 가진다. 문장의 뜻은 우리가 문장을 이해할 때 파악하게 되는 문장의 명제적 내용, 즉 프레게가 '생각'이라고 부르는 것이고, 문장이 지칭하는 것은 문장의 진리치이다. 또한 문장의 뜻은 문장을 구성하는 요소들의 뜻들에 의해 결정되고, 문장의 진리치는 문장을 구성하는 요소들의 지칭체들에 의해 결정된다. 그런데 (7)과 (8)에서 '샛별'과 '개밥바라기'는 다른 뜻을 가지므로 (7)의 뜻과 (8)의 뜻은 다르다. 그러나 '샛별'과 '개밥바라기'는 지칭체가 동일하므로 (7)의 지칭체와 (8)의 지칭체는 같아야 한다. 다시 말해 (7)과 (8)의 진리치는 같아야 한다. 따라서 ①과 ②의 조건들을 받아들이면서 대체실패의 문제를 해결하기 위해서는 (7)과 (8)과 같은 믿음문장 속에 있는 이름 '샛별'과 '개밥바라기'가 각기 지칭하는 것이 다르다고 봐야 한다. 그래서 프레게는 다음과 같은 해결책을 제시한다.

직접적 맥락에서 이름의 뜻은 그것의 직접적 지칭체를 결정한다. 그러나 간접적 맥락에서 이름의 뜻은 그것의 간접적 지칭체를 결정한다. 그리고 간접적 지칭체는 이것의 일상적 뜻이다.

제1장에서 논의했던 다음의 두 문장을 고려해 보자.

(9) 서울은 인구가 많다.
(10) '서울'은 이음절어이다.

(9)에서 '서울'이라는 이름은 사용되고, 그리고 이 사용을 통해 '서울'이라 불리는 특정 지역을 지칭할 수 있다. 다시 말해 (9)에서 '서울'의 지칭체는 대한민국의 수도이다. 반면 (10)의 경우처럼 우리는 어떤 언어표현에 작은따옴표를 붙임으로써 그 표현의 이름을 형성할 수 있다. 그래서 (10)에서 "'서울'"이라는 인용은 '서울'이라는 이름을 지칭한다. 다시 말

해 문장 속에서 이름이 인용되는 경우에, 그 인용된 이름은 그 이름의 일상적 지칭체가 아니라 그 이름 자체를 지칭한다. 프레게에 따르면 이와 같은 지칭체의 변환reference shift은 단지 이름이 인용되는 경우에 국한되지 않고, 간접적 맥락에서도 발생한다. 간접적 맥락은 다음과 같은 두 종류의 경우들을 포함한다. 첫 번째 종류의 경우들은 명제태도 보고들propositional attitude reports이다. 예컨대 (7)은 철수가 '샛별은 샛별이다'가 표현하는 명제에 대해 믿음이라는 태도를 가지고 있음을 보고한다. 두 번째 종류의 경우들은 간접화법 보고들indirect speech reports이다. 간접화법 보고는 어떤 사람이 말한 것을 보고한다. 예컨대 우리는 갈릴레오가 말한 어떤 내용을 다음과 같은 방식으로 보고할 수 있다. 갈릴레오는 지구가 돈다고 말했다.

프레게의 제안에 따르면 직접적 맥락에서 '샛별'은 그것의 일상적 지칭체 즉 금성을 지칭한다. 그런데 (7)에 포함된 '샛별'은 간접적 맥락 속에 있다. 그래서 '샛별'이 지칭하는 것에 변환이 일어난다. 이 경우 '샛별'이 지칭하는 것은 이것의 일상적 뜻이다. 그리고 (8)의 종속절에 있는 '개밥바라기'도 간접적 맥락 속에 있다. 따라서 그것이 지칭하는 것도 그것의 일상적 뜻이다. 그런데 '샛별'의 일상적 뜻과 '개밥바라기'의 일상적 뜻은 다르다. 따라서 '샛별'의 간접적 지칭체와 '개밥바라기'의 간접적 지칭체가 서로 다르다. 이처럼 지칭체가 다르기 때문에 하나를 다른 하나로 대체했을 때 진리치가 달라질 수 있다. 따라서 위 해결책을 받아들이면, 앞서 언급했던 ①과 ②의 조건들을 받아들이면서도 왜 (7)과 (8)의 진리치가 다를 수 있는지를 설명할 수 있다.

3. 뜻 이론의 문제점들

이 절에서 프레게의 뜻 이론이 직면하는 몇 가지 문제점들에 대해 살펴보자.

뜻의 존재론적 위상

프레게에 따르면 한 언어표현의 뜻은 그것의 지칭체가 우리에게 제시되는 한 방식이다. 그런데 그러한 방식은 지칭체 자체와는 구분된다. 또한 프레게에 의하면 한 언어표현의 뜻은 우리가 그 표현을 이해할 때 파악하게 되는 것entity이다. 그렇다면 지칭체와 구분되는 어떤 것으로서의 뜻의 존재론적 위상은 무엇인가?

앞서 언급한 바와 같이, 뜻은 물리적 영역도 아니고 심적 영역도 아닌, 제3의 영역에 속하는 것이다. 그리고 제3의 영역은 우리가 인과적으로 접근할 수 없는 영역이다. 그렇다면 제3의 영역은 형이상학적 우주 속 어디에 있는가? 제3의 영역이 있다 하더라도, 그 영역에 속하는 뜻은 어떤 종류의 것이고, 어떤 방식으로 있는가? 이런 의문들에 대해 적절히 답하기 어렵다. 더 나아가, 한 언어표현의 뜻은 우리가 그 표현을 이해할 때 파악하는 것으로서, 물리적 대상과는 구분되는, 일종의 추상적 대상이다. 따라서 앞 장에서 논의했던 콰인의 존재론적 허용가능성 기준을 상기할 필요가 있다. 이 기준에 의하면 "동일성이 없으면 대상도 없다"No entity without identity. 다시 말해 대상은 그것을 다른 것들과 구분시켜 주는 동일성 조건이 성립하는 한에서만 존재론적으로 (진정한 대상으로서) 허용될 수 있다. 그런데 프레게가 말하는 뜻들이 이와 같은 동일성 조건을 충족할 수 있는지 분명치 않다. 예컨대 '샛별'이란 이름과 관련된 뜻은 과연 몇 개인가? 프레게가 쓴 논문 「뜻과 지칭체에 관하여」 속에는 과연 몇 개의 뜻들이 있는가? 이와 같은 물음에 답하기 쉽지 않다. 따라서 프레게의 뜻 이론은 존재론적 위상이 분명치 않은 것들에 대해 존재론적 커미트먼트 ontological commitment를 요구하는 이론이라고 말할 수 있다.

뿐만 아니라 프레게에 의하면 술어가 지칭하는 개념도 객관적인 것이다. 그리고 개념은 대상과 범주적으로 구분된다. 그렇다면 개념의 존재론적 위상은 무엇인가? 개념은 물리적 대상이 아니므로 물리적 영역에 속할 수 없다. 또한 개념은 주관적인 것이 아니므로 심적 영역에도 속할 수 없다. 따라서 개념들도 뜻들과 마찬가지로 제3의 영역에 속해야 한다. 그렇지만 뜻과 개념은 범주적으로 전혀 다르다. 술어가 지시하는 것은 개념이다. 그리고 술어의 뜻은 우리가 술어를 이해할 때 파악하는 것이다. 다시 말해 개념이 우리에게 제시되는 방식이다. 그렇다면 이처럼 범주적으로 전혀 다른 것들이 어떻게 같은 영역에 속할 수 있는가? 또한 프레게에 의하면 일차개념들도 있지만, 이차개념들도 존재한다. 앞 절에서 언급한 바와 같이, 존재양화사 '($\exists$x)'는 'x는 행성이다'와 같은 술어가 지칭하는 일차개념을 논항으로 취할 수 있는 '사례가 있다'가 표현하는 이차개념을 지칭한다. 그렇다면 그와 같은 이차개념은 어디에 있는가? 일차개념들과 마찬가지로 제3의 영역에 속하는가? 이런 의문들에 대해 답하기 쉽지 않다.

동의어와 관련된 문제

다음의 두 문장들을 고려해 보자.

(11) 아버지의 육촌 형제는 아버지의 육촌 형제이다.

(12) 아버지의 육촌 형제는 재당숙再堂叔이다.

　'아버지의 육촌 형제'와 '재당숙'은 동의어이다. 즉 뜻이 같다. 따라서 간접적 맥락 속에서 양자의 간접적 지칭체도 같아야 한다. 그렇다면 간접적 맥락 속에서 하나를 다른 하나로 대체해도 진리치가 변하지 말아야 한다. 그러나 '아버지의 육촌 형제'와 '재당숙'이 동의어임을 몰라서, (11)은 믿지만, (12)는 믿지 않는 사람이 있을 수 있다. 따라서 대체실패의 문제에 관한 프레게의 제안은 위와 같이 동의어와 관련된 대체실패의 문제를 해결하지 못한다.

　이제 위 문제에 대한 한 가지 가능한 답변을 생각해 보자. 만약 어떤 문장에 포함된 표현 a를 다른 표현 b로 대체했을 때 전체 문장의 진리치에 변화가 발생한다면, a의 간접적 지칭체와 b의 간접적 지칭체는 동일하지 않다. 다시 말해 a의 일상적 뜻과 b의 일상적 뜻은 동일하지 않다. 그런데 위의 예에서 '아버지의 육촌 형제'와 '재당숙'의 경우는 그와 같은 대체실패가 발생할 수 있는 경우이다. 따라서 두 표현의 일상적 뜻은 동일하지 않다.

　그런데 프레게의 입장이 만약 위와 같은 것이라면, 그의 견해는 우리 언어에 실제로 동의어가 없다는 결론을 함축한다. 왜냐하면 우리가 일반적으로 동의어라고 여기는 그 어떤 상이한 표현들에 대해서도 그것들이 동의어임을 모르는 사람이 있을 수 있고, 따라서 대체실패가 발생할 수 있기 때문이다. 그러나 우리 언어에 실제로 동의어가 없다는 결론은 선뜻 받아들이기 쉽지 않다.

간접적 뜻과 관련된 문제

다음의 두 문장들을 다시 살펴보자.

(6) 샛별은 개밥바라기이다(The Morning Star is the Evening Star).

(8) 철수는 샛별이 개밥바라기라고 믿는다(Chulsoo believes that the Morning Star is the Evening Star).

간접화법 문장 (8)에서 '샛별'은 이것의 간접적 지칭체를 지칭한다. 이 간접적 지칭체는 '샛별'의 일상적 뜻이다. 그렇다면 (8)에서 '샛별'의 간접적 뜻은 무엇인가? 이것은 '샛별'의 간접적 지칭체가 제시되는 한 방식 a mode of presentation of its indirect referent일 것이다. 다시 말해 '샛별'의 일상적 뜻(즉 금성이 제시되는 방식)이 제시되는 한 방식일 것이다. 우선 일상적 뜻이 제시되는 한 방식이 무엇인지 이해하기 쉽지 않다. 좀 더 심각한 문제는 다음과 같이 중첩된 믿음 문장과 관련하여 발생한다.

(13) 영수는 철수가 샛별이 개밥바라기라고 믿는다는 것을 믿는다(Young-soo believes that Chulsoo believes that the Morning Star is the Evening Star).

앞서 언급한 것처럼 (8)에서 '샛별'이 지칭하는 것은 이것의 간접적 지칭체, 즉 '샛별'의 일상적 뜻이고, '샛별'의 뜻은 이 간접적 지칭체가 제시되는 한 방식이다. 그렇다면 (13)의 경우처럼 믿음명제가 다른 믿음의 내용인 경우에 '샛별'의 지칭체와 뜻은 각각 무엇인가? 한 가지 자연스러운 답변은 다음과 같다. (13)에서 '샛별'의 지칭체는 (8)에서의 '샛별'의 뜻이다. 그리고 (13)에서 '샛별'의 뜻은 (13)에서의 '샛별'의 지칭체가 제시되는 한 방식이다. 그런데 우리는 원리상 무한히 많은 중첩된 믿음문장들을 구성할 수 있다. 따라서 원리상 무한히 많은 수의 뜻들이 존재하게 된다. 그리고 이 뜻들은 각각 의미론적으로 원초적이다. 그러나 우리는 오직 유한한 수의 원초적 표현들을 가진 언어만을 배울 수 있다. 따라서 위와 같은 방식으로 간접적 뜻을 이해하게 되면 우리가 어떻게 언어를 배울 수 있는지 설명하기 어렵게 된다.[23]

위와 같은 문제 때문에 더밋(Dummett, 1981, pp. 268~269)은 단어(또는 문장)의 뜻을 직접적 맥락과 간접적 맥락에서 동일한 것으로 간주할 것을 제안한다. 이 제안에 의하면 일상적 뜻과 구분되는 간접적 뜻은 없다. 따라서 (6)과 같은 직접적 맥락 속에서의 '샛별'의 뜻과 (8)과 같은 간접적 맥락 속에서의 '샛별'의 뜻은 동일하다. 그러면 무한히 많은 수의 원초적인 뜻들이 있다는 함축을 피할 수 있다.

그러나 위 제안에도 여전히 문제가 있다. 위 제안에 따르면 (8)에서 '샛별'의 (간접적) 지칭체는 이것의 일상적 뜻이고, '샛별'의 뜻도 이것의 일상적 뜻이다. 그러나 뜻과 지칭체는 범주적으로 다르다. 다시 말해 한 지칭체가 우리에게 제시되는 한 방식은 그 지칭체 자체와 근본적으로 다르다. 예컨대 '샛별'의 일상적 뜻에 의해 결정되는 지칭체인 금성은 물리적 영역에 속하는 반면, 이것의 뜻은 제3의 영역에 속한다. 이처럼 지칭체와 뜻이 범주적으로 서로 다른 것들이라면, (6)과 같은 직접적 맥락에서 (8)과 같은 간접적 맥락으로 변화가 일어난다고 해서, 어떻게 동일한 것이 표현의 뜻이면서 동시에 표현의 지칭체가 될 수 있는가? 또한 어떻게 (일상적) 뜻이 (간접적) 지칭체가 될 수 있는가? 다시 말해 지칭체가 제시되는 한 방식이 어떻게 지칭체가 될 수 있는가?

위와 같은 물음들에 대해 적절한 답이 제시되지 않는 한, 대체실패의 문제에 관한 프레게의 해결책은 단지 임기응변적*ad hoc*인 해결책에 불과하다.

간접적 맥락 속에서의 동일성의 의미

프레게에 따르면 간접적 맥락 속에서 단칭어가 지칭하는 것은 그것의 일상적 뜻이다. 그러나 이 견해를 받아들이면 간접적 맥락 속에 포함된 동일성의 의미를 이해하기 어렵게 된다. 다음의 예를 다시 살펴보자.

> (8) 철수는 샛별이 개밥바라기와 동일하다고 믿는다(Chulsoo believes that the Morning Star = the Evening Star).

위 문장에서 '샛별'이 지칭하는 것이 이것의 일상적 뜻이고, '개밥바라기'가 지칭하는 것이 이것의 일상적 뜻이라면, 양자가 지칭하는 것은 다르다. 그런데 그렇게 되면 종속절 문장 '샛별 = 개밥바라기'가 거짓이 된다. 그러나 철수가 믿는 내용은 '샛별'과 '개밥바라기'가 동일한 것을 지칭한다는 것이다. 따라서 간접적 맥락과 관련된 프레게의 견해를 받아들이게 되면 (8)과 같은 종류의 문장을 이해하기 어렵게 된다.

간접적 맥락 속에 있는 이름의 의미와 관련된 문제

프레게에 따르면 일상적 이름들과 확정기술구들은 뜻을 가진다. 그리고 일상적 이름들과 확정기술구들은 근본적으로 동일한 범주, 즉 단칭어의 범주에 속한다. 더 나아가, 그에 따르면 이름의 뜻은 확정기술구에 의해 표현될 수 있다. 다음의 예를 살펴보자.

(14) 철수는 그가 철수가 아니라고 믿도록 영희를 속였다(Chulsoo fooled Younghee into believing that he wasn't Chulsoo).

위 문장에서 대명사 '그'he는 앞에 나오는 이름인 '철수'의 대용어代用語, anaphor이다. 따라서 이 대명사는 이것의 선행어에 의해 대체될 수 있다. 그런데 프레게에 따르면 이름의 뜻은 확정기술구로 표현될 수 있다. 예컨대 '아리스토텔레스'의 한 뜻은 '플라톤의 가장 유명한 제자'일 수 있다. 또한 프레게에 의하면 간접적 맥락 속에서 확정기술구가 지칭하는 것은 이것의 일상적 뜻이다. 이제 철수의 일상적 뜻이 예컨대 '옆집에 사는 안과의사'라고 가정해 보자. 이 경우 프레게의 설명에 따르면 (14)는 영희가 '옆집에 사는 안과의사는 옆집에 사는 안과의사가 아니다'라는 부조리한 믿음을 갖고 있음을 보고하는 것으로 해석돼야 한다.[24] 한 가지 예를 더 살펴보자.

(15) 사담 후세인은 생포되었지만, 단지 소수의 사람들만이 그가 생포되리라고 믿었다(Saddam Hussein was captured alive, but few people believed that he would be captured alive).

(15)에 있는 대명사 '그'는 앞에 나오는 이름 '사담 후세인'의 대용어이다. 따라서 이 이름과 이 대명사는 동일한 대상을 지칭해야 한다. 그러나 프레게의 분석에 따르면 (15)에서 이름 '사담 후세인'의 지칭체는 사담 후세인이지만, 뒤에 나오는 대명사 '그'는 간접적 맥락 속에 있기 때문에 이것의 지칭체는 '사담 후세인'의 일상적 뜻이다.[25]

요컨대 프레게의 설명은 (14), (15)와 같은 종류의 문장들에 대한 적절한 분석을 제시하지 못한다.

지칭체가 없는 이름들에 관한 퍼즐

프레게에 따르면, 이름의 뜻은 이름의 지칭체가 우리에게 제시되는 한 방식이다. 그런데 뜻에 관한 이러한 설명은 지칭체가 없는 이름들empty names의 뜻을 설명하기 어렵다. 왜냐하면 지칭체가 애당초 없는 이름의 경우에는 지칭체가 우리에게 제시되는 방식도 마찬가지로 없을 것이기 때문이다.[26]

이제 위 문제에 대한 한 가지 가능한 답변을 생각해 보자. 프레게에 따르면 어떤 이름이 지칭체를 결여할 때 그 이름에 임의의 지칭체, 예컨대 자연수 0과 같은 지칭체를 부여할 수 있다.[27] 그러나 이 제안에도 여전히 큰 난점이 있다. 예컨대 다음 문장들을 고려해보자.

(16) 셜록 홈즈는 탐정이다.
(17) 페가수스는 탐정이다.

만약 우리가 두 허구의 이름 '셜록 홈즈'와 '페가수스'에 동일한 자연수 0을 지칭체로 부여하게 되면, (16)과 (17)은 동일한 대상에 대한 주장이 된다. 즉 (16)과 (17)은 둘 다 0에 대한 주장이 된다. 그러나 이것은 매우 반직관적이다. 그렇다면 우리가 두 이름에 대해 서로 다른 임의의 지칭체를 부여하는 경우를 생각해 보자. 예컨대 셜록 홈즈에는 자연수 0을 페가수스에는 자연수 1을 지칭체로 부여하는 경우를 생각해 보자. 이 경우에도 (16)이 자연수 0에 관한 주장이라는 데 변화가 없고, 따라서 여전히 반직관적이다. 더 나아가, '셜록 홈즈'가 0이 우리에게 제시되는 한 방식일 수 있다는 생각도 매우 반직관적이다.

지칭체가 없는 이름과 관련하여 생각해 볼 만한 또 다른 문제는 다음과 같다. 앞서 언급한 것처럼, 프레게에 따르면 이름의 뜻은 확정기술구에 의해 표현될 수 있다. 그런데 한 확정기술구의 뜻은 그 기술구에 부합하는 대상이 실제로 존재하는지와 독립적이다. 예컨대 '현재의 프랑스 왕'은 그것이 지칭하는 대상이 없는 현재나 루이 14세를 지칭하던 1700년이나, 루이 16세를 지칭하던 1790년에서나 그 뜻이 같다. 따라서 프레게는 담지자bearer가 없는 이름도 담지자가 있는 이름과 동일한 방식으로 뜻을 가질 수 있다고 주장한다. 그는 다음과 같이 말한다.

> '오디세우스는 깊이 잠든 상태에서 이타카 해변에 도착했다'는 문장은 명백히 뜻을 가진다. …… 만약 그 문장의 뜻, 즉 그 생각만이 문제가 된다면, 그 문장의 일부분의 지칭에 대해 염려할 필요가 없다. 그 문장 전체의 뜻과 관련된 것은 그 부분의 지칭이 아니라, 그 부분의 뜻이다. 그 생각은 '오디세우스'가 지칭체를 가지는지 여부와 상관없이 동일하게 유지된다(Frege, 1892, pp. 62~63).

따라서 프레게의 견해에 의하면 '오디세우스'가 실존했던 인물을 지칭하는 이름인지 아니면 한 신화적 캐릭터의 이름에 불과한지에 대해 전혀 몰라도 우리는 '오디세우스는 깊이 잠든 상태에서 이타카 해변에 도착했다'라는 문장의 의미를 잘 이해할 수 있다. 그런데 이와 같은 생각은 의미론적 내재주의에 기반을 둔 것이다. 의미론적 내재주의에 따르면 생각의 내용은 머리 안쪽의 내적인 요인들에 의해 전적으로 결정된다. 반면 의미론적 외재주의에 따르면 생각의 내용은 머리 안쪽의 내적인 요인들에 의해 전적으로 결정되는 것이 아니다.

그런데 의미론적 내재주의는 논란의 여지가 많다. 우선 주체가 파악하는 어떤 이름의 뜻은 그 이름의 지칭체를 결정하는 데 불충분할 수 있다. 다음의 예를 살펴보자. 길수는 '나는 영희를 사랑한다'고 생각한다. 그리고 길수가 '영희'라는 이름을 통해 파악하는 뜻은 '우리 동네에서 가장 예쁜 처녀'이다. 그런데 길수는 아직 잘 모르고 있지만, 영희는 일란성 쌍둥이 동생이 있고, 그 동생의 이름은 영자이다. 영희와 영자는 일란성 쌍둥이기 때문에 외모에서 서로 구분되지 않는다. 이 경우 우리가 길수의 머릿속을 자세히 들여다볼 수 있고, 또한 길수가 파악하는 '영희'의 뜻을 완벽히 이해할 수 있다 할지라도, 그 뜻이 지칭하는 대상이 누구인지 결정할 수 없다. 왜냐하면 '우리 동네에서 가장 예쁜 처녀'라는 기술구가 영희에게 적용된다면, 그 기술구는 마찬가지로 영자에게도 적용될 것이기 때문이다. 이처럼 오직 마음속에 있는 것들만을 통해서는 '영희'와 같은 이름의 지칭체를 결정할 수 없다. 이런 이유에서 '의미는 머릿속에 있다'는 의미론적 내재주의는 옳지 않다.[28]

또한 이름의 뜻은 이름이 적용되는 대상이 실제로 존재하는지와 독립적이라는 프레게의 견해에도 논란의 여지가 많다. 허구의 이름fictional name과 실제 이름의 차이는, 이름에 대응하는 담지자가 우리의 머리 밖의 실재세계에 있는지 여부에 관한 우연적 사실에 의해 전적으로 결정되는 것이 아니다. 허구의 이름을 사용하는 경우엔 애당초 지칭의도가 없다. 예컨대 셜록 홈즈의 캐릭터에 부합하는 사람이 우연히 존재한다고 해도, 그는 우리가 의도하는 셜록 홈즈가 아니다. 따라서 '셜록 홈즈'와 같은 허구의 이름의 의미를 적절히 이해하는 것에는 그 이름이 우리의 공적公的 언어 속에서 허구의 이름으로 도입됐고, 따라서 그 이름이 옳게 적용되는 대상이 실재세계에 존재하지 않는다는 것이 포함돼야 한다. 그리고 허구의 이름에 관한 이와 같은 사실은 머리 안쪽의 내적인 요인들에 의해 전적으로 결정되는 것이 아니다.[29]

맥락 의존적 표현들에 관한 문제

맥락 의존적 표현은 '나'I, '지금'now, '여기'here, '오늘'today 등과 같이 그 표현을 사용한 화자가 누구인지, 그 화자가 언제 그리고 어디서 그 표현을 사용했는지에 따라 그 표현이 포함된 문장의 진리조건이 바뀌는 표현이다. 이제 어떤 사람 a가 큰 자동차 사고를 당한 후 의식불명 상태에 빠졌다가 가까스로 깨어났다고 하자. 그런데 안타깝게도 기억상실증에 걸려 자신이 누구인지 전혀 기억하지 못한다고 가정해 보자. 그런 상황에서도 a는 '나는 내가 누구인지 전혀 기억나지 않는다', '여기가 어디인지 모르겠다'와 같은 말을 할 수 있다. 이 경우 a가 사용한 표현 '나'는 유의미하므로 뜻과 지칭체를 가져야 한다. 그리고 이 표현의 지칭체는 a이다. 그렇다면 이 표현의 뜻은 무엇인가?

앞서 지적한 바와 같이, 프레게에 따르면 단칭어의 뜻은 단칭어의 지칭체를 결정하며, 또한 단칭어의 뜻은 확정기술구에 의해 표현될 수 있다. 그러나 a는 기억상실증에 걸려 있기 때문에 자신이 누구인지 전혀 모른다. 따라서 그가 '나'라는 표현을 이해함으로써 내적으로 파악하는 의미는 그가 유일하게 만족하는 (맥락 의존적 표현을 포함하지 않는) 어떤 확정기술구에 의해 표현될 수 없다. 따라서 '나'의 의미는 그것의 지칭체가 유일하게 만족하는 (맥락 의존적 표현을 포함하지 않는) 그 어떤 확정기술구와도 의미론적으로 동등하지 않다.[30]

또한 프레게에 따르면 문장도 뜻과 지칭체를 가진다. 문장의 뜻은 우리가 문장을 이해할 때 파악하게 되는 문장의 명제적 내용이고, 문장의 지칭체는 문장의 진리치이다. 이제 '오늘은 토요일이다'라는 문장을 살펴보자. 그 문장의 뜻, 즉 그 문장이 표현하는 명제적 내용은 무엇인가? 그 명제적 내용은 그 문장의 진리치를 결정해 주는 것이어야 한다. 그렇다면 그 문장의 진리치는 무엇인가? '오늘'의 문자적 의미를 이해하는 사람도 그 문장이 어느 날짜에 사용된 것인지를 모르면 그 문장의 진리치를 결정할 수 없다.

그러나 프레게는 단어의 뜻을 맥락과 무관하게 그것의 지칭체를 결정해 주는 것으로 간주한다. 또한 그는 문장의 뜻을 맥락과 무관하게 그것의 진리치를 결정해 주는 것으로 간주한다. 그러나 위 예들이 보여 주는 것처럼 '나', '오늘'과 같은 맥락 의존적 표현이 무엇을 지칭하는지는 화자의 마음속에서 무엇이 발생하고 있는지가 아니라, 그와 같은 표현이 사용된 맥락, 즉 누가 '나'라는 표현을 사용했는지, 또는 어느 날짜에 '오늘'이라는 표현이 사용됐는지에 의해 결정된다. a가 사용한 표현 '나'는 a를 지칭하고, b가 사용한 표현 '나'는 b를 지칭한다. 그리고 '오늘은 토요일이다'라는 문장이 2016년 3월 26일 사용되었다면 참이고, 그 다음 날 사용되었다면 거짓이다. 이런 이유에서 언어표현이 어떤 외적 조건하에서 사용되었는지가 그 표현의 지칭체와 그 표현이 포함된 문장의 진리조건을 결정하는 데 중요한 역할을 한다. 따라서 프레게의 뜻 이론은 맥락 의존적 표현들에 잘 적용되지 않는다. 또한 지칭체와 진리조건을 결정하는 데 외적 맥락이 중요하기 때문에 의미가 전적으로 우리에게 내적인 것들에 의해 결정된다는 의미론적 내재주의는 설득력이 부족하다.[31]

문장의 뜻과 지칭체

프레게는 앞서 언급한 것처럼 뜻과 지칭체의 구분을 문장의 경우에도 마찬가지로 적용한다. 문장의 뜻은 우리가 문장을 이해할 때 파악하게 되는 문장의 명제적 내용이고, 문장의 지칭체는 문장의 진리치이다. 따라서 프레게에 의하면 참과 거짓은 문장들의 지칭체로서 일종의 대상들이다. 그러나 이름의 역할과 문장의 역할을 동질적인 것으로 취급하는 것은 이름과 문장 사이의 중요한 차이를 간과하는 것이다.

첫째, 이름 '버락 오바마'가 특정인을 지칭하는 것과 같은 의미에서 '버락 오바마는 제44대 미국 대통령이었다'라는 문장이 참을 지칭한다고 말하기 어렵다. '버락 오바마'의 지칭체 즉 버락 오바마가 특정한 대상인 점은 분명하다. 그러나 참이라는 특정한 대상이 있다고 보기 어렵다. 다시 말해 '버락 오바마는 미국의 44대 대통령이었다'라는 문장은 참이라는 속성을 지니고, '버락 오바마는 여성이다'라는 문장은 거짓이라는 속성을 지닌다고 말할 수 있으나, 이와 같은 문장들이 참 또는 거짓이라는 대상을 지칭한다고 생각해야 할 좋은 이유가 없다.

둘째, 문장은 어떤 것의 이름으로 사용되는 것이 아니라 무언가를 주장하거나, 가정하거나 등의 전혀 다른 목적으로 사용된다. '버락 오바마'는 버락 오바마의 이름으로 사용되지만, '버락 오바마는 미국의 제44대 대통령이었다', '지구는 태양 주위를 공전한다', '2 + 2 = 4' 등등의 모든 참인 문장들은 진리치 참의 이름으로 사용되는 것이 아니다.

위와 같은 중요한 차이점들을 고려할 때 문장이 지칭하는 것은 문장의 진리치라는 프레게의 주장은 설득력이 부족하다.

고틀로프 프레게 Gottlob Frege

제 4 장

러셀의 확정기술이론

표상주의 의미론

러셀은 그의 논문 「지시에 관하여」(Russell, 1905b)에서 이른바 '확정기술이론'the theory of definite descriptions을 제시한다. 이 이론은 현대논리학의 엄밀한 기호체계를 활용하여 철학문제를 분석함으로써 성취할 수 있는 강력한 힘과 장점을 보여 준다. 이런 이유에서 프랭크 램지Frank Ramsey는 이이론이 "철학의 패러다임"을 보여 줬다고 말한다.[32] 이 장에서 우리는 이처럼 높은 평가를 받는 러셀의 확정기술이론에 대해 살펴볼 것이다.

1. 확정기술구와 진정한 단칭어

우선 러셀은 마이농식의 과도한 존재론을 받아들이지 않는다. 이와 같은 과도한 존재론은 우리의 강건한 실재감각에 어긋나기 때문이다. 러셀은 다음과 같이 말한다.

논리학은 동물학이 그런 것처럼 유니콘을 승인해서는 안 된다. 왜냐하면 논리학은 비록 동물학보다는 실재세계의 더 추상적이고 더 일반적인 특성들에 관심을 갖지만, 동물학만큼이나 진정으로 실재세계에 관한 것이기 때문이다. …… 오직 단 하나의 세계, 실재세계만이 있다. …… 실재감각은 논리학에서 필수적이다. 마치 햄릿이 또 다른 종류의 실재인 척함으로써 실재감각을 기만하는 사람은 그가 누구든 우리 사유에 몹쓸 짓을 하는 것이다. 강건한 실재감각은 유니콘, 황금산, 둥근 정사각형 그리고 그 외의 사이비 대상들pseudo-objects에 관한 명제들을 옳게 분석하기 위해 반드시 필요하다(Russell, 1919, pp. 169~170).

또한 러셀은 프레게가 주장하는 뜻과 지칭체의 구분을 받아들이지 않는다. 그에 따르면 이름의 의미는 지칭체이다.

이름은 그것의 의미인 대상을 직접적으로 지칭하는 단순기호이다. 또한 이 의미를 그것 자체로, 즉 모든 다른 단어들의 의미와 독립적으로 소유한다(Russell, 1919, p. 174).

요컨대 러셀의 확정기술이론의 목적은 한편 마이농식의 과도한 존재론을 배격하고, 다른 한편 뜻과 지칭체의 구분을 받아들이지 않으면서도 확정기술구의 의미와 관련된 난점들을 해결하는 것이다. 그렇다면 러셀의 해결책은 무엇인가?

러셀에 따르면, 확정기술구를 포함하는 문장은 기술구를 포함하지 않는 문장들의 집합으로 분석될 수 있다. 예컨대 다음의 문장을 살펴보자.

(*) 『이방인』의 그 저자는 프랑스 사람이었다(The author of The Stranger was French).

위 문장은 다음의 세 문장들의 연언으로 분석될 수 있다.

① 적어도 한 사람이 『이방인』을 썼다.

& ② 기껏해야 한 사람이 『이방인』을 썼다.

& ③ 『이방인』을 쓴 사람은 그가 누구든 프랑스 사람이었다.

그리고 위 세 문장들은 다음과 같이 기호화될 수 있다. 여기서 'Sx'는 'x는 『이방인』을 썼다'라는 술어이고, 'Fx'는 'x는 프랑스 사람이었다'라는 술어이다.

① $(\exists x)Sx$

& ② $(\forall x)(\forall y)((Sx \,\&\, Sy) \supset x = y)$

& ③ $(\forall x)(Sx \supset Fx)$

다시 말해 '『이방인』의 그 저자'라는 확정기술구를 포함하는 문장 (*)는 ①, ②, ③의 연언과 논리적으로 동치이다.[33] 또한 ①, ②, ③에는 '『이방인』의 그 저자'라는 확정기술구가 더 이상 포함되어 있지 않다. 이와 같은 러셀의 분석은 다음과 같은 중요한 특징을 지닌다.

①, ②, ③의 연언은 확정기술구 '『이방인』의 그 저자'에 대한 명시적 정의explicit definition가 아니다. 예컨대 '총각'은 '결혼하지 않은 남자'로 명시적으로 정의될 수 있다. 반면 러셀의 분석은 확정기술구에 대해 이와 같은 명시적 정의가 아니라, 맥락적 정의contextual definition를 제시한다. 다시 말해 확정기술구가 포함된 문장의 맥락 속에서 그것이 의미하는 바를 설명한다.

예컨대, 확정기술구가 포함된 (*)와 같은 문장의 의미는 확정기술구가 포함되어 있지 않은 '① & ② & ③'과 같은 연언 문장에 의해 맥락적으로 정의된다. 따라서 '『이방인』의 그 저자'와 같은 확정기술구는 위 분석을 통해 사라진다. 이 사실이 보여 주는 바는, 표층문법surface grammar의 차원에서 『이방인』의 그 저자'는 단칭어이지만, 심층문법deep grammar의 차원에서 진정한 단칭어가 아니다. 따라서 프레게와 달리 러셀은 확정기술구들을 이름들과 근본적으로 다른 범주의 표현들로 간주한다.

그리고 확정기술구가 진정한 단칭어가 아니라면, '확정기술구의 의미는 그것의 지칭체이다'라는 논제는 옳지 않다. 그런데 이 논제가 옳지 않은 이유는 의미지칭이론이 옳지 않아서가 아니라, 확정기술구가 애당초 진정한 단칭어가 아니기 때문이다. 이런 이유에서 러셀은 '진정한 단칭어의 의미는 그것의 지칭체이다'라는 논제가 여전히 성립한다고 주장한다.

2. 네 가지 문제들에 대한 러셀의 해결

이 절에서 우리는 러셀의 확정기술이론이 의미지칭이론의 네 가지 문제들을 어떻게 해결하는지에 대해 살펴볼 것이다.

존재하지 않는 것을 지칭하는 것처럼 보이는 문제

(1) 현재의 프랑스 왕은 대머리이다(The present King of France is bald).

러셀의 분석에 따르면 (1)은 다음과 같이 분석될 수 있다.

(1') $(\exists x)(Fx \,\&\, (\forall y)(Fy \supset x = y) \,\&\, Bx)$[34]

여기서 'Fx'는 'x는 프랑스의 왕이다'라는 술어이고, 'Bx'는 'x는 대머리이다'라는 술어이다. 이 경우 (1')은 '정확히 한 명의 프랑스 왕이 존재하고 또한 그는 대머리이다'를 의미한다. 또한 (1') 속에 '현재의 프랑스 왕'이라는 확정기술구는 더 이상 포함되어 있지 않다. 따라서 러셀의 분석에 의하면 '현재의 프랑스 왕'은 진정한 단칭어가 아니다. 그래서 그것의 의미는 그것의 지칭체에 의해 설명될 필요가 없다. 대신 (1)의 의미는 양화사들과 술어들로 이루어진 (1')의 의미로 설명될 수 있다. 따라서 '현재의 프랑스 왕'에 부합하는 대상이 없어도 (1)은 여전히 유의미하다.

부정존재진술의 문제

(2) 현재의 프랑스 왕은 존재하지 않는다(The present King of France does not exist).

러셀의 분석에 따르면 (2)는 다음과 같이 분석될 수 있다.

(2') ~($\exists x$)(Fx & ($\forall y$)(Fy $\supset$ x = y))

다시 말해 (2)는 정확히 한 명의 프랑스 왕이 존재함을 부정하는 문장이다. 따라서 이 문장은 유의미하고, 이것의 진리치는 참이다. 왜냐하면 '($\exists x$)(Fx & ($\forall y$)(Fy $\supset$ x = y))'의 진리치, 즉 '정확히 한 명의 프랑스 왕이 존재한다'의 진리치가 거짓이기 때문이다.

동일성에 관한 프레게의 퍼즐

(3) 『이방인』의 저자는 『이방인』의 저자이다(The author of *The Stranger* is the author of *The Stranger*).

(4) 『이방인』의 저자는 『페스트』의 저자이다(The author of *The Stranger* is the author of *The Plague*).

『이방인』과 『페스트』의 저자는 둘 다 알베르 카뮈Albert Camus이다. 그러나 (3)과 (4) 사이에는 중요한 인지적 차이가 있다. 『이방인』을 쓴 유일한 저자가 있다는 가정하에서 (3)은 우리에게 유용한 정보를 제공하지 않지만, (4)는 『이방인』과 『페스트』라는 두 책의 저자가 동일인이라는 실질적 정보를 우리에게 제공한다. 그렇다면 왜 이와 같은 인지적 차이가 발생하는가?

'Sx'는 'x는 『이방인』을 썼다'라는 술어이고, 'Px'는 'x는 『페스트』를 썼다'라는 술어라고 하자. 그러면 (3)과 (4)는 다음과 같이 분석될 수 있다.

(3') $(\exists x)((Sx \,\&\, (\forall y)(Sy \supset x = y)) \,\&\, (\exists u)(Su \,\&\, (\forall v)(Sv \supset u = v)) \,\&\, x = u)$

(4') $(\exists x)((Sx \,\&\, (\forall y)(Sy \supset x = y)) \,\&\, (\exists u)(Pu \,\&\, (\forall v)(Pv \supset u = v)) \,\&\, x = u)$

(3')이 주장하는 것은 『이방인』을 쓴 유일한 저자 x와 『이방인』을 쓴 유일한 저자 u가 동일한 대상이라는 것이다. 반면 (4')이 주장하는 것은 『이방인』을 쓴 유일한 저자 x와 『페스트』를 쓴 유일한 저자 u가 동일한 대상이라는 것이다. 따라서 (3')에 비해 (4')이 훨씬 더 정보적인 주장이다. 또한 (3')과 (4')이 잘 보여 주는 것처럼, (3)과 (4)는 논리적으로 동일성 문장이 아니라 서로 다른 매우 복잡한 양화문장들이다. 따라서 우리는 왜 (3)과 (4) 사이에 인지적 차이가 발생하는지를 잘 이해할 수 있다.

(5) 철수는 『이방인』의 저자가 『이방인』의 저자라고 믿는다.

(6) 철수는 『이방인』의 저자가 『페스트』의 저자라고 믿는다.

앞서 언급한 것처럼, (3)과 (4)는 동일성 문장들이 아니라, 서로 다른 복잡한 양화문장들이다. 다시 말해 (5)와 (6)에서 철수의 믿음내용들은 매우 복잡한 양화명제들이다. 따라서 '『이방인』의 저자'라는 확정기술구는 '『페스트』의 저자'라는 확정기술구에 의해 대체될 수 없다. 이런 이유에서 (5)와 (6)은 대체원리의 반례가 아니다.

결론적으로, 러셀의 확정기술이론에 따르면 앞서 논의했던 네 가지 문제들은 '진정한 단칭어의 의미는 그것의 지칭체이다'라는 논제에 전혀 문젯거리가 되지 않는다.

3. 좁은 범위의 부정과 넓은 범위의 부정

이제 다음과 같은 부정 진술을 고려해 보자.

(7) 현재의 프랑스 왕은 대머리가 아니다(The present King of France is not bald).

러셀에 따르면 (7)은 두 가지의 의미로 해석될 수 있다.

① $(\exists x)(Fx \,\&\, (\forall y)(Fy \supset x = y) \,\&\, {\sim}Bx)$

② ~(∃x)(Fx & (∀y)(Fy ⊃ x = y) & Bx)

첫 번째 해석에 따르면 정확히 한 명의 프랑스 왕이 존재하고 또한 그
는 대머리가 아니다. 그리고 이 해석에 따르면 부정기호 '~'의 적용범위
는 'x는 대머리이다'라는 술어에 국한된다. 따라서 이 경우의 부정기호는
좁은 범위narrow scope의 부정기호이다. 두 번째 해석에 따르면 '정확히 한
명의 프랑스 왕이 존재하고 또한 그는 대머리이다'라는 것은 참이 아니
다. 그리고 이 해석에 따르면 부정기호 '~'의 적용범위는 '정확히 한 명의
프랑스 왕이 존재하고 또한 그는 대머리이다'라는 문장 전체이다. 따라서
이 경우의 부정기호는 넓은 범위wide scope의 부정기호이다.

위와 같은 이유에서 러셀의 분석은 왜 (7)과 같은 일상적 문장이 애매
한지를 잘 설명해 준다. 또한 러셀의 분석은 배중률을 유지할 수 있도록
해 준다. 다음의 선언문장을 고려해 보자.

(8) 현재의 프랑스 왕은 대머리이거나 또는 현재의 프랑스 왕은 대머리가
아니다(The present King of France is bald or the present King of France is not bald).

프레게에 따르면 위 문장은 참도 아니고, 거짓도 아니다. 왜냐하면 '현
재의 프랑스 왕'이라는 단칭어는 비록 뜻은 있지만, 지칭체를 결여하기
때문이다. 배중률에 따르면 임의의 평서문 'A'에 대해 'A ∨ ~A' 형태의
모든 문장들은 참이다. 그런데 (8)은 바로 이 형태의 문장임에도 진리치
를 결여한다. 따라서 프레게에 의하면 배중률은 성립하지 않는다. 그렇지
만 러셀에 따르면 (8)은 다음과 같이 분석된다.

(8') (∃x)(Fx & (∀y)(Fy ⊃ x = y) & Bx) ∨ ~(∃x)(Fx & (∀y)(Fy ⊃ x = y) & Bx)

위 선언문장의 첫 번째 선언지는 거짓이지만, 두 번째 선언지는 참이다. 따라서 (8')은 참이다. 그러므로 러셀의 분석을 받아들이면 배중률을 포기할 필요가 없다.

4. 러셀 이론에 대한 스트로슨의 비판

스트로슨은 그의 논문 「지칭에 관하여」(Strawson, 1950)에서 러셀의 확정기술이론에 대해 두 가지 비판들을 제시한다.[35] 이 절에서 우리는 스트로슨의 비판들을 검토할 것이다.

우선 러셀에 대한 스트로슨의 첫 번째 비판은 다음과 같다. 러셀은 문장과 문장의 사용을 명확히 구분하지 않았다. 또한 지칭표현을 사용하는 선제조건이 성립하지 않는 경우에 진술을 하는 데 실패할 수 있음을 간과했다. 그래서 '현재의 프랑스 왕은 대머리이다'와 같은 문장이 현재 사용될 경우에 진리치를 가지는 진술을 하는 데 실패함에도 불구하고, 이것을 거짓인 문장으로 분석하는 오류를 범했다.

그런데 위 비판을 명확히 이해하기 위해서는 먼저 문장과 문장의 사용사이의 구분이 무엇인지, 또한 지칭표현을 사용하는 선제조건이 무엇인지에 대해 살펴볼 필요가 있다.

문장, 문장의 사용, 문장의 발화

다음의 문장을 고려해 보자.

(9) 현재의 프랑스 왕은 현명하다.

위 문장은 여러 시점에서 여러 사람들에 의해서 사용될 수 있다. a가 루이 14세의 통치시기에 (9)를 발화utter했고, b가 루이 16세의 통치시기에 (9)를 발화했다면, a와 b는 비록 같은 문장을 발화했지만, 이 문장을 같은 의미로 사용한 것이 아니다. 왜냐하면 a의 발화는 루이 14세에 관한 것이지만, b의 발화는 루이 16세에 관한 것이기 때문이다. 또한 c가 a와 마찬가지로 루이 14세의 통치시기에 (9)를 발화했다면 a와 c는 같은 문장을 같은 의미로 사용한 것이다. 그러나 이 경우에도 동일한 문장 (9)에 대한 a의 발화와 c의 발화는 서로 다른 발화이다. 더 나아가, a가 루이 14세가 통치하던 시기의 한 시점 t1에서 (9)를 발화했고, 또한 루이 14세가 통치하던 다른 시점 t2에서 (9)를 발화한 경우에도 동일한 문장의 다른 발화이다. 따라서 스트로슨에 의하면 우리는 문장, 문장의 사용use 그리고 문장의 발화utterance를 구분해야 한다.

한 가지 예를 더 살펴보자.

(10) 나는 배고프다.

(10)에 포함된 표현 '나'는 수많은 사람들에 의해 각각 자기 자신을 지칭하기 위해 사용될 수 있다. 철수가 (10)을 발화하면, 이것은 철수가 배고픈 경우에 참이다. 그리고 영희가 (10)을 발화하면, 이것은 영희가 배고픈 경우에 참이다. 따라서 '나'라는 표현 그 자체가 이 표현이 사용되는 맥락과 무관하게 특정인을 지칭하지 않는다. 이 표현이 어떤 특정인을 지칭한다는 것은 이것의 특정한 사용에 관해서만 할 수 있는 말이다. 스트로슨은 다음과 같이 말한다.

의미는 (최소한 어떤 중요한 뜻에서) 문장 또는 표현의 기능이다. 언급mentioning 과 지칭referring 그리고 참 또는 거짓은 문장 또는 표현의 사용의 기능이 다. 어떤 표현의 의미를 제시하는 것은 특정 대상이나 사람을 지칭하거나 언급을 위해 그것을 어떻게 사용해야 하는지에 대한 일반적 지침을 제시 하는 것이다. 또한 어떤 문장의 의미를 제시하는 것은 참 또는 거짓인 주 장을 하기 위해 그것을 어떻게 사용해야 하는지에 대한 일반적 지침을 제 시하는 것이다. 이것은 그 문장 또는 표현을 사용하는 특정 경우에 대해서 말하는 것이 아니다(Strawson, 1950, p. 63).

위와 같은 이유에서 우리는 언어표현의 의미와 그것을 특정 대상을 지 칭하기 위해 사용하는 경우를 명확히 구분해야 한다. 또한 문장과 문장 의 사용을 명확히 구분해야 한다. 앞서 지적한 것처럼, '나'라는 표현 자 체는 특정인을 지칭하지 않는다. 오직 어떤 사람에 의해 사용되는 경우 에만 그 사람을 지칭한다. 비슷한 맥락에서 '나는 배고프다'라는 문장 그 자체는 진리치를 지니지 않는다. 오직 이 문장이 어떤 사람에 의해 사용 되는 경우에만 진리치를 지닌다. '현재의 프랑스 왕은 대머리이다'라는 문장의 경우에도 마찬가지다. 이 문장 자체는 진리치를 지니지 않는다. 그러나 이 문장이 루이 14세가 통치하던 시절에 사용되었다면 이 문장은 루이 14세가 대머리인지 여부에 따라 참 또는 거짓의 진리치를 지닌다.

스트로슨의 선제이론

이제 다음의 두 문장을 비교해 보자.

(1) 현재의 프랑스 왕은 대머리이다.

(11) 현재의 영국 여왕은 자녀가 없다.

스트로슨에 따르면 위 두 문장들은 둘 다 결함을 가지지만, 그렇다고 해서 같은 종류의 결함을 가지는 것은 아니다. (1)과 (11) 사이에 중요한 차이가 있기 때문이다. 먼저 현 시점에서 어떤 사람 a가 (11)을 우리에게 주장한다고 가정해 보자. a는 당연히 '현재의 영국 여왕'이라는 확정기술 구로 특정인을 지칭하고자 의도하면서 이 문장을 사용했을 것이다. 그리고 이 지칭의도는 성공적이다. 이 경우 '현재의 영국 여왕'이라는 표현의 사용은 엘리자베스 윈저를 성공적으로 지칭하기 때문이다. 그런데 문제는 엘리자베스 윈저가 찰스 왕세자, 앤 공주, 앤드류 왕자, 그리고 에드워드 왕자를 자녀로 두고 있다는 사실이다. 따라서 a에게 우리가 할 수 있는 자연스러운 반응은 현재의 영국 여왕에게 자녀가 있다는 사실을 지적함으로써 (11)이 거짓임을 알려 주는 것이다.

이제 현 시점에서 어떤 사람 b가 우리에게 (1)을 주장한다고 가정해 보자. 마찬가지로 b도 당연히 '현재의 프랑스 왕'이라는 확정기술구로 특정인을 지칭하고자 의도하면서 이 문장을 사용했을 것이다. 그러나 이 경우 이 지칭의도는 실패한다. 따라서 우리는 '뭔가 큰 혼동을 하고 있는 것 같군요. 프랑스는 군주제가 아니라 공화제 국가입니다. 그래서 프랑스에는 왕이 없습니다'와 같이 말함으로써 b의 지칭의도가 성공적이지 않음을 알려 줄 수 있다. 요컨대 (1)은 지칭실패의 경우이고, (11)은 지칭성공의 경우라는 점에서 양자 사이에는 중요한 차이가 있다.

스트로슨의 선제이론에 따르면 지칭표현의 사용은 그 표현이 지칭하는 대상이 있음을 선제先提, presuppose한다. 마찬가지로 지칭표현을 포함하는 문장의 사용은 그 표현이 지칭하는 대상이 있음을 선제한다. 이 사실은 (1)과 (11) 사이의 차이를 잘 설명해 준다. 예컨대 a가 (11)을 사용했을 때 이것에 포함된 '현재의 영국 여왕'이라는 단칭어가 지칭하는 대상이 있음을 선제하였다. 또한 이 선제는 실제로 성립한다. 따라서 a의 지칭의도는 성공적이었다. 다만 문제는 이 단칭어가 지칭하는 엘리자베스 윈저에게 실제로 자녀가 있기 때문에 (11)이 거짓이라는 점이다. 마찬가지로 b가 (1)을 사용했을 때 이것에 포함된 '현재의 프랑스 왕'이라는 단칭어가 지칭하는 대상이 있음을 선제하였다. 그러나 이 선제는 성립하지 않는다. 따라서 b의 지칭의도는 성공적이지 않다. 따라서 a의 경우처럼 지칭에 성공하지만, 지칭된 대상이 귀속된 속성을 갖지 않아서 거짓 진술을 한 경우와 b의 경우처럼 애당초 지칭에 실패하는 경우를 구분해야 한다. 이처럼 지칭에 실패하는 경우는 (진리치를 가지는) 진술을 할 수 있는 기회조차도 갖지 못한 경우이다. 다시 말해 화자가 진리치를 지닌 명제를 표현하는 데 실패하는 경우이다. 따라서 스트로슨에 의하면 선제가 성립하지 않는 조건하에서 (1)과 같은 문장을 사용하면 참 또는 거짓인 것을 말하는 데 실패한다.

앞서 언급했던 것처럼, 러셀의 확정기술이론에 따르면 문장 (1)에 대한 b의 사용은 거짓이다. 반면 스트로슨에 따르면 (1)에 대한 b의 사용은 이것이 선제하는 바, 즉 '현재의 프랑스 왕'의 지칭체가 있어야 한다는 조건이 충족되지 않기 때문에 참 또는 거짓인 것을 말하는 데 실패한다. 따라서 러셀에 대한 스트로슨의 첫 번째 비판은 다음과 같이 요약될 수 있다. 러셀은 문장과 문장의 사용을 명확히 구분하지 못했고, 또한 지칭표현을 사용하는 선제조건이 성립하지 않는 경우에 진술을 하는 데 실패할 수 있다는 사실을 간과했다. 이에 따라 그는 '현재의 프랑스 왕은 대머리이다'와 같은 문장이 현재 사용될 경우에 진리치를 가지는 진술을 하는 데 실패함에도 불구하고, 이것을 거짓인 문장으로 분석하는 오류를 범했다.

이제 러셀의 확정기술이론에 대한 스트로슨의 두 번째 비판을 살펴보자. 어떤 사람 s가 한 강의실에 있는 유일한 강의탁자를 보면서 다음과 같이 말했다고 가정해 보자.

(12) 그 강의탁자는 먼지에 덮여 있다(The lectern is covered with dust).

'Lx'를 'x는 강의탁자이다'라는 술어라고 하고, 'Cx'를 'x는 먼지에 덮여 있다'라는 술어라고 하자. 그러면 러셀의 확정기술이론에 의해 (12)는 다음과 같이 분석될 수 있다.

(12') $(\exists x)(Lx \,\&\, (\forall y)(Ly \supset x = y) \,\&\, Cx)$

그런데 (12')이 주장하는 바는 정확히 한 개의 강의탁자가 있고 또한 그것은 먼지에 덮여 있다는 것이다. 그리고 이 주장은 명백히 거짓이다. 세계 속에는 수많은 강의탁자들이 존재하기 때문이다. 따라서 스트로슨에 의하면 러셀의 이론은 확정기술구의 사용이 많은 경우에 맥락 의존적이라는 사실을 적절히 반영하지 못한다.

러셀의 답변

먼저 러셀이 문장과 문장의 사용의 차이를 구분하지 않았다는 비판에 대해 살펴보자.

(1) 현재의 프랑스 왕은 대머리이다.

스트로슨에 따르면 어떤 사람 b가 현 시점에서 문장 (1)을 사용하는 경우에 이 사용이 선제하는 바, 즉 '현재의 프랑스 왕'의 지칭체가 있어야 한다는 조건이 성립하지 않는다. 따라서 b는 진술을 하는 데 실패한다.

위 비판에 대해 러셀(1973)은 우선 스트로슨이 기술description의 문제와 '자기중심성'egocentricity의 문제를 구분하지 못하고 있다고 지적한다. 이른바 '자기중심적 단어'egocentric word는 '나'I, '지금'now, '여기'here 등과 같이 그 단어를 발화한 화자가 누구인지, 그 화자가 언제 그리고 어디서 그 단어를 발화했는지에 따라 진리조건이 바뀌는 맥락 의존적 단어이다. 그리고 (1)은 '현재의'라는 자기중심적 (또는 맥락 의존적) 단어가 포함된 사례이다. 따라서 (1)이 표현하는 내용은 이 문장이 사용된 맥락에 의존한다. 그리고 맥락 의존적 단어들이 무엇을 지칭하는지는 사용된 맥락에 의존한다는 사실을 그가 이미 그의 책 『인간지식』(Russell, 1948, p. 107)에서 명시적으로 언급했음을 지적한다. 또한 기술구를 어떻게 분석하는 것이 옳은지에 관한 기술의 문제는 위와 같이 자기중심적 (또는 맥락 의존적) 단어가 포함되지 않은 경우에도 여전히 발생할 수 있음을 강조한다. 예컨대 '둥근 사각형은 존재하지 않는다'는 문장이 표현하는 내용은 이 문장이 사용된 맥락과 무관하다. 그래서 'Rx'는 'x는 둥글다'는 술어이고, 'Sx'는 'x는 정사각형이다'는 술어라고 할 때, 이 문장은 이것이 사용된 맥락과 무관하게 '~(∃x)(Rx & Sx)'로 분석될 수 있다.

더 나아가, 러셀(1973, p. 125)은 (1)의 현재의 사용에 관하여 이것을 진리치를 결여하는 경우로 볼 것인지, 아니면 거짓인 경우로 볼지는 "순전히 용어상의 편의성의 문제"라고 지적한다. 스트로슨에 따르면 단어들의 용법과 관련하여 변경될 수 없는 옳은 용법이 있고, 우리는 이를 따라야 한다. '모든 A들은 B이다'와 같은 전칭긍정명제를 사용하는 경우도 예외가 아니다. 전통적 용법에 따르면 우리는 '모든 A들은 B이다'를 A의 사례가 존재하는 경우에 한하여 사용해야 한다. 예컨대 사람의 사례들이 존재하기 때문에 우리는 '모든 사람들은 죽는다'라고 말할 수 있다. 그러나 현대의 양화논리학에서 '모든 A들은 B이다'는 '$(\forall x)(Ax \supset Bx)$'로 기호화되고, 따라서 A의 사례가 존재하지 않는 경우에도 여전히 참이다. 러셀은 이 경우 전통논리학의 방식보다 현대논리학의 방식이 논리적으로 더 효율적이라고 말한다. 마찬가지 이유에서 그는 모든 유의미한 문장들을 참 또는 거짓으로 분류하는 것이 좀 더 효율적이라고 말한다. 따라서 (1)의 현재의 사용에 관하여 이것을 진리치를 결여하는 경우로 볼 것인지, 아니면 거짓인 경우로 볼지는 편의성의 문제이지, 하나가 반드시 옳고, 다른 하나가 반드시 틀린, 그런 문제가 아니라는 것이다.

위와 같은 이유에서 러셀과 스트로슨의 차이는 표현과 표현의 사용을 구분했는지 여부가 아니다. 어떤 사람이 현 시점에서 (1)을 사용하는 경우 러셀은 이것을 거짓으로 간주하는 것이 더 낫다고 생각하지만, 스트로슨은 진리치를 갖는 데 실패하는 경우로 간주하는 것이 더 적절하다고 생각한다. 다시 말해 러셀은 성공적인 진술을 하는 데 실패하는 경우들도 모두 거짓인 경우로 분류하는 것이 더 효율적이라고 생각하지만, 스트로슨은 거짓인 경우와 진술을 하는 데 실패하는 경우로 나눠 분류하는 것이 더 낫다고 생각한다. 여기서 주목할 점은 이런 종류의 입장 차이에 의해 러셀의 견해가 논박되지 않는다는 사실이다.

이제 스트로슨의 두 번째 비판을 고려해 보자. s가 어떤 강의실에 있는 유일한 탁자를 보면서 다음과 같이 말하는 경우를 다시 살펴보자.

(12) 그 강의탁자는 먼지에 덮여 있다.

스트로슨의 견해에 따르면 세계 속에 수많은 강의탁자들이 존재하기 때문에 러셀의 이론은 확정기술구의 사용이 많은 경우 맥락 의존적임을 무시한다. 그러나 이 비판에 대해 러셀(1973, p. 123)은 "일상적 화법에는 모호함과 부정확함이 가득 차 있다." 그래서 "정확하고 정밀하게 만들고자 하는 그 어떤 시도도 일상적 화법의 어휘나 구문론을 수정할 것을 요구한다"고 지적한다. 이런 이유에서 러셀은 문장 (12)에 생략된 것이 있다고 말할 수 있다.

(12″) 강의실 X에 있는 그 강의탁자는 먼지에 덮여 있다.

다시 말해 '그 강의탁자'는 '강의실 X에 있는 그 강의탁자'에서 '강의실 X에 있는'이라는 표현이 편의상 생략된 경우라고 말할 수 있다. 그리고 (12″)은 참일 수 있다. 이런 방식으로 러셀의 확정기술이론은 확정기술구의 사용이 많은 경우 맥락 의존적임을 무시한다는 비판을 손쉽게 피할 수 있다.

결론적으로 스트로슨의 두 비판들은 러셀의 확정기술이론에 큰 문젯거리가 되지 않는다.

배중률에 관한 프레게, 러셀, 그리고 스트로슨의 견해

앞서 언급한 것처럼, 배중률에 따르면 임의의 평서문 'A'에 대해 'A ∨ ~A' 형태의 모든 문장들은 참이다. 그렇다면 다음 문장은 배중률의 반례인가?

(8) 현재의 프랑스 왕은 대머리이거나 또는 현재의 프랑스 왕은 대머리가 아니다(The present King of France is bald or the present King of France is not bald).

프레게에 의하면 (8)에 포함된 '현재의 프랑스 왕'은 비록 뜻은 있지만 지칭에 실패한다. 따라서 (8)은 참도 아니고 거짓도 아니다. 즉 프레게는 진리치 공백truth-value gap을 받아들인다. 다시 말해 프레게에 있어서 배중률은 성립하지 않는다. 마찬가지로 스트로슨도 진리치 공백을 받아들인다. 현 시점에서 (8)을 사용하면, '현재의 프랑스 왕'이라는 지칭표현의 사용이 선제하는 바가 충족되지 않기 때문에 이 사용은 진리치를 가진 진술을 하는 데 실패한다. 반면 러셀에 따르면 (8)의 두 번째 선언지는 '~(∃x) (Fx & (∀y)(Fy ⊃ x = y) & Bx)'를 의미하고, 이것은 참이다. 따라서 러셀의 견해를 받아들이면 배중률을 유지할 수 있다. 요컨대, 프레게와 스트로슨에 의하면 배중률이 성립하지 않는 경우들이 있지만, 러셀에 의하면 그렇지 않다.

러셀의 확정기술이론은 램지가 지적한 것처럼, 철학문제를 논리적 분석을 통해 해결할 수 있음을 보여 준 "철학의 패러다임"이다. 따라서 그의 확정기술이론은 확정기술구의 의미에 관한 철학적 분석으로서 현재에도 널리 받아들여진다.[36]

또한 지금까지의 논의를 통해 '확정기술구의 의미는 그것의 지칭체이다'라는 논제가 설득력이 없음을 알 수 있다. 그러나 이 사실은 '지칭이론은 단칭어들에 관해 성립한다'는 논제를 논박하지 않는다. 왜냐하면 지칭이론가들은 확정기술구가 진정한 단칭어임을 부정할 수 있기 때문이다.

버트런드 러셀Bertrand Russell

제 5 장

이름의 의미와 기술주의

표상주의 의미론

앞 장에서 우리는 확정기술구가 진정한 단칭어가 아니라는 러셀의 견해에 대해 살펴보았다. 그렇다면 진정한 단칭어는 무엇인가? 단칭어의 가장 전형적인 예는 이름이다. 따라서 '한 이름의 의미는 그것의 지칭체이다'라는 논제를 검토해 볼 필요가 있다. 만약 이 논제조차 성립하지 않는다면, 의미지칭이론은 언어철학적으로 그다지 중요하지 않은 이론으로 전락할 것이다.

1. 이름에 관한 네 가지 문제들

이전 장들에서 우리는 의미지칭이론의 네 가지 문제들에 대해 살펴보았다. 그런데 확정기술구뿐 아니라 이름도 마찬가지의 문제들에 직면한다.

존재하지 않는 것을 지칭하는 것처럼 보이는 문제

(1) 페가수스는 날개가 있는 말이다.

위 문장에 포함된 이름 '페가수스'가 지칭하는 대상은 적어도 시공간 속에 없다. 그렇지만 위 문장은 직관적으로 유의미하다.

부정존재진술의 문제

(2) 페가수스는 존재하지 않는다.

위 문장은 유의미할 뿐만 아니라, 명백히 참이다.

동일성에 관한 프레게의 퍼즐

(3) 마크 트웨인은 마크 트웨인이다.
(4) 마크 트웨인은 새뮤얼 클레먼스이다.

(3)과 (4)에 포함된 '마크 트웨인'과 '새뮤얼 클레먼스'는 이름이다. 따라서 '한 이름의 의미는 그것의 지칭체이다'라는 논제에 의하면 (3)과 (4)는 동일한 명제를 표현한다. 그러나 양자 사이에는 중요한 인지적 차이가 있다. (3)은 사소하게 참이지만, (4)는 실질적 정보를 제공한다. 어떻게 동일한 명제가 한편 사소하게 참이면서, 다른 한편 실질적 정보를 제공할 수 있는가?

대체실패의 문제

(5) 철수는 마크 트웨인이 마크 트웨인이라고 믿는다.
(6) 철수는 마크 트웨인이 새뮤얼 클레먼스라고 믿는다.

'마크 트웨인은 마크 트웨인이다'는 사소하게 참인 문장이므로 철수는 당연히 이 문장을 믿는다. 따라서 (5)는 참이다. 그렇지만 철수는 마크 트웨인이 새뮤얼 클레먼스의 필명筆名임을 모를 수 있다. 따라서 (6)은 거짓일 수 있다. 그러나 '한 이름의 의미는 그것의 지칭체이다'라는 논제에 의하면 '마크 트웨인'과 '새뮤얼 클레먼스'의 의미는 같다. 따라서 (5)와 (6)은 정확히 같은 명제를 표현한다. 그렇다면 어떻게 (5)와 (6)의 진리치가 다를 수 있는가?

2. 러셀의 기술주의

러셀은 앞 절에서 언급했던 문제들을 해결하기 위해 기술주의Descriptivism를 주장한다. 기술주의에 따르면 일상적 이름들ordinary proper names은 확정기술구들과 의미론적으로 동등하다. 따라서 일상적 이름들은 대응하는 확정기술구들에 의해 대체될 수 있다. 또한 확정기술구들과 마찬가지로 일상적 이름들은 진정한 단칭어들이 아니다. 이것들은 정체를 숨기고 있는 위장된 기술구들disguised descriptions 또는 축약된 기술구들truncated descriptions이다.

일상적 이름들이 진정한 단칭어가 아니라 축약된 기술구들이라면, 앞 절에서 언급했던 네 가지 문제들은 '한 단칭어의 의미는 그것의 지칭체이다'라는 논제에 전혀 문젯거리가 되지 않는다. 다시 말해, 일상적 이름들이 확정기술구들과 의미론적으로 동등하다면, 지칭이론의 네 가지 문제들에 러셀의 확정기술이론을 적용할 수 있다. 예컨대 부정존재진술의 문제를 다시 살펴보자.

(2) 페가수스는 존재하지 않는다.

러셀의 기술주의에 따르면 '페가수스'는 대략적으로 '페르세우스가 괴물 메두사의 목을 자를 때 흘러나온 피에서 생겨났으며, 벨레로폰이 괴물 키메라를 잡으러 갈 때 탔던 날개 달린 말'과 같이 긴 기술구를 축약하는 위장된 기술구이다. 따라서 우리는 (2)가 참인 이유를 잘 설명할 수 있다. 그 이유는 위와 같은 기술구를 만족하는 대상이 시공간 속에 존재하지 않기 때문이다.

그렇다면 러셀의 기술주의를 옹호해 주는 논거는 무엇인가? 이 이론은 우리가 일상적 이름의 의미를 어떻게 배우고 가르칠 수 있는지를 잘 설명해 준다. 어떤 사람 a가 다음과 같이 말하는 것을 b가 들었다고 가정해 보자.

아리스토텔레스는 『니코마코스 윤리학』을 썼다.

그런데 b는 아리스토텔레스가 누군지 전혀 모른다고 가정해 보자. 이경우 b는 a에게 '아리스토텔레스가 누구죠?'라고 물어볼 수 있다. 이제 a가 '플라톤의 가장 유명한 제자이면서 알렉산더 대왕의 가정교사였던 그리스의 유명한 철학자'라고 답했다고 하자. 이 경우 b는 a의 답변을 통해서 그의 의문을 해소할 수 있고, 이에 따라 추후에 '아리스토텔레스'라는 이름을 성공적으로 사용할 수 있다. 따라서 b가 나중에 그 이름을 사용하는 경우에 그가 그 이름으로 의미하는 바는 그가 배운 위와 같은 기술구라고 말할 수 있다. 다시 말해 a에게 있어서 '아리스토텔레스'는 '플라톤의 가장 유명한 제자이면서 알렉산더 대왕의 가정교사였던 그리스의 유명한 철학자'를 축약하는 기술구라고 말할 수 있다.

한 가지 예를 더 고려해 보자. 어떤 사람 c가 다음과 같이 말했다고 가정해 보자.

나는 김대중을 진정으로 존경한다.

그렇다면 위 진술에 포함된 이름 '김대중'은 과연 누구를 지칭하는가? 세상에는 '김대중'이라 불리는 사람들이 매우 많다. 예컨대 제15대 한국 대통령의 이름도 '김대중'이고, 조선일보의 대표적 우파 논설주간이었던 사람도 같은 이름이다. 따라서 c가 진정으로 존경하는 사람이 누군지 알기 위해서는 '김대중이 누구죠?'라고 c에게 물어봐야 한다. c가 '제15대 한국 대통령'이라고 답하면, 우리는 c의 진술을 그가 제15대 한국 대통령을 존경한다는 의미로 이해할 수 있다. 그 대신 c가 '조선일보의 대표적 우파 논설주간'이라고 답하면, 우리는 c의 진술을 그가 조선일보의 대표적 우파 논설주간을 존경한다는 의미로 이해할 수 있다. 이런 이유에서 이름이 무엇을 지칭하는지를 알기 위해서는 이름에 대응하는 기술구가 필요하다.

위와 같이 'a는 누구죠?'라는 형식의 물음에 답하기 위해 이름에 대응하는 확정기술구를 제시해야 하며, 또한 이름이 무엇을 지칭하는지를 알기 위해서 이름에 대응하는 기술구가 필요하다는 사실은 일상적 이름을 확정 기술구와 의미론적으로 동등한 것으로 간주할 수 있는 중요한 논거가 될 수 있다. 이것을 '즉석 확인 논증'the spot-check argument이라고 부르자.[37]

3. 러셀 기술주의의 난점들

러셀의 기술주의에 따르면 일상적 이름은 확정기술구과 의미론적으로 동등하다. 그런데 이 견해에는 많은 난점들이 있다.

의미의 불안정성 문제

만약 이름이 특정한 확정기술구와 의미론적으로 동등하다면, 각 이름마다 이에 대응하는 어떤 특정한 기술구가 있을 것이다. 그런데 사람마다각 이름에 연관시키는 기술구가 다를 수 있다. 예컨대 a에게 '아리스토텔레스'란 이름은 '『니코마코스 윤리학』의 저자'의 축약이고, b에게는 '플라톤의 가장 유명한 제자였던 그리스 철학자'의 축약이고, 또한 c에게는'알렉산더 대왕의 가정교사였던 그리스 철학자'의 축약일 수 있다. 이런경우 '아리스토텔레스'의 의미는 사람마다 다르게 된다. 그러나 사람들사이의 성공적인 언어적 커뮤니케이션을 설명하기 위해서 의미는 공적 公的으로 공유할 수 있는 것이어야 한다. 따라서 위와 같은 의미의 불안정성은 매우 심각한 문제일 수 있다.

정보적인 명제를 정보적이지 않은 명제로 해석해야 하는 문제

이제 '아리스토텔레스'가 '알렉산더 대왕을 가르쳤던 그리스 철학자'와의미론적으로 동등하다고 가정해 보자.

> (7) 아리스토텔레스는 알렉산더 대왕을 가르쳤다(Aristotle taught Alexander the Great).
> (8) 알렉산더 대왕을 가르쳤던 그리스 철학자는 알렉산더 대왕을 가르쳤다 (The Greek philosopher who taught Alexander the Great taught Alexander the Great).

'아리스토텔레스'는 '알렉산더 대왕을 가르쳤던 그리스 철학자'와 의미론적으로 동등하므로, (7)의 주어를 후자로 대체해도 전체 문장의 의미가 변해서는 안 된다. 그런데 (7)은 우연적으로 참인 명제이다. 아리스토 텔레스는 어떤 이유에서든 알렉산더 대왕을 가르치지 않을 수 있었기 때 문이다. 또한 그렇기 때문에 (7)은 우리에게 실질적인 정보를 제공하는 명제이다.

그런데 (8)은 분석적으로 참인analytically true 명제이다. 다시 말해 오로 지 (8)에 포함된 용어들의 의미에 의해서 참임을 알 수 있는 명제이다. 따 라서 우리에게 실질적인 정보를 제공하지 않는다. 그러나 어떻게 동일한 명제가 한편 정보적이면서, 다른 한편 정보적이지 않을 수 있는가?

허구의 이름의 문제

이제 허구의 이름이 포함된 다음의 두 문장들을 비교해 보자.

(9) 셜록 홈즈는 탐정이다(Sherlock Holmes is a detective).
(10) 셜록 홈즈는 발레 댄서이다(Sherlock Holmes is a ballet dancer).

직관적으로 우리는 (9)를 주장할 수 있지만, (10)을 주장할 수 없다. 다 시 말해 어떤 의미에서 (9)는 옳지만, (10)은 옳지 않다. 이제 'Hx'를 셜록 홈즈의 캐릭터를 기술하는 술어라고 하고, 'Dx'를 'x는 탐정이다'라는 술 어라고 하고, 'Bx'를 'x는 발레 댄서이다'라는 술어라고 하자. 러셀의 기 술주의에 따르면 (9)와 (10)은 각각 다음과 같이 분석될 수 있다.

(9') $(\exists x)(Hx \,\&\, (\forall y)(Hy \supset x = y) \,\&\, Dx)$
(10') $(\exists x)(Hx \,\&\, (\forall y)(Hy \supset x = y) \,\&\, Bx)$

그런데 홈즈 캐릭터를 만족하는 유일한 대상은 시공간 속에 존재하지 않는다. 따라서 (9')과 (10')은 둘 다 거짓이다. 이런 이유에서 러셀의 견해는 (9)는 옳지만, (10)은 옳지 않다는 직관을 설명하지 못한다. 또한 '셜록 홈즈'란 이름을 사용할 때 우리는 홈즈 캐릭터를 만족하는 어떤 사람을 지칭하고자 의도하지 않는다. 셜록 홈즈는 허구의 캐릭터이기 때문이다. 크립키는 다음과 같이 지적한다.

셜록 홈즈와 동일한 눈부신 활약을 한 어떤 탐정이 있었다는 단순한 발견은 코넌 도일이 바로 그 남자에 대해 글을 쓴 것임을 보여 주지 않는다. …… 마찬가지로 셜록 홈즈가 존재하지 않음을 인정할 때, 우리는 어떤 가능한 존재에 대해서도 그가 만약 존재했더라면 셜록 홈즈일 수 있었다고 말할 수 없다는 형이상적 견해를 나는 지지한다. 몇몇 구별되는 가능한 사람들, 그리고 심지어 다윈이나 잭 더 리퍼Jack the Ripper와 같은 실존 인물들도, 홈즈와 같은 활약을 했을 수 있다. 그러나 그 어느 누구에 대해서도 우리는 그가 그런 활약을 했더라면 셜록 홈즈일 수 있었다고 말할 수 없다 (Kripke, 1980, pp. 157~158).

따라서 셜록 홈즈의 캐릭터를 만족하는 존재가 어딘가 우연히 존재한다고 할지라도, '셜록 홈즈'는 그 사람을 지칭하지 않는다.

러셀의 내재주의 인식론과 관련된 반직관적 함축

러셀에 따르면 일상적 이름들은 위장된 기술구들이다. 그렇다면 러셀에게 있어서 진정한 이름들은 무엇인가? 그에 따르면 진정한 이름은 논리적으로 고유한 이름logically proper name이다. 그리고 논리적으로 고유한 이름은 논리적으로 분석될 수 없는 이름이다. 다시 말해 논리적으로 고유한 이름은 특정 대상을 기술구의 매개 없이 직접적으로 지칭하는 기능만을 가진다. 러셀에 따르면 이와 같이 순수한 지시사의 역할을 하는 것은 오직 '이것'this 또는 '저것'that과 같은 지시대명사들뿐이다.

적절하고 엄밀한 논리적 의미에서의 이름의 예를 제시하는 것은 매우 어렵다. 인식주체가 논리적 의미의 이름으로서 사용하는 유일한 단어들은 '이것' 또는 '저것'과 같은 것들이다. 인식주체는 '이것'을 그 주체가 어떤 순간에 직접적으로 대면하는 특정한 것을 지시하기 위해 사용할 수 있다. 우리는 '이것은 하얗다'라고 말한다. 당신이 '이것'으로 당신이 보고 있는 것을 의미하면서 '이것은 하얗다'에 동의한다면, '이것'을 이름으로 사용하는 것이다. 그러나 당신은 내가 '이것은 하얗다'라고 말함으로써 내가 표현하는 명제를 파악할 수 없다. 만약 당신이 '이것'으로 물체로서의 이 백묵을 의미한다면, '이것'을 이름으로 사용하는 것이 아니다. 당신이 '이것'을 아주 엄밀하게 감각의 실제 대상을 지시하기 위해 사용하는 경우에만 '이것'은 진정한 이름이다(Russell 1956, p. 201).

또한 러셀에 따르면 논리적으로 고유한 이름들이 지칭하는 것들은 의미론의 토대를 구성하는 것들이다. 영국 경험론의 후계자인 러셀은 주체가 직접적으로 인식할 수 있는 것들만이 의미론의 토대를 구성할 수 있다고 생각했다. 또한 러셀(1917)에 따르면 주체가 직접적으로 인식할 수 있는 것들은 그가 직접적으로 대면acquainted할 수 있는 것들이다. 그리고 주체가 직접적으로 대면할 수 있는 것들은 주체가 직접적으로 인식하는 감각자료들, 추상적 대상들, 그리고 인식주체 자신이다.

그러나 위와 같은 러셀의 견해는 반직관적인 함축을 야기한다. 다음의 문장들을 고려해 보자.

(11) 나는 철수를 만났다(I met Chulsoo).

(12) 나는 엠파이어스테이트 빌딩을 봤다(I saw the Empire State Building).

어떤 사람 s는 그의 친구 철수를 만난 이후에 (11)과 같은 주장을 할 수 있다. 또한 그는 뉴욕에서 엠파이어스테이트 빌딩을 관광한 이후에 (12)와 같은 주장을 할 수 있다. 그러나 러셀의 견해에 따르면 '철수'는 진정한 이름이 아니다. 마찬가지로 '엠파이어스테이트 빌딩'도 진정한 이름이 아니다. 이것들은 위장된 기술구들이다. s가 논리적으로 고유한 이름들을 통해 직접적으로 지칭할 수 있는 것들은 철수와 엠파이어스테이트 빌딩으로부터 야기되어 그의 감각기관에 전달된 감각자료들이다. 또한 러셀에 따르면 주체가 직접적으로 대면하는 것은 그것의 존재와 동일성에 대해 오류가능성이 없는 것이어야 한다. 그런데 일상적 물체들과 타인들은 이 조건을 충족하지 못한다. 왜냐하면 때때로 우리는 물체와 타인을 오인_{誤認}할 수 있기 때문이다. 따라서 러셀에 의하면 s는 결코 철수와 같은 타인들과 엠파이어스테이트 빌딩과 같은 물체들을 직접적으로 대면할 수 없다. 그러나 우리의 일상적 언어적 직관에 따르면, s는 철수를 직접 만날 수 있고 또한 '철수'를 그가 직접 만난 사람의 이름으로 사용할 수 있다. 마찬가지로 s는 엠파이어스테이트 빌딩을 뉴욕에 가서 직접 볼 수 있고 또한 '엠파이어스테이트 빌딩'을 그가 직접 본 건물의 이름으로 사용할 수 있다. 이런 의미에서 (11)과 (12)는 참일 수 있다. 러셀의 이론은 이러한 직관에 부합하지 않는다.

또한 위 논의가 시사하는 것처럼, 러셀의 입장은 의미론적 내재주의이다. 즉 인식주체가 이해하는 언어표현의 의미는 주체가 직접적으로 인식할 수 있는 것들에 의해 전적으로 결정된다. 그러나 우리가 제3장 3절

에서 간략히 살펴본 것처럼 의미론적 내재주의에는 난점이 있다.[38]

4. 설의 다발이론

기술주의의 세 가지 버전과 다발이론의 이론적 동기

기술주의에는 세 가지 버전이 있다.

> ① 이름은 특정한 기술구 또는 몇 개의 단순한 기술구들의 연언과 동등한 복잡한 기술구와 의미론적으로 동등하다.
> ② 이름은 기술구들의 전체 연언과 의미론적으로 동등하다.
> ③ 이름은 기술구들의 한 다발a cluster of descriptions과 의미론적으로 동등하다.

먼저 제3장 '프레게의 뜻 이론'에서 지적했던 것처럼, 프레게에 따르면 어떤 주체가 이름을 사용함으로써 의미하는 바는 확정기술구에 의해 표현될 수 있다. 이 점에서 프레게(1892)가 러셀(1917)보다 먼저 이름의 기술주의를 주장했다고 말할 수 있다.[39] 또한 프레게와 러셀은 둘 다 화자들이 어떤 이름에 연관시키는 기술적 내용descriptive content이 저마다 다를 수 있음을 인정하였다.[40] 예컨대 나는 2016년 현 시점에 '버락 오바마'라는 이름에 '현재의 미국 대통령'이란 기술적 내용을 연관시키지만, 미셸 오바마는 '내 남편'이라는 기술적 내용을 연관시킬 수 있다. 따라서 프레게와 러셀의 견해는 대략적으로 첫 번째 버전의 기술주의로 해석될 수 있다. 또한 첫 번째 버전에서 특정한 기술구는 몇 개의 단순한 기술구들의 연언과 동등한 복잡한 기술구일 수 있다. 예컨대 '아리스토텔레스'와 의미론적으로 동등한 특정한 기술구는 '플라톤의 가장 유명한 제자이며 또한 『니코마코스 윤리학』의 저자'와 같은 복잡한 기술구일 수 있다. 그렇지만 그런 경우에도 여전히 앞 절에서 언급했던 것처럼 의미의 불안정성 문제에 직면한다.

또한 두 번째 버전의 기술주의도 심각한 난점에 직면한다. 왜냐하면 우리는 신神이 아니기 때문에 그 어느 누구도 이름과 연관된 모든 기술구들을 전부 다 파악하기 어렵기 때문이다.

위와 같은 문제들을 피하기 위해 설John Searle은 그의 논문 「고유 이름들」(Searle, 1958)에서 세 번째 버전의 기술주의를 주장한다. 설의 다발이론에 따르면 이름은 특정한 기술구와 의미론적으로 동등하지도 않고, 또한 이름과 연관된 모든 기술구들의 연언과도 의미론적으로 동등하지 않다. 대신 이름은 이름과 연관된 기술구들을 충분히 많이 만족하는 특정 대상을 지칭한다.

이제 이 이론의 이론적 동기에 대해 살펴보자.

(13) 모세는 존재하지 않았다.

우리가 위와 같은 주장을 할 수 있는 조건에 대해 생각해 보자. 우선 모세에 관해 매우 믿기 어려운 스토리들이 있다. 구약성서, 특히 출애굽기에 따르면 모세가 태어난 시기에 이집트에서 소수민족인 유대인들이 크게 늘어나 당시의 이집트 파라오가 이들의 반란 가능성을 염려하게 됐고, 그 때문에 새로 태어난 유대인 사내아이들을 모두 죽이라고 명령했다. 모세의 어머니는 자신의 아기를 구하기 위해 모세를 왕골상자 속에

존 설John Searle

넣어 나일 강가의 갈대 숲 속에 놓아두었는데, 운 좋게 파라오의 딸에게 발견되어 그녀의 양자로 이집트 궁전에서 자라게 됐다. 성인이 된 후, 모세는 동족인 유대인 노예를 학대하던 어떤 이집트 감독관에 분개하여 그만 그를 죽이게 된다. 그래서 이집트와 가나안의 중간지대인 미디안으로 도망친다. 나중에 야훼 하나님을 만난 그는 유대민족을 구원하라는 명령에 따라 파라오와 대결한다. 파라오가 노동력 손실을 우려하여 해방 요구를 거부하자 모세는 초자연적인 능력을 발휘하여 열 가지 재앙을 일으켜 굴복시킨다. 이집트에서 탈출하는 과정에서 모세는 홍해를 둘로 갈라지게 하는 기적을 연출함으로써 유대인 백성들을 쫓아오던 이집트 군대로부터 구원했다. 이집트에서 탈출한 모세와 유대인 민족은 40년 간 사막을 여행했으며, 십계명을 야훼 하느님으로부터 받았다. 또한 그는 120세까지 살았다.

이제 모세와 관련된 위와 같은 수많은 에피소드들 중에서 어떤 것이 참이 아닌 것으로 밝혀졌다고 가정해 보자. 예컨대 모세를 나일 강에서 발견한 사람은 파라오의 딸이 아니었을 수 있다. 또는 이스라엘 백성들이 이집트로부터 탈출했을 때 모세 이외에도 다른 지도자가 있었을 수 있다. 이런 경우에도 우리는 (13)을 주장하기 어렵다. 우리는 모세와 연관된 충분히 많은 수의 진술들이 거짓으로 밝혀진 경우에만 (13)을 주장할수 있다. 이런 이유에서 설의 다발이론에 따르면 이름은 이름과 연관된 충분히 많은 기술구들을 만족하는 특정 대상을 지칭한다.[41]

다발이론의 장점

첫째, 다발이론은 기술주의의 첫 번째 버전이 직면하는 의미의 불안정 문제를 덜 심각하게 만든다. 앞서 언급한 것처럼, 기술주의의 첫 번째 버전에 따르면 이름은 특정한 기술구와 의미론적으로 동등하다. 이런 경우 각 사람마다 이름에 연관시키는 기술구가 다를 수 있고, 따라서 이름의 의미가 사람마다 다를 수 있다. 이제 설의 주장대로 이름은 이름과 연관된 충분히 많은 기술구들을 만족하는 특정 대상을 지칭한다고 가정해 보자. 그러면 어떤 이름을 사용하는 사람들이 그 이름에 연관시키는 기술구들이 조금씩 다르더라도 여타의 많은 기술구들은 여전히 서로 겹칠 것이다. 또한 각 사람의 기술구들의 다발들 사이에 조금씩 차이가 있다고 하더라도 이 다발들은 동일한 대상에 의해 만족되므로 이와 같은 작은 차이는 사람들 사이의 언어적 커뮤니케이션에 큰 문제를 야기하지 않을 것이다. 따라서 기술구들의 다발들 사이의 작은 차이는 용인될 수 있다고 주장할 수 있다.

둘째, 기술주의의 두 번째 버전이 직면하는 문제를 어느 정도 피할 수 있다. 이 두 번째 버전에 따르면 이름은 기술구들의 전체 연언과 의미론적으로 동등하다. 그러나 현실적으로 그 어느 누구도 이름과 연관된 모든 기술구들을 알기 어렵다. 다발이론은 이름과 연관된 기술구들을 모두 알아야 함을 요구하지 않기 때문에 이 문제를 어느 정도 피할 수 있다.

셋째, 정보적인 명제를 정보적이지 않은 명제로 해석해야 하는 문제를 덜 심각하게 만든다. '아리스토텔레스는 알렉산더 대왕을 가르쳤다'라는 문장을 다시 고려해 보자. '알렉산더 대왕을 가르쳤던 사람'이라는 기술구는 반드시 '아리스토텔레스'와 연관된 기술구들의 다발 속에 포함될 필요가 없다. 또한 이 기술구가 '아리스토텔레스'와 연관된 기술구들의 한 다발 속에 포함되어 있는 경우에도, 그 다발 속에 있는 다른 기술구들이 특정 지칭체를 만족하는 충분한 수의 기술구들이 있다는 조건을 그 기술구와 무관하게 충족시킬 수 있기 때문에 위 문장 속에서 '아리스토텔레스'라는 이름의 사용은 이 특정한 기술구에 의존하지 않는다. 따라서 '아리스토텔레스는 알렉산더 대왕을 가르쳤다'라는 문장을 이해할 때 '아리스토텔레스'라는 이름을 반드시 이 특정한 기술구와 연관시켜 이해할 필요가 없다. 이런 의미에서 정보적인 명제를 정보적이지 않은 명제로 해석해야 하는 문제는 덜 심각하다고 말할 수 있다.

다발이론의 문제점들

다발이론을 포함하여 기술주의 전반에 관한 난점들에 대해서는 다음 장에서 자세히 다룰 것이다. 따라서 여기서는 단지 두 가지 문제점들에 대해 간략히 논하기로 하자. 우선 다음의 문장을 고려해 보자.

> (14) 어떤 사람들은 마크 트웨인이 새뮤얼 클레먼스라는 것을 모른다(Some people are unaware that Mark Twain is Samuel Clemens).

이제 a와 b가 둘 다 마크 트웨인이 새뮤얼 클레먼스와 동일인임을 모른다고 가정해 보자. 이 경우 a와 b는 '마크 트웨인은 새뮤얼 클레먼스이다'라는 문장이 표현하는 동일한 명제가 참임을 모른다고 말할 수 있다. 그런데 다발이론에 따르면 (14)를 그런 식으로 해석할 수 없다. a가 '마크 트웨인'에 연관시키고 있는 기술구들의 다발을 C_1이라고 하고, '새뮤얼 클레먼스'에 연관시키고 있는 기술구들의 다발을 C_2라고 하자. 그리고 b가 '마크 트웨인'에 연관시키고 있는 기술구들의 다발을 C_3라고 하고, '새뮤얼 클레먼스'에 연관시키고 있는 기술구들의 다발을 C_4라고 하자. 이 경우 다발이론에 따르면 a는 C_1에 의해 지칭된 대상이 C_2에 의해 지칭된 대상과 동일함을 모르는 것이고, b는 C_3에 의해 지칭된 대상이 C_4에 의해 지칭된 대상과 동일함을 모르는 것이다. 이런 이유에서 a와 b가 모르는 내용이 다르게 된다. 다시 말해 만약 설의 다발이론이 옳다면 (14)의 종속절에 나오는 '마크 트웨인은 새뮤얼 클레먼스이다'가 표현하는 단일한 명제가 없게 된다.[42]

또 한 가지 문제는 다음과 같다. 설의 다발이론은 기술주의의 두 극단적 견해들을 절충하는 입장이다. 기술주의의 첫 번째 버전에 따르면, 이름은 특정한 기술구와 의미론적으로 동등하다. 그리고 기술주의의 두 번째 버전에 따르면, 이름은 기술구들의 전체 연언과 의미론적으로 동등하다. 그런데 이 두 버전들 사이에는 매우 다양한 경우들이 존재한다. 설의 다발이론은 이 매우 다양한 경우들 중 어디에서부터 충분한 수의 기술구들을 포함하는 다발로 간주될 수 있는지에 대한 원리적 기준을 제시하지 못한다.

제 6 장

기술주의에 대한 크립키의 비판과
직접지칭이론

표상주의 의미론

크립키Saul Kripke는 그의 책 『이름과 필연』(Kripke, 1980)에서 기술주의를 논박하는 세 가지 종류의 비판들을 제시한다. 그리고 대안으로서 이른바 '이름의 직접지칭이론'the direct reference theory of names을 제안한다. 이 장의 목표는 기술주의에 대한 이러한 비판들과 그 대안이론에 대해 자세히 살펴보는 것이다.

1. 기술주의에 대한 크립키의 세 가지 비판

앞 장에서 언급했던 것처럼, 기술주의에 따르면 이름은 확정기술구와 의미론적으로 동등하다. 그렇지만 크립키는 이름과 확정기술구가 범주적으로 다르다고 주장한다. 기술주의를 비판하는 그의 세 논증들에 대해 살펴보자.

양상논증the modal argument[43]

우선 다음의 두 문장들을 고려해 보자.

> (1) 아리스토텔레스는 아리스토텔레스이다(Aristotle is Aristotle).

(2) 아리스토텔레스는 플라톤의 가장 유명한 제자이다(Aristotle is the most famous student of Plato).

기술주의에 따르면 이름 '아리스토텔레스'와 의미론적으로 동등한 확정기술구가 있다. 이 기술구를 '플라톤의 가장 유명한 제자'라고 가정해 보자. 그러면 '아리스토텔레스'는 '플라톤의 가장 유명한 제자'와 같은 의미를 가지게 되고, 따라서 (1)의 양상적 위상과 (2)의 양상적 위상은 서로 동일해야 한다. 그러나 (1)은 필연적으로 참인 데 반하여, (2)는 우연적으로 참이다. 조금 달리 표현하면, 아리스토텔레스가 그 자신과 동일하지 않은 것은 불가능하기 때문에 (1')은 거짓이지만, 아리스토텔레스가 플라톤의 가장 유명한 제자가 아닌 것은 가능하기 때문에 (2')은 참이다.

(1') 아리스토텔레스는 아리스토텔레스가 아닐 수도 있었다(Aristotle might not have been Aristotle).
(2') 아리스토텔레스는 플라톤의 가장 유명한 제자가 아닐 수도 있었다(Aristotle might not have been the most famous student of Plato).

그리고 '플라톤의 가장 유명한 제자' 대신 아리스토텔레스에 우연적으로 적용되는 그 어떤 기술구 D를 대입해도 위 논증은 여전히 타당하다. 따라서 이름을 포함한 문장의 양상적 위상과 이에 대응하는 기술구를 포함한 문장의 양상적 위상이 다르다. 이런 이유에서 이름은 이름의 지칭체의 우연적 속성을 표현하는 그 어떤 기술구와도 의미론적으로 동등하지 않다.

오류로부터의 논증the argument from error[44]

1930년에 쿠르트 괴델Kurt Gödel은 그의 유명한 불완전성 정리들을 발표했다.[45] 괴델에 대해 들어본 적이 있는 사람들의 경우에도 대부분 그들이 괴델에 대해 아는 사실은 기껏해야 그가 불완전성 정리들을 증명한 사람이라는 것뿐이다. 따라서 대부분의 사람들에게 있어서 '괴델'과 연관된 확정기술구는 오로지 '불완전성 정리들을 증명한 사람'일 수 있다. 이제 다음의 두 문장들을 고려해 보자.

> (3) 괴델이 존재한다면, 괴델은 괴델이다(If Gödel exists, then Gödel is Gödel).
>
> (4) 괴델이 존재한다면, 괴델은 불완전성 정리들을 증명한 사람이다(If Gödel exists, then Gödel is the man who proved the incompleteness theorems).

위 경우 기술주의에 따르면 (3)의 인식적 위상은 (4)의 인식적 위상과 동일해야 한다. 그러나 우리는 (3)이 참이라는 사실을 경험적 조사 없이 알 수 있다. 따라서 (3)은 선험적으로a priori 참이다. 반면 (4)가 참이라는 사실을 알기 위해서는 괴델이 실제로 불완전성 정리를 증명한 사람인지에 대해 경험적 조사가 필요하다. 따라서 (4)는 후험적으로a posteriori 참이다. 따라서 (3)과 (4)의 인식적 위상은 서로 다르다. 또한 이 점은 다음과 같은 가상적 시나리오를 고려해 보면 좀 더 분명해진다.

불완전성 정리들은 1920년대에 '슈미트'라는 이름을 가진 알려지지 않은 수학자에 의해 증명됐다. 그러나 이 사실을 아는 사람은 그의 친구 괴델밖에 없었고, 슈미트는 안타깝게도 이 정리들을 세상에 미처 알리지 못한 채 죽고 말았다. 그런데 괴델은 비열하게도 이 정리들을 '슈미트'가 아니라, 자신의 이름으로 세상에 공표했다.

위 시나리오하에서도 (3)은 여전히 참이지만, (4)는 거짓이다. 불완전성 정리들을 증명한 사람은 괴델이 아니라 슈미트이기 때문이다. 이처럼 이름과 이와 연관된 기술구는 서로 인식적 위상에서 다르기 때문에 의미론적으로 동등하지 않다.

여기서 한 가지 주목할 점은 우리가 역사적 사실에 대해 오류를 범할 수 있다는 점이다. 따라서 '불완전성 정리들을 증명한 사람'이란 것은 괴델에 관한 오류 가능한 정보일 뿐이지, 결코 '괴델'의 의미의 일부가 아니다. '괴델은 불완전성 정리를 증명했다'가 선험적으로 참인 문장이 아니라 후험적으로 참인 문장인 이유는 바로 이 때문이다.

무지로부터의 논증the argument from ignorance[46]

두 지칭표현 'a'와 'b'가 각각 지칭하는 대상이 다르면, 'a'의 의미와 'b'의 의미는 서로 다르다. 따라서 어떤 표현이 무엇을 지칭하느냐는 의미론적인 문제이다. 그렇다면 대상 o는 어떻게 이름 'n'이 지칭하는 지칭체가 되는가? 이제 다음의 두 주장들을 비교해 보자.

(5) 'n'은 o를 지칭한다('n' refers to o).
(6) '유일하게 D인 것'은 o를 지칭한다('the D' refers to o).

기술주의에 따르면, 이름 'n'과 연관된 기술구(또는 기술구들의 다발)가 있고, 대상 o가 이 기술구를 유일하게 만족하면, 이름 'n'이 지칭하는 지칭체는 o이다. 따라서 기술주의에 따르면 (5)는 (6)의 방식을 통해 이해돼야 한다. 그러나 많은 경우에 이름은 지칭체를 (6)과 같은 방식으로 지칭하지 않는다.

화자들은 이름과 연관된 확정기술구에 대해 완전히 무지할 수 있다. 그러나 그런 경우에서도 이름을 사용함으로써 이름의 지칭체를 성공적으로 지칭할 수 있다. 예컨대 리처드 파인먼에 대해 아는 것이 단지 유명한 미국 물리학자라는 것이 전부인 보통 사람들도 '리처드 파인먼'이란 이름을 사용해 그 이름의 지칭체를 성공적으로 지칭할 수 있다. 예컨대 어떤 화자가 '리처드 파인먼은 유명한 물리학자였다'라고 말한다면 그 주장은 참이다. 마찬가지로 키케로에 대해 아는 것이 단지 유명한 로마의 웅변가였다는 것이 고작인 사람들도 '키케로'란 이름을 성공적으로 사용할 수 있다. 이처럼 어떤 이름과 연관된 확정기술구에 대해 완전히 무지해도, 우리는 그 이름을 사용함으로써 그것의 지칭체를 성공적으로 지칭할 수 있다.

요컨대 이름과 이와 연관된 확정기술구는 양상적, 인식적, 그리고 의미론적 위상에서 서로 다르다.[47] 따라서 '이름은 확정기술구와 의미론적으로 동등하다'라고 주장하는 이름에 관한 기술이론에는 심각한 난점들이 있다.

2. 이름의 직접지칭이론

이름의 직접지칭이론에 따르면 이름의 유일한 의미론적 기능은 이름의 담지자를 지칭하는 것이다. 이 이론에 대해 좀 더 자세히 살펴보자.

가능세계

크립키는 '가능세계'possible world의 개념을 이용하여 두 가지 종류의 지시어를 구분한다. 그렇다면 가능세계란 무엇인가? 세계가 현 상황과 다를 수 있는 여러 다양한 가능성들이 있었다. 예컨대 박근혜 씨는 대통령이 아닐 수 있었다. 만약 2012년 대통령 선거에서 박근혜 씨가 당선되지 않았더라면 박근혜 씨는 2016년 현재 대통령이 아닐 것이다. 이제 세계가 그럴 수 있었던 한 가지 방식a way the world could have been을 가능세계라고 부르자. 그러면 '박근혜 씨는 한국의 대통령이다'는 현실세계에서 참이지만, 이것이 참이 아닌 많은 가능세계들이 있다고 말할 수 있다.

여기서 한 가지 주목할 점은 문장의 진리치가 가능세계에 따라 변할 수 있듯이, 단칭어의 지칭체도 가능세계에 따라 변할 수 있다는 사실이다. 2016년의 현실세계에서 '한국의 현 대통령'은 박근혜 씨를 지칭하지만, 어떤 가능세계에서는 문재인 씨를 지칭할 수 있다.

고정지시어와 비고정지시어

크립키는 가능세계의 개념을 이용하여 비고정지시어non-rigid designator와 고정지시어rigid designator를 구분한다. 비고정지시어는 다른 가능세계에서 다른 대상을 지칭할 수 있는 단칭어이다. 이와 달리, 고정지시어는 (그 고정지시어가 지칭하는 대상이 존재하는) 모든 가능세계에서 동일한 대상을 지칭하는 단칭어이다. 일상적 이름 '박근혜'는 모든 가능세계에서 박근혜를 지칭한다. 따라서 일상적 이름은 고정지시어이다. 반면 2016년의 현실세계에서 확정기술구 '한국의 현 대통령'은 박근혜 씨를 지칭하지만, 어떤 가능세계에서는 문재인 씨를 지칭한다. 따라서 일반적으로 확정기술구는 비고정지시어이다.

위와 같은 이유에서 '박근혜'와 같은 이름들과 '현재의 한국 대통령'과 같은 확정기술구들은 범주적으로 다르다. 왜냐하면 전자는 고정지시어인 데 반하여 후자는 비고정지시어이기 때문이다. 따라서 크립키에 의하면 일상적 이름을 확정기술구와 의미론적으로 동등한 것으로 간주하는 기술주의는 옳지 않다.

밀주의

밀J. S. Mill은 그의 책 『논리체계』(Mill, 1843)에서 내포connotation와 외연denotation을 구분했다.[48] 언어표현의 외연은 그것이 옳게 적용되는 것이다. 이 개념을 이름, 술어, 그리고 문장에 적용하면 다음과 같다. 이름의 외연은 이름의 지칭체이다. 술어의 외연은 술어가 옳게 적용되는 대상들의 집합이다. 그리고 문장의 외연은 그것의 진리치이다. 반면 언어표현의 내포는 그 표현을 정의해 주는 특성들로 구성된다. 예컨대 '미망인'은 여성임, 현재는 죽은 어떤 사람과 결혼했음 등의 특성들을 내포한다.

그런데 밀(Mill, 1843, p. 34)에 따르면 이름은 단지 특정 대상에 붙인 이름표와 같은 것이기 때문에 그 대상의 속성들의 존속에 의존하지 않는다. 예컨대 서울 서대문구에 있는 지명 '신촌'新村은 그 지역이 현재는 새롭게 조성된 마을이 더 이상 아님에도 여전히 '신촌'이라는 이름을 지닌다. 따라서 밀은 이름이 내포적이지 않다고 주장한다. 이런 이유에서 '이름은 내포가 없다'는 견해를 받아들이는 입장을 '밀주의'Millianism라고 부른다.

그렇다면 밀주의적 이름Millian name과 고정지시어는 어떤 관계인가? 우선 어떤 이름 a가 밀주의적 이름이면, a는 고정지시어이다. 예컨대 '아리스토텔레스'는 밀주의적 이름이며, 따라서 고정지시어이다. 그러나 그

반대가 항상 성립하는 것은 아니다. 예외적으로 확정기술구이면서 고정지시어인 것들이 있다. 예컨대 '9의 양의 제곱근'과 '2 다음의 자연수'는 모든 가능세계에서 3을 지칭한다. 또한 '현실세계에서 원시·근시 양용 안경을 발명한 사람'the actual inventor of bifocals은 항상 벤저민 프랭클린을 지칭한다. 따라서 고정지시어인 확정기술구들이 있다.[49]

이름의 기술구적 용법

a가 객관적으로 외모가 아주 출중하지 않음에도 자신의 외모를 너무 과신하여 자주 잘난 척을 한다고 하자. 이를 보다 못한 b가 'a야, 너는 장동건이 아니야!'라고 말했다고 가정해 보자. 이 예에서 '장동건'은 고정지시어로 사용된 것이 아니다. b가 하고자 한 말은 a가 장동건이 소유하고 있는 미남의 전형적 특성들을 갖고 있지 않다는 것이다. 따라서 이 예에서 '장동건'은 '장동건이 소유하고 있는 전형적 특성들'the typical characteristics of Dong-Gun Jang과 같은 기술구의 의미로 사용된 것이다. 이처럼 이름은 때때로 기술구로 사용될 수 있다. 이런 이유에서 크립키는 '모든 이름은 고정지시어이다'라는 보편적 논제를 주장하지 않는다. 그의 주장에 따르면 이름은 대부분의 경우 고정지시어로 사용된다.

즉석 확인 논증

어떤 이름의 지칭체를 확인하기 위해서 기술구가 필요할 수 있다. 앞 장에서 언급했던 예를 다시 고려해 보자. 어떤 사람 c가 '나는 김대중을 진정으로 존경한다'라고 말했다고 가정해 보자. 그렇다면 이 진술에 포함된 이름 '김대중'은 과연 누구를 지칭하는가? 세상에는 '김대중'이라 불리는 사람들이 매우 많다. 예컨대 제15대 한국 대통령의 이름도 '김대중'이고, 조선일보의 대표적 우파 논설주간이었던 사람도 같은 이름이다. 그렇다면 c가 진정으로 존경하는 사람이 누군지 어떻게 알 수 있는가? c가 '김대중'이란 이름에 연관시키는 기술구가 '제15대 한국 대통령'이면, 우리는 c가 이 이름으로 제15대 한국 대통령을 지칭함을 알 수 있다. 따라서 어떤 이름의 사용을 특정 대상과 연결시키기 위해서 기술구가 필요할 수 있다. 이런 이유에서 러셀의 이른바 즉석 확인 논증the spot-check argument에는 어느 정도 옳은 직관이 포함되어 있다.

그런데 위와 같은 직관을 제대로 이해하기 위해서는 두 물음을 명확하게 구분할 필요가 있다.

① 이름 a의 의미는 무엇인가?
② 이름 a를 그것의 지칭체와 어떻게 연결시킬 수 있는가?

첫 번째는 '이름의 의미론'the semantics of proper names에 관한 물음이다. 이름의 의미론은 이름이 그것이 포함된 문장 속에서 문장 전체의 의미에 어떤 공헌을 하는지를 설명한다. 그런데 ②는 의미론과는 구별되는 물음이다. 예컨대 직접지칭이론에 따르면 '김대중'의 의미는 그것의 지칭체인 특정인 김대중이다. 그런데 지칭표현이 지칭체와 어떻게 연결되느냐는 조금 다른 문제이다. 이 문제에 답하는 것을 '지칭에 관한 철학적 설명'a philosophical account of referring이라고 부르자. 라이컨은 이와 같은 지칭에 관한 철학적 설명을 "어떻게 한 이름이 그것의 지칭체와 연결되는지에 관한 가설"이라고 설명한다.[50] 그런데 러셀의 기술주의는 이 두 물음들을 명확히 구분하지 않았다. 러셀의 기술주의에 따르면 앞서 언급한 c의 발화 '나는 김대중을 진정으로 존경한다'에서 '김대중'의 의미는 이 이름과 연관된 기술구인 '제15대 한국 대통령'이다. 또한 우리는 이 이름과 이것의 지칭체를 이 기술구를 만족하는 특정인을 확인함으로써 연결시킬 수 있다.

그러나 크립키는 기술주의를 받아들이지 않기 때문에 위 두 물음을 구분한다. 첫 번째 물음에 대한 그의 제안은 직접지칭이론이다. 그리고 두 번째 물음에 대한 그의 답은 다음 장에서 살펴볼 인과·역사이론이다.[51]

러셀의 즉석 확인 논증은 이름의 의미론이 아니라, 이름과 지칭체 사이의 연결문제에 관한 철학적 설명에 속한다. 비록 '제15대 한국 대통령'과 같은 기술구는 '김대중'과 같은 이름의 의미를 구성하지 않지만, 때때로 그 이름의 지칭체를 확인하는 데 유용하게 사용될 수 있다. 그렇지만 다음 장에서 논의할 인과·역사이론은 이름과 지칭체 사이의 연결관계에 관해 좀 더 설득력이 있는 철학적 설명을 제시한다.[52]

솔 크립키|Saul Kripke

제 7 장

인과·역사이론

표상주의 의미론

이름은 지칭체와 어떻게 연결되는가? 이 물음에 대해 러셀의 기술주의는 개인주의적 이론을 제시한다. 화자가 이름에 연관시키고 있는 기술구가 유일하게 적용되는 대상이 이름의 지칭체이다. 반면 같은 물음에 대해 크립키는 이른바 '인과·역사이론'the causal-historical view을 제시한다. 러셀의 기술주의와 달리, 인과·역사이론은 언어의 노동 분업the division of linguistic labor에 호소하는 사회적 이론이다.

1. 이름의 인과·역사이론의 개요

이름의 인과·역사이론에 따르면 화자 s가 이름 n을 사용함으로써 대상 o를 지칭하기 위해서는, 이 사용으로부터 o가 그 이름을 부여받게 된 사건에 이르기까지 지칭을 유지시켜 주는 인과·역사적 연쇄가 있어야 한다. 또한 인과·역사이론은 언어의 노동 분업을 받아들인다. 그리고 그와 같은 노동 분업은 다음과 같은 방식으로 이루어진다.

앞 장에서 논의했던 무지로부터의 논증의 예를 다시 살펴보자. 어떤 사람 s가 리처드 파인먼에 대해 아는 것이 단지 유명한 미국 물리학자들 중의 한 명이라는 것이 전부라고 하자. 그럼에도 s는 '리처드 파인먼은 유명한 물리학자이다'라고 말할 수 있고, 그렇게 말하면 참인 주장을 하는 것이다. 그렇다면 어떻게 s가 리처드 파인먼에게 유일하게 적용되는 확정기술구를 전혀 모름에도, '리처드 파인먼'이란 이름을 사용함으로써 특정인을 성공적으로 지칭할 수 있는가? 그 답은 언어의 노동 분업에 있다.

이제 한 아기가 태어났고, 그의 부모가 그 아기에게 '리처드 파인먼'이라는 이름을 부여했다고 해보자. 이 경우 이 명명식命名式, the naming ceremony에 참여한 사람들은 그 아기를 리처드 파인먼으로서 확인할 수 있다. 왜냐하면 그들은 리처드 파인먼의 생김새를 알기 때문이다. 이것을 '지칭기반 reference-grounding의 경우'라고 부르자. 다시 말해 지칭기반의 경우에 속하는 사람들은 리처드 파인먼을 '리처드 파인먼'의 지칭체로 확인할 수 있다.

그런데 지칭기반의 경우에 속하지 않는 사람들도 '리처드 파인먼'이라는 이름을 사용할 수 있다. 그렇지만 그렇게 하기 위해서는 언어의 노동 분업에 호소해야 한다. 다시 말해 '리처드 파인먼'이란 이름을 사용함에 있어서 그 이름과 그 이름의 지칭체를 연결시키는 작업을 그 이름의 지칭체를 실제로 확인할 수 있는 사람에게 위임해야 한다. 이것을 '지칭차용 reference-borrowing의 경우'라고 부르자. 이와 같은 지칭차용을 통해 인과·역사적 연쇄가 형성될 수 있다. 예컨대 지칭기반의 경우에 있는 a로부터 b가 지칭을 차용하고, b로부터 c가 지칭을 차용하고, c로부터 d가 지칭을 차용하면, a로부터 d까지의 인과·역사적 연쇄가 형성된다. 이런 경우 d는 이 인과·역사적 연쇄에 의존하여 '리처드 파인먼'이라는 이름을 성공적으로 사용할 수 있다. 마찬가지로 이와 같은 인과·역사적 연쇄의 끝자락에 있는 우리도 그 이름의 지칭체를 확인하는 책임을 지칭기반의 경우에 속하는 사람들에게 전가함으로써 '리처드 파인먼'이라는 이름을 성공적으로 사용할 수 있다. 요컨대, 앞서 언급했던 s가 리처드 파인먼에게 유일하게 적용되는 확정기술구를 모름에도, '리처드 파인먼'이라는 이름으

로 특정인을 성공적으로 지칭할 수 있는 이유는, s가 언어공동체의 일원
으로서 그와 같은 언어의 노동 분업을 활용할 수 있기 때문이다.

2. 인과 · 역사이론의 장점

앞 절에 언급했던 것처럼 인과 · 역사이론은 무지로부터의 논증이 제기하
는 문제를 피할 수 있다. 뿐만 아니라 옳은 예측을 할 수 있도록 도와준다.
한 가지 예를 살펴보자.

구약성서의 요나서에 따르면 요나는 BC 8세기경 북쪽 이스라엘 왕국
에 살았던 예언자였다. 그는 아시리아의 수도인 니네베에 가서 심판설교
를 하라는 야훼의 명을 받았다. 그럼에도 이를 어기고 이스라엘 서부에
있는 항구 자파로 배를 타고 도망치고자 하였다. 배가 태풍을 만나게 되
자 요나는 자기 탓에 그런 것이라고 여겨 바다에 뛰어들었다. 야훼는 큰
물고기가 요나를 삼키도록 했고, 그 물고기 뱃속에서 사흘간 살아 있도록
했다. 결국 요나는 야훼에게 용서를 구했고, 야훼는 물고기가 요나를 토
해 내도록 했다.

이제 요나에 대해 성경 속에 언급된 대부분의 내용들이 사실은 거짓이
라고 가정해 보자. 예컨대 역사가들이 큰 물고기의 뱃속에 들어갔다가 살
아났던 예언자가 실제로는 없었음을 밝혀냈다고 하자. 그럼에도 요나 스
토리가 궁극적으로 실제로 존재했던 어떤 유대 예언자에서 비롯된 것이
라고 가정해 보자. 예컨대 요나가 매우 놀랍도록 열정적인 예언자였기 때
문에 온갖 종류의 루머와 스토리가 그로부터 파생됐고, 또한 그가 죽고 난
후 오랜 세월이 지나면서 그 스토리가 과장되고 걷잡을 수 없게 된 것이

라고 가정해 보자. 그런 경우 우리는 '요나'라는 이름의 인과·역사적 연쇄를 거슬러 올라감으로써 결국 위에서 언급한 특정 예언자에 이르게 될 수 있다. 그런데 그 예언자는 실제로는 구약성서가 언급한 일들을 하지 않았다. 그런 경우 우리는 '비록 요나는 존재했지만, 구약성경이 요나에 관해 언급한 일들을 실제로 행했던 사람은 없다'라고 말할 수 있다.[53]

위 논점은 또한 'x는 존재하지 않았다'라는 진술과 관련된 설의 다발이론이 왜 옳지 않은지를 잘 보여 준다. 제5장 4절에서 지적했던 것처럼, 설에 따르면 'n은 존재하지 않았다'는 n과 연관된 충분히 많은 기술구들을 만족하는 특정한 대상이 존재하지 않을 경우에 참이다. 그러나 이 기준은 옳지 않다. 앞서 언급한 것처럼, '비록 n은 존재했지만, n과 연관된 대부분의 기술구들은 참이 아니다'라고 말할 수 있기 때문이다.

더 나아가, 인과·역사이론은 같은 이름을 가진 복수의 사람들이 있는 경우에도 그 이름의 특정한 사용이 누구를 지칭하는지를 결정할 수 있도록 해 준다. 이제 a와 b가 각각 다음과 같이 말했다고 가정해 보자.

a: 나는 김대중을 진정으로 존경한다.
b: 나는 김대중을 결코 존경하지 않는다.

그렇다면 위 진술들에 포함된 이름 '김대중'은 과연 누구를 지칭하는가? 이제 c는 제15대 한국 대통령이었던 인물이고, d는 조선일보의 대표적인 우파 논설위원이었던 인물이라고 하자. 또한 a가 사용한 '김대중'이란 이름의 인과·역사적 연쇄를 거슬러 올라가면 궁극적으로 c에 기반을 둔 것이고, b가 사용한 '김대중'이란 이름의 인과·역사적 연쇄를 거슬러 올라가면 궁극적으로 d에 기반을 둔 것이라고 하자. 이 경우 우리는 a가 사용한 '김대중'은 c를 지칭하고, b가 사용한 '김대중'은 d를 지칭한다고 말할 수 있다. 요컨대 우리는 이름의 인과·역사적 연쇄들을 구분함으로써 같은 이름으로 불리는 복수의 사람들이 있는 경우에도 그 이름의 특정한 사용이 그중 누구를 지칭하는지를 결정할 수 있다.

3. 크립키의 본질주의

크립키에 따르면 한 이름은 그것의 지칭체가 있는 모든 가능세계에서 같은 대상을 지칭한다. 그렇다면 다른 가능세계에 있는 각각의 버락 오바마를 동일인이게 해 주는 것은 무엇인가? 크립키에 따르면 각 개인의 기원起源, origin은 그 개인에게 본질적인 것이다. 또한 각 대상이 만들어진 재료도 그 대상에 본질적인 것이다. 크립키는 이런 의미에서 본질주의essentialism를 받아들인다. 이 견해에 대해 좀 더 자세히 살펴보자.

개인의 기원

크립키에 따르면 각 개인의 기원은 그 개인이 비롯된 접합체接合體, zygote이다.[54] 예컨대 버락 오바마는 그의 아버지의 특정 정자와 그의 어머니의 특정 난자가 결합됨으로써 형성된 접합체를 기원으로 하여 이 세계에 태어났다. 그 기원이 주어지면, 우리는 그 기원을 가진 특정인을 가리키면서 그 특정인을 '버락 오바마'란 이름의 지칭체로서 고정할 수 있다. 그런 다음에 그 지칭체에 관해 여러 가지 가능한 시나리오들을 기술할 수 있다. 예컨대 다음의 두 문장들을 살펴보자.

(1) 버락 오바마는 미국의 대통령이다.

(2) 버락 오바마는 사람이다.

우리는 앞서 '버락 오바마'라는 이름으로 고정한 지칭체에 대해 '그는 대통령이 아닐 수도 있었다'라는 양상진술을 할 수 있다. 다시 말해 우리는 버락 오바마가 대통령이 아닌 가능성에 대해 생각할 수 있다. 이런 의미에서 미국의 대통령임은 버락 오바마의 우연적 속성이다. 같은 이유에서 (1)은 우연적으로 참인 진술이다. 반면 우리는 앞서 '버락 오바마'라는 이름으로 고정한 지칭체에 대해 '그는 사람이 아닐 수도 있었다'라는 양상진술을 할 수 없다. 왜냐하면 우리가 앞서 언급한 특정한 기원을 가진 대상을 '버락 오바마'의 지칭체로 고정했을 때 그 대상은 인간이었기 때문이다. 따라서 '버락 오바마'란 이름으로 특정인을 지칭체로 고정하고, 그렇게 고정한 지칭체에 관하여 여러 가지 가능한 시나리오들을 기술할 때 그 특정한 지칭체가 인간이 아닌 시나리오는 가능하지 않다. 따라서 버락 오바마는 모든 가능세계에서 사람이다. 이런 의미에서 사람임은 버락 오바마의 본질적 속성이다. 같은 이유에서 (2)는 필연적으로 참이다.[55] 요컨대 각 개인의 기원은 그 개인에게 본질적인 것이다.

대상의 재료

어떤 강의실에 있는 특정한 책상 α에 대해 생각해 보자. 그리고 α가 애초에 나무로 만들어진 책상이라고 가정해 보자. 이 가정하에서 'α는 철로 만들어졌을 수도 있었다'라고 말할 수 있을까? 크립키의 답은 '아니오'이다. 인식론적으로 겉보기에 나무로 만들어진 것처럼 보이는 책상이 실제로는 철로 만들어졌을 수 있다. 그러나 일단 그 책상이 애초에 나무로 만들어진 것이라면, 그 책상과 똑같아 보이지만 실제로는 쇠로 만들어진 책상이 있더라도 그것은 결코 그 책상과 동일한 것이 아니다. 따라서 크립키에 의하면 책상 a가 애초에 나무로 만들어진 것인 한에 있어서, 나무로 만들어짐은 a에 본질적인 속성이다. 같은 이유에서 다음 진술은 필연적으로 참이다.

(3) a는 나무로 만들어졌다.

위 논점 즉 어떤 대상이 애초에 어떤 재료로 만들어진 것이라면 그 재료는 그 대상에 본질적이라는 것은, 앞서 제시된 논점 즉 각 대상의 기원은 그 대상에게 본질적인 것이라는 논점과 연결되어 있다. 앞서 언급했던 바와 같이, 우리가 특정한 기원을 가진 대상에 '버락 오바마'라는 이름을 부여했을 때 우리는 그 이름을 특정한 인간에게 부여한 것이었고, 따라서 사람임은 버락 오바마의 기원에 속하는 본질적인 속성이다. 마찬가지로 우리가 특정한 기원을 가진 책상에 a라는 이름을 부여했을 때 우리는 그 이름을 나무로 만들어진 책상에 부여한 것이었고, 따라서 나무로 만들어짐은 a의 기원에 속하는 본질적인 속성이다. 요컨대 각 대상이 만들어진 재료도 그 대상에 본질적인 것이다.

통세계적 동일성의 기준

2012년의 한국 대통령 선거는 박빙의 승부였고, 또한 선거 이후에 국정원을 비롯한 국가기관의 선거개입과 관련된 큰 논란이 있었다. 이런 맥락에서 어떤 사람이 우리에게 '박근혜는 대통령이 아닐 수도 있었습니까?'라고 묻는다고 가정해 보자. 이 물음에 대해 찬반 논란이 있을 수 있겠지만,

이 질문 속에 포함된 이름 '박근혜'의 지칭체가 누군지는 큰 논란거리가 아니다. 우리는 특정한 기원을 가진 사람을 '박근혜'라는 이름의 지칭체로 고정할 수 있다. 그런 다음 그 지칭체에 관해 여러 가지 가능한 시나리오들을 생각할 수 있다. 따라서 위 질문 속에 포함된 이름 '박근혜'의 지칭체는 그 특정한 기원을 가진 사람이다.

위와 같은 이유에서 크립키는 통세계적 동일성trans-world identity이 큰 문제가 아니라고 주장한다.

나는 '가능세계' 개념의 오용誤用, 즉 가능세계를 멀리 떨어져 있는 행성과 같은 것, 우리 주변 환경과 비슷하지만, 다른 차원 속에 어떻게든지 존재하는 것으로 여기는 것, 또는 우리를 '통세계적 동일성'의 사이비 문제로 인도하는 그러한 오용에 대해 비판했다. 또한 '[가능]세계'란 용어에 많은 철학자들이 연관시키는 세계불안이나 철학적 혼동을 피하고자 하는 사람이 있다면, 나는 '세계의 가능한 상태 (또는 역사)' 또는 '반사실적 상황'이라는 용어를 대신 사용할 것을 추천한다. 또한 '[가능]세계'란 용어가 종종 '……은 가능하다'란 양상표현에 의해 대체될 수 있음을 상기할 필요가 있다(Kripke, 1980, p. 15).

가능세계들이 먼저 주어지고, 그 다음 통세계적 동일성의 기준들에 관한 물음이 제기되는 것이 아니다. 이와 반대로 우리가 현실세계에서 직면하고, 확인할 수 있는 대상들이 먼저 주어진다. 그런 다음에야 우리는 그 대상들에 관해 무엇이 참일 수 있는지 여부에 대해 물을 수 있다(Kripke, 1980, p. 53).

따라서 가능세계는 형이상학적 우주 속 어디엔가 실제로 있는 행성과 같은 것이 아니다. 가능세계는 우리의 양상논의를 좀 더 명료하게 하기 위한 한 가지 표현방식일 뿐이다. 예컨대 우리는 '박근혜는 대통령이 아닐 수 있었다'라는 양상주장을 가능세계의 개념을 사용해 '어떤 가능세계에서 박근혜는 대통령이 아니다'라고 달리 표현할 수 있다. 그리고 이 양상주장 속에 포함된 '박근혜'는 우리가 현실세계에서 그 이름으로 고정한 특정인을 지칭한다. 또한 이 양상주장은 그 지칭체에 관하여 가능한 시나리오를 기술하는 것이다. 따라서 이 양상주장이 참이기 위해서 '박근혜는 대통령이 아니다'가 참인 가능세계가 존재론적으로 실재할 필요가 없다.

제 8 장

직접지칭이론의 난점들

표상주의 의미론

크립키는 이름의 직접지칭이론을 제안했다. 그런데 이것은 의미지칭이론의 일종이다. 따라서 직접지칭이론도 의미지칭이론이 직면하는, 앞서 제5장에서 언급했던 네 가지 문제들을 해결할 수 있어야 한다. 우리는 이 장에서 직접지칭이론이 그와 같은 문제들을 해결할 수 있는지 여부에 대해 살펴볼 것이다.

1. 허구의 이름의 문제

이름의 직접지칭이론에 따르면 이름의 유일한 의미론적 기능은 이름의 담지자를 지칭하는 것이다. 따라서 이름은 그것이 포함된 문장 전체의 의미에 오직 직접지칭 장치로서 의미론적으로 공헌한다. 이런 이유에서 직접지칭이론은 허구의 이름들fictional names과 관련하여 심각한 문제에 직면한다. 왜냐하면 이 이론에 따르면 지칭하는 대상이 없는 이름은 의미를 결여하고, 따라서 그런 이름을 포함한 문장들은 무의미한 것들로 간주돼야 하기 때문이다. 그러나 이 귀결은 매우 반직관적이다. 예컨대 다음의 문장들을 고려해 보자.

(1) 셜록 홈즈는 탐정이다.

(2) 셜록 홈즈는 발레 댄서이다.

(3) 셜록 홈즈는 존재하지 않는다.

우리 모두가 다 잘 알고 있듯이, 허구의 이름 '셜록 홈즈'가 지칭하는 실존 인물은 없다. 그렇지만 적어도 어떤 의미에서 (1)은 옳은 주장이고, (2)는 틀린 주장처럼 보인다. 또한 (3)은 명백히 참이다. (1)과 (2)는 존재하지 않는 것을 지칭하는 것처럼 보이는 문제에 해당하고, (3)은 부정존재진술의 문제에 해당한다. 직접지칭이론은 우선적으로 이 두 문제들을 해결해야 한다.

크립키의 제안

허구의 이름에 관한 난점들을 해결하기 위해 크립키는 '스토리를 말해 주는 담론'storytelling discourse과 '스토리에 관한 담론'discourse about stories을 구분한다. 다음의 문장들을 비교해 보자.

(4) 버락 오바마는 사람이다.

(5) 셜록 홈즈는 사람이다.

(6) 셜록 홈즈는 허구의 캐릭터이다.

(4)는 현실세계에 관해 참인 문장이다. 그리고 버락 오바마와 달리 셜록 홈즈는 실존 인물이 아니다. 따라서 (4)를 참이라고 주장하는 것과 마찬가지로 (6)을 참이라고 주장할 수 있지만, (5)를 참이라고 주장할 수는 없다. 왜냐하면 (5)와 (6)은 동시에 참일 수 없기 때문이다. 따라서 (6)이

참이면 (5)는 참이 아니다. 그렇다면 (1)이나 (5)와 같은 문장을 어떻게 이해해야 하는가? 앞서 언급한 바와 같이, 어떤 의미에서 (1)은 옳은 주장이고, (2)는 틀린 주장이다. 마찬가지로 (5)는 옳은 주장이고, '셜록 홈즈는 코끼리이다'와 같은 주장은 옳지 않다.

크립키의 제안에 따르면 스토리를 말해 주는 담론에서 화자는 '셜록 홈즈'와 같은 허구의 이름을 마치 실존 인물을 지칭하는 척 사용한다. 즉 화자는 실존 인물을 지칭하는 척할 뿐 실제로는 아무것도 지칭하지 않는다. 마찬가지로 소설을 감상하는 맥락에서 (1)이나 (5)와 같은 문장을 이해할 때 우리는 '셜록 홈즈'와 같은 허구의 이름이 마치 실존 인물을 지칭하는 척하지만, 실제로 그 이름은 아무것도 지칭하지 않는다. 따라서 크립키에 의하면 스토리를 말해 주는 담론에서 '셜록 홈즈'는 아무것도 지칭하지 않는 비지시어이다. 다시 말해 그와 같은 허구의 이름은 "실제로 그 어떤 지칭체도 갖지 않는다. 그것은 지칭체를 가지는 것처럼 가장될 뿐이다."[56]

그렇지만 일단 어떤 스토리가 완성되고 나면, 우리는 그 스토리에 나오는 캐릭터에 관해 참인 진술들을 할 수 있다. 예컨대 다음과 같은 주장을 할 수 있다.

(7) 셜록 홈즈는 코넌 도일에 의해 창조된 허구의 캐릭터이다.

(5)와 같은 문장과 달리, (7)과 같은 문장은 허구 속에서가 아니라 허구 밖에서, 즉 스토리에 관한 담론 속에서, 실제로 참이라고 주장될 수 있다. 이처럼 (7)이 글자 그대로 참인 문장이기 때문에 이 문장의 주어인 '셜록 홈즈'는 무언가를 지칭해야 한다. 그래서 크립키에 따르면 (7)에 포함된 이름 '셜록 홈즈'는 코넌 도일에 의해 창조된 추상체를 지칭하는 진정한

지시어이다. 이런 이유에서 스토리에 관한 담론에서 화자는 허구의 캐릭터를 진정으로 지칭할 수 있다.

위와 같은 이유에서 크립키는 이른바 '인공물주의'artifactualism를 주장한다. 이 견해에 따르면 허구의 캐릭터들은 실재세계에 존재하는 추상체들이고, 또한 그 추상적 대상들은 인간들에 의해 창조되는 것들이다. 그래서 스토리에 관한 담론에서 '셜록 홈즈'와 같은 허구의 이름은 "실재세계에 실제로 존재하는 어떤 것을 실제로 지시한다."[57] 또한 "소설을 쓰는 것은, 일상적으로, 허구의 캐릭터들을 창조하는 것이다."[58] 예컨대 코넌 도일은 홈즈 스토리들을 씀으로써 셜록 홈즈, 왓슨 박사, 모리어티 교수와 같은 여러 허구의 캐릭터들을 창조했다. 따라서 크립키에 의하면 특정한 허구의 캐릭터가 존재하는지 여부는 경험적인 문제이다.[59] 예컨대 코넌 도일의 홈즈 스토리들이 존재하기 때문에 셜록 홈즈라는 허구의 캐릭터가 존재한다. 그런데 우리는 허구의 캐릭터에 관해서도 척하기 pretending를 할 수 있다. 연극 〈햄릿〉 속에서 햄릿은 '곤자고의 살인'The Murder of Gonzago이라는 연극을 관람한다. 따라서 연극 〈햄릿〉 속에는 곤자고Gonzago라는 허구의 캐릭터가 존재한다. 이 경우 우리는 허구의 스토리 속에 마치 곤자고라는 허구의 캐릭터가 존재하는 것처럼 단지 가장할 뿐이기 때문에, 곤자고라는 허구의 캐릭터는 현실세계 속에 존재하지 않는다. 그래서 크립키는 햄릿은 '실제 허구의 캐릭터'a real fictional character인데 반해, 곤자고는 '허구적인 허구의 캐릭터'a fictional fictional character라고 부른다.[60]

그렇다면 셜록 홈즈와 같은 실제 허구의 캐릭터는 어떤 의미에서 존재하는가? 크립키는 미국과 같은 특정한 국가가 사람들 사이의 구체적 관계들에 의해 존재하게 되는 추상체인 것과 마찬가지로, 홈즈와 같은 특정한 허구의 캐릭터는 스토리를 말하고, 희곡을 쓰고, 소설을 쓰고, 등등의 구

체적인 활동들에 의해 존재하게 되는 추상체이다.[61]

그런데 크립키의 제안에는 크게 두 가지 문제들이 있다. 첫 번째 문제는 스토리를 말해 주는 담론에서 허구의 이름에 대해 가정된 사용은 단지 척하는 사용pretend use이라는 견해와 관련된 것이다. 이 견해를 새먼Nathan Salmon은 다음과 같이 비판한다.

이름은 단지 특정한 사용, 그리고 이름이 도입된 특정한 목적에 상대적으로, 이 사람 또는 저 사람을 의미론적으로 지칭한다. 따라서 우리는 척하는 사용 그 자체가 진짜 탐정을 만들어 내지 못하는 것 이상으로 진정한 이름을 발생시키지 못한다고 말할 수 있다. ……스토리를 말해 주는 담론 속에서 '셜록 홈즈'가 지칭하는 것이 없다고 말하는 것의 문제는, 단지 그 이름을 특정하게 사용하는 척하는 것은 그 이름을 진정하게 사용하는 것이 아니라는 것이다. 그 이름이 진정하게 사용되는 경우에만 그 이름이 지칭하거나 또는 지칭하지 않는다고 말할 수 있다(Salmon, 1998, p. 299).

요컨대 크립키 제안의 첫 번째 문제는 척하는 사용이 진정한 이름을 발생시키지 못한다는 사실이다.

두 번째 문제는 '셜록 홈즈'와 같은 허구의 이름이 애매하다는 견해와 관련된 것이다. 크립키에 따르면 스토리를 말해 주는 담론에서 이 이름은 아무것도 지시하지 않는 비지시어이고, 반면 스토리에 관한 담론에서 이 것은 작가에 의해 창조된 추상체를 지칭하는 진정한 지시어이다. 그러나 허구의 이름을 애매한 표현으로 간주할 만한 뚜렷한 이유가 없다. 적어도 '배'와 같은 용어가 애매하다는 의미에서 허구의 이름은 애매하지 않다. '배'라는 표현은 '물위에 떠다니며 사람이나 짐 따위를 실어 나르게 만든 탈 것'을 의미할 수도 있고, '배나무의 열매'를 의미할 수도 있고, 또는 '위장 따위가 들어 있는 가슴과 골반 사이의 부분'을 의미할 수도 있다. '셜록 홈즈'와 같은 허구의 이름은 적어도 이와 같은 방식으로 애매하지 않다. 따라서 허구의 이름을 애매한 용어로 간주해야 하는 호소력 있는 이유가 제시되지 않는 한에서, 허구의 이름을 애매하지 않게 해석하는 것이 바람직하다.

새먼의 제안

크립키의 제안이 가진 문제점들을 피하기 위해서 새먼은 '셜록 홈즈'와 같은 허구의 이름에 대해 우리가 부여할 수 있는 진정한, 척하지 않는 사용genuine, non-pretend use은 허구의 캐릭터를 지칭하는 이름으로 사용하는 것이라고 주장한다. 즉 그의 견해에 따르면 스토리를 말해 주는 담론과 스토리에 관한 담론 모두에서 '셜록 홈즈'는 특정한 허구의 캐릭터를 지칭하는 고정지시어이다. 그는 다음과 같이 말한다.

크립키처럼 '셜록 홈즈'와 같은 허구의 이름이 애매하다고 주장할 필요가 없다. 특히 (스토리를 말해 주는 담론에서) 코넌 도일과 그의 독자들이 이 이름을 사용할 때, 이 이름은 비지시어이고, 이러한 사용이 선행하는 사용이며, 허구의 캐릭터의 이름으로 사용하는 것은 이러한 사용에 의존하는 것이라고 가정해야 할 명백한 필연성이 없다. ……일단 우리가 허구의 캐릭터들을 실재하는 것으로 용인한 이상, 그들을 지칭하는 데 실패하는, 허구의 이름들의 의심스러운 사용에 매달릴 필요가 없다(Salmon, 1998, p. 298).

그렇지만 새먼의 제안에도 여전히 중요한 문제점들이 있다.
첫째, 그의 제안에 따르면 '셜록 홈즈는 단순한 동물이 아니라 매우 지적인 사람이다'와 같은 문장은 글자 그대로의 의미에서 거짓이다. 왜냐하면 그의 제안에 따르면 셜록 홈즈는 작가가 창조해 낸 추상체이고, 그와 같은 추상체는 글자 그대로의 의미에서 사람일 수 없기 때문이다. 마찬가지로 '셜록 홈즈는 탐정이다'와 같은 문장도 글자 그대로의 의미에서 거짓이다. 'x는 탐정이다'라는 술어는 글자 그대로의 의미에서 추상체들이 아니라 구체적인 개인들에게 적용돼야 한다. 오직 구체적 개인들만이 시공간에 존재하는 범인들을 잡을 수 있기 때문이다. 따라서 셜록 홈즈와 같은 추상체는 글자 그대로의 의미에서 탐정일 수 없다.

둘째, 새먼의 견해는 추상체에 대한 존재론적 커미트먼트를 요구하며, 이런 존재론적 커미트먼트에는 큰 존재론적 부담이 따른다. 우선 그러한 추상체는 배중률이 적용되지 않는 불완전한 대상이다. 예컨대 우리는 셜록 홈즈의 왼쪽 발에 사마귀가 있는지 여부를 결정할 수 없다. 왜냐하면 코넌 도일이 그의 홈즈 스토리에서 이에 대해 아무런 언급을 하지 않았기 때문이다. 또한 불완전한 대상들의 이러한 특성은 이것들의 동일성 조건을 제시하기 어렵게 만든다. 따라서 '동일성 없는 대상도 없다'는 콰인의 유명한 존재론적 허용가능성 기준을 받아들이면 허구의 캐릭터를 진정한 대상으로 간주하기 어렵다. 더 나아가 어떤 소설들은 일관적이지 않을 수 있다. 예컨대 어떤 작가가 그의 소설의 어떤 부분에서 어떤 캐릭터가 어떤 특정 속성을 갖고 있는 것으로 묘사했음에도, 또 다른 부분에서 앞의 묘사를 망각하고 그 속성을 갖고 있지 않은 것으로 묘사할 수 있다. 그렇지만 단지 의미론을 위해 모순적인 속성들을 가진 대상들을 존재론에 포함시키는 것은 결코 바람직하지 않다.

셋째, 새먼의 제안은 '존재한다'는 술어를 글자 그대로의 의미와 다소 다르게 해석할 것을 요구한다. 다음의 문장을 다시 고려해 보자.

(3) 셜록 홈즈는 존재하지 않는다.

위 문장은 참이다. 일반적으로 우리는 셜록 홈즈와 같은 것은 실제로 없다고 생각하기 때문에 (3)을 참인 것으로 여긴다. 그러나 새먼은 (3)을 이런 식으로 이해할 수 없다. 그의 견해에 따르면, (3)에 포함된 이름 '셜록 홈즈'는 실재하는 특정한 추상체를 지칭하는 고정지시어이고, 따라서 셜록 홈즈와 같은 것이 실제로 있어야 한다. 이런 이유에서 (3)은 셜록 홈즈가 한편 추상체로 존재하면서, 다른 한편 존재하지 않는다는 뜻으로 해석될 수 있다.

위 문제를 피하기 위해 새먼은 (3)을 '셜록 홈즈는 추상체이지 실존 인물이 아니다'를 뜻하는 것으로 해석한다. 다시 말해 새먼은 '존재한다'는 술어를 표면상 나타난 것과 다소 다른 방식으로 해석한다. 그러나 (3)이 참인 이유는 셜록 홈즈가 추상체이고 따라서 피와 살로 이루어진 사람이 아니기 때문이라기보다는, 앞서 언급한 바와 같이, 셜록 홈즈와 같은 것이 실제로 없기 때문이라고 보는 것이 좀 더 자연스러워 보인다. 따라서 이것을 치명적인 문제로 보긴 어렵지만, 가능하다면 새먼식의 다소 이상한 해석을 피하는 것이 좀 더 바람직해 보인다.

지금까지의 논의를 통해 알 수 있듯이, 존재하지 않는 것을 지칭하는 것처럼 보이는 문제와 부정존재진술의 문제가 직접지칭이론에 치명적이라고 말하기 어렵다. 그렇지만 직접지칭이론이 이 문제들을 깔끔하게 해결하지 못한다는 것도 부인하기 어렵다. 이런 이유에서 허구의 이름들에 관한 직접지칭이론가들의 제안들은 여전히 충분히 만족스럽지 않다.[62]

2. 동일성에 관한 프레게의 퍼즐

(8) 마크 트웨인은 마크 트웨인이다.

(9) 마크 트웨인은 새뮤얼 클레먼스이다.

(8)과 (9)에 포함된 '마크 트웨인'과 '새뮤얼 클레먼스'는 지칭체가 같다. 따라서 직접지칭이론에 의하면 (8)과 (9)는 동일한 명제를 표현해야 한다. 그러나 양자 사이에는 중요한 인지적 차이가 있다. (8)은 사소하게 참이지만, (9)는 우리에게 실질적 정보를 제공한다. 달리 표현하면, (8)은 실질적인 경험적 조사 없이 그것이 참임을 알 수 있는 선험적 명제이지만, (9)는 실질적인 경험적 조사 없이는 그것의 진리치를 알 수 없는 후험적 명제처럼 보인다. 그렇다면 어떻게 동일한 명제가 한편 선험적이면서, 다른 한편 후험적일 수 있는가?

위 문제에 대해 직접지칭이론가들은 어떻게 답할 수 있는가? 우선 직접지칭이론가는 (9)와 마찬가지로 (8)도 후험적 문장으로 간주할 수 있다. 인식주체가 (8)이 참임을 알기 위해서는 '마크 트웨인'이 어떤 대상을 실제로 지칭하는 진정한 이름임을 알아야 한다. 그리고 '마크 트웨인'이 진정한 이름임을 알기 위해서는 어느 정도 그에 대한 경험적 조사가 필요하다. 다시 말해 최소한 그것이 진정한 이름임을 배워야 한다.

우리는 위 논점을 받아들일 수 있다. 그러나 여전히 문제는 남는다.

(8') 마크 트웨인이 존재하면, 마크 트웨인은 마크 트웨인이다(If Mark Twain exists, Mark Twain is Mark Twain).

(9') 마크 트웨인이 존재하면, 마크 트웨인은 새뮤얼 클레먼스이다(If Mark Twain exists, Mark Twain is Samuel Clemens).

직접지칭이론가들이 주장하는 것처럼, '마크 트웨인'과 '새뮤얼 클레먼스'가 같은 의미를 지닌다면, (8')과 (9')도 동일한 명제를 표현해야 한다. 그러나 양자 사이에는 여전히 중요한 인지적 차이가 있다. (8')은 선험적으로 참인 명제이지만, (9')은 후험적으로 참인 명제이기 때문이다. 그런데 어떻게 한 명제가 선험적으로 참이면서 동시에 후험적으로 참일 수 있는가?

위와 같은 문제를 해결하기 위해 플라츠(Platts, 1997)는 의미적 내용semantic content과 정보적 내용informational content을 구분한다. 그는 다음과 같이 말한다.

[(9)]라고 말한 사람은 [(8)]이라고 말한 사람과 동일한 것을 말하지 않았다. 전자는 정보적이고, 아마도 흥미로운 것을 말했지만, 후자는 사소하고, 흥미롭지 않은 것을 말했다. 그러나 이 결과는 두 발화들이 동일한 문자적 의미를 가진 문장들에 관한 것인지의 문제와 두 발화자들이 동일한 것을 말했는지의 문제를 구분하면 전혀 역설적이지 않다. 의미의 동일성에 관한 물음과 말함saying의 동일성에 관한 물음은 이를테면 두 방향에서 구별될 수 있다. 후자의 관념은 본질적으로 화용론에 속한다. 따라서 이 관념을 해명하기 위해서 발화의 맥락, 화자와 청자의 지식과 의도, 표현의 문자적 내용뿐 아니라 형식도 언급해야 한다. 그리고 정보적 내용의 동일성에 관한 물음은 말함의 동일성에 관한 물음의 특정한 경우이다. 잘 알려진 것처럼 프레게는 대상의 제시방식과 제시된 대상을 구분했다. 전자는 표현의 뜻이고, 후자는 그것의 지칭체이다. 따라서 '샛별'과 '개밥바라기'는 동일한 대상을 다른 방식으로 제시한다. 이 논점을 메타포를 이용해 표현하면 다음과 같다. 뜻, 의미, 또는 명제의 제시방식은 표현된 뜻, 의미, 또는 명제 자체와 구별돼야 한다. 두 문장들은 같은 의미를 다른 방

식으로 '제시'할 수 있다. 같은 것을 말함samesaying 또는 정보적 내용infor-mational content에 관한 물음은 고려되고 있는 문장들의 문자적 의미들뿐 아니라, 그들이 제시되는 방식들의 함수임을 받아들이면, 마음 졸이게 했던 역설적 귀결들을 피할 수 있다(Platts, 1997, pp. 147~148).

위 제안에 따르면 (9)가 정보적인 이유는 '마크 트웨인'과 '새뮤얼 클레먼스'가 같은 의미를 다른 방식으로 제시하기 때문이다.

그러나 위 제안은 충분히 만족스럽지 않다. 다음 두 문장들을 다시 고려해 보자.

(8') 마크 트웨인이 존재하면, 마크 트웨인은 마크 트웨인이다.
(9') 마크 트웨인이 존재하면, 마크 트웨인은 새뮤얼 클레먼스이다.

우리가 한 문장의 진리치를 오직 그 문장 속에 포함된 용어들의 의미를 이해함으로써 결정할 수 있으면 그 문장은 분석명제를 표현한다. 그런데 한국어를 어느 정도 이해하는 사람이라면 누구나 (8')을 읽음으로써 그것이 참임을 알 수 있다. 따라서 (8')은 분석적으로 참인 문장으로 간주돼야 한다. 그런데 만약 직접지칭이론이 주장하는 것처럼, '마크 트웨인'과 '새뮤얼 클레먼스'가 같은 의미를 가진다면, (9')도 분석적으로 참인 문장으로 간주돼야 한다. 그러나 우리는 단지 (9')을 읽음으로써 그것이 참인지를 알 수 없다. 그렇다면 (9')은 과연 어떤 의미에서 분석적으로 참인가? 이 물음에 대해 답하기 쉽지 않다.

더군다나 '마크 트웨인'과 '새뮤얼 클레먼스'가 같은 의미를 지닌다고 보기 어려운 또 다른 중요한 이유가 있다. 다음의 영어 문장을 고려해 보자.

(10) Mark Twain is Mark Twain.

우리는 영어 문장 (10)을 한국어 문장 (8)로 번역할 수 있다. 그런데 직접지칭이론에 따르면 (8)과 (9)는 의미가 같다. 따라서 (10)을 (9)로 번역하지 못할 이유가 없어야 한다. 그러나 직관적으로 (10)을 (9)로 번역하는 것은 부적절하다. 따라서 직접지칭이론은 (10)을 (9)로 번역하는 것이 왜 부적절한지에 대해 해명할 수 있어야만 한다.

한 가지 문제를 더 지적하면 다음과 같다.

(11) The earth goes around the sun.
(12) 지구는 태양 주위를 공전한다.

(11)은 영어 문장이고, (12)는 한국어 문장이다. 그래서 이것들은 서로 다른 문장들이다. 그렇지만 (11)과 (12)는 같은 명제를 표현한다. 따라서 이 두 문장들을 각각 주장하는 경우에 이 각각의 주장은 동일한 주장적 함축assertional significance을 가진다. 이제 앞서 언급했던 동일성에 관한 퍼즐을 다시 고려해 보자.

(8) 마크 트웨인은 마크 트웨인이다.
(9) 마크 트웨인은 새뮤얼 클레먼스이다.

직접지칭이론에 따르면 위 두 문장들은 동일한 명제를 표현한다. 그럼에도 (8)의 주장적 함축과 (9)의 주장적 함축은 다르다. 왜냐하면 (8)의 주장과 달리 (9)의 주장은 다른 방식으로 제시되는 두 이름들이 같은 의미를 지닌다는 사실을 함축하기 때문이다. 그렇지만 동일한 명제를 주장하는 것이 어떻게 상이한 주장적 함축을 가질 수 있는지 이해하기 쉽지 않다. 다시 말해 상이한 주장적 함축을 가진 문장들이 어떻게 의미론적으로 동일한 명제를 표현할 수 있는지 이해하기 쉽지 않다. 왜냐하면 통상적으로 상이한 주장적 함축 또는 상이한 정보적 내용을 가지는 명제들은 서로 다른 명제들로 간주되기 때문이다.

3. 대체실패의 문제

이제 다음의 사례들을 비교해 보자.

> (13) 철수는 '마크 트웨인은 소설가이다'를 승인한다.
> (14) 철수는 마크 트웨인이 소설가라고 믿는다.
> (15) 철수는 '새뮤얼 클레먼스는 소설가이다'를 승인하지 않는다.
> (16) 철수는 새뮤얼 클레먼스가 소설가라고 믿는다.

우선 (13)이 참이라고 가정해 보자. 즉 철수에게 마크 트웨인이 소설가인지에 대해 물으면, 철수는 진지하게 그렇다고 대답한다고 가정해 보자. 이 경우 우리는 (14)가 참이라고 말할 수 있다. 그런데 마크 트웨인이 새뮤얼 클레먼스의 필명인지를 모르기 때문에 새뮤얼 클레먼스가 소설가인지를 물으면, 철수는 이를 진지하게 부정한다고 가정해 보자. 즉 (15)가 참이라고 가정해 보자. 그런데 직접지칭이론에 따르면 '마크 트웨인'과 '새뮤얼 클레먼스'는 의미가 같기 때문에 (14)가 참이면 (16)도 참이어야 한다. 따라서 직접지칭이론에 의하면 '새뮤얼 클레먼스는 소설가이다'라는 문장을 진지하게 부정함에도, 철수는 새뮤얼 클레먼스가 소설가라고 믿는다고 말해야 한다. 그러나 이와 같은 귀결은 매우 반직관적인 것처럼 보인다. 왜냐하면 인식주체가 한사코 진지하게 거부하는 것을 실제로는 믿고 있는 것으로 간주해야 하기 때문이다.

그렇다면 위 문제를 직접지칭이론은 과연 해결할 수 있는가? 믿음이 인식주체와 명제 사이의 이항관계two-place relation이고, 또한 (14)가 참이면, 직접지칭이론가는 (16)을 참인 것으로 간주할 수밖에 없다. 따라서 직접지칭이론가는 다음과 같은 주장을 정당화해야 한다.

비록 철수는 '새뮤얼 클레먼스는 소설가이다'라는 문장을 진지하게 부정하지만, 그럼에도 그는 새뮤얼 클레먼스가 소설가라고 믿는다.

다시 말해 반직관적인 것으로 보이는 위와 같은 귀결을 피하는 대신 그것이 어떤 의미에서 우리가 받아들일 수 있는 귀결인지에 대해 설명해야 한다. 이러한 전략은 통상적으로 '난점을 감수하는 전략'the bite-the-bullet strategy이라고 불린다. 이제 다음의 예를 살펴보자.

(17) 콜럼버스는 카스트로의 섬이 인도에서 불과 몇 마일 떨어져 있다고 믿었다(Columbus believed that Castro's island was only a few miles from India).[63]

직관적으로 위 문장은 참인 것처럼 보인다. 1492년에 크리스토퍼 콜럼버스는 인도로 가는 서회항로를 개척하기 위한 항해에서 오늘날의 쿠바, 즉 카스트로의 섬에 도착했다. 그는 그곳이 인도의 본토에서 멀리 떨어져 있지 않은 섬이라고 생각했고, 그래서 그곳 원주민들을 인디언이라고 불렀다. 그런 이유에서 우리는 (17)과 같은 주장을 할 수 있다. 그러나 콜럼버스는 '카스트로의 섬은 인도에서 불과 몇 마일 떨어져 있다'는 문장은 승인하지 않았을 것이다. 피델 카스트로는 20세기의 인물이다. 따라서 15세기에 살았던 콜럼버스는 그의 이름을 몰랐을 것이다. 또한 이탈리아 출신의 콜럼버스가 현대 한국어 문장을 이해했을 리도 없다. 그런 의미에서 우리는 다음과 같이 말할 수 있다.

(18) 비록 콜럼버스가 '카스트로의 섬은 인도에서 불과 몇 마일 떨어져 있다'는 문장을 승인하지 않았겠지만, 그럼에도 그는 카스트로의 섬이 인도에서 불과 몇 마일 떨어져 있다고 믿었다.

그렇지만 위와 같이 난점을 감수하는 전략을 택하는 것이 과연 성공할 수 있을까? 이 질문에 적절히 답하기 위해서 간접화법의 특성들에 대해 살펴볼 필요가 있다.

우선 직접화법에서 인용부호 안에 있는 내용은 보고자의 맥락이 아니라, 원래 화자의 맥락에서 이해돼야 한다. 다음의 예를 살펴보자.

(19) 철수: 영수는 "나는 배고프다"라고 말했다.
(20) 철수: 영수는 내가 배고프다고 말했다.

(19)는 직접화법의 사례이므로 원래 화자의 맥락에서 인용문을 이해해야 한다. 따라서 (19)의 인용문에 포함된 표현 '나'는 영수를 가리킨다. 다시 말해 인용문의 내용은 보고자인 철수의 맥락과 무관하다. 반면 (20)은 간접화법의 사례이므로 보고자의 맥락에서 내용을 이해해야 한다. 따라서 (20)에 포함된 표현 '나'는 철수를 가리킨다.

또한 간접화법의 목표는 우리가 보고하고자 의도하는 것을 성공적으로 보고하는 데 있다. 따라서 간접화법에서는 동유형성cotypicality 조건을 엄격히 지키지 않을 수 있다. 다시 말해 상황에 따라 원래 화자가 사용한 표현과 조금 다른 표현을 사용하는 것이 허용된다. 다음의 예를 살펴보자.

철수는 "영수는 검안사이다"라고 말했다(Chulsoo said, "Youngsoo is an oculist").

이제 a가 철수가 말한 내용을 b에게 보고하고자 하는데, b가 옆집에 사는 새댁 남편의 이름이 영수임을 모른다고 가정해 보자. 그런 경우 a는 철수가 말한 내용을 b에게 다음과 같이 보고할 수 있다.

(21) 철수는 옆집에 사는 새댁의 남편에 대해 그가 검안사라고 말했다

(Chulsoo said *of the husband of the bride next door* that he is an oculist).

이처럼 간접화법을 사용해 다른 사람의 말을 보고할 때 동유형성 조건을 엄격히 지키지 않을 수 있다. 비록 '영수'는 '옆집에 사는 새댁의 남편'과 같은 유형의 표현이 아니지만, 그럼에도 상황에 따라 전자 대신 후자를 사용할 수 있다.

믿음귀속의 경우에도 마찬가지다. 믿음귀속에는 대언적對言的, de dicto 믿음귀속과 대물적對物的, de re 믿음귀속이 있다. 대언적 믿음귀속의 경우에는 귀속된 믿음내용이 원래 화자가 승인할 수 있는 내용에 제한된다. 따라서 다음의 대언적 믿음귀속은 옳지 않다.

철수는 옆집에 사는 새댁의 남편이 검안사라고 믿는다(Chulsoo believes that the husband of the bride next door is an oculist).

왜냐하면 철수는 영수와 옆집에 사는 새댁의 남편이 동일인임을 모르기 때문에 '옆집에 사는 새댁의 남편은 검안사이다'라는 문장을 승인하지 않을 것이기 때문이다. 반면 대물적 믿음귀속의 경우에는 비록 보고되는 믿음의 소유자 자신은 모를지라도 보고자가 승인하는 동일성 관계를 활용할 수 있다. 따라서 a는 다음과 같은 대물적 믿음귀속을 할 수 있다.

철수는 <u>옆집에 사는 새댁의 남편에 대해</u> 그가 검안사라고 믿는다(Chulsoo believed *of the husband of the bride next door* that he is an oculist).

그리고 그와 같은 대물적 믿음귀속이 가능한 것은 a가 영수와 옆집에 사는 새댁의 남편이 동일인임을 알기 때문에 영수를 지칭하기 위해 '옆집에 사는 새댁의 남편'이란 표현을 대신 사용할 수 있기 때문이다.[64]

이제 (17)의 경우를 다시 살펴보자.

(17) 콜럼버스는 카스트로의 섬이 인도에서 불과 몇 마일 떨어져 있다고 믿었다.

앞서 언급한 바와 같이, 대언적 믿음귀속의 경우에는 귀속된 믿음내용이 원래 화자가 승인할 수 있는 것들에 제한되지만, 대물적 믿음귀속의 경우에는 보고자가 승인하는 동일성 관계를 활용할 수 있다. 그래서 비록 콜럼버스는 자신이 도착한 섬과 카스트로의 섬이 동일한 섬이라는 사실을 몰랐지만, 그럼에도 우리는 이 동일성 관계를 알기 때문에 콜럼버스에게 다음과 같은 대물적 믿음귀속을 할 수 있다.

(22) 콜럼버스는 <u>카스트로의 섬에 대해</u> 그것이 인도에서 불과 몇 마일 떨

어져 있다고 믿었다(Columbus believed *of Castro's island* that it was only a few miles from India).

따라서 (17)처럼 말할 수 있다는 직관은 그것을 (22)처럼 대물적 믿음 귀속 문장으로 해석할 수 있다는 사실에서 비롯된 것이다.

이제 위에서 논의한 대언적 믿음귀속과 대물적 믿음귀속 사이의 구분을 염두에 두고, 앞서 논의했던 철수의 예를 다시 살펴보자.

(13) 철수는 '마크 트웨인은 소설가이다'를 승인한다.

(14) 철수는 마크 트웨인이 소설가라고 믿는다.

(15) 철수는 '새뮤얼 클레먼스는 소설가이다'를 승인하지 않는다.

(16) 철수는 새뮤얼 클레먼스가 소설가라고 믿는다(Chulsoo believes that Samuel Clemens is a novelist).

(16') 철수는 <u>새뮤얼 클레먼스에 대해</u> 그가 소설가라고 믿는다(Chulsoo believes *of Samuel Clemens* that he is a novelist).

(14)가 성립한다. 그리고 우리는 '마크 트웨인 = 새뮤얼 클레먼스'라는 동일성 문장을 승인한다. 따라서 우리는 (16')과 같은 대물적 믿음귀속을 할 수 있다. 이런 이유에서 우리는 다음과 같이 말할 수 있다.

비록 철수는 '새뮤얼 클레먼스는 소설가이다'라는 문장을 진지하게 부정하지만, 그는 <u>새뮤얼 클레먼스에 대해</u> 그가 소설가라고 믿는다.

그러나 철수 자신은 마크 트웨인이 새뮤얼 클레먼스와 동일인임을 모르기 때문에 (15)가 성립한다. 따라서 대언적 믿음귀속 문장 (16)은 여전히 거짓이다. 이런 이유에서 우리는 다음과 같이 말할 수 없다.

비록 철수는 '새뮤얼 클레먼스는 소설가이다'라는 문장을 진지하게 부정하지만, 그는 새뮤얼 클레먼스가 소설가라고 믿는다.

그러나 '마크 트웨인'과 '새뮤얼 클레먼스'가 동의어라면 (14)와 (16)은 같은 명제를 표현하고, 따라서 진리치가 같아야 한다. 그러나 이것은 대언적 믿음귀속 문장으로서 (14)는 참이지만 (16)은 거짓이라는 사실과 충돌한다. 따라서 직접지칭이론가는 앞서 언급한 난점을 감수하는 전략을 택할 수 없다.

그렇다면 직접지칭이론가가 택할 수 있는 다른 전략이 있는가? 앞서 언급했던 것처럼, 믿음이 인식주체와 명제 사이의 이항관계라면 직접지칭이론가는 (16)을 참인 것으로 여길 수밖에 없다. 따라서 유일한 대안은 믿음이 인식주체와 명제 사이의 이항관계임을 부정하는 것이다. 물론 표층구조에서 믿음은 인식주체와 명제 사이의 이항관계이다. 그러나 심층구조는 다를 수 있다. 다시 말해 믿음의 논리적 형식은 겉보기와 다를 수 있다. 이 장의 나머지 부분에서는 이러한 제안들에 대해 살펴볼 것이다.

콰인의 제안

앞서 언급했던 대체실패의 사례를 다시 살펴보자.

(14) 철수는 마크 트웨인이 소설가라고 믿는다.
(16) 철수는 새뮤얼 클레먼스가 소설가라고 믿는다.

'마크 트웨인'이 '새뮤얼 클레먼스'와 공지칭어임을 철수가 모르는 경우에 (14)는 성립하지만 (16)은 성립하지 않을 수 있다. 콰인에 따르면 (14)와 같은 믿음문장 속에 포함된 내용문장에 논리적 구조를 부여하면 우리가 원치 않는 추론을 받아들이도록 강요받게 된다. 즉 '마크 트웨인'과 '새뮤얼 클레먼스'가 공지칭어이기 때문에 (14)를 받아들이면 (16)도 마찬가지로 받아들여야 한다는 압박을 받게 된다. 따라서 콰인에 의하면 이 문제를 근본적으로 해결하는 방법은 그러한 내용문장에 독립적인 논리적 구조가 있음을 거부하는 것이다. 이 전략에 따르면 믿음은 인식주체와 명제 사이의 이항관계가 아니다. 예컨대 'romantic'이라는 용어를 고려해 보자. 이 용어 속에 있는 'man'이란 표현은 독립된 의미를 갖지 않는다. 왜냐하면 'romantic'은 내적 구조가 없는, 원초적 일항술어이기 때문이다. 따라서 비록 'man'과 'an adult person who is male'이 같은 의미를 갖지만, 'romantic' 속에 포함된 'man'을 'an adult person who is male'로 대체할 수 없다.

마찬가지로 콰인(Quine, 1960, pp. 215~216)에 따르면, 우리는 (14)를 다음과 같이 이해할 수 있다.

(14') 철수는 마크ー트웨인ー이ー소설가ー라고ー믿는다(Chulsoo believes-that-Mark-Twain-is-a-novelist).

다시 말해 '마크ー트웨인ー이ー소설가ー라고ー믿는다'를 내적 구조가 없는, 원초적 일항술어로 간주할 수 있다. 그러면 (14')에 포함된 '마크ー트웨인'은 독립된 의미를 가지는 표현이 아니고, 따라서 '새뮤얼ー클레먼스'에 의해 대체될 수 없다. 이런 이유에서 대체실패의 문제는 애당초 발생하지 않는다.

그러나 위 제안은 설득력이 없다. '마크ー트웨인ー이ー소설가ー라고ー

믿는다'가 내적 구조가 없는, 원초적 술어이면, 무한히 많은 수의 원초적 술어들이 존재하게 된다. 왜냐하면 우리는 원리상 무한히 많은 수의 새로운 문장들을 산출할 수 있고, 또한 그 새로운 문장들 각각에 '믿는다'라는 표현을 부가함으로써 원리상 무한한 수의 믿음문장들을 구성할 수 있기 때문이다. 그런데 그 각각의 믿음문장에 포함된 믿음술어가 모두 원초적 술어라면 무한한 수의 원초적 술어들이 있게 된다. 그러나 우리가 배울 수 있는 언어는 유한한 수의 원초적 술어들을 가진 언어이다. 따라서 위 제안을 받아들이면 우리가 어떻게 언어를 배울 수 있는지를 설명하기 어렵게 된다.

또한 위 제안을 받아들이면 (14)와 같은 믿음문장으로부터 이끌어 낼 수 있는 추론들이 있다는 매우 당연한 직관을 거부해야 한다. 예컨대 우리는 (14)로부터 '철수가 믿는 것이 있다', '철수는 누군가가 소설가라고 믿는다' 등등을 추론할 수 있다. 그러나 콰인의 제안대로 '마크-트웨인-이-소설가-라고-믿는다'가 내적 구조가 없는, 원초적 술어이면 우리는 그와 같은 추론들을 할 수 없다.

새먼의 제안

새먼(Salmon, 1986)에 따르면 믿음은 인식주체, 명제, 그리고 그 명제가 파악되는 방식 사이의 삼항관계이다. 그러한 삼항관계를 'BEL'이라고 부르자. 그리고 다음의 문장들을 다시 살펴보자.

(14) 철수는 마크 트웨인이 소설가라고 믿는다.
(16) 철수는 새뮤얼 클레먼스가 소설가라고 믿는다.

'마크 트웨인은 소설가이다'라는 문장이 표현하는 명제를 p라고 하자.

그러면 p는 '마크 트웨인은 소설가이다'라는 문장을 통해서 파악될 수도 있고, '새뮤얼 클레먼스는 소설가이다'라는 문장을 통해서 파악될 수도 있다. 전자의 방식을 α라고 하고, 후자의 방식을 β라고 하자. 그러면 (14)와 (16)은 각각 다음과 같이 분석될 수 있다.

(14') BEL(철수, p, α)

(16') BEL(철수, p, β)

그리고 (14')과 (16')은 각각의 세 번째 관계항이 다르기 때문에 서로 다른 믿음관계를 표현한다. 따라서 새먼의 삼항관계 해석은 (14)와 (16)의 진리치가 왜 다를 수 있는지를 잘 설명한다.

그러나 위 분석에도 논란의 여지가 많다. 첫 번째 문제는 BEL의 세 번째 관계항의 존재론적 위상에 관한 것이다. 새먼은 이 세 번째 관계항이 프레게적 뜻Fregean sense과 유사하다는 점을 인정하면서도 자신의 이론이 프레게 이론과는 다르다고 주장한다.

프레게적 이론에 따르면 뜻은 문장의 의미론적 본성에 필수 요소이다. 뜻은 문장이 표현하는 인지적 정보 또는 '생각'의 일부를 구성한다. 내가 옹호하는 이론에 따르면 BEL 관계의 세 번째 항의 역할을 하는 대상들은 그것들이 어떤 종류의 것들이든 BEL의 두 번째 항을 표현하는 관련 문장들의 의미론적 본성과 완전히 분리될 수 있는 것들이다. (비록 BEL의 세 번째 항의 역할을 하는 대상들이 의미론적 개념들로 특성화될 수 있다고 판명이 난다고 할지라도 그렇다.) 문장들은 정보를 표현하는 장치들이다. 그것들이 표현하는 정보들은 명제들, 종종 단칭명제들이다. '소크라테스는 현명하다'는 문장의 의미론은 오직 소크라테스에 관한 단칭명제, 즉 그가 현명하다는 명제만을 다룬다. 어떤 사람의 관심이 주로 의미론적인 것, 즉 그 문장의 인지적인 정보내용에 관계된 것이고, 심리학적인 것이 아닌 한에서 그가 그 정보에 대해 알게 되는 방식 x에 대해서는 다룰 필요가 없다(Salmon, 1986, p. 120).

새먼의 주장처럼 BEL 관계의 세 번째 항의 역할을 하는 대상이 BEL의 두 번째 항을 표현하는 명제의 의미론적 본성과 분리될 수 있는 것이라고 할지라도, 여전히 그것은 전체 믿음문장의 진리치에 영향을 주는 한 요소이다. 따라서 우리는 그 관계항의 존재론적 위상에 대해 의문을 제기할 수 있다. 예컨대 (14')의 경우에 첫 번째 관계항인 철수는 구체적 대상이다. 따라서 그것은 시공간에 존재하는 것이다. 그리고 두 번째 관계항인 명제 p는 일종의 추상체라고 말할 수 있다. 그렇다면 구체적 대상인 철수가 그러한 추상체를 파악하는 방식은 과연 어떤 종류의 것인가? 어떻게 명제를 파악하는 방식 자체가, 전체 믿음문장의 진리치에 영향을 주는, 믿음의 한 요소가 될 수 있는가? 이와 같은 의문들에 대해 적절한 답이 제시되지 않는 한에서 BEL의 세 번째 관계항의 존재론적 위상은 분명치 않다고 말할 수 있다.

두 번째 문제는 BEL의 세 번째 관계항을 믿음의 한 요소로 받아들이는 한 그것을 의미론적 내용의 일부임을 부정하기 어렵다는 점이다. 앞서 언급한 것처럼 (14')과 (16')은 각각의 세 번째 관계항이 다르기 때문에 서로 다른 진리치를 갖는다. 따라서 그 세 번째 관계항은 믿음의 진리조건에 영향을 준다. 이처럼 문장의 진리치에 영향을 주는 문장의 한 요소를 문장의 의미와 무관한 것이라고 말하기 어렵다.

끝으로, 명제를 파악하는 방식을 의미론적 내용과 분리시켜 세 번째 관계항으로 취급하는 새먼의 전략은 믿음의 내용 자체가 믿음명제인 경우에 잘 부합하지 않는다. 다음과 같은 복합적인 믿음문장을 고려해 보자.

(23) 영수는 철수가 마크 트웨인이 소설가라고 믿는다고 믿는다(Youngsoo believes that Chulsoo believes that Mark Twain is a novelist).

새먼의 이론에 따르면 (23)은 다음과 같이 분석된다.

(23′) BEL(영수, BEL(철수, p, α), γ)

여기서 α는 철수가 명제 p를 파악하는 방식이고, γ는 영수가 '철수는 마크 트웨인이 소설가라고 믿는다'라는 명제를 파악하는 방식이다. 그런데 직접지칭이론에 따르면 명제를 파악하는 방식은 의미론에 속하는 것이 아니라 화용론에 속한다. 다시 말해 그것은 의미론적 내용이 아니라 정보적 내용에 속한다. 그런데 (23′)에서 명제 p를 파악하는 방식 α는 영수의 믿음내용의 일부이다. 다시 말해 믿음의 두 번째 구성요소인 명제의 일부이다. 또한 명제의 구성요소가 의미론적 내용이 아니라 정보적 내용에 속한다고 말하기 어렵다. 따라서 명제를 파악하는 방식을 의미론적 내용과 분리시키는 새먼의 전략은 (23)과 같이 복합적인 믿음문장의 경우에 잘 적용되지 않는다.

데이비드슨의 병렬적 분석

데이비드슨은 그의 논문 「그것을 말함에 관하여」(Davidson, 1984c)에서 간접화법에 관한 병렬적 분석the paratactic analysis을 제시한다.[65] 다음의 예를 살펴보자.

(24) 갈릴레오는 "Eppur si muove"라고 말했다(Galileo said, "Eppur si muove").

도널드 데이비드슨Donald Davidson

우리는 갈릴레오가 말한 내용을 간접화법을 이용해 다음과 같이 보고할 수 있다.

(25) 갈릴레오는 지구가 돈다고 말했다(Galileo said that the earth moves).

데이비드슨에 따르면 (25)는 두 문장들이 다음과 같이 병렬적으로 배열된 것으로 해석될 수 있다.

(26) 갈릴레오는 그것을 말했다. 지구는 돈다(Galileo said that. The earth moves).

그리고 (26)은 다음과 같이 이해될 수 있다.

(27) 갈릴레오의 어떤 발화와 나의 다음 발화는 우리를 같은 것을 말하는 사람이게 한다. 지구는 돈다(Some utterance of Galileo's and my next utterance make us samesayers. The earth moves).

데이비드슨에 따르면 첫 번째 발화에 포함된 '그것'that은 이에 잇따른 발화 '지구는 돈다'를 가리키는 지시어이다. 그리고 (26)의 첫 번째 발화 '갈릴레오는 그것을 말했다'Galileo said that는 다음 조건하에서 참이다. '그것'that이 지칭하는 발화와 간접화법 문장을 통해 보고되는 갈릴레오의 원래 발화 사이에 같은 것을 말함samesaying의 관계가 성립한다. 여기서 '같은 것을 말함'은 '내용의 동일성' 또는 '동의성'과 대략적으로 같은 의미이다.

데이비드슨은 언어의 해석이론을 주장한다. 이에 따르면 발화의 내용은 발화가 속한 언어를 해석해 주는 타르스키Alfred Tarski 스타일의 진리이론의 정리들에 의해 설명될 수 있다. 그런데 타르스키 스타일의 진리이론은 형식화된 외연 언어에만 적용된다. 따라서 이 진리이론을 자연언어에 적용하기 위해서는 자연언어를 어떻게든 외연 언어와 유사하게 형식화시켜야 한다. 그러나 자연언어에는 외연 언어와 유사하게 형식화하기 어려운 비외연적인 표현들이 많이 있다. 특히 명제태도 문장들은 외연적으로 다루기 어렵다. 다음의 문장을 고려해 보자.

(28) 프톨레마이오스는 태양이 지구 주위를 공전한다고 믿었다(Ptolemy believed that the sun goes around the earth).

'태양은 지구 주위를 공전한다'는 믿음내용은 거짓이지만 전체 문장 (28)의 진리치는 참이다. 따라서 (28)과 같은 믿음문장의 진리치는 믿음내용의 진리치와 독립적이다. 이런 의미에서 믿음문장은 외연적이지 않다. 그런데 데이비드슨의 의미이론은 진리조건 의미론이다. 이 의미론에 따르면 문장의 의미는 문장의 진리조건들에 의해 주어진다. 그리고 문장의 진리조건은 문장이 참인 조건이다.[66] 또한 진리조건 의미론이 받아들이는 의미의 조합성compositionality 논제에 따르면 전체 문장의 의미는 그 문장을 구성하는 요소들의 의미들에 의해 구성된다. 그런데 (28)과 같은 명제태도 문장에서 구성요소인 '태양은 지구 주위를 공전한다'의 진리조건은 전체 문장의 진리조건과 독립적이다. 따라서 명제태도 문장들의 비외연성은 진리조건 의미론이 해결해야 하는 매우 중요한 난점이다.

데이비드슨의 병렬적 분석은 위와 같은 문제를 해결할 수 있는 길을 열어 준다. 그는 다음과 같이 말한다.

여기서 제안된 간접화법의 분석은 표준적인 문제들에 대해서는 올바른 해결책을 제시하는 것으로 보인다. 외연적 대체의 법칙들이 성립하지 않는 것처럼 보이는 이유는 실제로는 두 문장인 것을 우리가 한 문장으로 오인하기 때문이다. 두 번째 문장에서 대체가 발생하면 첫 번째 문장의 (발화의) 진리치가 변한다. '갈릴레오는 그것을 말했다'Galileo said that의 발화와 이에 잇따른 발화는 의미론적으로 독립적이다. 따라서 오직 형태를 근거로 하여 두 번째 문장의 변화로부터 첫 번째 발화의 진리치가 구체적으로 어떻게 변할지에 대해 예측할 수 없다. 두 번째 발화가 어떤 식으로든 달랐다면 첫 번째 발화도 다른 진리치를 가졌을 수 있다. 왜냐하면 '그것'that이 지칭하는 것이 변하기 때문이다(Davidson, 1984d, pp. 107~108).

요컨대 데이비드슨에 따르면 (26)의 두 번째 문장 '지구는 돈다'는 첫 번째 문장 '갈릴레오는 그것을 말했다'의 일부가 아니다. 또한 (26)의 첫 번째 문장 '갈릴레오는 그것을 말했다'는 다음 조건하에서 참이다. '그것'이 지칭하는 발화 '지구는 돈다'의 의미론적 내용과 보고되는 갈릴레오의 원래 발화 'Eppur si muove'의 의미론적 내용이 같다. 따라서 첫 번째 문장의 진리치에 관련된 것은 두 번째 문장의 내용이지 그것의 진리치가 아니다. 그리고 두 번째 문장의 의미는 첫 번째 문장과 무관하게 그 문장의 진리조건들에 의해 주어진다. 따라서 데이비드슨의 병렬적 분석이 옳다면, 간접화법 문장은 진리조건들이 독립적인 두 문장들이 병렬적으로 배열된 것들이기 때문에 진리조건 의미론에 큰 문젯거리가 되지 않는다.

또한 데이비드슨에 따르면 대체실패의 문제가 발생하는 것처럼 보이는 이유는 (25)와 같은 간접화법의 문장을 한 문장으로 간주하기 때문이다. 그와 같은 간접화법 문장은 두 문장들이 병렬적으로 배열된 것이고, 두 번째 문장에서 대체가 발생하면, 첫 번째 문장에 포함된 지시어 '그것'이 다른 발화를 지칭하게 된다. 따라서 두 번째 문장에서 대체가 발생하면, 첫 번째 문장의 진리치가 변할 수 있다. 이런 이유에서 간접화법 문장에 포함된 이름을 다른 공지칭어로 대체할 때 왜 진리치가 변할 수 있는지를 설명할 수 있다. 더 나아가 데이비드슨은 'said that'에 대한 그의 병렬적 분석을 'believe that'을 포함하여 명제태도 문장들 일반에 확대 적용하고자 했다.[67] 따라서 데이비드슨에 의하면 어떤 사람의 믿음을 보고하는 경우도 유사한 방식으로 분석할 수 있다. 즉 믿음문장들과 관련하여 대체실패의 문제가 발생하는 것처럼 보이는 이유는 믿음귀속 문장을 두 문장들이 병렬적으로 배열된 것이 아니라, 한 문장인 것으로 오인했기 때문이다.

그렇지만 데이비드슨의 병렬적 분석도 여전히 심각한 난점들에 직면한다. 이 분석의 첫 번째 문제는 이 분석을 명제태도 문장들 일반에 확대 적용하기 어렵다는 점이다. 특히 이 분석을 대물적 믿음귀속의 경우들에 적용하기 어렵다. 이 점을 이해하기 위해 앞서 논의했던 사례를 살펴보자.

철수는 '영수는 검안사이다'라는 문장을 승인한다. 이 경우에 우리는 다음과 같이 말할 수 있다. 철수는 영수가 검안사라고 믿는다. 그런데 a가 철수가 믿는 내용을 b에게 보고하고자 하는데, b가 옆집에 사는 새댁 남편의 이름이 영수임을 모른다고 가정해 보자. 그런 경우 a는 철수가 믿는 내용을 b에게 다음과 같이 보고할 수 있다.

(29) 철수는 <u>옆집에 사는 새댁의 남편에 대해</u> 그가 검안사라고 믿는다

(Chulsoo believes *of the husband of the bride next door* that he is an oculist).

이제 데이비드슨의 병렬적 분석을 (29)와 같은 대물적 서술*de re predication* 문장에 적용해 보자.

(29') 철수는 <u>옆집에 사는 새댁의 남편에 대해</u> 그것을 믿었다. 그는 검안
사이다(Chulsoo believes *of the husband of the bride next door* that. He is an oculist).

앞서 언급했던 것처럼 데이비드슨의 병렬적 분석에 따르면, 보고되는
발화와 '그것'that이 지시하는 발화 사이에 '같은 것을 말함'의 관계가 성
립해야 한다. 그리고 (29')의 두 번째 문장에 있는 대명사 '그'는 (29')의 첫
번째 문장에 있는 '옆집에 사는 새댁의 남편'의 대용어이다. 그렇지만 '옆
집에 사는 새댁의 남편은 검안사이다'와 '영수는 검안사이다' 사이에 같
은 것을 말함의 관계가 성립하지 않는다. 데이비드슨의 견해에 따르면 같
은 것을 말함은 대략적으로 "좋은 번역에 의해 유지되는 것"인데, '영수
는 검안사이다'를 '옆집에 사는 새댁의 남편은 검안사이다'로 번역하는
것은 좋은 번역이 아니기 때문이다.

또한 데이비드슨의 병렬적 분석에 따르면, (29')의 첫 번째 문장 '철수
는 <u>옆집에 사는 새댁의 남편에 대해</u> 그것을 말했다'가 참이기 위해서, '그
것'that이 지칭하는 발화 '그는 검안사이다'의 의미론적 내용과 보고되는
철수의 원래 발화 '영수는 검안사이다'의 의미론적 내용이 같아야 한다.
그러나 앞서 언급한 바와 같이 위 두 발화들의 의미가 같다고 보기 어렵
다. 왜냐하면 (29')에서 대명사 '그'는 '옆집에 사는 새댁의 남편'의 대용어
이지 '영수'의 대용어가 아니기 때문이다. 위와 같은 이유들에 따라 데이
비드슨의 병렬적 분석은 대물적 믿음귀속에 적용되지 않는다.

그런데 대언적 믿음귀속과 대물적 믿음귀속은 두 가지 다른 종류의 믿
음들 사이의 구분이 아니라, 귀속되는 믿음내용을 보고되는 믿음의 소유
자가 승인할 수 있는 내용에 제한하느냐, 아니면 보고자가 승인하는 동일
성 관계를 활용할 수 있느냐에 따른 구분이다. 따라서 전자와 후자의 논
리적 형태를 서로 근본적으로 다른 것으로 취급하는 것은 부적절하다. 또

한 대언적 믿음귀속과 대물적 믿음귀속 사이의 구분은 대체실패가 발생하는 진짜 이유가 무엇인지 알려 준다. 그 이유는 믿음귀속 문장이 겉보기와 달리 한 문장이 아니라 두 문장들이 병렬적으로 배열된 것이고, 또한 두 번째 문장에 포함된 이름이 공지칭어에 의해 대체될 때 첫 번째 문장에 포함된 지시어 '그것'that이 지칭하는 발화가 바뀌기 때문이 아니다. 그 이유는 보고되는 믿음의 주체가 보고자가 승인하는 동일성 관계를 모를 수 있기 때문이다. 예컨대 (16)이 대언적 믿음귀속 문장으로서 거짓인 이유는 철수가 '마크 트웨인 = 새뮤얼 클레먼스'라는 사실을 모르고, 이에 따라 '마크 트웨인은 소설가이다'라는 진술은 승인하지만, '새뮤얼 클레먼스는 소설가이다'라는 진술은 승인하지 않기 때문이다.

더 나아가, 대체실패의 문제는 이름들에 관해서만 발생하는 것이 아니다. 다음의 예를 살펴보자.

(30) 철수는 김길수 씨가 아버지의 육촌 형제라고 믿는다.
(31) 철수는 김길수 씨가 재당숙再堂叔이라고 믿는다.

'아버지의 육촌 형제'와 '재당숙'은 동의어이다. 그렇지만 철수가 이 사실을 모를 경우에 (30)은 참이지만, (31)은 거짓일 수 있다. 다시 말해 (31)이 거짓인 이유는 철수가 '아버지의 육촌 형제'와 '재당숙'이 동의어라는 사실을 모르고, 이에 따라 '김길수 씨는 재당숙이다'라는 문장을 승인하지 않기 때문이다. 따라서 (31)이 거짓인 이유는 이것이 두 문장들이 병렬적으로 배열된 것이고 또한 두 번째 문장에 포함된 '아버지의 육촌 형제'가 동의어에 의해 대체될 때 첫 번째 문장에 포함된 지시어 '그것'that이 지칭하는 발화가 바뀌기 때문이 아니다.

위에서 지적한 것처럼, 데이비드슨의 병렬적 분석은 대물적 믿음귀속의 경우에는 적용되지 않고, 또한 대체실패가 발생하는 이유는 보고되는 믿음의 주체가 보고자가 승인하는 동일성 관계를 모르기 때문이다. 따라서 믿음귀속 문장이 겉보기와 달리 한 문장이 아니라 두 문장들이 병렬적으로 배열된 것이고, 또한 두 번째 문장에 포함된 이름이 공지칭어에 의해 대체될 때 첫 번째 문장에 포함된 지시어 '그것'that이 지칭하는 발화가 바뀌기 때문에 첫 번째 문장의 진리치가 변할 수 있다고 설명하는 데이비드슨의 병렬적 분석은 설득력이 부족하다.

데이비드슨의 분석에 관해 추가적으로 생각해 볼 점은 다음과 같다. 앞서 언급했던 것처럼 데이비드슨의 의미론은 진리조건 의미론이다. 이 의미론에 따르면 진리는 근본적인 의미론적 개념이지만, 지칭은 단지 파생적인 개념에 불과하다. 이 점에서 그의 이론은 의미지칭이론과 구분된다. 또한 그의 이론은 의미에 대해 전체론적 접근방식을 택한다.[68] 더 나아가, 진리조건 의미론은 자연언어의 의미에 관한 일반적 의미론이지, 구체적인 의미론적 요소, 예컨대 이름의 의미에 관한 의미론이 아니다. 따라서 데이비드슨이 옹호하는 진리조건 의미론은 직접지칭이론에 대해 중립적이다.[69]

그렇지만 현재 우리의 관심은 직접지칭이론이 직면하는 대체실패의 문제에 대해 데이비드슨의 병렬적 분석이 도움이 될 수 있는지 여부이다. 그런데 이 물음에 대한 답은 부정적이다. 그 이유는 대략적으로 다음과 같다.

철수가 '마크 트웨인은 소설가이다'라고 발화했다고 가정해 보자. 또한 철수는 '마크 트웨인 = 새뮤얼 클레먼스'라는 사실을 모른다고 가정해 보자. 이 경우 우리가 철수의 말을 (32)처럼 보고하는 것은 대언적 서술로서 적절하지만, (33)처럼 보고하는 것은 부적절하다. 왜냐하면 철수는 '새뮤얼 클레먼스는 소설가이다'라는 진술을 부인할 것이기 때문이다.

(32) 철수는 마크 트웨인이 소설가라고 말했다(Chulsoo said that Mark Twain is a novelist).

(33) 철수는 새뮤얼 클레먼스가 소설가라고 말했다(Chulsoo said that Samuel Clemens is a novelist).

이제 데이비드슨의 병렬적 분석에 따라 (32)와 (33)을 각각 다음과 같이 분석할 수 있다.

(32') Chulsoo said that. Mark Twain is a novelist.

(33') Chulsoo said that. Samuel Clemens is a novelist.

(32')에서 첫 문장에 포함된 지시대명사 'that'은 그 다음에 나오는 발화 'Mark Twain is a novelist'를 지칭한다. 그리고 (32')의 첫 문장 'Chulsoo said that'은 잇따른 발화 'Mark Twain is a novelist'의 내용과 철수가 발화한 원래 문장 '마크 트웨인은 소설가이다'의 내용이 같으면 참이다. 그런데 직접지칭이론에 따르면 'Mark Twain is a novelist'와 'Samuel Clemens is a novelist'는 동일한 의미를 가진다. 따라서 (33')의 첫 문장 'Chulsoo said that'에 포함된 'that'이 지칭하는 발화 'Samuel Clemens is a novelist'의 내용과 '마크 트웨인은 소설가이다'라는 철수의 발화 내용이 같다고 말해야 한다. 그런 이유에서 (33')의 첫 문장 'Chulsoo said that'도 참이라고 말해야 한다. 그러나 철수는 '마크 트웨인은 소설가이다'는 승인하지만, '새뮤얼 클레먼스는 소설가이다'는 승인하지 않는다. 또한 앞 절에서 지적했던 것처럼, '마크 트웨인은 소설가이다'를 'Mark Twain is a novelist'로 번역하는 것은 적절하지만, 'Samuel Clemens is a novelist'로 번역하는 것은 부적절하다. 따라서 직접지칭이론을 받아들

이면 철수가 한 말을 (32)처럼 보고하는 것은 대언적 서술로서 적절하지만, (33)처럼 보고하는 것은 대언적 서술로서 부적절하다는 직관을 설명하기 어렵다.

끝으로 데이비드슨의 병렬적 분석의 또 한 가지 문제점에 대해 간략히 살펴보자. 이 분석에 따르면, 'Galileo said that the earth moves'에 포함된 단어 'that'은 그 다음에 잇따른 발화 'the earth moves'를 가리키는 지시어이다. 그러나 그렇게 해석하는 것은 일종의 어원학적 오류라고 볼 수 있다.[70] 예컨대 '갈릴레오는 지구가 돈다고 말했다'라는 한국어 문장에는 그러한 지시어가 포함되어 있지 않다. 따라서 위 영어 문장에 표면상 지시어처럼 보이는 'that'이 포함된 것은 많은 다른 언어들에는 나타나지 않는, 영어와 관련된 우연적 사실에 불과하다.

물론 (25)와 같은 문장을 (26)과 같은 방식으로 이해하는 것이 불가능한 것은 아니다.

(25) 갈릴레오는 지구가 돈다고 말했다(Galileo said that the earth moves).
(26) 갈릴레오는 그것을 말했다. 지구는 돈다(Galileo said that. The earth moves).
(26') 갈릴레오는 태양계의 세 번째 행성에 대해 그것은 돈다고 말했다
(Galileo said of the third planet in our solar system that it moves).

그러나 왜 반드시 (26)이 원형이고 (25)는 단지 그것의 변형일 뿐이라고 생각해야 하는가? 더 큰 문제는 (26')과 같은 대물적 서술 문장을 두 문장으로 분석해야 할 이유가 없다는 점이다. 그렇다면 대언적 서술 문장도 두 문장으로 분석해야 할 이유가 없다. 따라서 (25)와 같은 한국어 문장에 잇따른 발화를 가리키는 지시어가 (암묵적으로) 포함되어 있다고 봐야 할 이유가 없다.

앞서 지적했던 여러 이유들은 데이비드슨의 병렬적 분석이 대체실패의 문제에 대한 성공적인 해결책이 아님을 보여 준다.[71] 또한 지금까지의 논의는 직접지칭이론의 중요 난점들이 여전히 미해결 상태에 있음을 보여 준다. 특히 대체실패의 문제는 직접지칭이론이 아직껏 성공적인 해결책을 제시하지 못하고 있는 대표적인 난점이다.

4. 그 밖의 문제들

끝으로, 직접지칭이론과 관련하여 추가적으로 생각해 볼 만한 두 가지 논점들이 있다.

첫 번째 논점은 이름의 애매성에 관한 것이다. 복수의 사람들이 같은 이름을 가질 수 있다. 제7장에서 논의했던 예를 다시 살펴보자. a와 b가 각각 다음과 같이 말했다고 가정해 보자.

a: 나는 김대중을 진정으로 존경한다.
b: 나는 김대중을 결코 존경하지 않는다.

그리고 a가 사용한 '김대중'이란 이름의 인과·역사적 연쇄를 거슬러 올라가면 궁극적으로 제15대 한국 대통령이었던 인물에 다다르게 되고, b가 사용한 '김대중'이란 이름의 인과·역사적 연쇄를 거슬러 올라가면 궁극적으로 조선일보의 대표적인 우파 논설위원이었던 인물에 다다르게 된다고 가정해 보자. 이 경우 '김대중'이란 이름의 의미는 애매하다. 왜냐하면 동일한 언어표현이 다른 의미를 가지기 때문이다. 그런데 이런 의미의 애매성은 통상적 의미의 애매성과는 다르다. 예컨대 c가 다음과 같이 말했다고 가정해 보자.

　　c: 길수는 배를 갖고 있다.

위 문장에서 '배'라는 표현은 애매하다. 왜냐하면 '배'라는 표현은 '물 위에 떠다니며 사람이나 짐 따위를 실어 나르게 만든 탈 것'을 의미할 수도 있고, '배나무의 열매'를 의미할 수도 있고, '위장 따위가 들어 있는 가슴과 골반 사이의 부분'을 의미할 수도 있기 때문이다. 그런데 '배'와 같은 표현의 애매성은 이와 같은 뜻 차이sense difference를 구분함으로써 제거될 수 있다. 예컨대 c는 자신이 말한 '배'의 의미가 '배나무의 열매'라고 말함으로써 자신이 한 말의 애매성을 제거할 수 있다. 그러나 직접지칭이론에 따르면 이름은 내포를 갖지 않는다. 따라서 앞서 '나는 김대중을 진정으로 존경한다'고 말했던 a는 자신이 한 말의 애매성을 '김대중'의 뜻 차이를 구분함으로써 제거할 수 없다. 물론 직접지칭이론은 인과·역사적 연쇄에 호소함으로써 a가 사용한 '김대중'이란 이름이 제15대 한국 대통령에 기반을 둔 것이라고 말할 수 있다. 그러나 직접지칭이론은 이름의 의미론과 이름이 어떻게 지칭체와 연결되는지에 관한 철학적 설명을 구분한다. 따라서 그와 같은 인과·역사적 연쇄 자체는 '김대중'의 의미와 직접적인 관련이 없다. 또한 a가 지칭차용을 통해 '김대중'이라는 이름을 사용하는 경우에 그는 그 이름의 사용이 제15대 한국대통령에 기반을 둔 것임을 전혀 모를 수 있다. 그러므로 a는 자신이 사용한 이름 '김대중'의 애매성을 의미론적으로 제거할 수 없다. 또한 청자도 'a가 '김대중'으로 의미한 바는 제15대 한국 대통령이다'라고 말함으로써 a가 한 말의 애매성을 제거할 수 없다. 왜냐하면 직접지칭이론에 따르면 '제15대 한국대통령'

과 같은 확정기술구는 '김대중'이란 이름의 의미와 무관하기 때문이다.

두 번째 논점은 의미론과 화용론의 불일치에 관한 것이다. 우리는 종종 이름의 지칭체를 알지 못함에도 이름을 성공적으로 사용할 수 있다. 예컨대 우리는 '리처드 파인먼'의 지칭체를 몰라도 이 이름을 성공적으로 사용할 수 있다. 그런데 직접지칭이론에 따르면 '리처드 파인먼'의 의미는 그것의 지칭체이다. 따라서 이 이론에 의하면 우리는 그 이름의 의미를 알지 못한 채 그 이름을 사용하는 셈이다. 이런 이유에서 직접지칭이론은 의미론과 화용론을 명확히 분리시킨다. 그러나 화자가 자신이 사용한 언어표현의 의미를 알지 못함에도 그 표현을 성공적으로 사용할 수 있다는 것도 매우 부자연스러운 함축이다.

제 9 장

인과·역사이론의 난점들

표상주의 의미론

앞서 제6장에서 우리는 '이름의 의미론'과 '지칭에 관한 철학적 설명'을 구분했다. 그리고 전자에 관한 이론으로서 직접지칭이론을 제6장에서 살펴봤고, 후자에 관한 이론으로서 인과·역사이론을 제7장에서 살펴보았다. 또한 제8장에서 직접지칭이론의 난점들에 대해 논의하였다. 이번 장에서는 인과·역사이론의 난점들에 대해 논의할 것이다.

1. 에번스의 비판과 데빗의 다중기반이론

에번스Gareth Evans는 그의 논문 「이름의 인과이론」(Evans, 1973)에서 인과·역사이론에 대해 매우 중요한 비판들을 제기한다. 그의 첫 번째 비판은 이름의 지칭체가 재난이나 오류를 통해 우리가 모르는 사이에 바뀔 수 있다는 것이다. 그는 다음과 같이 말한다.

> 지칭체의 변경은 이름의 인과이론에 결정적인 난점이다. 지칭체의 변경은 상상 가능할 뿐만 아니라 실제로도 발생한다. 이삭 테일러Isaac Taylor의 책 『이름들과 그들의 역사』(1898)에 따르면 '마다가스카르'의 경우 말레이시아 또는 아랍 선원들이 풍문風聞을 통해 전해 준 말을 마르코 폴로가 오해했고, 그 결과 아프리카 본토의 어떤 지역의 이름이 아프리카의 가

장 큰 섬의 이름으로 뒤바뀌어 전파된 것이다. 또한 한 가지 단순한 상상적인 예는 다음과 같다. 두 아기가 태어났고, 각각의 엄마가 그들에게 이름을 부여했다. 그런데 간호사의 실수로 그들이 뒤바뀌게 되었고, 그 실수는 끝내 밝혀지지 않았다. 따라서 뒤바뀌게 된 이후에 '잭'으로 알려지게 된 남자는 어떤 엄마가 다른 아이에게 그 이름을 부여했기 때문에 그렇게 불리게 된 것이다(Evans, 1973, p. 216).

데빗Michael Devitt은 그의 책 『지시』(Devitt, 1981)에서 위와 같은 문제를 해결할 수 있는 이른바 '다중기반이론'the multiple grounding theory을 제시한다. 이 이론에 따르면 이름은 전형적으로 그것의 담지자에 다중적으로 기반을 둘 수 있다. 그래서 이름은 그것의 대부분의 사용들이 압도적으로 기반을 둔 지칭체를 가리킨다. 이 제안의 기본 아이디어는 다음과 같다.

이름의 많은 사용들은 명명命名하기 또는 이름붙이기와 유사하다. 한 가지 예를 살펴보자. 두 아기 a와 b가 태어났고, a에게는 '짐'Jim이라는 이름이 부여됐고, b에는 '잭'Jack이라는 이름이 부여됐다고 하자. 그런데 간호사의 실수로 두 아기가 뒤바뀌게 되었다. 그래서 a는 b의 진짜 부모 집에서 '잭'이라고 불리며 자라게 됐고, b는 a의 진짜 부모 집에서 '짐'이라고 불리며 자라게 됐다. 따라서 a 주위의 사람들은 a를 지칭하기 위해 항상 '잭'이라는 이름을 사용한다. 예컨대 b의 진짜 부모들은 a를 다른 사람에 소개할 때, '이 아이가 잭입니다'라고 말할 수 있다. 그리고 a가 집에 일찍 귀가한 날에는 '잭이 오늘은 집에 일찍 들어왔다'와 같은 말을 할 수 있다. 이 경우 b의 진짜 부모들은 a의 생김새를 알기 때문에 a를 '잭'이라는 이름으로써 확인할 수 있다. 따라서 '잭'이라는 이름에 대한 그들의 사용은 지칭차용reference-borrowing의 경우가 아니다. 즉 '잭'이라는 이름을 사용함에 있어서 그 이름과 그 이름의 지칭체를 연결시키는 작업을 다른 사람에게 위임하지 않는다. 이런 이유에서 '잭'이라는 이름에 대한 그들의 사용은 지칭기반reference-grounding의 경우로 간주될 수 있다. 같은 이유에서 이름의 그와 같은 사용들은 명명식의 경우와 매우 유사하다.

이제 인과·역사이론이 언어의 노동 분업을 받아들인다는 사실을 상기할 필요가 있다. 그와 같은 언어의 노동 분업을 통해 지칭기반의 경우가 아니라, 지칭차용의 경우에 속하는 사람들도 이름을 성공적으로 사용할 수 있다. 따라서 b의 진짜 부모로부터 c가 '잭'이라는 이름의 지칭을 차용하고, c로부터 d가 지칭을 차용하고, d로부터 e가 지칭을 차용하면, b의 진짜 부모로부터 e까지의 인과·역사적 연쇄가 형성된다. 그리고 이 인과·역사적 연쇄를 통해 e는 '잭'이라는 이름을 사용함으로써 a를 성공적으로 지칭할 수 있다. 이 경우 '잭'이라는 이름이 b가 아니라 a를 지칭하는 이유는, 비록 처음 짧은 기간 동안 '잭'은 b에 인과·역사적으로 기반을 둔 이름이었지만, a와 b가 병원에서 뒤바뀐 이후로는 압도적으로 a에 인과·역사적으로 기반을 둔 이름이기 때문이다. 따라서 데빗의 다중기반이론에 의하면 e가 사용한 '잭'이라는 이름은 a를 지칭한다.

'마다가스카르'의 경우도 마찬가지다. 그 이름의 많은 사용들은 압도적으로 아프리카의 가장 큰 섬에 인과·역사적으로 기반을 둔다. 또한 우리는 그 이름을 아프리카의 가장 큰 섬을 지칭하기 위해 사용하는 사람들로부터 배웠다. 따라서 우리가 지칭차용을 통해 그 이름을 사용할 때 그 이름은 아프리카 본토의 특정 지역이 아니라, 아프리카의 가장 큰 섬을 지칭한다. 따라서 우리가 '마다가스카르는 세계에서 4번째로 큰 섬이다'라고 말한다면, 이 말은 참이다. 이런 이유에서 데빗의 다중기반이론을 받아들이면 인과·역사이론의 핵심 아이디어를 포기함이 없이 에번스의 반례들을 해결할 수 있다.

2. 우선권을 인정하는 사용

우리는 때때로 어떤 이름의 용법用法과 관련하여 어떤 특정인 또는 특정 집단에 의해 이미 확립된 용법에 따라 그 이름을 사용하고자 의도할 수 있다. 이것을 '우선권을 인정하는 사용'deferential use이라고 부르자. 그런데 다중기반이론은 이름의 이와 같은 사용에 관해 성립하지 않을 수 있다. 한 예를 살펴보자.

몇몇 고고학자들이 사막 속에서 고대 무덤을 발견했고, 초기에 발굴된 몇몇 부장품副葬品들을 통해 그것이 성경 속의 한 인물, 예컨대 요나의 무덤이라고 믿게 되었다. 또한 계속된 발굴을 통해서 그 무덤 주인에 대해 많은 것들을 알게 되었다. 그래서 요나는 X를 했다, 요나는 Y를 했다, 요나는 Z를 했다 등등의 많은 것들을 믿게 되었다. 그 결과 그 무덤 주인이 '요나'라는 이름이 사용되는 사례들의 지배적인 원천이 되었다. 그런데 그 무덤 주인은 실제로는 성경 속의 인물인 요나와는 무관한 사람이었다. 그리고 종국에는 위 고고학자들도 그 사실을 알게 되었다. 이 경우, 비록 지금껏 '요나'라는 이름이 사용된 대부분의 사례들이 성경 속의 인물이 아니라 그 무덤 주인에 인과·역사적으로 기반을 두고 있지만, 그럼에도 그 고고학자들은 '그 무덤 주인은 결국 요나가 아니었다'라고 말할 수 있다. 왜냐하면 '요나'는 요나서에 언급된 BC 8세기경 이스라엘 왕국에 살았던 예언자를 지칭한다는 것이 우리 언어 속에 이미 확립된 용법이고, 위 고고학자들도 이 확립된 용법을 존중해야 하기 때문이다. 따라서 이름의 사용에 관해 인과·역사적으로 기반을 둔 지배적 원천이 뒤바뀐 경우에도 이전에 확립된 용법에 우선권을 인정해야 하는 경우들이 있다.[72]

3. 언어공동체의 의도

때때로 우리는 어떤 이름을 그 이름의 실제 담지자를 지칭하고자 의도함이 없이 사용할 수 있다. 에번스의 또 다른 예를 살펴보자.

사해死海에서 놀라운 수학증명이 포함된 문서가 들어 있는 항아리가 발견됐다. 그 문서의 맨 밑에는 'Ibn Khan'이라는 이름이 쓰여 있었다. 따라서 아주 자연스럽게 사람들은 그 이름을 그 수학증명을 한 사람의 이름으로 여겼다. 그 결과 그 증명과 관련된 분야의 수학자들 사이에 보편적으로 통용되는 이름이 되었다. 그러나 그 이름은 그 증명을 훨씬 나중에 옮겨 적었던 필사자筆寫者, scribe의 이름이었고, 'id scripsit'이라는 소문자들이 지워졌던 것이다(Evans, 1973, p. 223).

이제 'Ibn Khan'이라는 이름이 위에서 언급했던 수학증명을 한 사람의 이름으로 사용된 지 매우 오래됐을 뿐만 아니라, 또한 그 증명도 이미 널리 알려져 있는 상황이라고 가정해 보자. 또한 그 증명을 실제로 한 사람을 우리가 여전히 모른다고 가정해 보자. 그래서 현 상황을 원래 상태로 되돌리는 것이 현실적으로 매우 어렵고, 따라서 'Ibn Khan'을 그 증명을 한 사람의 이름으로 계속 사용하는 것이 훨씬 더 편리하다고 가정해 보자. 그런 경우 우리는 그 이름을 그 증명자의 이름으로 계속 사용하기로 결정할 수 있다. 또한 그와 같은 일들이 실제로도 종종 발생한다. 예컨대 구약성서의 마지막 책인 말라기서the Book of Malachi의 사례를 살펴보자. 여기서 '말라기'Malachi는 히브리어로 '나의 사자'my messenger라는 뜻이다. 그렇지만 현재 '말라기'는 구약성서의 마지막 책을 쓴 사람의 관용명慣用名, conventional name으로 쓰인다. 즉 구약성서의 마지막 책을 쓴 사람의 실제 이름이 '말라기'가 아니란 사실이 현재 밝혀진 상태임에도 우리는 편의상 그 이름을 계속 그 책을 쓴 사람의 관용명으로 사용한다.[73]

앞서의 논의가 보여 주는 것처럼, 이름은 그것의 사용들이 압도적으로 기반을 둔 원천을 지칭하는 경우도 있고, 또한 훨씬 적은 사용이 그 원천에 기반을 두었음에도, 그 원천에 우선권을 인정해야 하는 경우도 있다. 그렇다면 과연 어느 쪽을 선택해야 하는가? 이 물음에 적절히 답하기 위해 에번스가 제시한 또 다른 예를 살펴보자.

스코틀랜드 고지 지방에 있는 어떤 마을의 한 젊은이가 부자가 돼서 돌아오겠다면서 마을을 떠났다. 그는 마을 사람들에게 '터닙'Turnip이라는 닉네임으로 불리게 되었다. 50여 년이 지난 이후 어떤 노인이 마을에 와서 한물간 은둔자로 살게 되었다. 앞서 언급했던 젊은이가 마을을 떠나기 이전부터 마을에 살았고 지금도 생존해 있는 몇몇 마을 노인들은 그 은둔자를 50여 년 전에 떠난 터닙이 귀향한 것으로 여겼다. 그래서 그를 '터닙'이라고 불렀고, 마을의 다른 사람들도 이에 따라 그를 '터닙'이라고 부르게 되었다. 그래서 마을 사람들은 '터닙이 오늘 커피를 사러 마을 식료품점에 들렀었다', '터닙은 노인임에도 매우 잘 생겼다' 등등의 진술들을 통해서 '터닙'이라는 이름을 자주 사용되게 되었다.[74]

이제 위 마을 사람 중 한 명이 다음과 같이 말했다고 가정해 보자.

(1) 터닙은 우리 마을을 떠나기 전 젊었을 때 마을 처녀들에게 꽤나 인기가 있었음에 틀림없다. 터닙은 노인임에도 여전히 매우 잘 생겼기 때문이다.

그런데 50여 년 전에 고향을 떠났던 그 남자와 그 늙은 은둔자는 생김새는 비슷하지만 전혀 다른 사람이라고 가정해 보자. 그리고 전자를 a라고 하고, 후자를 b라고 하자. 그렇다면 (1)에 포함된 이름 '터닙'은 누구를 지칭하는가? 앞서 논의한 데빗의 다중기반이론에 따르면, 이름은 그것의 대부분의 사용들이 압도적으로 기반을 둔 지칭체를 가리킨다. 이제 '터닙'의 대부분의 사용들이 압도적으로 기반을 둔 지칭체가 b라고 가정해 보자. 이 경우 다중기반이론에 따르면 (1)에 포함된 이름 '터닙'은 b를 지칭한다. 그러나 b는 50여 년 전에 고향을 떠났던 그 남자가 아니기 때문에 (1)의 첫 번째 문장은 말이 되지 않는다. 그리고 앞서 언급했던 스코틀랜드 고지 마을에서 '터닙'과 관련하여 이미 확립된 용법은 a의 이름으로 사용하는 것이다. 따라서 이 용법에 우선권을 인정하면, (1)에 포함된 이름 '터닙'은 a를 지칭한다. 그러나 a는 그 늙은 은둔자가 아니기 때문에 (1)의 두 번째 문장은 말이 되지 않는다. 그런데 이와 같은 문제가 발생하는 이유는, (1)이 '터닙'의 용법에 관한 심각한 오해 속에서 사용된 문장이기 때문이다. 그렇다면 이러한 오해가 나중에 밝혀지는 경우 마을 사람들은 어떻게 해야 하는가?

　우선 마을 사람들은 편의상 '터닙'을 그 늙은 은둔자를 지칭하는 이름으로 계속 사용하기로 결정할 수 있다. 이 경우 '터닙'의 의미는 더 이상 예전의 의미와 동일하지 않게 된다. 마을 사람들은 '터닙'이라는 이름을 언급mention하면서 (2)와 같이 말할 수 있지만, '터닙'을 같은 의미로 사용use하면서 (3)과 같이 말할 수 없다.

(2) 우리가 '터닙'이라고 지칭했던 50여 년 전에 마을을 떠났던 남자와 우리가 최근 '터닙'이라고 지칭하는 늙은 은둔자는 다른 사람이다.

(3) 50여 년 전에 마을을 떠났던 터닙과 늙은 은둔자 터닙은 다른 사람이다.

다시 말해 우리는 '터닙'이라는 이름을 **사용**하는 경우와 **언급**하는 경우를 구분해야 한다. (2)가 참이란 사실이 알려진 이후에는 양자를 구분하면서 이 이름을 사용해야 한다. 만약 마을 사람들이 편의상 '터닙'이라는 이름을 계속 그 늙은 은둔자를 지칭하기 위해 사용한다면, '김대중'이라는 이름이 김대중 전 대통령을 지칭하는 경우와 조선일보의 김대중 주필을 지칭하는 경우 단지 철자만 같을 뿐 결코 같은 의미로 사용되지 않는 것과 마찬가지로 '터닙'의 이전 사용과 '터닙'의 이후 사용도 같은 의미를 표현하지 않는다.

또한 위 마을사람들은 그 늙은 은둔자를 지칭하기 위해 '터닙'이 아닌 다른 이름을 사용하기로 결정할 수 있다. 따라서 '터닙'을 계속 그 늙은 은둔자를 지칭하기 위해 사용할지, 아니면 다른 이름을 대신 사용할지는 마을 사람들의 결정에 달려 있다. 다시 말해 어떤 이름이 무엇을 지칭하느냐의 문제에 있어서 화자들의 의도가 중요하다. 순수한 인과·역사이론의 한 가지 중요한 문제점은 화자들의 의도가 갖는 이와 같은 중요성을 소홀히 한다는 점이다.

4. 범주문제와 성공적 지칭의 필요조건

사람들은 이름을 사용함에 있어서 범주오류category mistake를 범할 수 있다. 한 가지 예를 살펴보자. 아서 왕은 '아니어'Anir란 아들이 있었는데, '아니어'는 아서 왕의 전설에서 어쩌다가 아서 왕이 묻힌 장소의 이름으로 잘못 전해지게 되었다. 그런데 이 사실을 모르는 어떤 화자가 '아니어는 푸르고 멋진 장소였음에 틀림없다'라고 말했다고 가정해 보자. 이 경우 우리는 그 화자가 '아니어'란 이름으로 아서 왕의 아들을 지칭했고, 그 아들이 푸르고 멋진 장소일 수 없으므로 그 화자의 진술은 거짓이라는 식으로 말하기 어렵다. 왜냐하면 이름을 성공적으로 사용하기 위해선 적어도 화자가 범주오류를 범해서는 안 되기 때문이다.[75] 달리 말해 이름은 그것을 개별화시켜 주는 범주개념과 적절히 연관되어 사용돼야 한다. 예컨대 '아리스토텔레스'란 이름이 적절히 사용되기 위해서는 인간이란 범주개념과 적절히 연관돼야 한다. 데빗과 스티렐리(Devitt & Sterelny, 1999, pp. 79~81)는 이 문제를 인과·역사이론의 '범주문제'the qua-problem라고 부른다. 이 문제 때문에 인과·역사이론에 다음과 같은 조건이 추가돼야 한다. 이름을 성공적으로 사용하기 위해서 화자는 이름의 지칭체에 대해 범주오류를 범해서는 안 된다.[76]

그런데 범주오류가 없음에도 여전히 지칭에 실패할 수 있다. 한 가지 예는 다음과 같다. 어떤 사람 s는 어떤 인과·역사적 연쇄를 통해서 '루이'라는 이름을 얼핏 듣게 되었다. 그리고 그의 부주의함으로 인해 그 이름에 대해 심각한 오해를 하게 됐고, 이로 말미암아 어찌어찌해서 '루이는 농구선수였다'라고 말하게 됐다고 하자. 그런데 이 이름의 인과·역사적 연쇄를 추적해 올라가면 궁극적으로 프랑스의 왕이었던 루이 13세에 다다르게 된다고 가정해 보자. 이 경우 비록 범주오류는 없지만, '루이는 농구선수였다'는 s의 말이 '루이 13세는 농구선수였다'를 의미한 것이라고 말하기 어렵다. 다시 말해 s가 사용한 이름 '루이'가 루이 13세를 성공적으로 지칭한다고 말하기 어렵다.[77] 따라서 s가 '루이'라는 이름을 성공적으로 사용하기 위해서는 단지 '루이'란 이름에 대한 그의 사용과 루이 13세 사이에 인과·역사적 연쇄가 있다는 것만으로는 충분치 않고, 그가 그 이름을 적절히 사용할 수 있는 자격이 있어야 한다. 그렇다면 이름을 적절히 사용할 수 있는 자격은 과연 어떤 것인가?

제7장에서 지적했던 것처럼, 어떤 이름의 인과·역사적 연쇄의 끝자락에 있는 화자는 그 이름의 지칭체를 직접 확인할 수 있는 능력이 없을 뿐만 아니라, 그 지칭체가 유일하게 만족하는 기술구에 대해서도 무지할 수 있다. 그럼에도 그 이름을 성공적으로 사용할 수 있는 이유는 그 화자가 언어의 노동 분업을 통해 그 이름의 지칭체를 확인하는 책임을 다른 사람에게 적절히 전가할 수 있기 때문이다. 그런데 이와 같은 지칭차용은 아무 조건 없이 이루어지는 것이 아니라 차용인借用人으로서의 일정한 자격을 갖춰야 한다. 그런 자격 속에는 자신이 사용하는 이름의 사용규칙에 관련하여 큰 혼동이 없어야 함이 포함된다.[78]

끝으로, 인과·역사이론에 대한 지금까지의 논의를 간략히 요약하면 다음과 같다. 우선, 이 이론은 '이름은 어떻게 지칭체와 연결되는가?'라는 물음에 답하는 지칭에 관한 철학적 설명이다. 그리고 이 철학적 설명에 따르면 한 이름과 한 대상 사이에 인과·역사적 연쇄가 존재하면, 그 이름은 그 대상을 지칭한다. 그러나 1절에서 살펴본 것처럼 그러한 인과·역사적 연쇄 과정에서 오류나 실수가 발생할 수 있다. 또한 3절에서 논의했던 것처럼 이와 같은 오류나 실수를 교정하는 과정에서 화자의 의도가 중요하다. 따라서 (적어도 순수한 형태의) 인과·역사이론의 한 가지 문제점은 화자의 의도의 중요성을 소홀히 한다는 점이다.

또한 4절에서 언급했던 '아니어는 푸르고 멋진 장소였음에 틀림없다'의 사례나 '루이는 농구선수였다'의 사례가 보여 주듯이, 단지 이름과 대상 사이에 인과·역사적 연쇄가 존재한다는 사실은 이름의 성공적 사용을 보장하지 않는다. 따라서 (적어도 순수한 형태의) 인과·역사이론의 또 한 가지 문제점은, '화자가 이름을 성공적으로 사용하기 위해서는 이름의 적절한 사용자로서의 일정한 자격을 갖춰야 한다'는 조건을 소홀히 한다는 점이다.[79]

마이클 데빗Michael Devitt

제 10 장

자연종명사들과 퍼트넘의 쌍둥이지구논증

표상주의 의미론

앞서 우리는 이름의 직접지칭이론에 대해 논의했다. 퍼트넘Hilary Putnam 은 그의 논문 「의미와 지칭」(Putnam, 1973)과 「'의미'의 의미」(Putnam, 1975)에서 직접지칭이론을 자연종명사들에 확장할 수 있다고 주장한다. 이 장의 목적은 이 견해를 비판적으로 검토하는 것이다.

1. 자연종명사에 대한 기술주의 설명

먼저 보통명사에는 자연종명사들natural kind terms과 인공종명사들artificial kind terms이 있다. 세계 속의 대상들 중에는 인간에 의해 만들어진 종류의 것들이 있다. 예컨대 탁자, 의자, 연필과 같은 것들이다. 이러한 것들을 지칭하는 '탁자', '의자', '연필'과 같은 표현들이 이른바 '인공종명사들'이다. 반면 세계 속의 대상들 중에는 인간과 독립적으로 원래부터 존재하던 종류의 것들이 있다. 예컨대 금, 물, 호랑이와 같은 것들이다. 이러한 것들을 지칭하는 '금', '물', '호랑이'와 같은 표현들이 이른바 '자연종명사들'이다.

자연종명사의 의미에 대한 기술주의 설명에 따르면 '물'은 대략적으로 '하늘에서 비로 내리고, 강과 바다에 흐르는 무색無色, 무취無臭, 무미無味한 마실 수 있는 액체'를 의미한다. 또한 '호랑이'는 대략적으로 '황갈색이고, 몸에 검은 가로줄무늬가 있고, 사납고, 육식성인 고양잇과에 속하는 포유류'를 의미한다. 이와 같은 정의定義들은 우리가 사전辭典에서 찾을 수 있는 종류의 것이다. 그렇다면 자연종명사의 의미에 관한 이와 같은 설명은 옳은가?

2. 기술주의 설명에 대한 두 가지 반대논증

퍼트넘은 자연종명사의 의미에 대한 기술주의 설명을 비판하는 두 가지 중요한 논증들을 제시한다.

양상논증

다음과 같은 상황을 고려해 보자. 몇몇 우주탐험가들이 우주선을 타고 먼 우주의 어떤 행성에 어찌어찌하여 도착하게 됐다. 그런데 그곳에는 비가 내리지 않았고, 강도 없었고, 바다도 없었다. 그러나 지하 깊숙이에서 어떤 액체를 발견했는데, 그 액체는 옅은 오렌지색을 띠고 있었고, 마셔 보니 다소 향긋했다. 그런데 이 액체의 화학적 구성을 검사해 보니 H_2O로 구성되어 있었다. 이 상황에서 위 탐험가들은 '이 행성에서는 놀랍게도 물이 무색, 무미하지 않다'고 말할 수 있다. 이와 같은 가상적 시나리오가 보여 주는 것은 다음과 같은 양상진술들이 참일 수 있다는 점이다.

"물은 어떤 가능세계에서 하늘에서 비로 내리지 않을 수 있다."
"물은 어떤 가능세계에서 강에서 흐르지 않을 수 있다."

"물은 어떤 가능세계에서 무미하지 않을 수 있다."

"물은 어떤 가능세계에서 무색이지 않을 수 있다."[80]

따라서 '하늘에서 비로 내리고, 강과 바다에 흐르는 무색, 무취, 무미한 마실 수 있는 액체'라는 기술주의 설명 속에 포함된 '무색', '무취', '무미'와 같은 특성들은 물의 본질이 아니다. 왜냐하면 그와 같은 특성을 결여한 액체도 여전히 물일 수 있기 때문이다. 그래서 위와 같은 기술description은 '물'의 의미의 일부가 아니다.

한 가지 예를 더 들어 보자. 몇몇 우주탐험가들이 우주선을 타고 먼 우주에 있는 어떤 행성에 어찌어찌하여 도착하게 됐다. 그런데 그곳에는 집집마다 같은 종류의 애완동물을 기르고 있었는데, 그 동물들은 황갈색이 아니었고, 몸에 검은 가로줄무늬도 없었고, 매우 온순했으며, 잡식성이었다. 그런데 그 동물들의 DNA를 검사해 보니 지구에 있는 호랑이와 동일한 DNA를 갖고 있었다. 이 상황에서 위 탐험가들은 '이 행성에서는 놀랍게도 호랑이가 매우 온순하고, 잡식성이다'라고 말할 수 있다. 이와 같은 가상적 시나리오가 보여 주는 것은 '황갈색이고, 몸에 검은 가로줄무늬가 있고, 사납고, 육식성인 고양잇과에 속한 포유류'라는 것은 '호랑이'를 정의하는 조건이 아니라는 것이다. 왜냐하면 그와 같은 특성을 결여한 동물도 여전히 호랑이일 수 있기 때문이다.

우리는 '하늘에서 비로 내리고, 강과 바다에 흐르는 무색, 무취, 무미한 마실 수 있는 액체'와 같은 기술을 사용해 어떤 액체를 물로서 확인할 수 있다. 다시 말해 이와 같은 기술은 우리가 평소 '물'의 외연을 결정하는 데 사용할 수 있는 기술, 즉 '외연을 고정해 주는 기술'extension-fixing description이다. 위의 양상논증이 보여 주는 것은 그와 같이 외연을 고정해 주는 기술이 우연적 조건일 수 있다는 사실이다. 또한 그렇기 때문에 자연종의 외연을 고정해 주는 기술은 세계마다 다를 수 있다. 따라서 '물'과 같은 자연종명사의 의미와 우리가 평소 그와 같은 자연종의 외연을 결정하는 데 사용하는 기술을 동일시해서는 안 된다.

또한 이름의 의미와 관련하여 가장 중요한 것은 지칭체이다. 그래서 일단 한 이름의 지칭체가 고정되면, 그 지칭체에 대해 여러 가지 가능한 시나리오들을 상상할 수 있다. 마찬가지로 자연종명사의 의미와 관련하여 가장 중요한 것은 그것의 외연extension이다. 그래서 일단 한 자연종명사의 외연이 고정되면, 그 외연에 대해 여러 가지 가능한 시나리오들을 상상할 수 있다.

쌍둥이지구논증

우주 어딘가에 지구와 오직 한 가지 점을 제외하고 모든 점에서 지구와 똑같은 '쌍둥이지구'Twin Earth가 있다고 가정해 보자. 한 가지 다른 점은, 쌍둥이지구에서 물처럼 보이는 것이 H_2O가 아니라 다른 화학적 구성인 XYZ로 구성된 액체라는 점이다. 즉 XYZ는 하늘에서 비로 내리고, 강과 바다에 흐르는 무색, 무취, 무미한 마실 수 있는 액체이지만 그것의 화학적 구성이 H_2O가 아니기 때문에 물이 아니다. 이와 같은 사고실험이 보여 주는 것은 '물'의 의미에 대한 기술주의 설명이 물의 충분조건도 아니라는 사실이다.

이제 자연종명사와 이름의 유비관계에 대해 좀 더 살펴보자. 양상논증과 쌍둥이지구논증의 논점들은 이름의 경우에도 마찬가지로 적용된다. 어떤 사람 s가 영희라는 여성을 보고 첫눈에 반했다고 가정해 보자. 이 경우 그는 영희를 다시 만났을 때 그녀가 소유한 외모의 특징들을 통해 그녀를 확인할 수 있다. 그리고 그 특징들을 표현해 주는 기술 D를 영희라는 특정 대상을 지칭체로 고정해 주는 기술reference-fixing description이라고 말할 수 있다. 그런데 D는 '영희'의 의미의 일부가 아니다. 예컨대 영희가 사고를 당해 전면적인 성형수술을 받게 된 가능세계에서 D는 영희에게 더 이상 적용되지 않을 것이다. 그러나 영희는 기술 D를 만족하지 않아도 여전히 영희이다. 또한 s는 아직 모르고 있지만, 영희와 영지가 겉으로는 전혀 구별되지 않는 일란성 쌍둥이라고 가정해 보자. 따라서 영지는 영희에게 적용되는 기술 D를 마찬가지로 만족할 수 있다. 그러므로 우리가 특정 대상을 확인하기 위해 사용하는 D와 같은 기술은 단지 우연적 조건이다. 따라서 D는 '영희'의 의미의 일부가 아니다. 마찬가지로, 우리가 평소 '물'의 외연을 결정하는 데 사용하는 기술, 즉 '하늘에서 비로 내리고, 강과 바다에 흐르는 무색, 무취, 무미한 마실 수 있는 액체'와 같은 기술도 자연종명사 '물'의 의미의 일부가 아니다. 이것이 우리가 제6장에서 논의했던 크립키의 양상논증으로부터 배울 수 있는 교훈이다.

3. 자연종명사의 고정지시이론

자연종명사에 대한 기술주의 설명이 옳지 않다면 자연종명사의 의미는 무엇인가? 예컨대 어떤 액체를 물이게 하는 것은 무엇인가? 퍼트넘에 따르면 그것은 그 액체의 고유한 화학적 구성, 즉 H_2O이다. 따라서 일단 물의 화학적 구성이 H_2O임이 밝혀지면 물은 모든 가능세계에서 H_2O이다. 그렇다면 어떤 동물을 호랑이이게 하는 것은 무엇인가? 그것은 그 동물의 고유한 유전 코드이다.

그런데 위와 같은 견해에는 한 가지 해결해야 할 문제가 있다. 17세기 이전 사람들은 물의 화학적 구성이 H_2O임을 몰랐다. 그럼에도 '물'이란 표현을 큰 문제 없이 사용했다. 그렇다면 17세기 이전 사람들이 사용한 '물'의 의미는 무엇인가?

자연종명사는 단칭어가 아니라 일반명사이다. 따라서 자연종명사는 여러 사례들에 적용될 수 있다. 예컨대 '호랑이'가 옳게 적용될 수 있는 호랑이의 많은 사례들이 있다. 그럼에도 퍼트넘은 자연종명사와 이름 사이에 중요한 유사점이 있다고 주장한다. 이름의 지칭체는 이름의 의미에 본질적이다. 따라서 고유 이름 n_1과 n_2의 지칭체가 다르면 n_1의 의미와 n_2의 의미는 다르다. 그리고 우리는 이름의 의미를 지시적 정의指示的 定義, ostensive definition에 의해 고정할 수 있다. 예컨대 어떤 사람 a를 손가락으로 가리키면서 '이 사람은 철수이다'라고 말함으로써 우리는 '철수'에 대한 지시적 정의를 제시할 수 있다. 그리고 이 지시적 정의에 의해서 '철수'의 의미는 우리가 손가락으로 가리킨 그 사람과 동일한 대상으로 정의된다. 또한 그 사람이 a이면 철수는 모든 가능세계에서 a이다. 마찬가지로 퍼트넘에 따르면 우리는 '물'과 같은 자연종명사의 외연을 (부분적으로) 지시적으로 고정할 수 있다. 다시 말해 앞에 있는 특정 종류의 액체를 손가락으로 가리키면서 '이 액체는 물이다'라고 말함으로써 물에 대한 지시적 정의를 제시할 수 있다. 그리고 이 지시적 정의에 의해서 물은 우리가 손가락으로 가리킨 그 액체와 동일한 화학적 구성을 가진 액체로 정의된다. 이와 같은 이유에서 '물'과 같은 자연종명사의 의미에는 결코 간과돼서는 안 되는 지시적indexical 요소가 있다. 또한 위와 같은 지시적 정의에 의해서 외연이 고정된 액체가 H_2O이면 물은 모든 가능세계에서 H_2O이다. 따라서 자연종명사는 이름과 유사하게 의미론적으로 고정적semantically rigid 이다. 이름 '버락 오바마'가 모든 가능세계에서 동일한 대상 버락 오바마를 지칭하는 것처럼, 자연종명사 '물'은 모든 가능세계에서 동일한 자연종 H_2O를 지칭한다. 이것이 자연종명사에 대한 고정지시이론the semantic theory of rigid designation이다.

또한 퍼트넘에 따르면 물은 자연종으로서 본질적 속성뿐 아니라 우연적 속성들도 지닌다. 물의 본질적 속성은 H_2O이다. H_2O가 아닌 것은 물이 아니기 때문이다. 반면 물의 우연적 속성들은 강과 바다에 흐름, 무색, 무취, 무미와 같은 속성들이다. 이것들이 우연적 속성들인 이유는, 어떤 액체가 이와 같은 속성을 결여하면서도 여전히 물일 수 있기 때문이다. 이런 이유에서 퍼트넘은 물을 이것의 본질적 속성 즉 H_2O에 의해 정의해야 한다고 주장한다.

그런데 여기서 한 가지 주목할 점이 있다. 버락 오바마와 같이 특정한 생물체의 경우나 어떤 목수가 만든 특정한 탁자와 같은 인공물의 경우에는 그 특정한 개별적 대상이 세계 속에 출현하게 된 기원origin에 대해 말하는 것이 유의미하다. 따라서 앞서 제7장에서 지적했던 것처럼, 크립키에 의하면 개인의 기원은 개인의 본질적 속성이다. 그러나 H_2O와 같은 자연적 화합물은 인류가 존재하기 훨씬 이전부터 존재했던 우주의 구성물 중의 하나이고, 또한 우주에 두루 편재하는 것이다. 따라서 이와 같은 자연종의 경우에는 그것의 기원에 호소해서 다른 자연종과 구분하는 것이 부적절하다. 그래서 이와 같은 자연종의 경우에는 이것의 사례들의 공통적 기원이 아니라, 이 사례들을 다른 종의 사례들과 구분하여 특정한 자연종의 사례들로 분류하도록 요구하는, 이것들의 고유한 속성에 의해 분류하는 것이 더 적절하다. 이런 이유에서 물의 본질적 속성은 이것의 기원이 아니라, 이것의 고유한 화학적 구성, 즉 H_2O이다.

4. 의미론적 외재주의

앞 절에서 논의한 퍼트넘의 견해는 의미론적 외재주의semantic externalism를 함축한다. 의미론적 외재주의에 따르면 생각의 내용은 머리 안쪽의 내적인 요인들에 의해 전적으로 결정되는 것이 아니다. 퍼트넘의 표현에 따르면 "의미는 머릿속에 있지 않다."[81] 이 논점을 옹호하는 두 논증들을 살펴보자.

쌍둥이지구논증

퍼트넘의 쌍둥이지구논증을 다시 살펴보자. 지구와 다음의 한 가지 점을 제외하고 모든 점에서 똑같은 쌍둥이지구가 있다고 가정해 보자. 지구의 강과 호수를 채우고 있는 액체의 본성은 H_2O인 데 반하여 쌍둥이지구의 경우에는 다른 화학적 구성, 예컨대 XYZ이다. 양자의 차이는 정밀한 화학적 분석의 도움 없이, 겉으로만 봐서는 결코 알 수 없는 것이어서 지구에 있는 오스카와 두뇌의 물리적 상태에서 동일한, 쌍둥이지구에 있는 토스카는 그 차이를 알지 못한다. 이 경우 '물은 갈증을 해소한다'는 오스카의 생각과 '물은 갈증을 해소한다'는 토스카의 생각은 다르다. 전자는 H_2O에 관한 생각이고, 후자는 XYZ에 관한 생각이기 때문이다. 따라서 오스카의 두뇌와 토스카의 두뇌는 물리적 상태에서 정확히 일치하지만, 그럼에도 각자의 생각내용은 외부환경의 조건에 따라 서로 다를 수 있다. 이런 이유에서 생각내용은 머리 안쪽의 내적인 요인들에 의해 전적으로 결정되는 것이 아니다.

여기서 한 가지 주목할 점은 언어표현의 외연이 그것의 의미에 본질적이라는 사실이다. 앞서 언급한 바와 같이, 이름의 지칭체는 이름의 의미에 본질적이다. 따라서 고유 이름 n_1과 n_2의 지칭체가 다르면 n_1의 의미와 n_2의 의미는 다르다. 예컨대 a와 b는 겉으로 구별할 수 없을 정도로 똑같이 생긴 일란성 쌍둥이라고 가정해 보자. 또한 a의 이름은 '철수'이고, b의 이름은 '영수'라고 하자. 이 경우 영수와 철수는 똑같이 생겼지만, '영수'의 의미와 '철수'의 의미는 다르다. '영수'는 a를 지칭하고, '철수'는 b를 지칭하기 때문이다. 마찬가지로 지구에서 '물'이라 불리는 것과 쌍둥이지구에서 '물'이라고 불리는 것은 겉으로는 구별되지 않지만 서로 다른 액체이다. 전자는 H_2O를 가리키고, 후자는 XYZ를 가리키기 때문이다. 다시 말해, 만약 두 자연종명사들이 상이한 외연을 가지면, 그 두 자연종명사들은 다른 의미를 가진다. 따라서 지구에서 '물'이라 불리는 것과 쌍둥이지구에서 '물'이라고 불리는 것은 서로 외연이 다르기 때문에 서로 다른 종류의 액체들이다.

위와 같은 이유에서 (좁은 의미의) 심리 상태는 외연을 결정하지 못한다.[82] 예컨대 비록 오스카 자신은 알지 못하지만, 그가 사용한 문장 '물은 갈증을 해소한다'에 포함된 용어 '물'은 H_2O에 옳게 적용되는 데 반하여 토스카가 사용한 문장 '물은 갈증을 해소한다'에 포함된 용어 '물'은 XYZ에 옳게 적용되기 때문이다.

버지의 논증

버지Tyler Burge는 그의 논문 「개인주의와 심리적인 것」(Burge, 1979)에서 의미론적 외재주의를 사회·환경적 요인과 관련하여 옹호한다. 그리고 이를 위해 이른바 '관절염논증'the arthritis argument을 제시한다. 한국어에 부합하도록 다소 변형시킨 그의 논증을 살펴보자.

한국어에서 '통풍'痛風, gout은 대사장애나 내분비장애로 체내에 요산이

비정상적으로 축적되어 뼈마디가 붓고 아픈 병이다. 그런데 철수는 '통풍'이라는 표현을 관절의 염증뿐 아니라 모든 종류의 염증에 적용한다고 가정해 보자. 그래서 하루는 손목과 발목에 종종 나타나던 염증과 유사해 보이는 염증을 그의 넓적다리에서 발견하고, 의사에게 찾아가 '내 넓적다리에 통풍이 생겼습니다'라고 말했다고 가정해 보자. 현재의 한국어 공동체를 w라고 할 때, 우리는 다음과 같이 말할 수 있다.

(1) w에서 철수는 그의 넓적다리에 통풍이 있다고 믿는다(In w Chulsoo believes that he has gout in his thigh).

위 경우 철수의 믿음은 거짓이다. 왜냐하면 철수의 넓적다리에 있는 염증은 통풍이 아니기 때문이다.

이제 w와 오직 한 가지 점에서만 다른 언어공동체 w'을 고려해 보자. w'에서 '통풍'이라는 표현은 관절의 염증뿐 아니라 모든 종류의 염증에 옳게 적용된다. 따라서 만약 철수가 w'에 속해 있다면 그가 그의 넓적다리에 있는 염증에 '통풍'이라는 표현을 적용하는 것이 옳다. 그렇기 때문에 w'에서 철수가 의사에게 찾아가 '내 넓적다리에 통풍이 생겼습니다'라고 말한다면 그 말은 옳다. 그렇지만 우리는 다음과 같이 말할 수 없다.

(2) w'에서 철수는 그의 넓적다리에 통풍이 있다고 믿는다(In w' Chulsoo believes that he has gout in his thigh).

(2)는 철수의 믿음을 보고하기 위해서 우리가 사용하는 한국어 문장이다. 이 문장 속에 포함된 '통풍'은 우리가 현재 이해하고, 사용하는 한국어 표현이다. 따라서 이 표현은 뼈마디가 붓고 아픈 병에 적용된다. 그러

힐러리 퍼트넘Hilary Putnam

나 w'에서 사용되는 '통풍'은 뼈마디가 붓고 아픈 병뿐 아니라 모든 종류
의 염증에 옳게 적용된다. 따라서 w'에서 사용되는 '통풍'이 표현하는 개
념은 현재 우리가 사용하는 통풍의 개념과 다르다. 우리의 통풍 개념과
구분하기 위해, w'에서 '통풍'이 표현하는 개념을 통풍*라고 하자. 그러
면 다음이 성립한다.

(3) w'에서 철수는 그의 넓적다리에 통풍*가 있다고 믿는다(In w' Chulsoo
believes that he has gout* in his thigh).

따라서 비록 좁은 의미의 심리 상태에서 아무런 차이가 없음에도, 철수
가 w의 언어공동체에 속하느냐, 아니면 w'의 언어공동체에 속하느냐에
따라 그의 믿음내용이 바뀔 수 있다. 즉 그의 믿음내용은 그의 넓적다리에
통풍이 있다는 것이 될 수도 있고, 그의 넓적다리에 통풍*가 있다는 것이
될 수도 있다. 이런 이유에서 버지의 논증은 주체의 믿음내용이 그가 어떤
언어공동체에 속하느냐에 따라 변할 수 있음을 보여 준다.

요컨대 퍼트넘과 버지에 의하면 주체의 믿음내용은 그가 처한 외적 환
경 또는 그가 속한 언어공동체에 의해 (부분적으로) 결정된다. 또한 주체는
그와 같은 환경적 요인 또는 사회·환경적 요인에 대해 무지할 수 있다. 이
런 이유에서 의미가 머리 안쪽의 내적인 요인들에 의해 전적으로 결정됨
을 주장하는 의미론적 내재주의는 옳지 않다.

5. 자연종명사에 관한 고정지시이론의 문제점

영국 경험론을 주창한 로크John Locke에 따르면 우리가 직접적으로 인식할 수 있는 것은 외부세계에 실재하는 사물들이 아니라 우리 마음속에 있는 관념들뿐이다. 따라서 우리는 마음속에 있는 관념들을 토대로 외부세계에 실재하는 사물들의 본성에 대해 추론할 수밖에 없다. 그래서 로크는 명목적 본질名目的 本質, nominal essence과 실재적 본질實在的 本質, real essence을 구분한다.[83] 그에 따르면 실재적 본질은 우리가 감각할 수 있는 범위를 벗어나기 때문에 결코 확실하게 알 수 있는 것이 아니다. 따라서 어떤 사물이 어떤 종류의 것인지에 대한 우리의 관념들은 그 사물의 명목적 본질에 관한 것이지, 그 사물의 실재적 본질에 관한 것이 아니다. 예컨대 물에 대한 우리의 관념은 액체, 무색, 무취, 무미 등의 명목적 본질들에 의해 정의된다. 이런 이유에서 로크의 견해는 기술주의에 부합한다. 반면 퍼트넘의 제안에 따르면 물은 이 액체에 대한 지시적 정의에 의해서 정의된다. 그리고 그렇게 정의된 액체의 실재적 본질은 H_2O이다. 따라서 퍼트넘에 의하면 물은 이것의 명목적 본질이 아니라 이것의 실재적 본질에 의해 정의된다.

그런데 문제는 자연종명사의 고정지시이론도 이름의 직접지칭이론이 직면하는 네 가지 문제들과 유사한 문제들에 직면한다는 점이다.

존재하지 않는 것을 지칭하는 것처럼 보이는 문제

(4) 플로지스톤은 연소과정에서 가연성 물질로부터 분리된다.

플로지스톤 이론은 라부아지에의 산소이론이 출현하기 이전에 한때 영향력이 있었던 연소燃燒에 관한 학설이다. 이 학설에 따르면 모든 가연성 물질에는 플로지스톤phlogiston이라는 입자들이 있고, 연소과정은 플로지스톤들이 소모되는 과정이다. 그렇지만 라부아지에는 1783년에 플로지스톤이 존재하지 않음을 실험을 통해 입증했다. 따라서 (4)의 주어인 '플로지스톤'은 자연종명사로 도입된 용어이지만, 그것이 지칭하는 자연종은 실제로 없다. 그렇다면 '플로지스톤'의 의미는 무엇인가?

부정존재진술의 문제

(5) 플로지스톤은 존재하지 않는다.

위 문장은 유의미할 뿐만 아니라, 명백히 참이다. 그렇다면 다시금 '플로지스톤'의 의미는 무엇인가?

동일성에 관한 프레게의 퍼즐

(6) 물은 물이다.
(7) 물은 H_2O이다.

(6)은 사소하게 참인 동일성 문장이지만, (7)은 과학연구를 통해 밝혀진 매우 정보적인 문장이다. 그렇다면 이와 같은 인지적 차이는 왜 발생하는가?

대체실패의 문제

(8) 철수는 물이 물이라고 믿는다.

(9) 철수는 물이 H₂O라고 믿는다.

(8)과 (9)는 진리치가 다를 수 있다. 다시 말해 대체실패가 발생할 수 있다. 그렇다면 왜 이와 같이 대체실패가 발생할 수 있는가?

위의 네 가지 문제들을 해결하지 못하는 한에서 자연종명사의 고정지시이론은 정당화되기 어렵다.

6. 두 가지 관찰

자연종명사의 외연과 자연종명사의 의미

제7장에서 지적했던 것처럼, 어떤 이름의 인과·역사적 연쇄의 끝자락에 있는 화자는 그 이름의 지칭체를 직접 확인할 수 있는 능력도 없고, 그 지칭체가 유일하게 만족하는 기술구도 모를 수 있다. 그럼에도 그 이름을 여전히 성공적으로 사용할 수 있는 이유는 그 화자가 언어의 노동 분업을 통해 그 이름의 지칭체를 확인하는 책임을 다른 사람에게 적절히 전가할 수 있기 때문이다. 그런데 이와 같은 지칭차용을 하려면 차용인으로서의 일정한 자격을 갖춰야 한다. 예컨대 앞 장에서 논의했던 '아니어는 푸르고 멋진 장소였음에 틀림없다'의 사례가 보여 주듯이, 화자가 사람의 이름을 장소의 이름으로 혼동하는 경우는 주어진 이름을 성공적으로 사용하는 경우가 아니다. 따라서 어떤 이름을 성공적으로 사용하는 자격 요건에는 화자가 그 이름의 지칭체에 대해 범주오류를 범해서는 안 된다는 것이 통상적으로 포함된다. 그리고 이 사실은 '이름은 내포가 없다'고 주장

하는 밀주의에 문제가 있음을 보여 준다. 예컨대 '리처드 파인먼'이라는 이름을 범주오류 없이 사용하기 위해서 화자는 '리처드 파인먼은 사람이다'가 참임을 알아야 한다. 이런 의미에서 '리처드 파인먼'의 의미 속에 사람임이 내포로서 포함되어 있다고 말할 수 있다.

자연종명사의 경우도 마찬가지다. 자연종명사를 성공적으로 사용하기 위해서 화자는 범주오류를 범해서는 안 된다. 예컨대 '물'이라는 자연종명사를 범주오류 없이 사용하기 위해서 화자는 '물은 액체이다'가 참임을 알아야 한다. 이런 의미에서 '물'의 의미 속에 액체임이라는 내포가 포함되어 있다고 말할 수 있다. 우리는 이 논점을 다음 사례를 통해 좀 더 강화할 수 있다. a와 b 두 사람이 다음과 같이 주장한다고 가정해 보자.

a: 모든 개들은 동물이다.
b: 모든 개들은 스파이 로봇이다.

a와 달리 b는 개들이 동물이 아니라 외계인들이 지구인들을 감시하기 위해 보낸 스파이 로봇이라는 매우 놀라운 음모론을 신봉한다고 가정해 보자. 그런 경우에도 a와 b는 현실세계에서 '개'라는 표현이 옳게 적용되는 대상들에 대해 동의할 수 있다. 다만 a와 b는 그 대상들을 다른 범주로 분류한다. a는 그 대상들을 동물의 범주로 분류하는 데 반하여 b는 로봇의 범주로 분류한다. 이 경우 a가 가지고 있는 개의 개념과 b가 가지고 있는 개의 개념이 서로 다르다고 말할 수 있다. a에게 '모든 개들은 동물이다'는 개념적으로 참이지만, b에게는 그렇지 않기 때문이다. 따라서 a와 b가 현실세계에서 '개'라는 표현이 옳게 적용되는 대상들에 대해 동의한다고 해서 '개'의 의미가 그들에게 동일하다는 사실이 함축되지 않는다. 이 점은 우리가 사용하는 '개'의 의미 속에 동물임이 내포로서 포함되어 있음을 보여준다.

의미론과 화용론 사이의 대응

의미론은 발화되는 문장들의 의미론적 내용들에 관한 연구이다. 그리고 화용론은 적절한 발화들을 산출함으로써 수행되는 행위들에 관한 연구이다. 그래서 화용론의 주요 연구대상은 사용의 적절성이다. 즉 어떤 언어표현을 어떻게 사용하는 것이 적절한지에 관한 연구이다. 따라서 의미론과 화용론은 서로 구분된다.

  그런데 '이름의 의미는 그것의 지칭체이다'라는 견해는 의미론과 화용론을 날카롭게 분리한다. 우리는 '리처드 파인먼'이라는 이름을 그 이름의 지칭체를 몰라도 성공적으로 사용할 수 있다. 만약 한 이름의 의미가 바로 그것의 지칭체라는 견해를 받아들인다면, 이 사실은 우리가 '리처드 파인먼'의 의미를 몰라도 그 이름을 성공적으로 사용할 수 있음을 함축한다. 비슷한 이유에서 '한 자연종명사의 의미는 그것의 본질이다'라는 견해도 의미론과 화용론을 날카롭게 분리한다. 17세기 이전의 사람들은 물의 본질이 H_2O임을 몰랐다. 그렇지만 그럼에도 그들은 무색, 무취, 무미, 마실 수 있음, 강에 흐름 등과 같은, 물의 외연을 고정하는 우연적 속성들을 이용해 물의 사례들을 다른 액체들과 구분되는 단일한 자연종으로서 구분할 수 있었다. 따라서 어떤 자연종명사를 성공적으로 사용하기 위해 그 자연종의 본성을 반드시 알아야만 하는 것은 아니다. 그런데 무색, 무취, 무미, 마실 수 있음, 강에 흐름 등과 같은 특성들은 물의 외연을 고정하기 위해 우리가 사용하는 기술들이고, 자연종명사의 고정지시이론에 따르면 그와 같은 기술들은 '물'의 의미의 일부가 아니다. '물'의 의미는 물의 본질 즉 H_2O이다. 따라서 이 견해에 의하면 17세기 이전의 사람들은 그 어느 누구도 '물'의 의미를 몰랐음에도 그 자연종명사를 성공적으로 사용한 셈이 된다. 이와 같은 이유에서 '한 이름의 의미는 그것의 지칭

체이다'라는 견해와 '한 자연종명사의 의미는 그것의 본질이다'라는 견해
는 의미론과 화용론을 날카롭게 분리한다.

그렇지만 의미론은 화용론에 대응해야 한다. 먼저 제4장에서 논의했
던 스트로슨의 주장처럼, 우리는 표현과 표현의 사용을 구분해야 한다.
예컨대 a가 사용한 표현 '나'는 a를 지칭하고, b가 사용한 표현 '나'는 b를
지칭한다. 즉 화자는 '나'를 자기 자신을 지칭하기 위해 사용하며, '나'라
는 표현 자체는 그와 같은 사용과 독립적으로 특정 대상을 지칭하지 않는
다. 또한 앞서 지적했던 것처럼, 화자가 이름을 다른 화자로부터 차용하
여 사용하기 위해서는 차용인으로서의 일정한 자격을 갖춰야 한다. 그런
자격 속에는 자신이 사용하는 이름의 사용규칙에 관련하여 큰 혼동이 없
어야 함이 포함된다. 최소한 이런 점들에서 의미론과 화용론은 서로 대응
해야 한다.

자연종명사의 경우도 예외가 아니다. 제4절에서 논의했던 쌍둥이지구
논증의 예를 다시 살펴보자. 이 예에서 오스카가 사용한 표현 '물'은 H_2O
로 구성된 액체를 지칭하고, 토스카가 사용한 표현 '물'은 XYZ로 구성된
다른 종류의 액체를 지칭한다. 따라서 '물'이라는 표현은 그와 같은 사용
과 독립적으로 특정한 자연종을 지칭하지 않는다. 또한 화자가 자연종명
사를 다른 화자로부터 차용하여 사용하기 위해서는 차용인으로서의 일정
한 자격을 갖춰야 한다. 그런 자격 속에는 자신이 사용하는 자연종명사의
사용규칙에 관련하여 큰 혼동이 없어야 함이 포함된다. 예컨대 어떤 사람
이 '개'라는 자연종명사를 동물의 종류가 아니라 로봇의 종류로 오해한 상
태에서 사용하는 경우에 이것을 적절히 사용하는 데 실패할 수 있다. 최소
한 이런 점들에서 의미론과 화용론은 서로 대응해야 한다. 우리는 이 논점
에 대해서 제11장 3절과 제12장에서 좀 더 자세히 다룰 것이다.

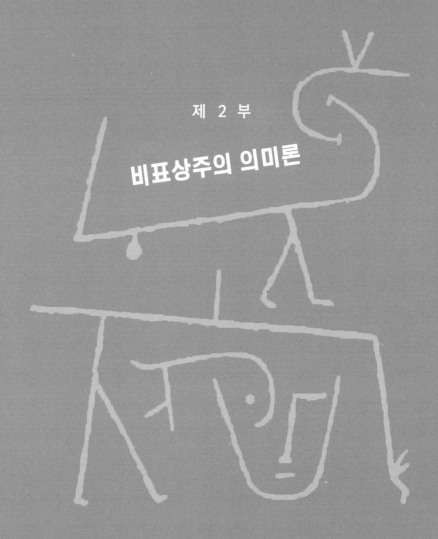

제 2 부

비표상주의 의미론

제 11 장

벽돌쌓기 모델과 전체론 모델

비 표 상 주 의 의 미 론

의미론에는 크게 두 가지 접근방식이 있다. 하나는 벽돌쌓기 모델the build-ing-block model이고, 다른 하나는 전체론 모델the holistic model이다. 이 장에서 우리는 왜 벽돌쌓기 모델이 설득력이 없는지에 대해 논의할 것이다.

1. 벽돌쌓기 모델과 전체론 모델

벽돌쌓기 모델에 따르면 우리는 문장의 구성요소들, 즉 이름들과 단순한 술어들의 의미들을 먼저 설명하고, 그 다음에 이것들을 기반으로 문장 전체의 의미를 설명해야 한다. 다시 말해 벽돌쌓기 모델은 상향식 접근방식 the bottom-up approach을 택한다. 예컨대 다음 문장을 고려해 보자.

(1) 나폴레옹은 개이다.

철수의 애완견을 d라고 하자. 그리고 d의 이름이 '나폴레옹'이라고 하자. 벽돌쌓기 모델에 따르면 문장 (1)의 의미는 이름 '나폴레옹'의 의미와 술어 'x는 개이다'의 의미에 의해 구성된다. 따라서 문장 전체의 의미를 설명하기 위해서 먼저 이것의 구성요소들인 '나폴레옹'의 의미와 'x는 개이다'라는 술어의 의미를 먼저 설명해야 한다. 다시 말해 이 각각의 구성요소들의 의미를 문장 전체의 의미에 선행하여 설명해야 한다. 예컨대 직접지칭이론에 따르면 '나폴레옹'은 d를 직접적으로 지칭한다. 따라서 '나폴레옹'의 의미는 이것의 지칭체 즉 d이다. 그러면 '나폴레옹'의 의미가 문장 (1) 전체의 의미에 선행하여 설명될 수 있다.

반면 전체론 모델은 정반대의 접근방식, 즉 하향식 접근방식the top-down approach을 택한다. 이 모델에 따르면 우리는 먼저 문장들의 의미들을 설명하고, 그 다음에 이것들을 기반으로 문장의 구성요소들의 의미들을 설명해야 한다. 이러한 하향식 접근방식은 물리이론의 경우와 유사하다. 다음 문장들을 고려해 보자.

(2) 가스의 온도는 가스를 구성하는 분자들의 충돌에 의한 것이다.
(3) 중력장의 힘은 물체의 가속도와 동등하다.

위 문장들에 포함된 이론적 용어들인 '분자'와 '중력'의 의미를 우리는 그 용어들이 포함된 물리이론과 독립적으로 설명하기 어렵다. 분자와 중력과 같은 것들은 이론적 대상들이기 때문에 육안으로 관찰되지 않는다. 따라서 우리가 경험적으로 테스트할 수 있는 것은 이론적 용어들을 포함한 물리이론이다. 물리이론은 우리가 설명하고, 예측하고자 하는 거시현상巨視現象들을 잘 설명하고, 예측함으로써 입증된다. 어떤 물리이론이 그런 방식으로 입증되면, 우리는 '분자'나 '중력'과 같은 이론적 용어들을 그렇게 입증된 물리이론을 통해서 이해할 수 있다. 다시 말해 우리는 관찰되지 않는 이론적 대상들을 상정하는 이론을 이용해 거시현상들을 설명하고, 그런 이론이 옳은지 여부는 경험할 수 있는 거시현상들을 잘 설명하고, 예측하는지 여부를 토대로 평가할 수 있다.

마찬가지로 의미의 전체론 모델에 따르면 문장을 구성하는 요소들의 의미들은 의미론 전체를 구성하기 위해 필요한 이론적 개념들이고, 따라서 이것들은 전체 이론과 독립적으로 입증될 수 없다. 대신 의미론은 우리가 설명하고자 하는 언어현상들을 잘 설명함으로써 입증된다. 그리고 어떤 의미론이 그런 방식으로 입증되면, 단어의 의미와 같은 이론적 개념들은 그렇게 입증된 의미론을 통해서 이해될 수 있다. 이런 이유에서 전체론 모델은 먼저 문장들의 의미들을 설명한다. 그런 다음에 문장의 구성요소들의 의미들을 전체 문장의 의미로부터 추상화abstract out한다. 그리고 이와 같이 하향식 접근방식을 취해야 하는 이유는 문장들이 옳거나 옳지 않다고 판정될 수 있는 최소단위이기 때문이다.

2. 지칭의 불가해성 논제

벽돌쌓기 모델은 다음과 같은 가정을 받아들인다. 이름은 문장의 매개 없이 직접적으로 대상을 지칭할 수 있다. 따라서 한 이름과 그것의 지칭체 사이의 관계는 문장 전체의 의미에 선행하여 이해될 수 있다. 그런데 '매개되지 않은unmediated 지칭관계'는 매우 의심스러운 개념이다. 이 점을 명확히 이해하기 위해 콰인이 제시한 '지칭의 불가해성 논제'不可解性 論題, the inscrutability thesis of reference를 살펴보자.

위 논제에 따르면 한 용어가 무엇을 지칭하는지는 모든 행동적 증거들이 제시돼도 알 수 없다. 이 논제가 옳다면, 이름이 무엇을 지칭하는지를 문장의 매개 없이 어떻게 이해할 수 있는지가 분명치 않게 된다. 콰인은 지칭의 불가해성 논제를 옹호하기 위해 두 가지 논증을 제시한다.

가바가이논증

콰인은 그의 책 『말과 사물』(Quine, 1960)에서 이른바 '가바가이논증'the 'gavagai' argument을 제시한다. s가 지금까지 전혀 알려진 적이 없었던 한 부족의 언어를 최초로 번역해야 하는 원초적 번역자radical translator라고 가정해 보자. s가 얻을 수 있는 증거는 원주민들의 언어행동들에 관련한 그의 경험적 관찰뿐이다. 이제 원주민들이 '가바가이'gavagai라는 소리를 내는 경우에 항상 근처에 토끼가 있었다는 사실이 관찰됐다고 하자. 이 상황에서 s는 '가바가이'에 대한 몇 가지 가능한 번역 매뉴얼들을 생각해 볼 수 있다.

① 한 토끼가 있다(There is a rabbit).
② 분리될 수 없는 토끼의 한 부분이 있다(There is an undetached rabbit part).
③ 한 토끼를 구성하는 사차원체의 한 시간-단면이 있다(There is a time slice of a four-dimensional rabbit-whole).[85]
④ 토끼성의 한 사례가 있다(There is an instantiation of rabbithood).

위 번역 매뉴얼들은 서로 의미상 다르다. 그렇지만 관찰할 수 있는 행동적 증거들은 위 번역 매뉴얼들과 모두 양립한다. 따라서 행동적 증거들을 통해서 위 번역 매뉴얼 중 어떤 것이 옳은지를 결정할 수 없다. 다시 말해 '가바가이'가 토끼에 관한 주장인지, 아니면 분리될 수 없는 토끼의 한 부분에 관한 주장인지 등에 대해 알 수 없다. 이런 이유에서 콰인은 한 용어가 무엇을 지칭하는지는 이와 관련된 모든 행동적 증거들이 제시된다고 해도 알 수 없다고 주장한다.

대리함수논증

콰인은 그의 논문 「존재론적 상대성」(Quine, 1969)에서 이른바 '대리함수논증'the proxy function argument을 제시한다. 다음의 두 문장들을 고려해 보자.

(4) 이 토끼는 털이 복슬복슬하다(This rabbit is furry).

(5) 이 토끼의 우주적 여집합은 털이 복슬복슬한 한 대상의 우주적 여집합이다(The cosmic complement of this rabbit is the cosmic complement of a furry thing).

위 두 문장들의 진리조건은 항상 서로 일치한다. 즉 하나가 참이면 다른 하나도 참이고, 하나가 거짓이면 다른 하나도 거짓이다. 그 이유는 다음과 같다.

위에서 언급된 토끼를 a라고 하자. 또한 a가 털이 복슬복슬하다고 가정해 보자. a의 우주적 여집합餘集合은 우주에 있는 모든 대상들의 집합에서 a를 제외한 나머지 집합이다. a는 털이 복슬복슬한 한 대상이므로, a의 우주적 여집합은 털이 복슬복슬한 한 대상의 우주적 여집합이어야만 한다. 이제 반대 방향을 살펴보자. 이 토끼 x의 우주적 여집합이 털이 복슬복슬한 한 대상 y의 우주적 여집합이라고 가정해 보자. 그러면 x의 우주적 여집합과 y의 우주적 여집합은 동일하다. 두 집합이 동일하기 위해서는 x와 y가 동일한 대상이어야 한다. 따라서 이 토끼는 털이 복슬복슬한 한 대상이어야 한다. 이런 이유에서 (4)와 (5)의 진리치는 항상 일치한다.

이제 다음의 두 해석들에 대해 살펴보자. 첫 번째 해석 I는 통상적인 해석이다. 이 해석에 따르면 '이 토끼'는 글자 그대로 이 토끼를 의미하고, '털이 복슬복슬하다'는 털이 복슬복슬함을 의미한다. 그런데 대안해석 I*에 따르면 '이 토끼'는 이 토끼의 우주적 여집합을 의미하고, '털이 복슬복슬하다'는 털이 복슬복슬한 한 대상의 우주적 여집합들의 집합을 의미한다. 그런데 (4)와 (5)의 진리치가 항상 일치하기 때문에 우리는 두 해석 중 어느 것이 옳은지를 세계 사실들에 의해 결정할 수 없다.

이제 위 논점을 좀 더 구체적으로 증명해 보자. 다음과 같은 가능세계 M을 가정해 보자. 우선 이것의 논의영역 D는 다음과 같다. D = {a, b, c, d}. 즉 이 세계에는 오직 네 개의 대상 a, b, c, d만이 존재한다. 그리고 f는 다음과 같이 정의되는 함수이다. f(x) = D\{x}. 즉 f(x)는 논의영역 D에서 x를 뺀 나머지 집합이다. 다시 말해 f(x)는 x가 논항으로 주어지면 x의 여집합을 값으로 산출하는 함수이다. 이제 두 가지 해석함수 I와 I*를 고려해 보자.

I(a) = a; I(b) = b; I(c) = c; I(d) =d; I(F) = {a, b}.

I*(a) = f(a); I*(b) = f(b); I*(c) = f(c); I*(d) =f(d); I*(F) = {f(a), f(b)}.

첫 번째 해석 I에 따르면, 이름 'a'는 대상 a를 지칭하고, 이름 'b'는 대상 b를 지칭하고, 이름 'c'는 대상 c를 지칭하고, 이름 'd'는 대상 d를 지칭한다. 그리고 술어 'F'가 옳게 적용되는 대상들은 오직 a와 b이다. 두 번째 해석 I*에 따르면, 이름 'a'는 f(a), 즉 a의 여집합을 지칭하고, 이름 'b'는 f(b)를 지칭하고, 이름 'c'는 f(c)를 지칭하고, 이름 'd'는 f(d)를 지칭한다. 그리고 술어 'F'는 f(a)와 f(b)에 옳게 적용된다. 즉 a의 여집합과 b의 여집합에 옳게 적용된다.

그런데 두 해석의 진리조건들은 논리적으로 동치이다. 즉 다음이 항상 성립한다. I(x) ∈ I(F) ≡ I*(x) ∈ I*(F).[86]

예컨대 다음이 성립한다. I(a) ∈ I(F) ≡ I*(a) ∈ I*(F). 왜냐하면 I(a) = a이고, I(F) = {a, b}이기 때문에 'I(a) ∈ I(F)'는 참이다. 또한 I*(a) = f(a)이고, I*(F) = {f(a), f(b)}이기 때문에 'I*(a) ∈ I*(F)'도 참이다.

이제 'Fa'라는 문장을 살펴보자. 해석 I에 따르면 이 문장은 'I(a) ∈ I(F)'가 성립하면 참이다. 다시 말해 해석 I 하에서 'a'가 지칭하는 대상에 술어 'F'가 옳게 적용되면 참이다. 해석 I*에 따르면 이 문장은 'I*(a) ∈ I*(F)'가 성립하면 참이다. 다시 말해 해석 I* 하에서 'a'가 지칭하는 대상에 술어 'F'가 옳게 적용되면 참이다. 따라서 'Fa'의 의미는 두 해석에 따라 다르다. 그렇지만 그 어느 쪽 해석을 택하든 'Fa'는 M에서 참이다. 즉 어느 쪽 해석을 택하든 'Fa'는 M의 세계 사실들과 양립한다. 따라서 우리는 이름 'a'가 대상 a를 지칭하는지, 아니면 a의 여집합을 지칭하는지를 M의 세계 사실들에 의해서 결정할 수 없다.

요컨대 콰인의 가바가이논증과 대리함수논증이 보여 주는 것처럼, 우리는 한 이름이 무엇을 지칭하는지를 단지 관련된 경험적 사실들에 호소함으로써 결정할 수 없다. 이런 이유에서 벽돌쌓기 모델이 가정하는 이른바 '매개되지 않은 지칭관계'는 매우 의심스러운 개념이다.[87]

3. 옳음의 최소단위와 언어규칙

이름이 문장의 매개 없이 직접적으로 대상을 지칭할 수 있다는 생각이 매우 의심스러운 또 다른 이유는 다음과 같다. 옳고 그름을 평가할 수 있는 최소단위는 단어가 아니라 문장으로 표현되는 판단 또는 주장이다. 다음의 예를 살펴보자.

(6) 지구

(7) 지구는 둥글다.

(7)은 참이다. 다시 말해 (7)을 주장하면 옳다. 반면 (6)을 발화하는 것은 옳고 그름을 평가할 수 있는 어떤 주장을 하는 것이 아니다. 이 예가 보여주듯이, 옳고 그름을 평가할 수 있는 최소단위는 문장으로 표현되는 판단 또는 주장이다. 다시 말해 단어가 아니라 문장이 평가의 기본단위이다. 좀 더 부연설명을 하면 다음과 같다.

위 논점은 우리가 칸트, 프레게, 그리고 비트겐슈타인으로부터 배울 수 있는 중요한 교훈이다. 우선 칸트에 따르면, 개념은 어떤 경우에 그 개념이 옳게 적용되고, 또한 어떤 경우에 옳게 적용되지 않는지를 규정해주는 규칙들에 의해 이해돼야 한다.[88] 그리고 규칙들에 따른 규범적 평가의 대상이 되는 것은 단어가 아니라, 판단 또는 주장이다. 어떤 사람이 어떤 주장을 하는 경우에 우리는 그 사람에게 왜 그 주장이 옳은지 물을 수 있다. 이때 그 사람은 자신의 주장이 옳은 이유를 제시해야 할 책임이 있다. 따라서 우리가 책임을 져야 하는 것은 우리의 판단 또는 주장이다. 그리고 판단 또는 주장은 문장에 의해 표현된다. 이런 이유에서 문장들이 단어들보다 화용론적 우선성pragmatic priority을 가진다.

프레게의 경우에도 화용론적 힘pragmatic force을 가지는 언어사용의 기본단위는 단어가 아니라 문장이다. 그는 뜻sense과 힘force을 구분한다. 제3장에서 지적했던 것처럼 그에 따르면 한 문장의 뜻은 그 문장이 표현하는 명제적 내용, 즉 그가 '생각'이라고 부르는 것이다. 그리고 평서문 '소크라테스는 현명하다'가 표현하는 명제적 내용과 의문문 '소크라테스는 현명한가?'가 표현하는 명제적 내용은 같다. 그러나 이 두 문장들 사이에는 중요한 차이가 있다. 하나는 평서문이고, 다른 하나는 의문문이다. 그래서 전자에는 주장assertion의 힘이 추가적으로 포함되어 있고, 후자에는 요청request의 힘이 추가적으로 포함되어 있다. 그런데 주장이나 요청과 같은 화용론적 힘은 단어들이 아니라 문장들에 부여된다.[89] 특히 참 또는 거짓일 수 있는 것을 주장하기 위해서는 평서문을 사용해야 한다. 그리고 한 단어의 의미를 이해하기 위해서는 문장들이 참 또는 거짓이 됨에 있어서 그 단어가 문장들 속에서 어떤 역할을 하는지를 이해해야 한다. 이런 이유에서 프레게는 그의 책『산수의 기초』의 §60에서 다음과 같이 주장한다.

> 단어들은 오직 문장 안에서만 실제로 의미를 지닌다. ……전체로서의 문장이 의미를 지닌다면 그것으로 충분하다. 이로 인해 그 문장의 부분들도 의미들을 지니게 된다.[90]

요컨대 '프레게의 맥락원리'context principle에 의하면, 단어의 의미를 오직 문장의 맥락 속에서 찾아야지, 문장과 독립적으로 찾아서는 안 된다. 따라서 프레게의 경우에도 문장이 단어보다 화용론적 우선성을 가진다.

비슷한 이유에서 비트겐슈타인도 언어게임 속에서 '주장'과 같은 어떤 언어행위를 할 수 있는 최소단위가 문장이라고 주장한다. 이 논점에 대해서는 제12장에서 자세히 다룰 것이다.[91]

이제 의미론과 화용론 사이의 관계에 대해 살펴보자. 우선 의미론은 언어표현의 의미에 관한 연구이다. 그리고 의미는 옳음 조건을 가진다. 예컨대 내 앞에 고양이가 한 마리 있는 상황에서 '내 앞에 고양이가 있다'라고 말하는 것은 옳지만, '내 앞에 사슴이 있다'라고 말하는 것은 옳지 않다. 또한 의미는 언어사용자들이 문장들을 사용함으로써 수행하는 언어활동들 중에서 어떤 것들은 왜 옳고, 또 어떤 것들은 왜 옳지 않은지를 설명하기 위한 이론적 개념이라고 말할 수 있다. 다시 말해 우리가 언어표현들의 의미들을 설명하고자 하는 이유는 우리의 언어실천을 이해하기 위함이라고 말할 수 있다. 그런데 화용론은 어떤 언어표현을 어떻게 '사용'하는 것이 옳은지에 관한 연구이다. 따라서 의미론은 궁극적으로 화용론과 분리되어 이해될 수 없다. 이런 이유에서 문장과 독립적으로 지칭을 이해할 수 있다는 상향식 설명은 설득력이 부족하다.

위 논점에 대해 좀 더 부연설명을 하면 다음과 같다. 앞서 언급했던 나폴레옹의 예를 다시 고려해 보자.

(1) 나폴레옹은 개이다.

'나폴레옹'은 철수의 애완견 d의 이름이다. 직접지칭이론에 따르면 '나폴레옹'은 d를 직접적으로 지칭하고, 따라서 '나폴레옹'의 의미는 d이다. 이런 이유에서 직접지칭이론에 따르면 '나폴레옹'의 의미는 문장 (1)과 독립적으로 설명될 수 있다.

이제 철수가 문장 (1)을 주장한다고 가정해 보자. 그리고 어떤 조건하에서 (1)에 포함된 이름 '나폴레옹'이 d를 지칭하는지에 대해 생각해 보자. 언어표현은 그것의 사용에 관한 옳음 조건을 가진다. 예컨대 우리는 '나폴레옹'을 오직 d에게만 적용해야 한다. 그렇다면 이와 같은 옳음 조건은 어떻게 생겨나는가? "'나폴레옹'은 오직 d에게 옳게 적용된다'는 언어규칙은 철수가 그의 애완견 d에게 '나폴레옹'이라는 이름을 부여하는 명명식을 통해 성립된다. 또한 이러한 명명식은 '앞으로 내 애완견을 '나폴레옹'이라고 부르겠다'와 같은 문장을 사용함으로써 수행된다. 그리고 이와 같은 언어규칙은 긍정적 보상 및 부정적 제재를 통해 유지된다. 예컨대 만약 어떤 사람이 '나폴레옹'이라는 이름을 d가 아닌 다른 개에 적용하면, '그 개는 나폴레옹이 아니다'와 같은 지적을 통해서 그와 같은 실수가 반복되지 않도록 해야 "'나폴레옹'은 오직 d에게 옳게 적용된다'는 언어규칙이 유지될 수 있다. 그래야 '나폴레옹'이 d의 공적인 이름으로서 사용될 수 있다. 따라서 (1)에 포함된 '나폴레옹'이 d를 지칭한다면, 그 이유는 '나폴레옹'과 d 사이에 매개되지 않은 지칭관계가 성립하기 때문이 아니라, '나폴레옹'을 d의 이름으로 사용할 것을 규정하는 언어규칙을 우리가 채택하기 때문이다. 그리고 언어표현의 사용에 관한 옳음 조건을 규정하는 언어규칙은 오직 문장을 통해서만 표현될 수 있다.

4. 표상주의

표상주의 의미론representational semantics에 따르면 의미론 내에서 근본적인 설명적 역할을 하는 것은 표상의 개념이다. 그래서 언어표현의 의미 또는 내용은 표상되는 것들에 의해 설명돼야 한다. 이 견해는 구체적 대상의 속성을 기술하는 특정 종류의 문장들에 관해서는 어느 정도 설득력이 있는 것처럼 보인다. 그렇지만 그 밖의 다양한 종류의 문장들에 대해서는 그다지 직관적이지 않다. 다음의 예들을 살펴보자.

(8) 그 고양이는 그 매트 위에 있다(The cat is on the mat).

(9) 헬싱키는 핀란드의 수도이다(Helsinki is the capital of Finland).

(10) 자유는 노예 상태보다 낫다(Freedom is better than slavery).

(11) 박근혜는 대통령이 아닐 수도 있었다(Park Keunhye might not have been President).

(12) 아마도 비가 올 것이다(Probably it will rain).

(13) 사람들은 존중돼야만 한다(People should be treated with respect).

(8)과 같은 기술적 사실descriptive fact의 경우에는 그것에 대응하는 사실을 어느 정도 머릿속으로 표상할 수 있는 것처럼 보일 수 있다. 그러나 (9)의 경우에는 그것에 대응하는 사실을 머릿속으로 표상하기가 쉽지 않다. '핀란드'에 대응하는 표상이 무엇인지, 또한 '수도'에 대응하는 표상이 무엇인지 분명치 않기 때문이다. (10)의 경우엔 더 어렵다. 자유와 노예 상태라는 추상적 개념들을 어떻게 표상해야 하는가? 더군다나 (11)과 같은 양상적 사실modal fact, (12)와 같은 확률적 사실probabilistic fact, 그리고 (13)과 같은 규범적 사실normative fact에 대응하는 표상들이 과연 있는지, 있다면 어떠한 것들인지 말하기 쉽지 않다. 이런 이유에서 표상주의는 매우 의심스러운 견해이다.

임마누엘 칸트 Immanuel Kant

제 12 장

비트겐슈타인의 의미사용이론

비표상주의 의미론

비트겐슈타인Ludwig Wittgenstein은 그의 책『철학적 탐구』(Wittgenstein, 1953)
에서 이른바 '의미사용이론'the use theory of meaning을 제시한다. 이 이론에
따르면 의미는 사용이다. 즉 한 표현을 이해하는 것은 그것이 어떻게 사
용될 수 있는지를 이해하는 것이다. 따라서 이 이론에 의하면 의미론은
화용론과 불가분의 관계에 있다.

1. 의미사용이론의 이론적 동기

의미사용이론을 옹호하는 네 가지 이론적 동기들에 대해 살펴보자.

언어표현의 의미와 언어규칙의 채택

세계는 다양한 방식으로 기술될 수 있다. 예컨대 우리는 어떤 대상의 길이
를 미터법으로 측정할 수도 있고, 영국식 도량형으로 측정할 수도 있다.

(1) 이 대상의 길이는 1미터이다.
(2) 이 대상의 길이는 39.37인치이다.

그렇다면 (1)과 (2) 중에서 어떤 것이 옳은가? 미터법과 영국식 도량형 중의 하나가 실용적 측면에서 더 편리하다고 말할 수 있을는지 모르지만, 둘 중 하나가 더 실재에 부합한다고 말하기는 어렵다. 그리고 이 예가 보여 주듯이 세계를 기술하는 다양한 방식들 중에서 오직 하나만이 옳다고 말하기 어렵다.

우리는 특정한 언어발화들을 옳거나 그르다고 평가할 수 있다. 그리고 그러한 평가의 기준이 되는 사용의 옳음 조건들은 언어규칙들에 의해 결정된다. 예컨대 우리가 철수의 애완견에 '나폴레옹'이라는 이름을 부여하는 것은 "'나폴레옹'은 오직 철수의 애완견에게 적용돼야 한다'는 언어규칙을 채택하는 것과 마찬가지이다. 이 언어규칙이 정해지면, '나폴레옹'을 철수의 애완견에 적용하는 것은 옳지만, 철수의 애완견이 아닌 다른 대상에 적용하는 것은 옳지 않게 된다.

또한 위와 같은 언어규칙은 언어사용자인 우리에게 달려 있다. 우리는 미터법을 채택할 수도 있고, 영국식 도량형을 채택할 수도 있다. 마찬가지로 "'나폴레옹'은 오직 철수의 애완견에게 적용돼야 한다'는 언어규칙을 채택하는 것도 우리 자신이다. 원한다면, 우리는 그의 애완견에 다른 이름을 부여할 수 있다. 즉 다른 언어규칙을 채택할 수 있다.

언어의 다양한 용법

세계를 기술하는 것은 언어가 가진 다양한 기능들 중의 하나일 뿐이다. 다양한 단어들은 다양한 기능들을 가진다. 예컨대 다음 문장을 고려해 보자.

(3) 빨간 사과 3개를 내게 가져다줄래(Bring me 3 red apples)!

화자가 요구하는 일을 수행하기 위해서는 위 문장을 이해해야 한다. 그리고 위 문장을 이해하기 위해서는 그 문장에 포함된 '3'이라는 숫자의 의미를 알아야 한다. 그런데 '3'의 의미를 배우는 것은 이 숫자가 지칭하는 추상체로서의 수 3을 옳게 표상하는 것을 배우는 것이 아니다. 그 대신 사과 바구니 속에 있는 사과들을 정확히 셀 수 있어야 한다. 그리고 세는 것은 세계 속의 사실을 기술하는 것과 다르다. 마찬가지로 '빨간'의 의미를 배우는 것은 그 표현이 지칭하는 추상체로서의 빨강을 옳게 표상하는 법을 배우는 것이 아니다. 그 대신 컬러 차트에 있는 빨간색 표본과 동일한 색깔을 가진 사과를 골라낼 수 있어야 한다. 이처럼 언어를 배우는 것은 각 언어표현이 무엇을 표상하는지를 배우는 것이라기보다는, 물건을 가져오고, 측정을 하고, 물건을 사거나 파는 등등의 일상 활동들의 맥락 속에서 주어진 언어표현을 어떻게 사용해야 하고, 또한 타인의 말에 어떻게 반응해야 하는지를 배우는 것이다. 세계를 기술하는 것은 이와 같은 다양한 언어활동들 중 극히 일부에 불과하다. 이런 이유에서 표상주의 의미론은 극히 일부의 언어활동을 지나치게 중시하는 의미론이라고 말할 수 있다.

본질과 가족유사성

전통적으로 한 일반개념의 의미를 밝히는 것은 그 일반개념이 옳게 적용되는 대상들이 공유하는 공통요소, 즉 본질을 밝히는 것으로 이해되어 왔다. 그러나 비트겐슈타인은 그러한 생각을 버려야 한다고 주장한다. 예컨대 '게임'game이라는 일반개념을 고려해 보자. 게임이란 무엇인가? 이 개념이 적용되는 모든 사례들이 예외 없이 공유하는 그런 공통요소가 과연 있는가? 비트겐슈타인은 다음과 같이 말한다.

우리가 '게임들'이라고 부르는 과정들, 예컨대 보드 게임들, 카드 게임들, 볼 게임들, 올림픽 게임들을 고찰해 보자. 무엇이 그것들에 공통적인가? — '그것들에는 공통적인 무언가가 있어야 한다. 그렇지 않으면 그것들은 게임이라고 불리지 않을 것이다'라고 말하지 말고, 그것들 모두에 공통적인 것이 실제로 있는지 살펴봐라. — 그것들을 잘 살펴봐도 당신은 그 모든 것들에 공통적인 것을 찾을 수 없을 것이다. 볼 수 있는 것은 다만 유사성들과 여러 관계들뿐이다. ……예컨대 보드 게임들의 여러 사례들과 그것들 사이의 다양한 관계들에 주목해 봐라. 그 다음에 카드 게임들을 살펴보라. 첫 번째 부류들에 대응하는 것들이 많이 있지만, 또한 많은 공통점들이 사라지고 다른 요소들이 등장한다. 이제 볼 게임들로 넘어가면 공통적인 것들이 여전히 일부 남아 있지만, 많은 것들이 또한 사라진다. — 그것들은 모두 재미있는가? 체스와 삼목 놓기 놀이를 비교해 봐라. 놀이하는 사람들 사이에 항상 승패나 경쟁이 있는가? ……볼 게임들에는 승리와 패배가 존재한다. 그러나 어린아이가 공을 벽에 던지고 다시 잡는 놀이를 할 때는 그러한 특징이 사라진다. ……이러한 고찰의 결과로서 우리는 서로 겹치고 교차하는 유사성들의 복잡한 그물을 보게 된다. 이러한 유사성을 가장 잘 표현해 주는 것이 '가족유사성'이다. 왜냐하면 몸집, 용모, 눈 색깔, 걸음걸이, 기질 등등 한 가족의 구성원들 사이에 존재하는 다양한 유사성들은 그렇게 겹치고 교차하기 때문이다. — 이런 의미에서 '게임들'은 하나의 가족을 이룬다(Wittgenstein, 1953, §§ 66~67).

위에서 언급한 다양한 게임들을 다시 살펴보자. 이 모든 게임들은 재미있음이라는 특성을 공유하는가? 어떤 올림픽 게임은 선수들에게 매우 고통스러울 수 있다. 그렇다면 승자와 패자가 있다는 것이 공통점인가? 어린아이가 벽에 공을 던졌다가 다시 받는 게임을 하는 경우에는 승자도 패자도 없고, 선수들 사이의 경쟁도 없다. 따라서 비트겐슈타인에 의하면 우리가 어떤 일반명사를 사용할 때 그것의 모든 적용사례들에 어떤 공통 요소가 반드시 있어야 한다는 강박관념을 버려야 한다. 많은 경우 우리가 발견할 수 있는 것은 여러 사례들 사이에 일종의 '가족유사성'family resemblance이 있다는 것뿐이다. 한 가족의 구성원들 사이에 모두가 공유하는 어떤 공통요소 대신 단지 가족유사성이 있는 것처럼, 일반명사의 사례들 사이에도 단지 그와 같은 가족유사성이 있을 뿐이라는 것이다.

비트겐슈타인에 따르면 언어는 수정같이 맑고 투명하며, 순수한 그런 것이 결코 아니다. 언어는 우리의 삶과 엉켜 있다. 따라서 언어는 우리의 삶을 반영한다. 우리가 사용하는 '크다'와 '작다'와 같은 표현들을 생각해 보자. 이 표현들은 모호하다. 그러나 이러한 모호성은 제거돼야 하는 결점이 결코 아니다. 이와 같은 모호한 개념을 사용하지 못하면, 다른 사람의 키를 평가하기 위해 우리는 항상 줄자를 가지고 다니면서 키를 재 봐야 한다. 또한 '대머리'란 표현을 사용하기 위해 매번 사람들의 머리카락 수를 일일이 세어 봐야 한다. 더욱이 때때로 우리는 의도적으로 모호한 표현을 사용해야 할 필요가 있다. 대표적으로 외교적인 언사들은 의도적으로 모호하다. 따라서 모호성은 자연언어가 가지는 바람직한 특성일 수 있다. 마찬가지로 우리의 일상언어에 존재하는 많은 불명확성과 부정확성도 많은 경우 결점이 아닐 수 있다. 높은 수준의 명확성과 정확성은 많은 경우 너무 소모적일 뿐만 아니라 융통성의 여지를 없애기 때문이다.

언어게임

비트겐슈타인은 언어를 게임과 유비하여 설명한다. 그에 따르면 우리가 언어규칙을 배우는 것은 야구나 장기와 같은 게임의 규칙을 배우는 것과 유사하다. 또한 언어표현들은 장기를 둘 때 사용하는 장기 말과 같은 것이다. 따라서 언어를 배우는 것은 언어표현들을 언어규칙에 따라 어떻게 사용해야 하는지를 배우는 것이다. 다시 말해 게임을 하는 것과 마찬가지로 언어를 사용하는 것은 일종의 언어게임을 하는 것이다. 한 가지 예를 살펴보자.

(4) This is red.

위 문장의 의미는 무엇인가? 위 문장은 다양한 언어게임들 속에서 사용될 수 있다. 어떤 대상의 색을 기술하기 위해서 사용될 수도 있고, 영어를 누군가에게 가르치는 맥락에서 영어 문장의 한 예로 사용될 수도 있고, 또한 일종의 암호로도 사용될 수도 있다. 심지어는 발성연습을 위해 사용될 수도 있다. 따라서 한 문장은 그것이 사용될 수 있는 여러 가능한 언어게임들과 독립적으로 독자적인 의미를 갖지 못한다.

2. 사용이론의 장점들

언어의 의미에 관한 중요한 퍼즐의 해결

언어표현들은 마법처럼 의미를 획득하지 않는다. 언어표현들은 그것들이 사용되는 특정한 방식에 의해 특정한 의미를 가진다. 비트겐슈타인은 다음과 같이 말한다.

모든 기호는 그 자체로는 죽어 있는 것으로 보인다. 무엇이 그것에 생명을 부여하는가? ─ 각 기호는 사용 속에서 생명을 얻는다(Wittgenstein, 1953, §432).

따라서 사용이론은 제1장의 서두에서 언급했던 언어의 의미에 관한 중요한 퍼즐에 답할 수 있다. 그 퍼즐은 '특정한 형태의 표시 또는 소리가 어떻게 특정한 의미를 갖게 되는가?'이다. 사용이론에 따르면 그것들은 특정한 방식으로 사용됨으로써 특정한 의미를 획득한다. 따라서 사용이론은 특정한 잉크 마크나 소리가 어떻게 특정한 의미를 갖게 되는지를 초자연적인 것에 호소함이 없이 설명할 수 있다.

비평서문의 중요성

사용이론은 의미를 해명함에 있어서 평서문에 지나치게 집착하는 것을 지양止揚하게 해 준다. 아이들이 처음 모국어를 배울 때나 인류학자들이 처음 원주민들의 언어를 배울 때 훨씬 더 중요한 것은 비평서문들이다. 예컨대 아이들이 어렸을 때 많이 듣게 되는 문장들은 '손을 깨끗이 씻어라!', '이를 닦아라!', '옷을 입어라!', '동생을 도와줘라!' 등등과 같은 명령문들이다.

동의어의 결정방식

언어표현들이 동의어인지 여부는 그것들이 같은 방식으로 사용되는지 여부에 의해 결정된다. 다음 동의어들을 살펴보자.

가게 ─ 상점; 식당 ─ 밥집; 넓이 ─ 면적; 기아 ─ 굶주림, 배고픔 ─ 허기 예컨대 '가게'라는 표현을 쓸 수 있는 상황에서 우리는 '상점'이라는 표현을 대신 사용할 수 있다. '가게'와 '상점'이 동의어인 이유는 두 표현들이 동일한 방식으로 사용될 수 있기 때문이다. 이 논점의 설득력은 다른 이론들, 예컨대 프레게의 뜻 이론과 비교해 보면 좀 더 분명해진다. 우리는 공적公的인 언어표현들인 '가게'와 '상점'이 동의어인지 여부를 한 화자가 '가게'와 관련해 연관시키는 뜻과 '상점'과 관련해 연관시키는 뜻을 각각 파악하고, 그런 다음에 양자를 비교함으로써 양자가 같은 뜻임을 판단하는 방식으로 결정하지 않는다.

번역어의 결정방식

번역도 용어들이 어떻게 사용되는지에 의해 결정된다. 다음의 예를 살펴보자.

> 영어 단어 'apple'은 사과를 의미한다.
> 영어 단어 'red'는 빨강을 의미한다.

영어 단어 'apple'을 한국어 단어 '사과'로 번역할 수 있는 이유는 'apple'이 영어에서 사용되는 방식과 '사과'가 한국어에서 사용되는 방식이 실질적으로 동등하기 때문이다. 예컨대 한국어에서 '사과 하나 주세요!'라는 문장을 사용해야 하는 상황에서 영어에서는 'Give me an apple!'이라는 문장을 사용할 수 있다. 이 논점의 설득력은 다른 이론들, 예컨대 프레게의 뜻 이론과 비교해 보면 좀 더 분명해진다. 우리는 '사과'가 'apple'의 적절한 번역어인지 여부를 영어 화자들이 'apple'과 관련해 연관시키는 뜻과 한국어 화자들이 '사과'와 관련해 연관시키는 뜻을 각각 파악하고, 그런 다음에 양자를 비교함으로써 전자가 후자의 적절한 번역어임을 판단하는 방식으로 결정하지 않는다.

지금까지의 논의를 통해서 우리는 한 언어표현이 어떻게 사용되느냐가 그 표현의 의미를 결정하는 데 가장 중요한 요인임을 알 수 있다. 다시 말해 의미론이 화용론에 의존되어 있음을 알 수 있다. 이 점에서 사용이론은 옳은 방향의 이론이다.[92]

3. 사용이론의 문제점들

의미를 구성하는 사용과 그렇지 않은 사용을 구분하는 문제

한 표현의 모든 가능한 사용들이 그 표현의 의미를 구성하는 것은 아니다. 예컨대 어떤 사람이 '이것은 빨갛다'라는 문장을 발성연습을 위해 사용한다면 이 사용은 '빨갛다'의 문자적 의미와 무관하다. 비트겐슈타인 자신도 단어의 모든 사용이 의미와 관련되어 있다고 주장하지 않았다. 그는 다음과 같이 말한다.

우리가 '의미'라는 단어를 사용하는, 비록 모든 경우들은 아니지만, 대부분의 경우들에서 그것은 다음과 같이 정의될 수 있다. 한 단어의 의미는 언어 안에서의 그것의 사용이다(Wittgenstein, 1953, § 43).

그렇지만 비트겐슈타인 자신의 주장과 무관하게, 이른바 '사용이론'을 의미에 관한 일반이론으로 제시하기 위해서는, 의미를 구성하는 사용과 그렇지 않은 사용을 구분해야 한다. 그런데 사용이론 자체에는 양자를 구분해 주는 원리가 없는 것처럼 보인다.[93]

표상의 문제

퍼트넘이 제시한 쌍둥이지구논증의 예를 다시 살펴보자. 오스카와 토스카는 질적으로 동일한 복제물들이다. 따라서 두 사람이 '물'이라는 표현을 사용하는 방식에 차이가 없다. 그렇지만 의미론적 외재주의에 따르면 오스카가 사용하는 '물'과 토스카가 사용하는 '물'은 서로 의미가 다르다. 전자는 H_2O를 의미하고, 후자는 XYZ를 의미한다. 그러나 의미사용이론은 그러한 차이를 적절하게 설명하지 못하는 것처럼 보인다. 이 점에 대해 좀 더 부연설명을 하면 다음과 같다.

언어사용자 — 언어 — 세계

표상주의에 따르면 언어는 세계를 표상한다. 따라서 표상주의는 언어와 세계 사이의 관계에 주목한다. 반면 의미사용이론은 언어사용자와 언어 사이의 관계에 주목한다. 따라서 표상주의는 언어사용자와 언어 사이의 관계의 중요성을 소홀히 하는 데 반하여, 의미사용이론은 언어와 세계 사이의 관계의 중요성을 소홀히 하는 것처럼 보인다. 결과적으로 사용이론은 사용과 표상이 어떻게 연결되는지에 대해 적절한 답을 제시하지 못하는 것처럼 보인다. 예컨대 우리가 사용하는 표현 '물'은 H_2O로 구성된 액체들과 어떻게 연결되는가? 단지 의미가 사용임을 강조하는 것만으로는 이런 물음에 답하지 못한다. 왜냐하면 H_2O로 구성된 강들도 있고, XYZ로 구성된 호수들도 있는 행성에 오스카와 토스카가 둘 다 가게 되는 경우에 두 사람 모두 '물'이라는 표현을 양자의 사례들에 마찬가지로 적용할 것이기 때문이다.

조합성의 문제

사용과 달리, 의미는 조합적組合的, compositional이다. 다음의 문장을 고려해 보자.

(5) 천왕성에는 파란색 집이 없다.

위 문장이 이전에 사용된 적이 없는 새로운 문장이라고 가정해 보자. 그래도 우리는 위 문장의 의미를 잘 이해할 수 있다. 그리고 그러한 이해를 통해 (5)가 참일 개연성이 높다고 평가할 수 있다. 만약 천왕성에 파란색 집이 있음이 밝혀진다면 우리는 모두 매우 깜짝 놀랄 것이기 때문이다. 그런데 우리가 (5)를 이해할 수 있는 이유는 (5)를 구성하는 요소들의 의미들을 이해할 수 있기 때문이다. 다시 말해 (5) 전체의 의미는 그것을 구성하는 요소들의 의미들에 의해 결정된다. 이런 의미에서 의미는 조합적이다. 그렇지만 위에서 언급한 바대로 (5)는 처음으로 사용된 문장이다. 이처럼 단지 한 번 사용되는 문장들이 실제로 매우 많을 수 있다. 따라서 의미사용이론은 의미의 조합성을 설명하기 어려운 것처럼 보인다.

객관적 진리의 문제

사용이론은 일종의 사회실천이론이다. 이 이론에 따르면 한 문장의 의미는 그것이 한 언어공동체 내에서 어떻게 사용되는지에 의해 결정된다. 그러면 한 문장의 의미는 그 문장을 사용하는 언어공동체에 상대적이라고 말해야 한다. 그런데 그렇게 되면 한 문장이 표현하는 참도 그 문장을 사용하는 언어공동체에 상대적이 되는 것처럼 보인다. 그러나 '물은 H_2O이다'와 같은 명제가 표현하는 객관적 진리는 그 어느 누구도 존재하지 않게 되는 상황에서도 여전히 참인 것처럼 보인다. 그렇다면 사용이론은 특정한 언어공동체에 상대적인 상호주관적 진리를 넘어서서 이와 같은 객관적 진리를 어떻게 설명할 수 있는가?

가족유사성 개념의 문제

한 일반명사가 의미를 가지기 위해서 그 일반명사의 사용에 관한 옳음 조건이 있어야 한다. 그리고 그 옳음 조건은 그 일반명사가 옳게 적용되는 외연을 포함해야 한다. 예컨대 '물'은 H_2O로 구성된 액체에 적용되면 옳지만, 그렇지 않은 경우엔 옳지 않다. 그런데 만약 한 일반명사의 외연에 속하는 대상들 사이에 공통적인 것이 없다면, 그 대상들을 어떻게 동일한 범주에 속하는 것으로 분류할 수 있는가? 비트겐슈타인은 가족유사성의 개념을 이와 같은 물음에 대한 답으로 제시하지 않았다. 그가 이 비유적 개념을 제시한 이유는 한 일반개념의 의미를 해명하는 것을 항상 그 일반개념이 옳게 적용되는 대상들이 공유하는 공통요소를 밝히는 것으로 이해해야 한다는 강박관념을 버려야 함을 지적하기 위해서였다. 그렇지만 비트겐슈타인의 의도와 무관하게, 가족유사성 개념이 앞서 언급했던 종류의 질문과 관련해 어떤 도움을 줄 수 있는지에 대해 생각해 볼 필요가 있다.

우선 가족유사성 개념과 관련하여 주목할 점은, 이것이 유사성에 의존하는 개념이라는 사실이다. 그런데 모든 것은 그 밖의 다른 모든 것들과 어떤 점에서 유사할 수 있다. 따라서 대상들 사이에 성립하는 가족유사성만으로 그 대상들을 동일한 범주에 속하는 것으로 분류하기 어렵다. 실제로 한 가족을 구성하는 사람들은 그들 사이에 성립하는 가족유사성 때문이 아니라, 부부는 부부관계에 의해서 그리고 그들의 자식들은 같은 부모를 가짐이라는 속성에 의해서 한 가족의 구성원으로 분류된다. 또한 가족유사성 개념은 자연종명사들의 의미를 해명함에 있어서 부적절하다. 예컨대 물의 사례들은 그것들 사이에 가족유사성 관계가 성립하기 때문에 물의 범주에 속하는 것이 아니라, 그것들이 모두 예외 없이 H_2O로 구성되어 있는 액체이기 때문에 동일한 자연종으로 분류된다. 즉 물의 모든 사례들에는 공통요소가 있다. 따라서 적어도 일부의 일반개념들에 관해서는 주어진 일반개념의 사례들이 공유하는 공통요소를 밝히는 것이 그것의 의미를 해명함에 있어서 핵심적일 수 있다.

물론 일상언어의 모든 일반명사들에 관하여 정확한 외연을 요구하는 것은 부적절할 수 있다. 그러나 그렇다고 하더라도 가족유사성만으로는 그 어떤 일반명사의 외연도 고정하기 어렵다. 비트겐슈타인이 논의했던 '게임'의 예를 다시 살펴보자. 앞서 언급했던 것처럼 이 일반명사가 적용되는 모든 사례들이 예외 없이 공유하는 공통요소가 없다. 그렇다면 우리는 어떤 것이 '게임'의 사례인지 아닌지를 어떻게 결정할 수 있는가? 우리는 이 일반명사를 적용할 수 있는 전형적인 사례들을 알고 있다. 예컨대 축구, 야구, 배구와 같은 볼 게임들과 바둑과 장기와 같은 보드 게임들은 게임의 전형적인 사례들이다. 또한 우리는 이 일반명사를 적용해서는 안 되는 전형적인 사례들에 대해서도 잘 알고 있다. 결혼식에서 결혼서약을 하는 경우나 자식이 굶지 않고 잘 자랄 수 있도록 키우는 경우 등은 게임의 사례들이 아니다. 더 나아가, 우리는 게임의 전형적인 사례들을 기반으로 그와 유사한 경우들을 게임의 사례들로 추가할 수 있다. 예컨대 PC

에서 하는 축구 프로그램이 처음 개발된 경우를 생각해 보자. 축구는 원래 운동장에서 출전 선수 11명씩 한 팀을 이루어 두 팀이 겨루는 게임이다. 반면 PC 축구게임은 방안에서 혼자서도 할 수 있는 것이다. 그렇다면 이 경우도 게임의 진정한 사례로 분류할 수 있는가? 우리는 이와 같은 프로그램이 축구경기의 규칙들을 따르는 것이기 때문에 게임의 일종으로 분류할 수 있다. 그리고 이와 같은 방식으로 여러 새로운 사례들을 게임의 외연에 추가할 수 있다. 또한 이와 같이 새로운 사례들을 게임의 범주에 넣을지 말지에 대한 궁극적인 결정권은 우리에게 달려 있다. 만약 우리가 PC에서 컴퓨터 프로그램을 이용해 하는 놀이들에 대해 '게임'이라는 이름 대신 다른 이름을 사용해 분류하기로 결정한다면, 우리가 사용하는 '게임'이라는 표현의 외연에는 컴퓨터를 이용한 놀이들이 포함되지 않게 될 것이다. 그리고 그렇게 되면 '게임'의 의미는 현재 우리가 이 일반명사를 사용해 표현하는 의미와 다소 다르게 될 것이다. 따라서 우리는 어떤 것이 '게임'의 사례인지 아닌지를 여러 요소들을 고려해서 결정할 수 있다. 또한 이와 같은 방식으로 '게임'이라는 일반명사를 사용하기 위해서 게임의 사례로 분류할 수 있는지 여부가 불분명한 경우들을 완전히 배제할 필요가 없다. 비트겐슈타인이 주장하는 것처럼, 어느 정도의 모호성은 자연언어의 바람직한 특성일 수 있다.

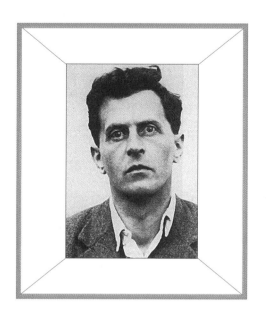

루드비히 비트겐슈타인Ludwig Wittgenstein

제 13 장

추론주의 의미론

비 표 상 주 의   의 미 론

추론주의 의미론Inferential Semantics에 따르면 의미는 추론적 사용·inferential use이다. 이 이론은 의미사용이론의 한 버전으로서 비트겐슈타인이 제시한 의미사용이론의 문제점들을 해결하기 위해 제안됐다. 셀라스Wilfrid Sellars가 이 이론을 처음 제시했고, 브랜덤Robert Brandom이 이를 좀 더 발전시켰다. 이 장의 목적은 추론주의 의미론에 대한 개략적인 설명을 제시하는 것이다.

1. 추론주의 의미론의 주요 이론적 동기

앞 장에서 지적한 것처럼 의미사용이론의 첫 번째 문제는 한 표현의 모든 가능한 사용이 그 표현의 의미를 구성하는 것은 아니라는 사실이다. 그렇다면 의미를 구성하는 사용과 그렇지 않은 사용을 구별할 수 있는 원리는 무엇인가? 이 물음에 대한 셀라스의 답은 다음과 같다. 의미를 구성하는 사용은 추론적 사용이다. 다음의 예를 고려해 보자.

빨간색 대상을 보고 '이것은 빨갛다'라고 발화하도록 훈련된 한 앵무새가 있다고 가정해 보자. 그리고 그 앵무새가 과연 빨강의 개념을 소유할 수 있는지에 대해 생각해 보자. 그 앵무새가 '이것은 빨갛다'라는 문장으로부터 '이것은 색깔이 있다', '이것은 자연수가 아니다' 등등이 함축되

고, 또한 이 문장이 '이것은 파랗다', '이것은 노랗다', '이것은 검다' 등등
과 양립되지 않음을 전혀 이해하지 못한다면, 우리는 그 앵무새가 빨강의
개념을 갖고 있다고 말하기 어렵다.

위 논점을 좀 더 명확히 이해하기 위해 빨간색의 파장을 감지하면 '이
것은 빨갛다'라고 소리를 내는 기계장치에 대해 생각해 보자. 이 빨간색
식별장치는 오직 빨간색의 파장에 반응하여 '이것은 빨갛다'라고 소리를
내는 기능만을 갖고 있다고 가정해 보자. 이 경우 이 빨간색 식별장치는
앵무새의 경우처럼 빨강이 색의 일종이며, 또한 '빨강은 파랑과 다르다'
와 같은, 빨강과 관련된 추론관계들을 전혀 이해하지 못한다. 이런 기계
장치가 빨강의 개념을 소유하고 있다고 말하기 어렵다. 다시 말해 위에
서 언급한 앵무새나 빨간색 식별장치에 대해 '상이한 종류의 자극들을 행
동적으로 구별할 수 있는 능력'은 갖고 있다고 말할 수 있으나, 정상적인
개념 사용자와 달리, 그러한 자극들을 '개념적으로 분류할 수 있는 능력'
은 갖고 있다고 말하기 어렵다. 셀라스(Sellars, 1963a)에 따르면 후자의 능
력을 위해서 '개념이 관련된 추론관계들에 대한 실천적인 숙달'[94]이 필요
하다.

그렇다면 우리가 위와 같은 직관을 가지는 이유는 무엇인가? 다음의
진술들을 고려해 보자.

(1) 빨간 것은 어느 것이나 색깔이 있다.

(2) 빨간 것은 어느 것이나 파랗지 않다.

(3) 빨간 것은 어느 것이나 노랗지 않다.

위 진술들은 모두 개념적으로(또는 의미에 의해) 참이다. 이 말은 'x는 빨
갛다'라는 술어와 'x는 색깔이 있다', 'x는 파랗지 않다', 'x는 노랗지 않다'

등등의 술어들 사이에 개념상의 연결이 있다는 말이다. 따라서 다음의 추론관계들을 이해하지 못하는 사람이 있다면 그 사람은 'x는 빨갛다'가 표현하는 개념을 적절히 이해하지 못하는 사람이다.

(1') 'x는 빨갛다' → 'x는 색깔이 있다'
(2') 'x는 빨갛다' → 'x는 파랗지 않다'
(3') 'x는 빨갛다' → 'x는 노랗지 않다'[95]

앞서 언급한 앵무새가 빨강의 개념을 갖고 있다고 말하기 어려운 이유는 위와 같은 추론관계를 전혀 이해하지 못하기 때문이다. 따라서 위와 같은 추론들에 따라 'x는 빨갛다'는 술어를 사용하는 것은 이 술어의 의미와 관련된 사용이라고 말할 수 있다.[96]

이제 왜 한 표현의 추론적 사용들만이 그 표현의 의미를 구성하는지에 대해 좀 더 살펴보자. 의미(또는 개념)의 한 가지 중요한 특성은 반사실적 강건성counterfactual robustness을 지닌다는 점이다. 예컨대 다음 진술들을 고려해 보자.

(4) 버락 오바마는 미국의 제44대 대통령이다.
(5) 모든 개들은 지구에 존재한다.

우선 어떤 가능세계에서 버락 오바마는 대통령이 되지 못했을 수 있다. 따라서 제6장에서 논의했던 크립키의 양상논증이 보여 주는 것처럼, 미국의 제44대 대통령임은 '버락 오바마'의 의미의 일부가 아니다. 같은 이유에서 (4)는 개념적 진리가 아니다. 또한 어떤 가능세계에서 어떤 개는 지구 이외의 곳에 존재할 수 있다. 따라서 제10장에서 논의했던 퍼트넘의 양상논증이 보여 주는 것처럼, 지구에 존재함은 '개'의 의미의 일부가 아니다. 같은 이유에서 (5)도 개념적 진리가 아니다. 이제 (4)와 (5)에 각각 대응하는 다음의 추론들을 살펴보자.

(4') 'x는 버락 오바마이다' → 'x는 미국의 제44대 대통령이다'
(5') 'x는 개이다' → 'x는 지구에 존재한다'

위 추론들의 경우 전제가 참이면서 결론이 거짓일 수 있다. 다시 말해 위 추론들은 반사실적으로 강건하지 않다. 그리고 이처럼 반사실적으로 강건하지 않은 추론들은 타당하지 않다. 따라서 (4')과 (5')과 같이 타당하지 않은 추론관계는 '버락 오바마'나 '개'와 같은 표현의 의미와 무관하다.

이제 다음의 진술들을 살펴보자.

(6) 버락 오바마는 사람이다.
(7) 모든 개들은 동물이다.

(6)에 포함된 이름 '버락 오바마'는 특정인의 이름으로 사용되는 표현이다. 따라서 그 어떤 가능세계에서도 사람이 아닌 것은 버락 오바마가 아니다. 또한 그 어떤 가능세계에서도 동물이 아닌 것은 개가 아니다. 따라서 다음의 추론들은 반사실적으로 강건하다.

(6') 'x는 버락 오바마이다' → 'x는 사람이다'
(7') 'x는 개이다' → 'x는 동물이다'

다시 말해 위 추론의 전제가 참이면서 결론이 거짓인 가능세계는 존재하지 않는다. 그런데 앞서 지적한 것처럼 (6)에 포함된 이름 '버락 오바마'는 특정인의 이름으로 사용되는 표현이기 때문에, 이 표현을 사람이 아닌 것에 적용해서는 안 된다. 또한 제10장에서 지적했던 것처럼, 화자가 '버락 오바마'라는 이름을 성공적으로 사용하기 위해서는 범주오류를 범해서는 안 된다. 따라서 '버락 오바마'의 의미 속에 사람임이 내포로서 포함되어 있다고 말할 수 있다. 이런 이유들에 의해 (6')은 '버락 오바마'의 의미와 관련된 추론이다. 마찬가지로 (7)은 개념적 진리이기 때문에 이에 대응하는 타당한 추론 (7')도 '개'의 의미와 관련된 추론이다. 그러므로 추론주의 의미론에 의하면 (4')과 (5')이 각각 '버락 오바마'와 '개'의 의미와 무관한 이유는 그것들이 타당한 추론들이 아니기 때문이고, 반면 (6')과 (7')이 각각 '버락 오바마'와 '개'의 의미와 관련된 이유는 이것들이 타당한 추론들이기 때문이다. 또한 (6)과 (7)이 개념적 진리들인 이유는, (6')은 '버락 오바마'의 의미를 부분적으로 구성하는 타당한 추론이고, (7')은 '개'의 의미를 부분적으로 구성하는 타당한 추론이기 때문이다.

끝으로 한 가지 주목할 점은, 크립키와 퍼트넘의 양상논증이 성립하는 이유를 추론주의 의미론이 잘 설명해 준다는 사실이다. 그 이유는 한 표현과 관련된 타당한 추론적 사용들만이 그 표현의 의미를 구성하고, 또한 타당한 추론들은 반사실적으로 강건하기 때문이다. 예컨대 동물임이 '개'의 의미의 일부인 이유는 (7')이 '개'의 의미를 부분적으로 구성하는, 타당한 추론이기 때문이고, 반면 지구에 존재함이 '개'의 의미의 일부가 아닌 이유는 (5')이 타당한 추론이 아니기 때문이다.

2. 논리적 표현의 의미와 언어의 두 측면 모델

한 용어의 추론적 사용들이 그것의 의미를 구성한다는 직관은 논리적 표현의 의미와 관련하여 좀 더 명확하다. 독일 논리학자 게르하르트 겐첸 (Gentzen, 1934/1935)에 따르면 논리적 표현의 의미는 이와 관련된 추론규칙들에 의해 구성된다. 예컨대 '&'의 의미는 다음과 같은 &-제거 규칙들과 &-도입 규칙에 의해 구성된다.

    (&-제거 규칙) A & B. ∴ A.

    (&-제거 규칙) A & B. ∴ B.

    (&-도입 규칙) A, B. ∴ A & B.

다시 말해 어떤 사람이 논리적 연결사 '&'를 위의 추론규칙들에 따라 사용하면 우리는 그 사람이 연언conjunction의 개념을 이해한다고 말할 수 있다. 이제 어떤 다른 언어에서 '#'라는 연결사가 다음과 같은 규칙들에 의해 사용된다고 가정해 보자.

    (#-제거 규칙) A # B. ∴ A.

    (#-제거 규칙) A # B. ∴ B.

    (#-도입 규칙) A, B. ∴ A # B.

그런 경우에 우리는 그 언어에서 연언의 개념이 '&'가 아니라 '#'에 의해서 표현된다고 말할 수 있다. 다시 말해 '#'의 의미는 우리 언어에서 '&'가 의미하는 바와 같다고 말할 수 있다. 따라서 한 논리적 표현의 의미는 기본적으로 그 표현과 관련된 형식적 추론규칙들에 의해 구성된다고 말할 수 있다.

위와 같은 아이디어를 더밋은 그의 책『프레게의 언어철학』(Dummett, 1981)에서 일반화한다. 그에 따르면 한 명제내용의 도입규칙에 대응하는 것은 그것을 주장할 수 있는 충분조건들의 집합이고, 제거규칙에 대응하는 것은 그 주장이 함축하는 것들이다. 다시 말해 한 언어표현 또는 개념의 사용은 그것이 옳게 적용되는 상황들과 그러한 적용의 적절한 귀결들이라는 두 측면을 가진다. 이것이 이른바 '언어의 두 측면 모델'the two-aspect model of language이다.[97] 이 모델에 따르면, 예컨대 눈앞에 빨간색 대상이 있는 비언어적 상황에서 우리는 앞에 빨간색 대상이 있다고 말할 수 있다. 다시 말해 눈앞에 있는 그 대상에 우리는 빨강의 개념을 적용할 수 있다. 그리고 앞에 빨간색 대상이 있다는 주장은 앞에 색깔이 있는 대상이 있다는 주장을 함축한다. 따라서 앞에 빨간색 대상이 있다고 주장할 수 있는 상황에서 우리는 또한 앞에 색깔이 있는 대상이 있다고 주장할 수 있다. 앞서 언급했던 앵무새가 빨강의 개념을 이해하지 못한다고 간주될 수 있는 이유는, 그것이 빨강의 개념이 가지는 이와 같은 추론적 함축들을 전혀 이해하지 못하기 때문이다. 만약 이와 달리 빨강의 개념이 옳게 적용되는 상황들을 제대로 파악할 뿐만 아니라, 그러한 적용의 적절한 귀결들을 또한 이해하는 앵무새가 있다면, 우리는 그 앵무새가 빨강의 개념을 이해한다고 말할 수 있다.

3. 셀라스-브랜덤 추론주의 의미론

셀라스-브랜덤 추론주의 의미론에 의하면 의미는 추론적 사용이다. 그래서 이 의미론에서 가장 기본이 되는 개념은 참인 표상이 아니라 옳은 추론이다. 이런 이유로 언어표현의 의미 또는 내용은 표상되는 것에 의해서가 아니라, 추론적 역할에 의해서 설명돼야 한다.

추론주의 의미론에 의하면 한 언어표현의 의미는 그것의 옳은 사용을 규정하는 언어규칙들에 의해 구성된다. 한 논리적 표현의 옳은 사용을 규정하는 언어규칙들은 기본적으로 그 표현의 옳은 사용을 규정하는 형식적 추론규칙들이다. 따라서 한 논리적 표현의 의미는 그것의 옳은 사용을 규정하는 형식적 추론규칙들에 의해 구성된다고 말할 수 있다. 예컨대 앞절에서 지적한 바와 같이 '&'의 의미는 &-제거 규칙들과 &-도입 규칙에 의해 구성된다.

(&-제거 규칙) A & B. ∴ A.

(&-제거 규칙) A & B. ∴ B.

(&-도입 규칙) A, B. ∴ A & B.

그리고 위 논점을 일반화하면, 한 논리적 표현의 의미는 그 표현이 관련된 형식적으로 타당한 추론들에 의해 구성된다고 말할 수 있다.

그런데 여기서 한 가지 주목할 점이 있다. 우리가 '&'를 위와 같은 추론규칙들에 따라 사용할 수 있는 이유는 우리가 먼저 연언의 개념을 선행적으로 파악하고, 또한 그렇게 파악된 개념에 의하면 위와 같은 추론규칙들이 성립하기 때문이 아니다. 방향은 정반대이다. 위와 같은 추론규칙들에 선행하는 연언의 개념은 애당초 존재하지 않는다. 우리가 '&'를 위와 같은 추론규칙들에 따라 사용하는 법을 배우면 우리는 그로써 연언의 개념을 이해하는 사람이 되는 것이다. 예컨대 어떤 아이가 '&'를 위와 같은 추론규칙들에 따라 사용할 수 있게 되면, 우리는 그 아이를 연언의 개념을

윌프리드 셀라스Wilfrid Sellars

이해하게 된 것으로 간주할 수 있다. 이처럼 '&'를 사용하는 것과 독립적으로 또한 선행하여 파악해야 하는 연언의 개념은 없다.[98]

그렇다면 추론주의 의미론은 비논리적 표현들의 의미를 어떻게 설명하는가? 앞 절에서 언급한 바와 같이 언어의 두 측면 모델에 따르면 한 언어표현의 사용은 그것이 옳게 적용되는 상황과 그러한 적용의 적절한 귀결이라는 두 측면을 가진다. 그렇다면 추론주의 의미론은 이 두 측면을 어떻게 설명할 수 있는가? 셀라스에 따르면 비논리적 표현들의 의미는 이러한 표현들이 관련된 실질적으로 타당한materially valid 추론들에 의해 구성된다. 형식적으로 타당한 추론들은 오직 논리적 형식에 의해 옳은 추론들이다. 반면 어떤 추론이 '실질적으로 타당하다'는 말은 그 추론의 타당성이 전적으로 그 추론의 논리적 형식에 의존하는 그런 추론이 아님을 뜻한다. 그리고 비논리적 표현의 의미를 구성해 주는 실질적으로 타당한 추론들은 기본적으로 세 가지 종류의 언어규칙들이다.[99]

첫 번째는 언어-진입language-entry 규칙이다. 예컨대 s는 그 앞에 빨간색 사과가 있는 비언어적 상황에서 '내 앞에 빨간색 사과가 있다'라고 발화할 수 있다. 이 경우는 비언어적 상황에 대해 언어반응을 하는 경우이다. 마찬가지로 한 손님이 집에 찾아온 비언어적 상황에서 '어서 오세요'라는 언어반응을 할 수 있다.[100] 두 번째는 언어-언어language-language 규칙이다. 이 경우는 어떤 언어행위에 대해 언어반응을 하는 경우이다. 예컨대 '이것은 빨갛다'라는 언명이 주어졌을 때 s는 이를 근거로 '이것은 색깔이 있다'라고 말할 수 있다. 마찬가지로 '이것은 빨갛다'라는 언명이 주어졌을 때 s는 이를 근거로 '이것은 파랗지 않다'라고 말할 수 있다. 세 번째는 언어-이탈language-exit 규칙이다. 예컨대 s는 '지금 난 손을 올릴 거야'라고 말하고, 그의 손을 올릴 수 있다. 이 경우는 언어행위에 대해 비언어적인 반응을 하는 경우이다. 마찬가지로 옷가게에서 일하는 판매원에게 고객이 '저 옷을 주세요!'라고 말한 경우에 판매원은 그 언어행위에 대한 비언어적인 반응으로서 고객이 원하는 옷을 가져다줄 수 있다.

요컨대, 추론주의 의미론에 따르면 한 표현의 의미가 그 표현의 사용규칙들을 결정하는 것이 아니라, 한 표현의 사용과 관련된 세 가지 종류의 언어규칙들이 그 표현의 의미를 구성한다. 그리고 한 표현의 의미를 이해하는 것은 일종의 실천적 노하우know-how이다. 즉 그 표현의 추론적 역할을 터득하는 것이다. 그리고 그 표현이 전제 또는 결론 속에서 역할을 수행하는 실질적 추론들 중에서 어느 것이 타당한 추론이고 어느 것이 부당한 추론인지를 구분할 수 있게 되면 그 표현의 추론적 역할을 터득했다고 말할 수 있다.

4. 셀라스-브랜덤 추론주의 의미론의
두 가지 중요한 특징

첫째, 셀라스-브랜덤 추론주의 의미론은 추론의 개념을 넓게 해석한다. 이 점을 이해하기 위해서는 먼저 추론의 두 종류를 이해할 필요가 있다. 하나는 이론추론들theoretical inferences이고, 다른 하나는 실천추론들practical inferences이다. 우리의 인식목적은 세계를 성공적으로 설명하고 예측할 수 있도록 해 주는 최고의 설명적 정합성을 갖는 세계상世界像, world-picture을 획득하는 것이다.[101] 그리고 우리는 여러 실천적 목적들을 갖고 있다. 예컨대 한 개인의 차원에서는 자신의 행복을 실현하고자 하는 목적을 가질 수 있고, 우리의 공동체 차원에서는 토머스 홉스(Hobbes, 1651)가 말하는 '만인의 만인에 대한 투쟁' 상태인 이른바 '자연 상태'의 파국을 피하고 공동체적 삶의 이득을 유지하고자 하는 목적을 가질 수 있다. 이론추론들은 위의 인식목표를 위해 무엇을 믿어야 하는지를 알려 주는 추론들이며, 실천추론들은 주어진 실천적 목적을 위해 무엇을 해야 하는지를 알려 주는 추론들이다.

이제 추론주의 의미론이 왜 추론의 개념을 넓게 해석하는지에 대해 살펴보자. 앞서 언급한 바와 같이 언어규칙들에는 세 가지 종류가 있다. 즉 언어-진입 규칙들, 언어-언어 규칙들, 그리고 언어-이탈 규칙들이 있다. 좁은 의미의 추론 개념에 따르면 추론관계는 진리치를 가지는 진술들 사이의 관계이다. 예컨대 다음과 같은 종류의 추론관계이다.

(8) 래시는 개이다. 따라서 래시는 동물이다.

우리가 '래시는 개이다'라는 전제를 정당하게 주장할 수 있는 상황에 있다면, 우리는 '래시는 동물이다'라는 결론을 또한 정당하게 주장할 수 있다. 다시 말해 '래시는 개이다'라는 진술과 '래시는 동물이다'라는 진술 사이에 전제와 결론의 추론관계가 성립한다. 따라서 언어-언어 규칙의 관계는 좁은 의미의 추론관계라고 말할 수 있다.

이제 언어-진입 규칙의 경우를 살펴보자. 예컨대 주체 s의 눈앞에 빨간색 대상이 놓여 있는 비언어적 상황에서 s는 '내 앞에 빨간색 대상이 있다'라고 정당하게 주장할 수 있다. 그리고 s의 비언어적 상황이 그의 진술과 불일치한다고 우리가 주장할 수 없는 한에서 그의 진술은 정당화된다. 따라서 우리는 '내 앞에 빨간색 대상이 있다'라는 s의 진술을 옹호하는 전제의 역할을 하는 것은 우리가 's의 눈앞에 빨간색 대상들이 있다'라고 기술할 수 있는 비언어적 상황이라고 말할 수 있다. 이런 의미에서 비언어적 상황에서 허용되는 언어반응들을 규정하는 언어-진입 규칙들은 넓은

로버트 브랜덤Robert Brandom

의미의 추론관계라고 말할 수 있다.

끝으로 언어-이탈 규칙의 경우를 살펴보자. 이를 위해 다음과 같은 실천추론을 고려해 보자.

(모든 것을 고려했을 때) 나는 나의 갈증을 해소해야 한다. (관련된 것들을 고려했을 때) 물을 마시는 것은 나의 갈증을 해소하기 위한 최선의 수단이다. 따라서 나는 물을 마실 것이다.

어떤 사람 s가 위와 같은 실천추론에 의거하여 '나는 물을 마실 것이다'라는 의도intention진술을 진지하게 했다고 가정해 보자. 이 경우 s가 물을 마시는 행동을 함에 있어서 이를 가로막는 그 어떤 방해요소도 없음에도 그가 물을 마시는 행동을 하지 않는다면, s는 '나는 물을 마실 것이다'와 같은 의도진술의 의미를 이해하지 못하는 사람이다. 따라서 s가 위와 같은 의도진술을 진지하게 했고, 이를 가로막는 어떤 방해요소도 없다면, 그는 물을 마시는 행동을 할 것이다. 따라서 이 경우 결론의 역할을 하는 것은 's는 물을 마신다'라고 기술할 수 있는 그의 행동이고, 전제의 역할을 하는 것은 '나는 물을 마시고자 한다'는 s의 의도진술이다. 이런 의미에서 어떤 언어행위와 관련하여 허용되는 비언어적인 반응들을 규정하는 언어-이탈 규칙들도 넓은 의미의 추론관계라고 말할 수 있다.

요컨대 언어-진입 규칙의 경우에는 비언어적 상황을 기술하는 진술이 전제의 역할을 할 수 있다. 또한 언어-이탈 규칙의 경우에는 비언어적 행동을 기술하는 진술이 결론의 역할을 할 수 있다. 이런 의미에서 추론주의 의미론은 추론의 개념을 넓게 해석한다.

둘째, 추론주의 의미론은 형식적으로 타당한 추론들 외에도 실질적으로 타당한 추론들을 받아들인다. 다음의 두 추론들을 비교해 보자.

(8) 래시는 개이다. 따라서 래시는 동물이다.

(9) 래시가 개이면, 래시는 동물이다(암묵적 전제). 래시는 개이다. 따라서 래시는 동물이다.

추론에 대한 형식주의적 접근에 따르면 타당한 추론들은 형식적으로 타당한 추론들에 국한된다.[102] 형식적으로 타당한 추론들은 오직 논리적 형식에 의해 옳은 추론들이다. 이러한 형식주의적 접근에 따르면 (8)은 축약삼단논법이다. 이것의 암묵적 전제는 '래시가 개이면, 래시는 동물이다'이고, 이를 명시적으로 표현하면 (9)가 된다. 따라서 이 견해에 의하면 (8)은 단순히 그것의 논리적 형식에 의해 타당하며, 그것의 타당성은 그것의 전제와 결론의 개념적 내용과 하등 관계가 없다.

그러나 (9)의 결론을 승인하기 위해서는 (9)의 첫 번째 전제, 즉 '래시가 개이면, 래시는 동물이다'라는 조건문을 승인해야 한다. 그렇다면 이 조건문이 옳다는 것을 어떻게 알 수 있는가? (8)의 전제와 결론 사이의 추론관계는 '래시가 개이면, 래시는 동물이다'라는 조건문의 형태로 명시적으로 표현될 수 있다. 따라서 (8)의 타당함을 모르면 우리는 이 조건문의 옳음도 알 수 없다.[103] 이런 이유에서 (8)의 타당성은 (9)에 의존하는 것이 아니다. 이것의 타당성은 'x는 개이다. 따라서 x는 동물이다.'라는 추론이 '개'의 의미를 부분적으로 구성하는 언어-언어 규칙이라는 사실에 기인한다. 또한 (8)의 타당성이 그것의 전제와 결론의 개념적 내용과 관련되어 있음은 다음의 논점을 통해 좀 더 잘 이해할 수 있다. (9)는 다음과 같은 형식의 추론이다.

(9') A → B. A. ∴ B.[104]

따라서 (9)의 타당성은 경험적으로 논박되지 않는다. 반면 (8)과 같은 실질적 추론은 경험적으로 논박될 가능성을 배제하지 않는다. 예컨대 우리가 '개'라고 불러왔던 것들이 지구인을 감시하기 위해 외계인이 보낸 스파이 로봇이라는 충격적인 음모론이 사실로 밝혀진다고 가정해 보자. 이런 경우 우리는 더 이상 개들을 동물로 분류해서는 안 된다. 다시 말해 (8)의 타당성을 부인해야 한다.[105] 이런 이유에서 (8)에 관련된 타당성은 (9')과 같은 형식적 타당성이 아니라, 개들을 동물로 분류해야 한다는 개념적 분류와 관련된 실질적 타당성이다. 그래서 셀라스는 (8)과 같은 추론을 축약삼단논법이 아니라, 개의 개념을 부분적으로 구성하는, 그 자체로 실질적으로 타당한 추론으로 간주한다. 그는 다음과 같이 말한다.

형식적 추론 원리 이외에도 실질적인 추론 원리들이 있다. '비가 온다. 따라서 거리가 젖을 것이다.'는 형식적으로 타당한 추론의 단순한 축약이 아니라, 추론의 실질적 원리에 의해 보증되는 그 자체로 타당한 추론이라고 볼 수 있다(Sellars, 1980c, p. 261).

다른 예들을 좀 더 살펴보자.

(10) 이것은 빨갛다. 따라서 이것은 색깔이 있다.
(11) 서울은 인천의 동쪽에 있다. 따라서 인천은 서울의 서쪽에 있다.

(10)과 (11)의 경우에도 마찬가지로 그것의 타당성이 '이것이 빨갛다면 이것은 색깔이 있다'라는 암묵적 전제와 '서울이 인천의 동쪽에 있으면 인천은 서울의 서쪽에 있다'라는 암묵적 전제에 각각 의존하는 축약삼단논법이 아니다. 그것들은 그 자체로 빨강, 동쪽, 서쪽 등의 개념들을 부

분적으로 구성하는 실질적으로 타당한 추론들이다. 그리고 (10)이 실질적으로 타당하다고 말하는 것은, 우리가 '이것은 빨갛다'라고 정당하게 주장할 수 있는 경우에 또한 '이것은 색깔이 있다'라고 정당하게 주장할 수 있다고 말하는 것이다. 또한 (10)과 같은 추론을 승인하지 않는 사람이 있다면, 그는 빨강과 색깔의 개념을 제대로 이해하지 못하는 사람이다. 마찬가지로 (11)이 실질적으로 타당하다고 말하는 것은, '서울은 인천의 동쪽에 있다'라고 정당하게 주장할 수 있는 경우에 또한 '인천은 서울의 서쪽에 있다'라고 정당하게 주장할 수 있다고 말하는 것이다. 그리고 (11)과 같은 추론을 승인하지 않는 사람이 있다면, 그는 동쪽과 서쪽의 개념을 제대로 이해하지 못하는 사람이다. 그렇다면 (8), (10), (11)과 같은 실질적 추론들의 정당성entitlement은 어디에서 비롯되는가?

우선 우리는 인과법칙들과 규범적 규칙들 사이의 차이에 대해 주목할 필요가 있다. 인과법칙들은 우리를 직접적으로 그리고 인과적으로 강제한다. 따라서 우리는 인과법칙들을 위반할 수 없다. 다시 말해 우리는 인과법칙에 어긋나는 행동을 할 수 없다. 반면 우리는 규범적 규칙을 위반할 수 있다. 그리고 규범적 규칙들은 우리가 그것들을 승인하는 조건하에서만 우리를 규범적으로 강제한다. 이런 의미에서 규범적 강제는 항상 규칙들에 대한 우리의 규범적 태도에 의해 매개된다.[106] 따라서 셀라스와 브랜덤에 의하면 규범적 규칙들은 자연세계 그 자체에서 유래하는 것이 아니라, 우리의 규범적 태도에 (부분적으로) 의존한다.

이런 이유에서 (8), (10), (11)과 같은 실질적 추론들의 정당성은 우리가 '개', '빨강', '동쪽', '서쪽'과 같은 표현들을 암묵적으로 그와 같은 추론들에 따라 사용할 뿐만 아니라, 그와 같은 언어규칙들에 따라 아이들에게 그러한 표현들을 가르치고, 이를 어기는 사람이 있으면 이에 대해 부정적 제재를 가하는 등의 언어실천을 한다는 사실에 기인한다. 또한 그러한 언어실천에 암묵적으로 내재해 있는 언어규칙들은 우리가 채택하고 유지하는 것이기 때문에 세계 속에 성립하는 언어적 규칙성regularity의 차원으로 환원될 수 없는 그 자체로 독자적sui generis인 것이다. 이 논점에 대한 더 자세한 설명은 제19장에서 제시될 것이다.

5. 대체추론

제11장에서 언급했던 것처럼, 벽돌쌓기 모델은 상향식 접근방식을 택한다. 이 모델에 따르면 우리는 문장의 구성요소들, 즉 이름들과 단순한 술어들의 의미들을 먼저 설명하고, 그 다음에 이것들을 기반으로 문장 전체의 의미를 설명해야 한다. 반면 전체론 모델은 하향식 접근방식을 택한다. 이 모델에 따르면 우리는 먼저 문장 전체의 의미를 설명하고, 그 다음에 이것들을 기반으로 문장의 구성요소들의 의미들을 설명해야 한다. 추론주의 의미론은 전체론 모델을 택한다. 또한 추론주의에 따르면 한 문장의 의미론적 내용은 그 문장이 추론들 속에서 전제 또는 결론으로서 가지는 추론적 역할에 의해 결정된다. 그래서 두 문장 S_1과 S_2가 추론들 속에서 전제 또는 결론으로서 가지는 추론적 역할이 동일하면 동등한 의미론적 내용을 가진다. 그렇다면 문장 내부sub-sentential의 표현들은 어떻게 구분되며, 또한 이것들의 의미는 어떻게 결정되는가?[107]

우선 브랜덤에 따르면 우리는 문장 속에 포함된 단칭어와 술어를 다음과 같이 구분할 수 있다. 첫째, 한 단칭어를 다른 단칭어와 대체substitute하는 것과 한 술어를 다른 술어로 교체replace하는 것 사이에 중요한 구문론적 차이가 있다. 술어는 문장 속에서 공통적인 것으로 인식될 수 있는 패턴과 같은 것인 반면, 단칭어는 대체될 수 있는 부품과 같은 것이다. 예컨대 다음 세 문장들을 고려해 보자.

소크라테스는 철학자이다.
플라톤은 철학자이다.
아리스토텔레스는 철학자이다.

여기서 'x는 철학자이다'는 위의 세 문장들이 공유하는 패턴과 같은 것인 반면 '소크라테스'와 같은 단칭어는 다른 단칭어로 대체될 수 있는 부품과 같은 것이다.

둘째, 단칭어는 단지 대칭적 대체symmetric substitution추론들에만 실질적으로 관련materially involved된다. 반면 술어들은 비대칭적인 교체asymmetric replacement추론들에 실질적으로 관련된다. 다음의 추론을 고려해 보자.

(12) 마크 트웨인은 『허클베리 핀의 모험』을 썼다. 따라서 새뮤얼 클레먼스는 『허클베리 핀의 모험』을 썼다.

이 대체추론은 대칭적이다. 왜냐하면 그 역도 타당하기 때문이다. 또한 이 추론 속에 포함된 단칭어들은 위 추론의 타당성에 실질적으로 관련되어 있다. 왜냐하면 '마크 트웨인'을 '벤저민 프랭클린'과 같은 다른 단칭어로 대체하면 위 추론은 더 이상 타당하지 않게 되기 때문이다. 반면 (12)에 포함된 술어는 이것의 타당성에 실질적으로 관련되어 있지 않다. '『허클베리 핀의 모험』을 썼다'를 다른 술어 '『노인과 바다』를 썼다'로 대체해도 이 추론은 여전히 타당하기 때문이다. 즉 '마크 트웨인은 『노인과 바다』를 썼다'가 전제로 주어진 그 어떤 상황에서도 '새뮤얼 클레먼스는

『노인과 바다』를 썼다'라는 결론을 추론할 수 있기 때문이다.

반면 술어가 실질적으로 관련되어 있는 교체추론들은 통상적으로 대칭적이지 않다.

(13) 마크 트웨인은 <u>걸었다</u>. 따라서 마크 트웨인은 <u>움직였다</u>.

예컨대 위 교체추론은 대칭적이지 않다. 왜냐하면 그 역은 타당하지 않기 때문이다. 또한 이 추론 속에 포함된 술어는 이 교체추론의 타당성에 실질적으로 관련되어 있다. 왜냐하면 우리가 '움직였다'를 '달렸다'와 같은 다른 술어로 교체하면 위 추론은 더 이상 타당하지 않게 되기 때문이다. 반면 (13)에 포함된 단칭어는 이것의 타당성에 실질적으로 관련되어 있지 않다. 변항 x자리에 어떤 이름을 대체해도 'x는 걸었다. 따라서 x는 움직였다.'는 추론은 여전히 타당하기 때문이다. 요컨대 우리는 단칭어와 술어를 이것들이 구문론적으로 또한 의미론적으로 수행하는 상이한 역할에 의해 구분할 수 있다.[108]

그렇다면 위와 같이 구분된 문장요소들의 의미는 어떻게 결정되는가? 문장 내부의 표현 E_1과 E_2는 어떤 경우에 동등한 의미론적 내용을 가지는가? 브랜덤에 따르면 E_1과 E_2는 그것들이 포함된 문장들 속에서 하나를 다른 하나로 대체했을 때 그 문장들의 추론적 역할에 변화가 발생하지 않는 경우에 동등한 내용을 가진다. 따라서 E_1을 E_2로 대체했을 때 옳은 추론이 옳지 않은 추론으로 바뀌는 경우가 있다면 E_1과 E_2는 동등한 내용을 표현하지 않는다. 그는 다음과 같이 말한다.

프레게의 매우 중요한 아이디어들 중의 하나는 내용에 관한 넓은 의미의 추론적 개념들을 문장 내부의 표현들, 즉 추론 속에서 전제나 결론의 역할을 할 수 없는 표현들에 확장시키는 전략이다. 그 목적을 위해 그가 도입하는 핵심적인 이론적 개념은 대체이다. 그의 아이디어는 다음과 같다. 한 문장에 포함된 문장 내부의 표현을 다른 것에 의해 대체함으로써 다른 문장이 산출될 때 문장들이 서로 관계를 맺는 방식은 문장 내부의 표현들에 **간접적으로** 추론적 역할을 부여한다. 대략적으로, 문장 내부의 표현들은 확장된 의미에서 같은 개념내용을 가지는 것으로 생각될 수 있는 동등집합들로 분류될 수 있다. 왜냐하면 하나를 다른 하나로 대체하는 것이 대체되는 문장들의 추론적 역할의 특성에 어떠한 변화도 주지 않는 한에서─전형적으로 그러한 대체가 그 문장들이 연루된 실질적으로 좋은 추론들을 실질적으로 나쁜 추론들로 변환시키지 않는 한에서─그것들은 동등한 것으로 여겨질 수 있기 때문이다. 프레게가 그의 후기 저작들을 통해 그의 최고의 지적 공헌의 하나로 간주했던 함수 이론 속에서 상세히 발전시킨 것은, 대체하에서 추론적으로 불변하는 것을 주목함으로써 문장들을 의미론적으로 유의미한 문장 내부의 요소들로 구분할 수 있다는 바로 이 방법론이다(Brandom, 1994, pp. 281~282).

위와 같은 이유에서 예컨대 '기아'라는 표현이 사용된 임의의 문장에서 이것을 '굶주림'이라는 표현으로 대체했을 때 옳은 추론이 옳지 않은 추론으로 바뀌는 경우가 없다면, 우리는 그 두 표현들이 의미론적으로 동등한 내용을 가진다고 말할 수 있다.

6. 의미 원자론, 의미 분자론, 의미 전체론

의미 원자론meaning atomism에 따르면 적어도 일부의 언어표현들의 의미론적 내용들은 다른 표현들과 독립적으로, 즉 개별적으로 설명될 수 있다. 예컨대 영국 경험론자들의 견해에 따르면 우리는 빨강의 개념을 빨강에 관한 색깔 경험을 함으로써 직접적으로 파악할 수 있다.[109] 그리고 의미 분자론meaning molecularism에 따르면 한 표현의 의미는 한 언어에 속하는 여타의 표현들의 비교적 작은 부분집합과 연결되어 있다. 끝으로 의미 전체론meaning holism에 따르면 한 언어에 속하는 모든 표현들의 의미들은 상호의존적이다.

위 견해들 중 어느 것이 옳은가? 앞서 제1절에서 언급했던 앵무새의 예를 다시 살펴보자. 그 앵무새는 빨간색 대상을 보고 '이것은 빨갛다'라고 발화하도록 훈련된 새이다. 그렇지만 그 앵무새는 '이것은 빨갛다'라는 문장으로부터 '이것은 색깔이 있다', '이것은 자연수가 아니다' 등등이 함축되고, 또한 이 문장이 '이것은 파랗다', '이것은 노랗다', '이것은 검다' 등등과 양립되지 않음을 이해하지 못한다. 따라서 우리는 그 앵무새가 빨강의 개념을 가진다고 말하기 어렵다. 이와 같은 사실은 'x는 빨갛다'의 의미와 'x는 파랗지 않다', 'x는 노랗지 않다', 'x는 색깔이 있다', 'x는 자연수가 아니다' 등등의 다른 술어들의 의미들이 서로 연관되어 있음을 보여 준다. 이런 이유에서 의미 원자론은 옳지 않다.

그렇다면 의미 분자론은 어떠한가? 앞서 언급한 바와 같이, 이 견해에 따르면 한 단어의 의미는 한 언어에 속하는 여타 단어들의 비교적 작은 부분집합과 연결되어 있다. 그런데 한 단어의 의미가 한 언어에 속하는 여타의 모든 단어의 의미와 서로 연결되어 있다고 볼 수 있는 중요한 이유가 있다. 우선 '의미'meaning와 '이해'understanding는 서로 독립적으로 이해하기 어려운 개념들이다. 왜냐하면 한 언어표현의 의미는 우리가 그 표현을 이해함으로써 파악하는 내용이기 때문에 그와 같은 이해와 무관하게 그 표현의 의미를 논하는 것은 공허하기 때문이다. 그런데 개념을 이해하는 것은 '전부 또는 전무'all or nothing의 문제가 아니라 '정도'degree의 문제이다. 물질과 에너지는 'E = MC²'이라는 등식에 따라 서로 변환 가능하다는 아인슈타인의 특수상대성 이론의 주장에 대해 중학생이 이해하는 정도와 이론물리학자가 이해하는 정도는 매우 다를 것이다. 왜냐하면 '물질'과 '에너지'와 관련된 추론관계들을 파악하는 정도가 매우 다를 것이기 때문이다. 그런데 그와 같은 개념의 이해는 전체론적holistic이다. 또한 의미와 이해는 서로 분리해서 이해하기 어려운 것들이다. 따라서 개념을 이해하는 것이 전체론적인 것처럼 의미도 마찬가지로 전체론적이다.

위 논점을 이해하기 위해 서로 전혀 무관해 보이는 두 술어들, 예컨대 'x는 책상이다'와 'x는 나쁜 행동이다'를 비교해 보자. 전자는 어떤 인공물의 종류를 기술하기 위해 사용될 수 있는 기술적descriptive 술어이고, 후자는 어떤 사람의 행동을 윤리적으로 평가하기 위해 사용될 수 있는 평가적evaluative 술어이다. 그렇지만 'x는 책상이다'라는 술어가 옳게 적용되는 대상에 'x는 나쁜 행동이다'라는 술어를 또한 적용해서는 안 된다는 사실을 이해하지 못하는 사람이 만약 있다면, 그 사람은 'x는 책상이다'의 의미를 적절히 이해하지 못하는 사람이다. 적어도 이런 의미에서 한 언어에 속하는 모든 표현들의 의미들은 서로 연관되어 있다고 말할 수 있다.

추론주의 의미론에 의하면 각 단어(또는 문장)의 의미는 그것이 연관된 모든 추론적 사용들에 의해 구성된다. 그런데 위에서 언급한 것처럼, 'x는 책상이다'라는 술어가 옳게 적용되는 대상에는 'x는 나쁜 행동이다'라는 술어를 적용해서는 안 된다. 이런 이유에서 모든 술어들 사이에 추론관계가 성립한다. 이런 이유에서 추론주의 의미론은 의미 전체론을 받아들인다.

7. 양상표현들의 의미

앞서 언급한 바와 같이, 추론주의 의미론에 의하면 한 논리적 표현의 의미는 기본적으로 그 표현의 옳은 사용을 규정하는 형식적으로 타당한 추론규칙들에 의해 구성되는 반면, 비논리적 표현의 의미는 그것이 연관된 실질적으로 타당한 추론들에 의해 구성된다. 그렇다면 '가능하다', '필연적이다'와 같은 양상표현들의 의미는 어떻게 설명될 수 있는가? 예컨대 다음과 같은 양상문장들을 살펴보자.

(14) 필연적으로, 버락 오바마는 인간이다(Necessarily, Barack Obama is a person).

(15) 버락 오바마는 대통령이 아닐 수 있었다(Barack Obama might not have been President).

우선 (14)와 (15)는 각각 (14')과 (15')으로 해석될 수 있다.

(14') 버락 오바마가 인간이 아닌 것은 불가능하다(It is impossible that Barack Obama is not a person).

(15') 버락 오바마가 대통령이 아닌 것은 가능하다(It is possible that Barack Obama is not President).

그렇다면 추론주의 의미론은 (14')과 (15')과 같은 양상문장들의 의미를 어떻게 설명할 수 있는가? 셀라스에 따르면 "논리적 맥락뿐 아니라 인과적 맥락 속에서도 '필연적'이란 용어의 사용은 언어규칙들에서 그 원천을 찾을 수 있다."[110] 다시 말해 '필연적으로'와 같은 양상표현은 그 맥락에 언어규칙이 작동하고 있다는 신호이다.[111] 따라서 (14')과 같은 양상진술을 함으로써 우리가 하는 일은 다음과 같은 추론을 승인하는 것이다.

(14") 'x는 버락 오바마이다' → 'x는 인간이다'

우리는 위 추론을 승인해야 한다. 왜냐하면 (14')에서 '버락 오바마'는 특정인의 이름으로 사용된 표현이기 때문이다. 따라서 (14")은 '버락 오바마'의 의미를 부분적으로 구성하는 실질적으로 타당한 추론이다. 그리고 앞서 지적했던 것처럼 실질적으로 타당한 추론은 반사실적 강건성을 지닌다. 따라서 버락 오바마는 모든 가능세계에서 인간이다. 다시 말해 (14")의 전제가 성립하면서, 그것의 결론이 성립하지 않는 것은 불가능하다. 따라서 (14")과 같이 실질적으로 타당한 추론을 승인하는 것은 무엇이 불가능한지에 관한 커미트먼트를 포함한다. 예컨대 어떤 것이 버락 오바마이면서 인간이 아닌 것은 불가능하다. 그러므로 (14')이 표현하는 필연성은 (14")과 같은 추론관계에 의해서 설명될 수 있다.

그렇다면 (15')과 같은 가능성 문장의 의미는 어떻게 설명할 수 있는가? 'x는 버락 오바마이다'라는 전제로부터 우리가 모든 조건하에서 'x는 대통령이다'라는 결론을 추론할 수 있는 것은 아니다. 다시 말해 'x는 버락 오바마이다'라는 전제는 'x는 대통령이다'라는 결론이 성립하지 않을 가능성을 배제하지 않는다.

(15″) 'x는 버락 오바마이다' → 'x는 대통령이다'

  이런 이유에서 (15)를 주장함으로써 우리가 하는 일은 (15″)과 같은 추론이 성립함을 부인하는 것이다. 그리고 (15″)과 같은 추론을 부인하는 것은 무엇이 가능한지에 관한 커미트먼트를 포함한다. 즉 어떤 것이 버락 오바마이면서 대통령이 아닌 것은 가능하다.

  위와 같은 이유에서 셀라스에 따르면 (14)와 같은 필연성 진술은 세계에 관한 일차 기술 주장first-order descriptive assertion이 아니라, 메타언어의 주장을 실질 화법으로 표현한 것이다. 그렇다면 실질 화법이란 무엇인가? 카르나프(Carnap, 1937)는 '실질 화법'material mode of speech과 '형식 화법'formal mode of speech을 구분한다. 실질 화법은 사실 또는 대상을 기술하기 위해 대상언어의 문장을 사용한다. 반면 형식 화법은 언어표현에 관해 언급하기 위해 메타언어의 문장을 사용한다. 따라서 실질 화법에서는 대상들과 그것들의 관계들이 진술의 주제이지만, 형식 화법에서는 언어표현 자체가 언급된다. 다음의 예들을 살펴보자.

  (16) 달은 지구의 유일한 자연위성이다.
  (17) '달'은 물체 단어이다. 반면 '삼'은 물체 단어가 아니라 숫자이다.
  (18) 'Moon'은 물체 단어이다. 반면 'three'는 물체 단어가 아니라 숫자이다.
  (19) 달은 물체이다. 삼은 물체가 아니라, 수數이다.

  우선 (16)은 대상언어의 문장이며, 또한 실질 화법의 문장이다. 반면 (17)은 대상언어인 한국어에 관한 메타언어의 문장이다. 즉 한국어 표현 '달'은 한 물체의 이름이고, 한국어 표현 '삼'은 한 수의 이름이라는 진술이다. 그리고 이것은 형식 화법의 문장이다. 그런데 (17)의 경우에는 대상언어도 한국어이고, 메타언어도 한국어이지만, 대상언어와 메타언어는 서로 다를 수 있다. 예컨대 (18)의 경우 대상언어는 영어이지만, 메타언어는 한국어이다. 그리고 이것도 형식 화법의 문장이다.

이제 (19)의 경우를 자세히 살펴보자. (19)는 (16)과 마찬가지로 실질 화법의 문장이다. 그러나 (19)가 주장하는 바는 (17)이 주장하는 바와 내용상 다를 바가 없다. 따라서 (19)는 엄밀하게는 메타언어로 표현해야 할 내용을 실질 화법으로 표현한 것이라고 말할 수 있다. 그래서 카르나프의 견해에 따르면 (19)와 같은 문장은 (17)과 같은 형식 화법의 문장으로 이해해야 철학적 혼동에 빠지지 않을 수 있다.

마찬가지로 셀라스에 의하면 (14)와 같은 필연성 진술은 (14″)과 같은 메타언어의 문장과 내용상 다를 바가 없음에도, 실질 화법으로 표현된 것이다. 따라서 '□(버락 오바마는 사람이다)'라는 양상진술을 함으로써 우리가 실질적으로 하는 일은 'x는 버락 오바마이다'로부터 'x는 사람이다'로의 추론관계를 인가하는 것이다.[112] 다시 말해 필연성을 표현하는 진술은 세계에 관한 기술적 진술이 아니라, 이와 같은 추론관계를 인가하는 규정적prescriptive 진술로 이해돼야 한다.

그리고 '◇~P'는 '~□P'와 의미론적으로 동등하다. 예컨대 '◇(버락 오바마는 대통령이 아니다)'는 '~□(버락 오바마는 대통령이다)'와 의미론적으로 동등하다.[113] 따라서 (15′)은 'x는 버락 오바마이다'로부터 모든 조건하에서 'x는 대통령이다'에로의 추론이 성립하는 것이 아님을 표현한다. 따라서 양상주장들은 이와 같은 방식으로 추론관계들에 의해 설명될 수 있다. 그래서 셀라스는 양상의 언어는 규범의 언어로 해석될 수 있다고 주장한다.[114]

그리고 위 논점은 이름의 경우뿐 아니라 자연종명사의 경우에도 마찬가지로 적용된다. 예컨대 '물'의 경우를 살펴보자.

(20) 필연적으로, 물은 H₂O이다(Necessarily, water is H₂O).

(21) 물은 하늘에서 비로 내리지 않을 수 있었다(Water might not have fallen from the sky as rain).

(14)와 (15)의 경우와 마찬가지로, (20)과 (21)은 각각 (20')과 (21')으로 해석될 수 있다.

(20') 물이 H₂O가 아닌 것은 불가능하다(It is impossible that water is not H₂O).

(21') 물이 하늘에서 비로 내리지 않는 것은 가능하다(It is possible that water does not fall from the sky as rain).

우선 (20')을 주장함으로써 우리가 실질적으로 하는 일은 (20'')과 같은 추론을 승인하는 것이다.

(20'') 'x는 물이다' → 'x는 H₂O이다'

그리고 이와 같은 추론을 승인하는 것은 무엇이 불가능한지에 관한 커미트먼트를 포함한다. 즉 어떤 것이 물이면서 H₂O가 아닌 것은 불가능하다. 따라서 (20')이 표현하는 필연성은 (20'')과 같은 추론관계에 의해서 설명될 수 있다. 반면 (21')이 표현하는 가능성은 'x는 물이다'로부터 모든 조건하에서 'x는 하늘에서 비로 내리지 않는다'에로의 추론이 성립하는 것이 아님을 표현한다.

그렇다면 필연성 개념과 가능성 개념에 대해 성립하는 추론관계들은 어떻게 설명할 수 있는가? 예컨대 다음의 두 추론관계들에 대해 살펴보자.

(22) □P. ∴ P.

(23) P. ∴ ◇P.

먼저 (22)의 경우를 살펴보자. '□P'가 성립한다는 것은 항상 'P'를 추론할 수 있다는 의미이다. 따라서 '□P'가 성립하는 경우에 'P'를 추론할 수 있다. 예컨대 '필연적으로, 물은 H_2O이다'라는 전제로부터 '물은 H_2O이다'를 추론할 수 있다. 그 이유는 명확하다. (20″)이 물의 개념을 구성하는 실질적으로 타당한 추론이기 때문에 모든 가능세계에서 물은 H_2O이다. 따라서 '물은 H_2O이다'는 우리 세계에서도 참이다. 이제 (21)의 경우를 살펴보자. 먼저 (22)에 의해 다음이 성립한다. "□~P. ∴ ~P." 즉 '~P'를 항상 추론할 수 있으면, '~P'를 추론할 수 있다. 따라서 대우관계에 의해 다음이 성립한다. "P. ∴ ~□~P." 그런데 '~□~P'는 '◇P'와 의미적으로 동등하다. 따라서 다음이 성립한다. "P. ∴ ◇P."

끝으로, 필연성을 추론관계에 의해 설명하는 셀라스의 견해가 가지는 중요한 장점에 대해 간략히 살펴보자. 앞서 언급한 것처럼, 우리는 다음과 같은 필연성 주장을 할 수 있다.

(14) 필연적으로, 버락 오바마는 인간이다.

우리가 '버락 오바마'라는 특정인의 이름을 어떤 대상에 옳게 적용하는 경우에 그 대상은 항상 사람이라는 항상적 연언constant conjunction의 관계가 성립한다. 흄(Hume, 1739~1740, 1748)에 따르면, 필연성에 관한 주장은 그와 같은 항상적 연언에 관한 주장이고, 또한 그러한 규칙성을 넘어서서 '필연적으로'에 대응하는 필연적 속성이 세계에 추가적으로 포함되어 있는 것이 아니다. 인간이 아닌 그 어떤 대상도 버락 오바마일 수 없다는 이유에서 (14)가 성립한다. 그런데 이 사실은 버락 오바마가 인간이라는 속성 외에 '필연적으로 인간임'이라는 속성을 추가적으로 갖고 있음을 뜻하지 않는다. 이 점에서 흄의 주장은 옳다. 그런데 (14)가 성립하는 경우에 우리는 '버락 오바마'라는 이름을 사람이 아닌 대상에 적용해서는 안 된다. 따라서 (14)와 같은 필연성 주장에는 단지 항상적 연언이라는 규칙성 차원으로 환원될 수 없는 규범적 요소가 포함되어 있다. 흄과 같은 경험주의자의 견해는 그와 같은 규범적 요소를 설명하지 못한다.

그렇다면 '필연적으로'에 대응하는 필연적 속성이 세계 속에 추가적으로 존재함을 받아들이지 않으면서도, 또한 (14)와 같은 필연성 주장에 규칙성 차원으로 환원될 수 없는 규범적 요소가 포함되어 있음을 수용할 수 있는 방법은 무엇인가? 그것은 셀라스의 주장대로 필연성을 추론관계에 의해 설명하는 것이다. 셀라스에 따르면 (14)에 포함된 '필연적으로'와 같은 양상표현은 세계 속에 존재하는 어떤 속성을 기술하지 않는다. 그것의 역할은 'x는 버락 오바마이다'로부터 항상 'x는 인간이다'를 추론할 수 있음을 명시화하는 표현적 역할이다. 다시 말해 'x는 버락 오바마이다'와 'x는 인간이다' 사이에 실질적으로 타당한 추론관계가 성립함을 명시적으로 드러내 주는 역할을 한다.[115] 우리는 '물'과 같은 자연종명사들에 대해서도 마찬가지의 주장을 할 수 있다.

(20) 필연적으로, 물은 H_2O이다.

우리가 '물'이라는 표현을 어떤 액체에 옳게 적용하는 경우에 그 액체는 항상 H_2O로 구성된 액체라는 항상적 연언의 관계가 성립한다. 흄에 따르면 필연성에 관한 주장은 그와 같은 항상적 연언에 관한 주장이고, 또한 그러한 규칙성을 넘어서서 '필연적으로'에 대응하는 필연적 속성이 세계에 추가적으로 포함되어 있는 것이 아니다. H_2O가 아닌 것은 그 어떤 것도 물일 수 없다는 이유에서 (20)이 성립한다. 그런데 이 사실은 물이 H_2O로 구성됨이라는 속성 외에 '필연적으로 H_2O로 구성됨'이라는 속성을 추가적으로 가짐을 뜻하지 않는다. 이 점에서 흄의 주장은 옳다. 그런데 우리는 '물'이라는 표현을 H_2O가 아닌 것에 적용해서는 안 된다. 따라서 (20)과 같은 필연성 주장에는 규칙성 차원으로 환원될 수 없는 규범적 요소가 포함되어 있다. 그러므로 '필연적으로'에 대응하는 필연적 속성이 세계 속에 추가적으로 존재함을 받아들이지 않으면서, 또한 (20)과 같은 필연성 주장에 규칙성 차원으로 환원될 수 없는 규범적 요소가 포함되어 있음을 수용하는 가장 자연스러운 방법은 셀라스의 주장대로 필연성을 추론관계에 의해 설명하는 것이다.[116]

제 14 장

대용어 메커니즘

앞 장에서 살펴본 것처럼, 추론주의 의미론의 첫 번째 요소는 추론이다. 한 문장의 의미론적 내용은 그 문장이 추론들 속에서 전제와 결론으로서 수행하는 추론적 역할에 의해 결정된다. 그리고 추론주의 의미론의 두 번째 요소는 대체추론이다. 문장 내부의 표현 E_1과 E_2는 이것들이 포함된 문장들 속에서 하나를 다른 하나로 대체했을 때 그 문장들의 추론적 역할에 변화가 없으면 동등한 내용을 가진다. 그런데 추론주의 의미론에는 세 번째 요소가 있다. 이 장의 목적은 이 세 번째 요소인 대용어 메커니즘 anaphoric mechanism에 대해 자세히 살펴보는 데 있다.

1. 진리 대문장이론

브랜덤은 이른바 '진리 대용어이론'the anaphoric theory of truth을 주장한다.[117] 이에 따르면 '참이다'의 의미는 대용어代用語, anaphor의 차원에서 이해돼야 한다. 그런데 이 이론은 그로버Dorothy L. Grover, 캠프Joseph L. Camp 그리고 벨납Nuel D. Belnap이 주장하는 이른바 '진리 대문장이론'the prosentential theory of truth을 세련화시킨 것이다.[118] 따라서 진리 대문장이론에 대해 간략히 살펴볼 필요가 있다.

우선 진리 대문장이론의 뿌리는 프랭크 램지가 주장한 진리 잉여이론

the redundancy theory of truth이다.[119] 다음 두 문장을 살펴보자.

(1) 시저는 살해되었다(Caesar was murdered).
(2) 시저가 살해되었다는 것은 참이다(It is true that Caesar was murdered).

(1)과 (2)가 주장하는 내용은 실질적으로 같다. 따라서 램지의 진리 잉여이론에 의하면 '참이다'is true라는 술어는 잉여적이다. 다시 말해 '참이다'라는 술어를 사용하여 주장할 수 있는 것은 그것이 무엇이든 이 술어의 도움이 없이 마찬가지로 주장할 수 있다.

그런데 진리 잉여이론에는 두 가지 중요한 난점들이 있다. 첫 번째 난점은 화용론에 관한 것이다.

(3) a: 지구는 태양 주위를 공전한다.
　　b: 그것은 참이다.
(3') a: 지구는 태양 주위를 공전한다.
　　b: 지구는 태양 주위를 공전한다.

(3)의 경우 b는 '그것은 참이다'라고 말함으로써 a의 주장에 동의함을 표현하고, 이를 통해 표절의 혐의를 피할 수 있다. 반면 (3')의 경우 b의 주장이 의존하는 선행문장의 존재가 표현되어 있지 않기 때문에 표절의 혐의를 받을 수 있다. 이와 같은 화용론적 차이를 잉여이론은 설명하지 못한다.

두 번째 난점은 문법에 관한 것이다.

(4) a가 말한 것은 모두 참이다(Everything a said is true).

위 양화문장은 보편양화사를 이용해 다음과 같이 기호화될 수 있다.

(4') (∀p)(a가 p를 말했다면, p는 참이다). (∀p)(If a said p, then p is true).

진리가 잉여적이라면 (4)의 의미론적 내용을 훼손함이 없이 '참이다'를 제거할 수 있어야 한다. 따라서 우리는 (4')에 포함된 'p는 참이다'를 'p'로 대체함으로써 (4")을 얻을 수 있어야 한다.

(4") (∀p)(a가 p를 말했으면, p). (∀p)(If a said p, then p).

그런데 (4")은 문법적으로 옳지 않다. 보편양화사 '∀p' 속에서 변항 'p'는 이름의 위치를 차지한다. 따라서 이 변항은 문장이 아니라 문장의 이름에 의해 대체돼야 한다. 반면 'a가 p를 말했으면, p'에서 두 번째 'p'는 문장의 위치를 차지한다. 따라서 이것은 문장의 이름이 아니라 문장에 의해 대체돼야 한다. 이런 이유에서 (4")은 'p'의 해석에 관하여 일관적이지 않다.

잉여이론의 위와 같은 문제점들을 해결하기 위해 그로버, 캠프 그리고 벨납은 이른바 '진리 대문장이론'을 주장한다. 이들에 따르면 '이것은 참이다'it is true의 용법은 대명사의 용법과의 유비를 통해 잘 이해될 수 있다. 대명사들은 다음의 두 가지 용법으로 사용될 수 있다.

(5) 메리가 정시에 떠나길 원한다면, <u>그녀</u>는 지금 떠나야 한다 (If Mary wants to leave on time, *she* should leave now).
(6) 임의의 양수는 <u>그것</u>이 짝수이면 <u>그것</u>에 1을 더할 경우에 홀수를 산출하는 것이다(Any positive number is such that if *it* is even, adding 1 to *it* yields an odd number).

문장 (5)의 후건에 나오는 '그녀'는 전건에 나오는 이름 '메리' 대신 사용되는 대명사이다. 따라서 이와 같은 대명사는 대용어적 선행어를 대신하여 사용되는 대용어이다. 다시 말해 '그녀'라는 대명사와 이것의 선행어인 '메리' 사이의 관계는 대용어 관계이다. 그리고 대용어는 선행어 대신 사용되는 것이기 때문에 이것의 내용은 선행어의 내용에 의해 결정된다. 또한 대용어는 선행어 대신 사용되는 것이기 때문에 의미론적으로 동일한 역할을 한다. 따라서 '그녀'는 선행어 '메리'를 지칭하기 위해 사용되는 것이 아니라, 선행어 '메리'와 마찬가지로 비언어적 대상인 메리에 관해 무언가를 주장하기 위해 사용된다. 그리고 대명사는 (5)의 경우처럼 불필요한 반복을 피하기 위해 사용될 수 있다. 피터 기치Peter Geach는 이와 같이 사용되는 대명사를 '게으른 용법의 대명사'pronouns of laziness라고 부른다.[120] 이처럼 대명사가 게으른 용법으로 사용되는 경우엔 대명사 대신 그것의 선행어를 반복해 사용해도 의미가 실질적으로 변화하지 않는다.

반면 (6)의 경우 '그것'은 게으른 용법의 대명사가 아니다. 왜냐하면 그 대명사를 '임의의 양수'에 의해 대체하면 의미가 실질적으로 변하기 때문이다. (6')에 포함된 조건문의 후건 '임의의 양수에 1을 더하면 홀수를 산출한다'가 거짓임에 주목하라.

(6') 임의의 양수는 <u>임의의 양수</u>가 짝수이면 <u>임의의 양수</u>에 1을 더할 경우에 홀수를 산출하는 것이다(Any positive number is such that if any positive number is even, adding 1 to any positive number yields an odd number).

그런데 (6)에 포함된 대명사 '그것'의 선행어는 '임의의 양수'이다. 따라서 '그것'은 그 어떤 양수에 의해서도 대체될 수 있다. 이런 경우 우리는 대명사를 일종의 구속 변항으로 해석할 수 있다.

(6″) 모든 양수 x에 대해, x가 짝수이면, 1을 x에 더하면 홀수가 산출된다

(For every positive number x, if x is an even number, then adding 1 to x yields an odd

number).

다시 말해 (6)에 있는 대명사 '그것'은 (6″)에서 구속 변항 'x'에 대응한다. 따라서 이렇게 사용되는 대명사를 '구속 변항으로서의 대명사'pronouns of bound variables라고 부를 수 있다.[121] 그리고 (6″)에서 'x가 짝수이면, 1을 x에 더하면 홀수가 산출된다'와 같은 조건문에 나오는 구속 변항 'x'의 사례들은 '모든 양수들'과 같이, 제한된 양화사에 의해 도입되는 사례들에 의해 결정된다.[122] 다시 말해 이 경우 '그것'의 선행어인 '모든 양수'는 지칭어가 아니기 때문에 '그것'은 선행어의 지칭체를 지시하지 않는다. 대신 '그것'의 의미론적 역할은 '모든 양수'라는 문법적 선행어에 의해 결정되는, 허용 가능한 대체예들의 집합에 의해 결정된다. 그렇지만 (6)의 각 양화적 사례에서 '그것'은 대명사의 게으른 용법으로 이해될 수 있다. 예컨대 '그것이 짝수이면, 1을 그것에 더하면 홀수가 산출된다'는 조건문에서 대명사 '그것'은 임의의 양수가 2인 경우에 '2'에 의해 의미의 실질적 변화 없이 대체될 수 있다. 이런 의미에서 구속 변항으로서의 대명사는 대용어적인 성격을 지닌다. 따라서 대명사가 이처럼 구속 변항으로서 사용되는 경우를 '대명사들의 양화적 사용'이라고 부르자.[123]

이제 대문장이론이 앞서 언급했던 잉여이론의 문제점들을 어떻게 해결하는지에 대해 간략히 살펴보자.

(3) a: 지구는 태양 주위를 공전한다.

b: 그것은 참이다.

대문장이론에 따르면, (3)의 경우 '그것은 참이다'는 '지구는 태양 주위를 공전한다'는 선행문장 대신 사용되는 대문장prosentence이다.[124] 그리고 b는 a가 한 말에 동의함을 표시하기 위해 a가 한 말을 반복하는 대신 '그것은 참이다'라는 대문장을 사용할 수 있다. 이 경우 이 대문장의 내용은 신행문장의 내용에 의해 결정된다. 그런데 b는 이 대문장을 사용함으로써 선행문장이 있음을 인정하고, 또한 그 선행문장에 동의함을 표현한다. 따라서 대문장이론에 의하면 '그것은 참이다'라는 대문장은 표절의 혐의를 피할 수 있도록 해 준다. 이런 이유에서 대문장이론은 잉여이론의 첫 번째 문제에 직면하지 않는다.

또한 대문장이론은 문법의 문제에도 대응할 수 있다. 이 이론은 (4)를 (4‴)과 같이 해석한다.

(4) a가 말한 것은 모두 참이다.

(4‴) a가 말한 모든 것에 대해, 그가 <u>그것은-참이다</u>라고 말했다면, <u>그것은-참이다</u>(Everything a said is such that if he said that it-is-true, then it-is-true).

대문장이론에 의하면 '그것은-참이다'it-is-true는 대문장이고, 또한 이 대문장은 의미론적으로 원자문장이다. 따라서 '참이다'는 진정한 술어가 아니라, 그것 자체만으로는 독립적 의미를 갖지 못하는, 대문장의 여범주적 파편syncategorematic fragment에 불과하다. 다시 말해 '그것은-참이다'는 그 안에 독립적으로 의미를 갖는 부분을 포함하지 않는다. 또한 '그것은-참이다'는 대문장이기 때문에 (4‴)에서 문장의 위치를 차지한다. 따라서 (4‴)은 문법적으로 문제가 없다.

2. 진리 대용어이론

진리 대용어이론은 대문장이론의 문제점들을 보완하기 위해 브랜덤(Brandom, 1994, 2005a)에 의해 제안된 대문장이론의 한 버전이다. 다음의 예를 고려해 보자.

(7) 골드바흐의 추측은 참이다(Goldbach's Conjecture is true).

골드바흐의 추측은 '2보다 큰 모든 짝수는 두 개의 소수素數, prime number의 합으로 표시될 수 있다'는 주장이다. 그리고 우리가 이 추측을 승인하기 위해 (7)을 주장하는 경우는 불필요한 반복을 피하기 위한 게으른 용법의 사례라고 볼 수 있다. 그런데 대문장이론에 의하면 "모든 진리 담화 all truth talk는 오직 '그것은 참이다'의 대문장적 사용을 포함하는 것으로 간주될 수 있다."[125] 따라서 대문장이론은 '그것은–참이다' 형태의 대문장을 사용하여 (7)을 다음과 같이 해석한다.

(7') 어떤 유일한 명제에 대해 골드바흐는 그것은–참이다라고 추측했고, 또한 그것은–참이다(There is a unique proposition such that Goldbach conjectured that it–is–true, and it–is–true).

그러나 적어도 겉보기에 (7)은 양화문장이 아니다. 따라서 대문장이론이 직면하는 한 가지 문제는 양화문장이 아닌 것을 불필요하게 양화문장으로 해석한다는 점이다.

앞 절에서 지적한 것처럼 대문장이론은 '참이다'를 진정한 술어가 아니라, 독자적으로 독립적 의미를 갖지 못하는, 대문장의 여범주적 파편으로 간주한다. 그러나 브랜덤은 '참이다'를 의미론적으로 원자문자인 '그것은–참이다'의 여범주적 파편으로 간주하는 대신, 대문장을 형성하는 데 필요한 표현, 즉 일종의 '대문장 형성어'prosentence-forming operator로 간주한다. 즉 '참이다'는 문장의 한 사례를 대용어적 선행문장으로 지시하거나 골라내는 용어에 적용됨으로써 대문장을 산출하는 역할을 하는 언어 장치이다. 따라서 브랜덤은 '참이다'를 포함하는 문장을 다음과 같은 두 단계 과정을 통해 이해할 수 있다고 주장한다.

(i) 첫 번째 단계에서 대용어적 선행문장을 찾는다.
(ii) 두 번째 단계에서 그 선행문장의 의미에 따라 그것에 대용어적으로 의존하는 후행문장의 의미를 결정한다.

이 과정을 다음의 예들을 통해 살펴보자.

(8) a: 2보다 큰 모든 짝수는 두 개의 소수의 합으로 표시될 수 있다.
(9) b: '2보다 큰 모든 짝수는 두 개의 소수의 합으로 표시될 수 있다'는 참이다.
(7) c: 골드바흐의 추측은 참이다.
(10) d: a가 말한 것은 참이다.
(11) e: 그것은 참이다.

선행문장을 대용어적으로 지칭하는 용어를 상술하는 한 가지 방법은 그 선행문장에 이름을 붙이는 것이다. 예컨대 (9)는 선행문장, 즉 '2보다 큰 모든 짝수는 두 개의 소수의 합으로 표시될 수 있다'의 문장사례를 인용하는 이름에 '참이다'라는 대문장 형성어를 적용함으로써 그 선행문장을 승인한다는 사실을 표현할 수 있다. 또한 우리는 (7)의 경우처럼 선행문장이 표현하는 가설을 일컫기 위해 우리가 공적公的으로 사용하는 이름에 대문장 형성어를 적용함으로써 그 선행문장을 승인한다는 사실을 표현할 수 있다. 그리고 우리는 한 선행문장을 기술하는 방법으로 그 선행문장을 대용어적으로 지칭하는 용어를 상술할 수 있다. 예컨대 적절한 조건 하에서 d가 발화한 'a가 말한 것'이란 표현은 a가 발화한 '2보다 큰 모든 짝수는 두 개의 소수의 합으로 표시될 수 있다'의 문장사례를 그것의 선행문장으로서 기술하는 명사구이다. 더 나아가 지시대명사도 한 문장사례를 그것의 대용어적 선행문장으로 골라내는 역할을 할 수 있다. 예컨대 e는 a가 앞서 발화한 문장의 사례를 그것의 대용어적 선행문장으로 골라내기 위해 지시대명사 '그것'을 사용할 수 있다. 따라서 대용어이론에 의하면 'x'가 어떤 선행문장을 대용어적으로 지칭하거나 골라내는 용어인 경우에 'x는 참이다'는 대문장이다. 따라서 '그것은 참이다'의 형태의 대문장뿐 아니라, 매우 다양한 대문장들이 존재한다.

　　대용어이론의 또 한 가지 장점은, 앞 절에서 언급했던 문법의 문제를 대문장이론보다 잘 처리할 수 있다는 점이다. 문장 (4)를 다시 살펴보자.

　　(4) a가 말한 것은 모두 참이다.

　　대문장이론은 (4)를 (4‴)로 해석한다.

　　(4‴) a가 말한 모든 것에 대해, 그가 그것은–참이다라고 말했다면, 그것은–참이다(Everything a said is such that if he said that it–is–true, then it–is–true).

　　따라서 위 해석에 의하면 '모든 것'은 '그것은–참이다'라는 문장을 관

장하는 양화적 표현이다. 그렇지만 다음의 예가 보여 주듯이 '모든 것'은
문장들을 관장하는 표현이 아니다.

(12) 그가 소유한 모든 것은 값비싼 것이다(Everything he owns is expensive).

이것은 (12')으로 기호화될 수 있다.

(12') ($\forall$x)(그가 x를 소유한다면, x는 값비싼 것이다). ($\forall$x)(If he owns x, then x is
expensive).

(12')에서 보편양화사 '$\forall$x' 속에서 변항 'x'는 이름의 위치를 차지한다.
또한 조건문 속에 있는 변항 'x'의 두 사례들도 이름의 위치를 차지한다.
따라서 '모든 것'은 문장들이 아니라 이름의 위치에 있는 것들을 관장한
다. 반면 브랜덤은 (4)를 (4*)로 해석한다.

(4*) 모든 문장에 대해, a가 <u>그것</u>을 말했다면, <u>그것</u>은 참이다(For every sen-
tence, if a said *it*, then *it* is true).

이것을 양화기호로 표현하면 다음과 같다.

(4**) ($\forall$p)(a가 p라고 말했다면, p는 참이다). ($\forall$p)(if a said p, then p is true).

대용어이론에 의하면 (4*)에서 양화적 표현 '모든 문장'이 관장하는 것
은 문장의 위치가 아니라, 이름의 위치를 차지하는 대명사 '그것'이다. 다
시 말해 (4**)에서 보편양화사 '$\forall$p' 속에서 변항 'p'는 이름의 위치를 차

지한다. 또한 조건문 속에 있는 변항 'p'의 두 사례들도 마찬가지로 이름의 위치를 차지한다. 따라서 대용어이론은 문법의 문제를 대문장이론보다 훨씬 깔끔하게 처리할 수 있다.

끝으로, 대용어이론과 관련하여 한 가지 더 주목할 점은, 참은 언어적인 명제와 비언어적인 사실 사이의 실질적 관계가 아니라, 언어적인 것들 사이의 대용어적 의존관계를 표현한다는 사실이다. 예컨대 앞서 논의했던 (10)의 사례를 다시 살펴보자. d는 a가 발화한 문장 (8)을 승인하기 위해 'a가 말한 것은 참이다'라는 대문장을 사용할 수 있다. 그리고 이 대문장에 포함된 'a가 말한 것'이라는 명사구는 (8) 즉 '2보다 큰 모든 짝수는 두 개의 소수의 합으로 표시될 수 있다'는 문장의 한 사례를 대용어적 선행문장으로 골라내는 역할을 한다. 그렇지만 이 명사구에 '참이다'라는 대문장 형성어를 적용함으로써 대문장을 형성하지 않으면 d는 a가 한 말을 승인할 수 없다. 따라서 (10)이 (8)의 대문장이라는 관계가 성립하기 위해서는 '참이다'라는 대문장 형성어가 필요하다. 따라서 '참이다'는 언어적인 명제와 비언어적인 사실 사이의 실질적 관계가 아니라, 이 표현에 의해 형성된 (10)과 같은 문장들이 어떤 선행문장의 대문장임을 표현한다. 이런 의미에서 '참이다'는 선행문장과 대문장 사이에 성립하는 대용어적 의존관계를 표현한다고 말할 수 있다.[126]

3. 지칭의 대용어이론

어떤 화자가 다음 문장을 발화했다고 가정해 보자.

(13) '에베레스트'는 에베레스트를 지칭한다('Everest' refers to Everest).

지칭의 표상적 견해에 따르면, '에베레스트'와 같은 이름은 세계 속의 특정한 대상을 표상(또는 지칭)하고, 또한 (13)과 같은 문장에 포함된 '지칭한다'는 한 언어표현(예컨대 '에베레스트')과 한 비언어적 대상(예컨대 특정한 산) 사이에 성립하는 어떤 실질적 관계를 표현한다. 그런데 언어표현과 비언어적 대상 사이에 과연 이와 같은 실질적 관계가 있는지, 있다면 그 관계가 정확히 무엇인지에 대해 답하기 매우 어렵다.

우선 제11장에서 논의했던 콰인이 제시한 지칭의 불가해성 논제에 따르면, 한 용어가 무엇을 지칭하는지는 모든 행동적 증거가 제시돼도 결정할 수 없다. 콰인의 가바가이논증을 다시 살펴보자. s가 지금까지 전혀 알려진 적이 없었던 한 부족의 언어를 최초로 번역해야 하는 원초적 번역자라고 가정해 보자. 따라서 s가 얻을 수 있는 유일한 증거는 그가 관찰할 수 있는 원주민들의 언어행동들뿐이다. 이제 원주민들이 '가바가이'라는 소리를 내는 경우에 항상 근처에 토끼가 있었다는 사실이 관찰됐다고 하자. 이 상황에서 s는 '가바가이'에 대한 몇 가지 가능한 번역 매뉴얼들을 생각해 볼 수 있다.

① 한 토끼가 있다.
② 분리될 수 없는 토끼의 한 부분이 있다.
③ 한 토끼를 구성하는 사차원체의 한 시간-단면이 있다.
④ 토끼성의 한 사례가 있다.

'가바가이'의 지칭체는 각 번역 매뉴얼마다 다르다. 그렇지만 관찰할 수 있는 행동적 증거는 위 번역 매뉴얼들과 모두 양립한다. 따라서 관찰할 수 있는 행동적 증거에 호소하여 위 번역 매뉴얼 중 어느 것이 옳은지를 결정할 수 없다. 이런 이유에서 콰인은 한 용어가 무엇을 지칭하는지는 모든 행동적 증거가 제시된다고 해도 결정할 수 없다고 주장한다.

그런데 여기서 한 가지 주목할 점은 언어와 세계 사이에 성립하는 인과관계가 없다는 것이 아니라, 양자 사이에 너무 많은 인과관계들이 성립한다는 사실이다. 예컨대 '중국'이라는 이름이 사용되는 수없이 많은 사례들과 중국이라는 광활한 대륙 사이에 헤아릴 수 없는 인과관계들이 성립한다. 그렇다면 이 인과관계들 중에서 '중국'이라는 언어표현이 중국이라는 광활한 대륙을 특정 대상으로 지시하게끔 하는 특정한 인과관계는 과연 무엇인가? 이와 같은 물음에 답하기 쉽지 않다. 따라서 브랜덤은 지칭을 한 언어표현과 세계 속의 특정한 비언어적 대상 사이에 성립하는 실질적 관계로 설명하는 대신 대용어적 단어-단어 관계anaphoric word-word relations로 설명해야 한다고 주장한다.

그렇다면 대용어적 단어-단어 관계는 무엇인가? 1절에서 언급했던 예를 다시 살펴보자.

(5) 메리가 정시에 떠나길 원한다면, 그녀는 지금 떠나야 한다.

위 문장의 후건에 나오는 '그녀'는 전건에 나오는 이름 '메리' 대신에 사용되는 대명사이다. 다시 말해 (5)에서 '메리'는 대용어적 선행어이고, '그녀'는 이 선행어 대신 사용되는 대용어이다. 대용어는 선행어 대신 사용되는 것이기 때문에 의미론적으로 선행어와 동일한 역할을 한다. 따라서 이것의 내용은 선행어의 내용에 의해 결정된다. 또한 '그녀'는 선행어 '메리'를 지칭하기 위해 사용되는 것이 아니라, 선행어 '메리'와 마찬가지로 비언어적 대상인 메리를 지칭하기 위해 사용된다. 따라서 한 표현 E₁

이 다른 표현 E₂를 대용어적으로 지시한다는 말은 양자 사이에 실질적인 지칭관계가 있다는 의미가 아니라, 전자가 후자의 대용어이기 때문에 양자 사이에 대용어적 의존이라는 단어-단어 관계가 성립한다는 의미이다.

이제 위 논점을 염두에 두면서 '지칭한다'refers의 용법을 살펴보자. 조가 짐에게 다음과 같이 말했다고 가정해 보자.

(14) 정비공 빈클리가 내 차를 고치게 하지 말았어야 했어. 그 머저리가 밸브를 잘못 맞춰 놨거든.

이후에 짐이 조가 사용한 이름 '빈클리'는 기억나지 않지만, 조가 그를 '그 머저리'로 불렀다는 사실은 잊지 않고 있다고 가정해 보자. 이런 경우 짐은 다음과 같이 말할 수 있다.

(15) 자동차 수리를 할 때 <u>'그 머저리'라고 조가 지칭한 정비공</u>한테 절대 가지 마(For car repair, don't go to *the mechanic Joe referred to as 'that airhead'*).

브랜덤에 따르면 이 담론에서 단칭어 "'그 머저리'라고 조가 지칭한 정비공'이란 기술구는 조가 사용한 원래 표현인 '그 머저리'를 대용어적 선행어로 갖는, 어휘적으로 복잡한 대명사이다.[127] 브랜덤은 이처럼 대용어로 사용되는 기술구를 '대용어적 간접 기술구'anaphorically indirect definite description라고 부른다. 한 대용어가 시간, 장소, 또는 화자의 주의력의 차원에서 선행어와 충분히 가까운 경우, 우리는 '그', '그녀', '그것'과 같이 어휘적으로 단순한 대명사를 사용할 수 있다. 그러나 대용어적으로 지칭하고자 하는 선행어가 멀리 떨어져 있는 경우에는 선행어에 대한 좀 더 많은 정보를 담고 있는 대용어적 간접 기술구를 사용할 필요가 있다. 브랜덤에 따르면, '지칭한다'는 표현은 이와 같은 대용어적 간접 기술구를 형성하기 위해 사용되는 '대명사 형성어'pronoun-forming operator이다. 또한 이와 같은 대명사 형성어를 이용해 우리는 '그 머저리'와 같은 선행어와 "그 머저리'라고 조가 지칭한 정비공'과 같은 후행어 사이에 성립하는 대용어적 의존이라는 단어-단어 관계를 표현할 수 있다. 따라서 지칭의 대용어이론에 의하면 지칭은 언어적인 것들 사이의 대용어적 의존관계이지 결코 언어적인 것과 비언어적인 대상 사이의 실질적 관계가 아니다.

그런데 '지칭한다'가 위와 같은 간접 기술구 속에서 사용되지 않는, 다른 형태의 문장들이 있다.

(16) '마크 트웨인'은 마크 트웨인을 지칭한다('Mark Twain' refers to Mark Twain).

(17) '현재의 프랑스 왕'은 지칭하지 않는다('The present King of France' does not refer).

그렇지만 브랜덤에 따르면 위 문장들은 다음과 같이 대용어적 간접 기술구를 포함하는 기본형으로 변환될 수 있다.[128]

(16′) '마크 트웨인'이라고 지칭된 사람은 마크 트웨인이다(The one referred to as 'Mark Twain' is Mark Twain).

(17′) '현재의 프랑스 왕'이라고 지칭된 사람은 존재하지 않는다(The one referred to as 'The present King of France' does not exist).[129]

그리고 (16′)에서 간접 기술구 "마크 트웨인'이라고 지칭된 사람'은 '마크 트웨인'라는 선행어를 언급한다. 그리고 뒤에 나오는 이름의 사례 '마크 트웨인'은 여기서 사용된다. 따라서 (16′)과 같은 문장에서 언급된 이름을 포함하는 간접 기술구는 언급된 이름을 사용된 이름으로 변환시키는 역할을 한다. 따라서 '참이다'가 그런 것처럼, '지칭한다'는 대용어적 탈인용 장치a device for disquotation의 역할을 할 수 있다.

위와 같은 이유에서 지칭의 대용어이론은 메타-언어 진술들에도 마찬가지로 적용될 수 있다. 다음의 예를 살펴보자.

(18) a: 람세스 II세는 탕구르 때문에 죽었다(Ramses II died of Tangur).
(19) b: a가 '탕구르'라고 지칭한 것은 장티푸스이다(What a referred to as 'Tangur' is typhoid fever).

이집트의 어떤 고대 유적지에서 '람세스 II세는 탕구르 때문에 죽었다'라는 내용의 문구가 적혀 있는 석판이 발견되었다고 하자. 또한 이 문구는 고대 이집트인 a에 의해 새겨진 것이라고 하자. 더 나아가, 그 석판에는 탕구르의 증상들이 또한 기록되어 있었다고 하자. 그런데 현대 의학자 b의 판단에 따르면 탕구르의 증상들은 오늘날 우리가 '장티푸스'라고 부르는 것의 증상들과 동일하다고 하자. 이런 경우 b는 (19)와 같은 주장을 할 수 있다. 여기서 'a가 '탕구르'라고 지칭한 것'이란 간접 기술구는 a가 사용한 표현인 '탕구르'의 대용어이다. 그리고 이 간접구에 포함된 '지칭한다'라는 표현은 'a가 '탕구르'라고 지칭한 것'이란 대용어를 형성하기 위한 대명사 형성어이다. 그리고 (19)와 같은 메타언어 문장은 a가 사용한 대상언어의 표현인 '탕구르'와 b가 사용하는 메타언어의 표현인 '장티푸스' 사이를 연결시켜 주는 기능을 한다. 즉 '탕구르'를 '장티푸스'라는 우리가 이해할 수 있는 표현으로 해석할 수 있도록 해 준다. 따라서 실질적인 지칭관계에 호소함이 없이, 우리는 (19)와 같은 메타-언어적 진술을 잘 이해할 수 있다.

앞서 언급한 바와 같이, 대용어적 간접 기술구는 어휘적으로 복잡한 대명사이다. 그리고 이와 같이 어휘적으로 복잡한 대명사는 대용어적으로 지칭하고자 하는 선행어가 멀리 떨어져 있는 경우에 사용되거나 또는 대상언어의 표현을 화자가 사용하는 메타언어의 표현으로 해석하기 위해 사용된다. 한 가지 예를 더 살펴보자. 어떤 주체 s가 '떡갈나무 옆에 서 있는 사람은 새뮤얼 클레먼스이다'라고 발화했다고 가정해 보자. 그리고 이 발화를 듣고 a가 '새뮤얼 클레먼스가 누구야?'라고 b에게 물었다고 가정해 보자. 만약 a가 『톰소여의 모험』의 애독자라면, s가 말하는 '새뮤얼 클레먼스'는 마크 트웨인과 동일인이므로 b는 다음과 같이 말할 수 있다.

(20) s가 '새뮤얼 클레먼스'라고 지칭한 사람은 마크 트웨인이다(The one s referred to as 'Samuel Clemens' is Mark Twain).

이와 같은 대답과 관련하여 주목할 점은 다음과 같다. 우선 a의 질문에 답하기 위해서 b는 s가 사용한 이름 '새뮤얼 클레먼스'를 언급해야 한다. 이를 위해 's가 '새뮤얼 클레먼스'라고 지칭한 사람'이라는 간접 기술구를 사용할 수 있다. 다시 말해 이 간접 기술구는 '새뮤얼 클레먼스'를 선행어로 갖는, 어휘적으로 복잡한 대용어이다. 그리고 a의 질문에 답하기 위해서 b는 '새뮤얼 클레먼스'의 담지자가 누구인지에 관해 말해야 한다. 그러기 위해서 b는 a가 이해하는 이름을 사용해야 한다. 따라서 (20)과 같은 문장이 하는 기능은 s가 사용한 이름과 a가 이해하는 이름을 연결시켜 주는 것이다. 이를 통해 s가 '새뮤얼 클레먼스'라는 이름을 사용함으로써 논의했던 대상을 a가 이해하는 이름 '마크 트웨인'을 대신 사용함으로써 논의할 수 있음을 알려 주는 것이다. 이런 의미에서 '지칭한다'는 언어적인 것들 사이의 대용어적 단어-단어 관계를 표현한다.

위 논점에 대해 좀 더 부연설명을 하면 다음과 같다. 다음과 같은 진리 도식의 사례를 살펴보자.

(21) '지구는 둥글다'는 참이다 ↔ 지구는 둥글다('The earth is round' is true if and only if the earth is round).[130]

한 진술과 이에 대응하는 세계사실 사이의 관계를 표현하기 위해서 그 세계사실을 개별화하는 표현을 사용해야 한다. 그래서 (21)의 경우처럼 쌍조건문 우항에 특정한 세계사실을 기술하는 문장을 사용해야 한다. 따라서 한 진술과 이에 대응하는 세계사실 사이의 관계는 언어적인 것과 비언어적인 사실 사이의 실질적인 관계가 아니라, (21)의 경우처럼 언급된 문장과 사용된 문장 사이의 문장-문장 관계로 표현되어야 한다. 마찬가지로 한 이름과 그 이름의 담지자 사이의 지칭관계는 언어적인 것과 비언어적 대상 사이의 실질적인 관계가 아니라, (20)의 경우처럼 언급된 이름과 사용된 이름 사이의 단어-단어 관계로 표현돼야 한다.

이제 다음 문장을 다시 고려해 보자.

(16) '마크 트웨인'은 마크 트웨인을 지칭한다('Mark Twain' refers to Mark Twain).

(16)은 어떤 의미에서 별로 흥미롭지 못한, 즉 사소하게 참인 주장이다. 그러나 지칭의 표상적 견해가 주장하는 것처럼 지칭이 언어적인 것과 비언어적인 것 사이의 실질적 관계라면, (16)은 결코 그렇게 사소하게 참인 주장일 수 없다. 그러나 (16)을 다음과 같이 환언換言, paraphrase하면, 왜 이것이 사소하게 참인 주장인지를 잘 이해할 수 있다.

(22) s가 '마크 트웨인'이라고 지칭한 사람은 마크 트웨인이다(The one s referred to as 'Mark Twain' is Mark Twain).

s가 사용한 이름 '마크 트웨인'이 우리가 잘 아는 친근한 이름인 경우에 우리는 굳이 '마크 트웨인이 누구야?'라고 묻지 않을 것이다. 이런 의미에서 (22)와 같은 언명은 실용적으로 불필요하다. 물론 (22)에 포함된 간접 기술구 's가 '마크 트웨인'이라고 지칭한 사람'의 선행어 '마크 트웨인'과 (22)에서 사용된 이름 '마크 트웨인'이 같은 이름의 두 사례들이라는 우연적 조건이 성립해야 (22)는 참이 된다. 이런 의미에서 (22)는 사소하게 참인 주장이 아니다. 그러나 이 우연적 조건이 성립하는 한에서 (22)의 참은 다음의 사소한 동일성 주장으로 이해될 수 있다.

(23) 마크 트웨인 = 마크 트웨인.

이런 의미에서 (22)는 별로 흥미롭지 못한, 즉 사소하게 참인 주장으로 간주될 수 있다. 반면 지칭이 언어적인 것과 비언어적인 것 사이의 실질적 관계라면 (16)의 참은 결코 (23)과 같은 동일성 주장으로 이해될 수 없다. 동일성 관계는 언어적인 것과 비언어적인 것 사이의 실질적 관계가 아니기 때문이다.

끝으로 (5)의 예가 보여 주는 것처럼 '그녀'와 같이 어휘적으로 단순한 대명사는 게으른 용법으로 사용될 수 있다. 그러나 대용어적 간접 기술구와 같이 어휘적으로 복잡한 대용어는 주로 대용어적으로 지칭하고자 하는 선행어가 멀리 떨어져 있는 경우나 또는 대상언어의 표현을 화자가 사용하는 메타언어의 표현으로 해석하기 위해 사용된다. 따라서 (22)의 경우처럼 대용어적 간접 기술구를 일종의 게으른 용법으로 사용하는 것이 불가능한 것은 아니지만, 굳이 그렇게 사용해야 할 필요가 없다. 반면 대용어적 간접 기술구는 양화적 용법으로 유용하게 사용된다.

(24) 독일인들이 'rot'라고 지칭하는 것들은 빨간 것들이다(The ones Germans refer to as 'rot' are red things).

독일인들이 'rot'라는 술어를 적용하는 대상들이 수없이 많기 때문에 '독일인들이 'rot'라고 지칭하는 것들'이라는 대용어적 간접 기술구를 사용하는 것이 불가피하다. 이런 이유에서 '지칭한다'라는 표현은 제거할 수 없는 표현적 역할을 수행한다.[131]

4. 고정지시어와 지칭의 대용어이론

제6장에서 언급했던 바와 같이, 크립키는 가능세계의 개념을 이용하여 두 가지 종류의 지시어를 구분한다. 하나는 비고정지시어이고, 다른 하나는 고정지시어이다. 비고정지시어는 다른 가능세계에서 다른 대상을 지칭할 수 있는 단칭어인 반면, 고정지시어는 (그 고정지시어가 지칭하는 대상이 존재하는) 모든 가능세계에서 동일한 대상을 지칭하는 단칭어이다. 따라서 우리는 이와 같은 구분에 의거해 다음과 같이 말할 수 있다.

(25) '버락 오바마'는 모든 가능세계에서 버락 오바마를 지칭한다('Barack Obama' refers to Barack Obama in all possible worlds).

그런데 앞 절에서 논의한 지칭의 대용어이론에 따르면 '지칭한다'는 대명사 형성어이다. 따라서 (25)는 다음과 같이 표현될 수 있다.

(26) 우리가 '버락 오바마'라고 지칭하는 것은 모든 가능세계에서 버락 오바마이다(The one we refer to as 'Barack Obama' is Barack Obama in all possible worlds).

또한 지칭의 대용어 이론에 따르면 지칭은 언어적인 것들 사이의 관계이지 결코 언어적인 것과 비언어적인 대상 사이의 관계가 아니다. 그렇다면 '고정 지시'rigid designation의 개념을 어떻게 이해해야 하는가?

예컨대 '버락 오바마'는 특정인의 이름으로 우리 언어에 도입됐고, 또한 그렇게 사용된다. 또한 우리는 '버락 오바마'라고 지칭되는 특정인에 관해 여러 가능한 시나리오들을 기술할 수 있다. 예를 들면 우리는 '버락 오바마는 대통령이 안 될 수도 있었다'라고 말할 수 있다. 따라서 '제44대 미국 대통령임'은 버락 오바마의 우연적 속성이다. 크립키에 따르면 버락 오바마의 기원을 제외하고 그에게 발생된 모든 것들은 우연적인 것들이다. 예컨대 다음 두 문장들을 살펴보자.

(27) 버락 오바마는 미국의 대통령이다.
(28) 버락 오바마는 사람이다.

'버락 오바마는 대통령이 아닐 수도 있었다'는 참인 양상진술이다. 반면 '버락 오바마는 사람이 아닐 수도 있었다'는 거짓인 양상진술이다. 지칭의 대용어이론에 따르면 그 이유는 다음과 같다.

우선 앞서 언급한 바와 같이, '버락 오바마'는 특정인의 이름으로 도입됐고, 또한 그렇게 사용된다. 따라서 우리는 대용어 메커니즘을 이용해 그렇게 이미 사용된 '버락 오바마'의 선행사례의 의미론적 내용을 계승하도록 이 이름을 사용할 수 있다. 이처럼 '버락 오바마'의 선행 사례와 후행 사례 사이에 대용어 관계가 성립하면, 후자의 내용은 전자의 내용과 동일하게 된다. 다시 말해 '버락 오바마'의 두 사례들은 동일한 대상의 이름들로 사용된 것이다. 그래서 그와 같은 대용어 관계가 성립하는 한에서, 버락 오바마가 미국 대통령으로 선출된 적이 없는 반사실적 시나리오를 상상하는 경우에도 그것은 여전히 동일한 대상에 관한 논의라고 말할 수 있다. 그러므로 '버락 오바마'를 고정지시어로 여기는 것은 여러 가능한 반사실적 상황들 속에서 이 단칭어를 동일한 의미론적 내용을 계승하는 대용어로 여기는 것이다. 또한 그와 같이 '버락 오바마'를 동일한 의미론적 내용을 계승하는 대용어로 여기는 것은 여러 가능한 반사실적 상황들 속에서도 공지칭 관계가 유지됨을 승인하는 것이다.

이제 이름 n이 대상 a를 지칭하는 고정지시어라고 가정해 보자. 그리고 n의 다른 사례들은 n의 선행 사례의 대용어들이라고 가정해 보자. 그러면 대용어 관계에 의해서 의미론적으로 그 사례들은 모두 공지칭어들이다. 그리고 그 모든 사례들이 대상 a와 맺게 되는 공지칭 관계는 '미국의 44대 대통령'과 같은 특정한 확정기술구에 의존하지 않는다. 물론 우리가 한 대상을 어떤 이름의 지칭체로서 고정하기 위해서는 그 대상과 다른 대상들을 구분할 수 있는 기준들이 있어야 한다. 그러나 그와 같은 기준들은 오류 가능한 것들이다. 예컨대 우리는 '쿠르트 괴델'의 지칭체를 '불완전성 정리들을 증명한 수학자'라는 확정기술구를 사용해 확인할 수 있지만, 그와 같은 확정기술구는 논박될 수 있다. 이것이 제6장에서 논의했던 크립키의 양상논증이 우리에게 알려 주는 교훈이다.

그런데 단칭어들 사이에 대용어 관계가 성립하기 위해서 요구되는 필요조건이 있다. 다음의 추론을 살펴보자.

(29) 'x는 버락 오바마이다' → 'x는 인간이다'

우리는 위 추론을 승인해야 한다. 왜냐하면 '버락 오바마'는 특정인의 이름으로 도입된 것이고 또한 그렇게 사용되는 표현이기 때문이다. 따라서 (29)의 전제가 성립하면서, 그것의 결론이 성립하지 않는 것은 불가능하다. 이런 이유에서 (29)와 같은 추론을 승인하는 것은 무엇이 불가능한지에 관한 커미트먼트를 포함한다. 즉 어떤 것이 버락 오바마이면서 인간이 아닌 것은 불가능하다. 이제 '버락 오바마'는 특정인의 이름이고, o는 사람이 아닌 어떤 대상의 이름이라고 가정해 보자. 그리고 a는 '버락 오바마'의 대용어라고 가정해 보자. 이 경우 a는 어떤 가능세계에서도 o를 지칭할 수 없다. a는 '버락 오바마'의 대용어이기 때문에 'a는 버락 오바마이다'가 성립하고, (29)에 따라 'a는 인간이다'도 성립한다. 따라서 a는 결코 o를 지칭할 수 없다. 다시 말해 범주가 서로 다른 버락 오바마와 o는 어떤 가능세계에서도 동일한 대상일 수 없다.

위와 같은 이유에서 우리는 고정지시의 개념을 대용어 관계를 통해 설명할 수 있다.[132] 또한 고정지시의 조건은 선행어의 의미론적 내용을 반사실적 상황들 속에서도 마찬가지로 계승하기 위해 필요한 조건이다.

5. 인과·역사이론

이제 끝으로 대용어이론과 인과·역사이론 사이의 관계에 대해 살펴보자.

제7장에서 언급했던 것처럼, 이름의 인과·역사이론에 따르면 화자 s가 이름 n을 사용함으로써 대상 o를 지칭하기 위해서는, 이 사용으로부터 o가 그 이름을 처음 부여 받았던 사건에 이르기까지 공지칭 관계를 유지시켜 주는 인과·역사적 연쇄가 있어야 한다. 이제 한 아기가 태어났고, 그의 부모가 그 아기에게 '리처드 파인먼'이라는 이름을 부여했다고 가정해 보자. 이 경우 이 명명식에 참여한 사람들은 이 아기를 리처드 파인먼으로서 확인할 수 있다. 왜냐하면 그들은 리처드 파인먼의 생김새를 알기 때문이다. 이것은 지칭기반의 경우이다. 그런데 지칭기반의 경우에 속하지 않는 사람들도 '리처드 파인먼'이라는 이름을 사용할 수 있다. 그렇지만 그렇게 하기 위해서는 언어의 노동 분업을 이용해야 한다. 다시 말해 '리처드 파인먼'이란 이름을 사용함에 있어서 그 이름과 그 이름의 지칭체를 연결시키는 작업은 그 이름의 지칭체를 실제로 확인할 수 있는 사람에게 위임해야 한다. 이것이 지칭차용의 경우이다. 이와 같은 지칭차용의 경우는 인과·역사적 연쇄를 형성할 수 있다. 예컨대 지칭기반의 경우에 있는 a로부터 b가 지칭을 차용하고, b로부터 c가 지칭을 차용하고, c로부터 d가 지칭을 차용하면, a로부터 d까지의 인과·역사적 연쇄가 형성된다. 이런 경우 d는 이 인과·역사적 연쇄에 의존하여 '리처드 파인먼'이라는 이름을 성공적으로 사용할 수 있다. 마찬가지로 위와 같은 인과·역사적 연쇄의 끝자락에 있는 우리가 '리처드 파인먼'이라는 이름을 성공적으로 사용할 수 있는 이유는, 우리가 언어의 노동 분업을 통해 이 이름의 지칭체를 확인하는 책임을 지칭기반의 경우에 속하는 사람들에 전가할 수 있기 때문이다. 또한 사회적으로 이와 같은 인과·역사적 연쇄

를 통해 원리상 그 이름의 지칭체를 확인할 수 있기 때문이다. 따라서 우리가 리처드 파인먼을 확인해 줄 수 있는 확정기술구를 모르는 경우에도 '리처드 파인먼'이라는 이름을 성공적으로 사용할 수 있는 이유는 언어 공동체의 일원으로서 이와 같은 언어의 노동 분업을 이용할 수 있기 때문이다.

그런데 위와 같은 인과·역사적 연쇄를 대용어 관계에 의해 가장 잘 이해할 수 있다고 브랜덤은 주장한다.

이름의 인과적 또는 역사적 이론들이 포착하고자 하는 현상들은 표현 사례들 사이의 대용어적 연결이라는 좀 더 일반적인 개념을 통해서 가장 잘 이해될 수 있다(Brandom, 2005a, p. 248).

이제 '리처드 파인먼'의 사용과 관련하여 a로부터 b, c, d에 걸친 인과·역사적 연쇄가 성립한다고 가정해 보자. 이 경우 b가 사용하는 이름 '리처드 파인먼'은 a가 사용하는 '리처드 파인먼'의 대용어이고, c가 사용하는 '리처드 파인먼'은 b가 사용하는 '리처드 파인먼'의 대용어이고, d가 사용하는 '리처드 파인먼'은 c가 사용하는 '리처드 파인먼'의 대용어라고 말할 수 있다. 그러면 대용어 관계가 이행적transitive이므로, d가 사용하는 '리처드 파인먼'은 a가 사용하는 '리처드 파인먼'의 대용어라고 말할 수 있다. 따라서 우리는 왜 d가 비록 리처드 파인먼을 확인해 줄 수 있는 확정기술구를 몰라도 '리처드 파인먼'이라는 이름을 사용함으로써 리처드 파인먼을 성공적으로 지칭할 수 있는지를 이와 같은 대용어 관계를 통해 잘 설명할 수 있다.

또한 대용어 메커니즘은 제9장에서 논의했던 순수한 인과·역사이론의 난점들을 성공적으로 피할 수 있다. 순수한 인과·역사이론에 따르면 한 이름과 한 대상 사이에 인과·역사적 연쇄가 존재하면, 그 이름은 그 대상을 지칭한다. 그러나 그러한 인과·역사적 연쇄 과정에서 오류나 실수가 발생할 수 있다. 또한 제9장 4절에서 언급했던 '아니어는 푸르고 멋진 장소였음에 틀림없다'의 사례나 '루이는 농구선수였다'의 사례가 보여 주듯이, 단지 한 이름과 한 대상 사이에 인과·역사적 연쇄가 존재한다는 사실만으로는 그 이름의 성공적 사용이 보장되지 않는다. 그렇다면 대용어이론은 이와 같은 문제들을 어떻게 피할 수 있는가?

우선 화자 s1이 이름 a를 처음 우리의 공적인 언어에 도입하기 위해서는 a의 지칭체를 고정하기 위해 요구되는 합리적 의무들과 관련한 적절한 커미트먼트를 해야 할 뿐만 아니라, 그와 관련된 적절한 자격이 있어야 한다. 그리고 s1의 a의 사용과 다른 화자 s2의 a의 사용 사이에 대용어 관계가 성립하기 위해서는, 후자가 동일한 커미트먼트와 자격을 s1으로부터 계승해야 한다. 그런데 그런 자격을 가지기 위해서 s2가 반드시 a의 지칭체를 직접 확인할 수 있는 능력을 가질 필요는 없지만, 그와 관련된 요구가 제기되면 그 작업을 그 이름의 지칭체를 실제로 확인할 수 있는 사람에게 적절하게 미룰 수 있는 능력은 있어야 한다. 다시 말해 s2는 언어공동체의 구성원으로서 a를 적절히 사용할 수 있는 자격을 가져야 한다. 그런데 우리가 모르는 사이에 이름의 지칭체가 바뀌는 경우는 애당초 대용어 관계가 성립하지 않는 경우이다. 또한 '아니어는 푸르고 멋진 장소였음에 틀림없다'의 사례가 보여 주는 것처럼, 화자가 이름의 사용과 관련하여 범주오류를 범하는 경우는 언어공동체의 구성원으로서 그 이름을 적절히 사용할 수 있는 자격을 갖추지 못한 경우이다. 더 나아가, '루이는 농구선수였다'의 사례가 보여 주듯이, 화자가 선행 화자가 언급한 이름을 차용함에 있어서 부주의함이나 실수에 따른 심각한 오해에 빠져 있는 경우는 선행 화자의 커미트먼트와 자격을 계승하는 데 실패하는 경우라고 말할 수 있다. 따라서 대용어이론은 제9장에서 지적했던 순수한 인과·역사이론의 난점들이 왜 발생하는지를 잘 설명할 수 있고, 또한 그런 난점들을 성공적으로 피할 수 있다.

제 15 장

추론주의 의미론은
의미사용이론의 난점들을 해결할 수 있는가

비표상주의 의미론

제12장에서 우리는 비트겐슈타인의 사용이론이 직면하는 몇 가지 문제들을 언급하였다. 이 장에서 우리는 추론주의 의미론이 그 문제들을 해결할 수 있는지에 대해 논의할 것이다.

1. 의미를 구성하는 사용과 그렇지 않은 사용을 구분하는 원리

한 표현의 가능한 사용들이 모두 그 표현의 의미를 구성하는 것은 아니다. 예컨대 어떤 사람이 '이것은 빨갛다'라는 문장을 발성연습을 위해 사용한다면 그 사용은 '빨갛다'의 문자적 의미와 무관하다. 따라서 사용이론은 의미를 구성하는 사용과 그렇지 않은 사용을 원리적으로 구분해야 한다. 그런데 사용이론 자체에는 양자를 구분해 주는 원리가 없는 듯 보인다.

앞 장에서 다룬 셀라스의 추론주의 의미론은 위 문제에 대한 직접적 해결책이다. 오직 추론적 사용들만이 의미를 구성하는 사용들이다. 따라서 발성연습을 위해 어떤 문장을 사용하는 경우는 추론적 사용의 사례가 아니므로 그 문장의 의미와 무관하다.

셀라스에 따르면 비논리적 표현의 의미를 구성해 주는 사용은 기본적으로 세 가지 종류의 언어규칙들에 따른 사용이다. 즉 언어−진입 규칙들,

언어-언어 규칙들, 그리고 언어-이탈 규칙들에 따른 사용이다. 예컨대 다음의 두 추론들을 고려해 보자.

(1) x는 개이다. 따라서 x는 동물이다.
(2) x는 황소이다. 따라서 x는 위험하다.

(1)은 실질적으로 타당한 추론이다. 즉 '개'의 의미를 부분적으로 구성해 주는 추론이다. 따라서 '개'란 표현을 (1)에 따라 사용하는 것은 의미를 구성하는 사용이다. 이런 이유에서 다음의 진술은 개념적으로 참이다.

(1') 모든 개들은 동물이다.

(1)과 달리, (2)는 실질적으로 타당한 추론이 아니다. 제13장 1절에서 지적했던 것처럼, 의미(또는 개념)는 반사실적 강건성counterfactual robustness 을 가져야 한다. 다시 말해 의미를 구성하는 추론은 모든 상황에서 항상 성립해야 한다. 그런데 만약 (2)가 '황소'의 개념을 부분적으로 구성하는 추론이라면 다음의 진술은 개념적으로 참이어야 한다.

(2') 모든 황소들은 위험하다.

그러나 위험하지 않은 황소가 있을 수 있다. 따라서 (2')은 모든 가능한 상황에서 성립하는 것이 아니다. 그렇기 때문에 (2)는 '황소'의 의미를 구성하는 추론으로 간주될 수 없다. 따라서 (1)의 경우처럼 모든 상황에서 성립하는 타당한 추론에 따른 사용만이 의미를 구성한다.

위와 같은 이유에서 추론주의는 의미를 구성하는 사용과 그렇지 않은 사용을 구분하는 원리를 제시한다. 오직 추론적 사용만이 의미를 구성한다. 따라서 사용이론의 첫 번째 문제는 추론주의 의미론에는 전혀 문젯거리가 안 된다.

2. 표상의 문제

일반명사 '개'의 사용은 세계 속에 있는 개들과 어떻게 연결되는가? 제12장에서 지적한 바와 같이, 단지 의미가 사용임을 강조하는 것만으로는 이 물음에 제대로 답하기 어렵다. 그렇다면 추론주의 의미론은 이 문제를 어떻게 해결하는가?

먼저 퍼트넘이 제시한 쌍둥이지구논증의 예를 다시 살펴보자. 오스카와 토스카는 질적으로 동일한 복제물들이다. 따라서 두 사람은 '물'이라는 표현을 동일하게 사용하는 것처럼 보인다. 그렇지만 의미론적 외재주의에 따르면 오스카가 사용하는 '물'과 토스카가 사용하는 '물'은 의미가 다르다. 전자의 외연에는 H_2O로 구성된 액체의 사례들이 속하지만, 후자의 외연에는 XYZ로 구성된 액체의 사례들이 속하기 때문이다. 전자가 표현하는 개념을 물이라고 하고, 후자가 표현하는 개념을 물*라고 하자. 추론주의 의미론은 양자의 차이를 다음과 같이 설명할 수 있다.

앞 장에서 언급했던 것처럼 추론주의 의미론은 추론의 개념을 넓게 해석한다. 그래서 용어를 옳게 적용할 수 있는 상황은 비언어적일 수 있다. 예컨대 눈앞에 빨간색 대상이 보이는 비언어적 상황에서 우리는 '앞에 빨간색 대상이 있다'라고 정당하게 말할 수 있다. 따라서 한 개념을 옳게 적용할 수 있는 비언어적 상황들이 그 개념의 내용에 영향을 준다. 물 개념의 경우에도 마찬가지다. 오스카가 사용하는 표현 '물'은 (3)과 같은 언어 규칙에 지배되지만 토스카가 사용하는 표현 '물'은 (4)와 같은 언어규칙에 의해 지배된다.

(3) '물'은 H2O로 구성된 액체의 사례들에 적용돼야 한다.
(4) '물'은 XYZ로 구성된 액체의 사례들에 적용돼야 한다.

따라서 오스카가 H2O로 구성된 액체의 사례에 '물'이라는 표현을 적용하는 것은 옳지만, XYZ로 구성된 액체의 사례에 '물'이라는 표현을 적용하는 것은 옳지 않다. 반면 토스카가 XYZ로 구성된 액체의 사례에 '물'이라는 표현을 적용하는 것은 옳지만, H2O로 구성된 액체의 사례에 '물'이라는 표현을 적용하는 것은 옳지 않다. 이런 이유에서 오스카가 사용하는 표현 '물'과 토스카가 사용하는 표현 '물'의 옳음 조건이 다르다. 그렇기 때문에 물 개념과 물* 개념은 서로 구분된다. 요컨대 오스카가 사용하는 표현 '물'과 토스카가 사용하는 표현 '물'은 상이한 언어규칙들에 의해 지배되기 때문에 서로 의미가 다르다.

이제 조금 다른 방식으로 제기되는 표상의 문제를 살펴보자.

(5) A & B. 따라서 A.
(6) 래시는 개이다. 따라서 래시는 동물이다.
(7) 이 사람은 마크 트웨인이다. 따라서 이 사람은 새뮤얼 클레먼스이다.

표상주의에 따르면 (5)와 같은 추론이 타당한 이유는 전제가 참일 때마다 결론이 항상 참이기 때문이다. 그리고 전제가 참일 때 결론이 항상 참인 이유는 '&'의 의미가 다음과 같은 진리 함수에 의해 정의되기 때문이다.

A B	A & B
T T	T
T F	F
F T	F
F F	F

다시 말해 논리적 연결사 '&'는 위와 같은 진리 함수를 의미한다. 그리고 (5)와 같은 추론이 타당한 이유는 위와 같은 진리 함수에 의해서 'A & B'가 참일 때 이것의 첫 번째 연언지 'A'가 항상 참이기 때문이다. 따라서 표상주의에 의하면 (5)와 같은 추론은 '&'의 의미에 의해서 타당한 것이지, 이와 같은 추론의 타당성에 의해서 '&'의 의미가 구성되는 것이 아니다.

또한 표상주의에 따르면 (6)과 같은 추론관계가 성립하는 것은 전제와 결론이 각각 세계의 사실을 표상하기 때문이다. 그리고 그 추론관계가 타당한 이유는 전제가 세계에 대해 참일 경우에 결론도 항상 세계에 대해 참이기 때문이다. 따라서 표상주의에 의하면 표상내용이 없는 것들 사이에는 진정한 추론관계가 성립할 수 없다. 이런 이유에서 표상주의자는 추론주의 의미론이 추론관계와 표상 사이의 설명적 선후 관계를 뒤집는 오류를 범한다고 비판한다.

그러나 위와 같은 비판은 추론주의에 큰 위협이 되지 않는다. 먼저 (5)의 경우를 살펴보자. 셀라스-브랜덤 추론주의 의미론에 따르면 설명의 순서는 표상주의자의 설명과 정반대여야 한다. 제13장에서 지적했던 것처럼 추론주의 의미론의 가장 근본적인 개념은 참인 표상이 아니라 옳은 추론이다. 다시 말해 언어표현의 의미는 표상되는 것에 의해서가 아니라, 추론적 역할에 의해서 설명돼야 한다. 따라서 추론주의에 의하면 '&'의 의미는 우리가 &-도입 규칙과 &-제거 규칙들을 옳은 것으로 받아들이고, 이에 따라 이 연결사를 그러한 규칙들에 부합하게 사용함으로써 구성된다. 예컨대 우리는 'A & B'를 주장할 수 있을 때 'A'나 'B'를 각각 주장하는 것이 허용되는 방식으로 '&'를 사용한다. 따라서 만약 '&'를 그렇게 사용하지 않는 사람이 있다면, 그 사람은 '&'의 의미를 제대로 이해하지 못하는 사람이다. 또한 아이들이 비록 위에서 언급한 진리함수를 잘 이해하지 못한다고 해도 '&'라는 표현을 '&'와 관련된 추론규칙들에 부합하게 사용하면 '&'의 의미를 이해하는 것으로 간주될 수 있다.

이제 (7)의 경우를 살펴보자. (7)이 타당한 이유는 그것의 전제가 참이면서 그것의 결론이 거짓인 가능세계가 없기 때문이라기보다는 우리 언어에서 '마크 트웨인'과 '새뮤얼 클레먼스'가 동일인의 이름으로 도입되었고, 또한 그렇게 사용되기 때문이다. 이런 이유에서 (7)은 그 자체로 실질적으로 타당한 추론이다. 비슷한 이유에서 (6)도 그 자체로 실질적으로 타당한 추론이다. (6)이 타당한 이유는 우리 언어에서 '개'가 한 특정한 동물종animal species의 이름으로 도입되었고, 또한 그렇게 사용되기 때문이다. 그러므로 우리는 '개'를 다음의 언어-언어 규칙에 따라 사용해야 한다.

(6') 'x는 개다' → 'x는 동물이다'

또한 추론주의 의미론에 의하면 '개'의 의미는 위 언어규칙에 의해 부분적으로 구성된다. 따라서 '개'를 동물이 아닌 대상에 적용하는 사람이 있다면 그는 위 언어규칙을 어기는 사람이다. 우리는 세계 속의 대상들을 현재 우리가 갖고 있는 개념들을 사용해 분류할 수밖에 없다. 그런데 우리는 유한한 존재이기 때문에 그와 같은 개념분류에 근본적 오류가 있을 수 있다. 만약 그러한 근본적 오류가 밝혀지면 오류를 수정해야 한다. 즉 지금까지와는 전혀 다른 방식으로 대상들을 분류해야 한다. 따라서 (5)와 (6)과 같은 추론들을 옳은 것으로 여기는 우리의 규범적 태도에 대해서도 비판이 제기될 수 있다. 예컨대 우리가 지금까지 '개'라고 불러왔던 것들이 외계인들이 지구인들을 감시하기 위해 보낸 스파이 로봇들이라는 음모론이 놀랍게도 사실로 밝혀진다고 가정해보자. 그러면 우리는 지금껏 '개'라고 불러왔던 것들에 대해 근본적인 오해를 하고 있었던 셈이다. 그런 경우에 우리는 '개'에 관한 언어규칙들 중의 하나였던 'x는 개이다 → x는 동물이다'를 철회하고 그 대신 'x는 개이다 → x는 로봇이다'를 새로운 언어규칙으로 받아들여야 한다. 또한 (6)을 타당한 추론으로 간주했던 우리의 규범적 태도를 철회해야 한다.[133] 마찬가지로, 만약 &-도입 규칙과 &-제거 규칙들에 따라 연언의 개념을 이해하는 것보다 논리적으로 훨씬 더 효율적인 방식이 고안된다면 우리는 기존의 규칙들 대신 새로운 규칙들에 따라 '&'를 사용하기로 결정할 수 있다. 그러나 그와 같은 상황이 발생하지 않는 한에서 우리는 (5)와 (6)과 같은 추론들을 옳은 것으로 여기는 규범적 태도를 유지할 수 있다. 그런 한에서 (5)와 (6)과 같은 추론들을 의미를 구성하는 타당한 추론들로서 간주할 수 있다.

그렇다면 추론주의는 언어와 세계 사이의 관계를 어떻게 포착하는가? 다음의 예를 살펴보자. 한 언어학자가 아프리카에서 어떤 부족의 주술사呪術師, shaman를 만나게 되었고, 그 주술사는 그에게 '일곱 번째 신神이 방금 일어났다'라고 말했다. 여기서 주술사가 한 말은 그 부족언어의 문장을 그 언어학자의 언어로 직역한 것이라고 하자. 그러면 우리는 그 주술사의 말을 다음과 같이 직접화법으로 표현할 수 있다.

(8) 그 주술사는 "일곱 번째 신이 방금 일어났다"라고 말했다(The shaman said, "The seventh god has just risen").

그런데 '일곱 번째 신'이 무엇인지를 알지 못하면, 우리는 주술사의 말로부터 유의미한 정보를 얻을 수 없다. 그런데 그 언어학자가 그 주술사 부족의 언어를 오랫동안 연구한 끝에 다음의 사실을 알게 되었다고 가정해 보자.

(9) 그 주술사가 '일곱 번째 신'이라고 지칭한 것은 태양이다(The one the shaman referred to as 'the seventh god' is the sun).

여기서 '그 주술사가 '일곱 번째 신'이라고 지칭한 것'이란 간접 기술구는 그 주술사가 사용한 어떤 대상언어 표현의 대용어이다. 그리고 이 간접 기술구에 포함된 '지칭한다'라는 표현은 '그 주술사가 '일곱 번째 신'이라고 지칭한 것'이란 대용어를 형성하기 위한 대명사 형성어이다. 그리고 (9)는 대상언어의 표현 '일곱 번째 신'과 우리의 표현 '태양'을 연결시켜 준다. 다시 말해 그 주술사가 사용한 표현 '일곱 번째 신'과 우리가 이해하는 표현 '태양'이 동일한 대상에 관한 표현들임을 알려 준다. 그리고 그렇게 해석할 수 있는 중요한 증거의 하나는, 그 주술사의 표현 '일곱 번째 신'이 우리에게 '태양'이라는 학습된 반응을 야기하는 환경적 자극과 인과적으로 연결되어 있다는 사실이다.[134] 그와 같은 증거를 토대로 (9)를 정당화할 수 있으면, 우리는 (8)을 간접화법으로 다음과 같이 보고할 수 있다.

(10) 그 주술사는 <u>태양에 관하여</u> 그것이 방금 떴다고 말했다(The shaman said *of the sun* that it has just risen).

위와 같은 간접화법 진술은 제8장 3절에서 언급했던 것처럼 대물적 서술*de re* predication이다. 대언적 서술*de dicto* predication의 경우에는 귀속된 서술내용이 원래 화자가 승인할 수 있는 것들에 제한되지만, 대물적 서술의 경우에는 보고자가 승인하는 동일성을 활용할 수 있다. 그리고 우리는 (10)과 같은 대물적 서술을 통해서 해가 떴다는 유용한 정보를 얻을 수 있다. 더 나아가, 위와 같은 방식으로 추론주의는 주술사의 단어 '일곱 번째 신'이 무엇에 관한 것인지를 (9)와 같은 메타언어 문장을 사용해 해석할 수 있다. 다시 말해 우리는 '일곱 번째 신'과 같은 대상언어의 표현이 무엇에 관한 것인지를 (9)와 같은 메타언어 문장을 통해 표현할 수 있다. 그리고 이 논점에 관련하여 옳고 그름을 평가할 수 있는 최소단위가 문장임을 상기할 필요가 있다.

위와 같은 방식으로 추론주의는 대상적 지향성'of' intentionality을 명제적 지향성'that' intentionality을 이용해 설명할 수 있다. 위 예에서 우리는 그 주술사가 태양에 관해 어떤 생각을 했다고 말할 수 있다. 다시 말해 그 주술사의 생각은 태양에 관해 대상적 지향성을 가진다고 말할 수 있다. 그렇게 말할 수 있는 이유는 우리가 (9)와 같은 동일성 명제를 주장할 수 있기 때문이다. 즉 그 주술사가 '일곱 번째 신'이라고 지칭하는 것이 우리가 '태양'이라고 부르는 것이라고 말할 수 있기 때문이다. 여기서 주목할 점은, 주술사의 표현 '일곱 번째 신'이 특정한 비언어적 대상에 관한 것임을 표현하기 위해, 그 특정한 대상에 관해 말하기 위해 우리 자신이 사용하는 표현을 이용할 수밖에 없다는 사실이다. 그리고 '태양'은 그 특정한 대상에 관해 말하기 위해 우리 자신이 사용하는 표현이다. 그렇기 때문에 우리는 언어와 세계 사이의 관계를, 예컨대 주술사의 표현 '일곱 번째 신'과 그 특정한 비언어적 대상 사이의 관계를, (9)와 같은 메타언어 문장을 통해 표현할 수밖에 없다. 따라서 철학의 오랜 난제들 중의 하나인 마음의 지향성mental intentionality 문제를 추론주의는 언어적 지향성linguistic intentionality을 토대로 설명할 수 있다.[135]

3. 언어의 생산성의 문제(또는 언어의 조합성 문제)

우리는 원리상 무한히 많은 새로운 문장들을 산출하고 이해할 수 있다. 이런 의미에서 언어는 생산적productive이다. 예컨대 다음의 문장을 고려해 보자.

(11) 천왕성에는 빨간색 집이 없다.

위 문장이 이전에 한 번도 사용된 적이 없는 새로운 문장이라고 가정해 보자. 그래도 우리는 (11)의 의미를 이해할 수 있다. 그렇다면 우리는 어떻게 새로운 문장들을 산출하고 이해할 수 있는가? 이에 대한 전통적인 답은 의미가 조합적組合的, compositional이라는 것이다. 조합성의 원리는 다음과 같이 표현될 수 있다.

한 전체 문장의 의미는 오직 그 문장의 구문론적 구조와 그 문장의 구성 요소들의 의미들로부터 결정될 수 있다.

그런데 추론주의 의미론은 의미에 관해 벽돌쌓기 모델 대신에 전체론 모델을 택한다. 따라서 제11장에서 지적했던 것처럼 의미에 관해 하향식 접근방식을 택한다. 그래서 문장 전체의 의미를 먼저 설명할 수 있어야 이것을 토대로 문장의 구성요소들의 의미들을 설명할 수 있다. 또한 한 문장의 의미론적 내용은 그 문장이 관련된 추론들 속에서 그 문장이 전제 또는 결론으로서 수행하는 추론적 역할들에 의해 결정된다. 그리고 문장 내부의 표현들의 의미들은 그것들을 포함하는 문장들의 추론적 역할들로부터 투사project된다. 더 나아가 그러한 투사는 다음과 같은 방식으로 이루어진다. 문장 내부의 표현 E1과 E2는 그것들이 포함된 문장들 속에서 하나를 다른 하나로 대체했을 때 그 문장들의 추론적 역할에 변화가 발생하지 않는 경우에 동등한 의미론적 내용을 가진다. 이처럼 문장 전체의 의미를 구성요소들의 의미보다 먼저 설명해야 하기 때문에 추론주의 의미론은 위에서 언급한 조합성의 원리에 호소함으로써 언어의 생산성을 설명할 수 없다.

그렇다면 추론주의 의미론은 우리가 새로운 문장들을 산출하고 이해할 수 있다는 사실을 어떻게 설명할 수 있는가? 브랜덤은 이 질문에 대한 답으로서 '두 단계 조합 전략'two-stage compositional strategy을 제안한다. 첫 번째는 분해decompositional단계이다. 이 단계에서 우리는 샘플 문장들의 적절한 용법들을 토대로 그 샘플 문장들에 포함된 구성요소들의 옳은 용법을 결정한다. 그런 다음 재조합recompositional단계에서 분해단계에서 결정된 구성요소들의 옳은 용법을 토대로 새로운 문장들의 옳은 용법을 결정한다.[136]

이제 간단한 예시들을 통해 위와 같은 두 단계 조합 전략이 어떤 방식으로 실행될 수 있는지에 대해 살펴보자. 우선 분해단계에서 다음의 문장들을 포함하여 충분히 많은 수의 샘플 문장들의 적절한 용법들을 우리가 알게 되었다고 가정해 보자.

a는 b를 사랑한다. b는 a의 어머니이다. b는 c를 사랑한다. c는 a의 여동생이다. c는 b를 사랑한다. 어떤 사람을 사랑하는 것은 그 사람을 소중히 여기는 것이다. 어떤 사람을 소중히 여기는 것은 그 사람을 미워하는 것이 아니다. d는 a의 여자 친구이다. d는 서울에서 태어났다.

제13장 5절에서 논의했던 바와 같이 우리는 위 문장들에 포함된 단칭

어와 술어를 그것들이 구문론적으로 또한 의미론적으로 수행하는 상이한 역할들에 의해 구분할 수 있다. 첫째, 한 단칭어를 다른 단칭어와 대체하는 것과 한 술어를 다른 술어로 교체하는 것 사이에 중요한 구문론적 차이가 있다. 술어는 문장 속에서 공통적인 것으로 인식될 수 있는 패턴과 같은 것인 반면, 단칭어는 대체될 수 있는 부품과 같은 것이다. 둘째, 단칭어는 단지 대칭적 대체symmetric substitution 추론들에만 실질적으로 관련된다. 반면 술어들은 비대칭적인 교체asymmetric replacement 추론들에 실질적으로 관련될 수 있다. 우리는 그와 같은 기준들을 토대로 위 샘플 문장들의 적절한 용법들로부터 원리상 'c'와 같은 단칭어와 'x는 y를 사랑한다'와 같은 술어를 구분할 수 있다. 또한 위 샘플 문장들의 적절한 용법들로부터 다음과 같은 언어규칙들을 원리상 추론할 수 있다.

'd'는 특정인의 이름이다.
'x는 y를 사랑한다'는 이항술어이다.
'x는 y를 사랑한다' → 'x는 y를 소중히 여긴다'
'x는 y를 사랑한다' → 'x는 y를 미워하지 않는다'

다시 말해 앞서 언급했던 샘플 문장들의 적절한 용법들이 위와 같은 언어규칙들에 구속됨을 알 수 있다. 그리고 이와 같은 언어규칙들을 (암묵적으로) 배우게 되면 우리는 이와 같은 언어규칙들에 따라 재조합단계에서 다음과 같은 새로운 문장을 산출하고, 또한 이해할 수 있다.

a는 d를 사랑한다.

비록 위 문장은 처음 사용된 문장일 수 있지만, 우리는 위 문장의 의미를 이해할 수 있다. 예컨대 위 문장은 a가 d를 소중히 여김을 함축한다. 또한 a가 d를 미워하지 않음을 함축한다. 요컨대 우리는 유한한 수의 문장들의 적절한 용법을 배움으로써 그러한 용법을 구속하는 언어규칙들을 (암묵적으로) 배울 수 있다. 그리고 그렇게 배운 언어규칙들을 토대로 'a는 d를 사랑한다'와 같은 새로운 문장들의 적절한 용법을 결정할 수 있다.

한 가지 예를 더 살펴보자. 우리가 분해단계에서 다음의 문장들을 포함하여 충분히 많은 수의 샘플 문장들의 적절한 용법들을 알게 되었다고 가정해 보자.

영수는 남성이다. 영수는 아버지이다. 남성과 여성은 다른 성이다. 임신은 여성이 애를 배는 것이다. 임신을 할 수 있어야 애를 낳을 수 있다. 애를 낳은 여성만이 누군가의 어머니가 될 수 있다.

앞의 경우와 마찬가지로 우리는 위 샘플 문장들의 적절한 용법들로부터 원리상 다음과 같은 언어규칙들이 (암묵적으로) 성립함을 알 수 있다.

'영수'는 남성의 이름이다.
'x는 남성이다' → 'x는 임신을 할 수 없다'
'x는 남성이다' → 'x는 어머니가 될 수 없다'
'x는 남성이다' → 'x는 애를 낳을 수 없다'

위와 같은 방식으로 분해단계에서 (암묵적으로) 배운 언어규칙들에 따라 우리는 재조합단계에서 다음과 같은 새로운 문장들을 산출하고, 또한 이해할 수 있다.

영수는 임신을 할 수 없다.

영수는 어머니가 될 수 없다.

영수는 애를 낳을 수 없다.

요컨대 분해단계에서 배운 언어규칙들에 따라 우리는 위와 같은 새로운 문장들의 적절한 용법을 결정할 수 있다.

이제 좀 더 복잡한 경우를 살펴보자. 다음의 문장이 처음 사용된 문장이라고 가정해 보자.

(12) 가짜 폭탄은 폭발하지 않는다(Fake bombs are not explosive).

우리는 'x는 가짜이다'로부터 'x는 폭발하지 않는다'를 추론할 수 없다. 마찬가지로 우리는 'x는 폭탄이다'로부터 'x는 폭발하지 않는다'를 추론할 수 없다. 이런 이유에서 '가짜 폭탄'의 의미는 조합적이지 않다. 다시 말해 '가짜 폭탄'이라는 복합 표현의 의미는 오직 그것의 구성요소들의 의미들에 의해 결정되지 않는다. 그렇다면 우리는 (12)와 같은 종류의 새로운 문장의 의미를 어떻게 이해할 수 있는가?

먼저 우리가 분해단계에서 다음의 문장들을 포함하여 충분히 많은 수의 샘플 문장들의 적절한 용법들에 대해 알게 되었다고 가정해 보자.

가짜 서명은 법적 효력이 없다. 가짜 케이크는 먹기에 부적합하다. 가짜 돈은 상품을 구매하기 위해 사용될 수 없다.

다시 말해 분해단계에서 다음과 같은 추론들이 옳다는 사실을 알게 되었다고 가정해 보자.

'x는 가짜 서명이다' → 'x는 법적 효력이 없다'
'x는 가짜 케이크이다' → 'x는 먹기에 부적합하다'
'x는 가짜 돈이다' → 'x는 상품을 구매하기 위해 사용될 수 없다'

이 경우 우리는 위와 같은 추론들이 다음과 같은 언어규칙에 의해 성립함을 추정할 수 있다.

x는 가짜 A이다. A의 변별적인 특성은 B이다. 따라서 x는 B라는 특성을 가지지 않는다.

그러면 위 언어규칙에 따라서 우리는 재구성단계에서 다음과 같이 추론할 수 있다.

x는 가짜 폭탄이다. 폭탄의 변별적인 특성은 폭발성이 있다는 것이다. 따라서 x는 폭발성이 없다.

그리고 이에 따라 다음의 추론이 성립함을 알 수 있다.

'x는 가짜 폭탄이다' → 'x는 폭발성이 없다'

다시 말해 우리는 '가짜 폭탄은 폭발하지 않는다'고 말할 수 있다.
위와 같은 방식으로 두 단계 조합 전략을 이용함으로써 우리는 새로운 문장을 산출하고, 또한 이해할 수 있다. 다시 말해 우리는 유한한 수의 문장들의 적절한 용법을 배움으로써 그러한 용법을 구속하는 언어규칙들을 (암묵적으로) 배울 수 있다. 그리고 그렇게 (암묵적으로) 배운 언어규칙들을 토대로 새로운 문장들의 적절한 용법을 결정할 수 있다. 따라서 이른바 '조합성의 원리'에 호소함이 없이도 언어의 생산성을 설명할 수 있다.[137]

4. 객관적 진리의 문제

사용이론은 사회실천이론이다. 이 이론에 따르면 한 단어의 의미는 한 언어공동체 내에서 그것이 어떻게 사용되는지에 의해 결정된다. 그런데 '물은 H$_2$O이다'와 같은 객관적 진리는 언어공동체가 우주에서 완전히 사라지는 경우에도 여전히 참인 것처럼 보인다. 그렇다면 추론주의는 객관적 진리를 어떻게 설명할 수 있는가?

주관적 지칭, 상호주관적 지칭, 그리고 객관적 지칭

먼저 지칭의 경우를 살펴보자. 이 절에서 필자는 다음을 주장할 것이다. 지칭은 화자와 독립적이지 않다. 그렇지만 이 사실은 여전히 객관적 지칭의 개념과 양립한다.

제9장 3절에서 다뤘던 터닙의 예를 다시 고려해 보자. 늙은 은둔자 d를 그 마을 사람들 중 오직 a만이 50여 년 전에 마을을 떠났던 터닙으로 여긴다고 가정해 보자. 그래서 마을 사람들 중 오직 a만이 '터닙'을 d의 이름으로 사용한다고 가정해 보자. 이런 경우 우리는 'a가 '터닙'으로서 지칭하는 것은 d이다'라고 말할 수 있다.[138] 그리고 오직 한 사람만이 '터닙'을 d의 이름으로 사용한다는 의미에서 주관적 지칭subjective reference의 사례라고 말할 수 있다.

그런데 여기서 한 가지 상기해야 할 논점이 있다. 우리는 표현과 표현의 사용을 구분해야 한다. 예컨대 화자 a가 '나'로서 지칭하는 것은 a이고, 다른 화자 b가 '나'로서 지칭하는 것은 b이다. 따라서 '나'라는 표현 자체는 각 화자의 그와 같은 사용과 독립적으로 특정 대상을 지칭하지 않는다. '터닙'과 같은 이름의 경우도 마찬가지이다. 따라서 어떤 표현이 무언가를 지칭하기 위해서는 그 표현을 특정한 방식으로 사용하는 화자가 있어야 한다. 또한 위의 경우에 '터닙'이 d의 이름으로 사용되는 것은 a가 그렇게 사용하기 때문이다. 따라서 주관적 지칭은 화자와 독립적이지 않다.

이제 a뿐 아니라 마을의 모든 사람들이 d에 관해 말하기 위해 '터닙'이라는 이름을 사용한다고 가정해 보자. 그러면 '마을 사람들이 '터닙'으로서 지칭하는 것은 d이다'라고 말할 수 있다. 또한 이 경우 모든 마을 사람들이 '터닙'을 d의 이름으로 사용한다는 의미에서 상호주관적 지칭intersubjective reference의 사례라고 말할 수 있다. 그런데 이 경우에 마을 사람들이 '터닙'으로서 지칭하는 것이 d인 이유는 마을 사람들이 그렇게 사용하기 때문이다. 따라서 상호주관적 지칭의 경우도 화자와 독립적이지 않다.

그런데 터닙은 50여 년 전에 마을을 떠났던 사람이다. 그리고 늙은 은둔자 d는 그 사람과 동일인이 아니다. 따라서 이 사실이 밝혀지면, 마을 사람들은 'd는 결국 터닙이 아니었다'라고 말해야 한다. 다시 말해 '터닙'으로서 d를 지칭함에 있어서 오류가 있었음을 인정해야 한다. 이런 의미에서 상호주관적 지칭은 객관적 지칭objective reference과 여전히 구분된다. 그리고 이런 의미에서 객관적 지칭은 상호주관적 지칭보다 강한 개념이다. 이제 우리 모두가 미국의 제44대 대통령인 m에 관해 말하기 위해 '버락 오바마'라는 이름을 사용한다고 가정해 보자. 그러면 '모든 사람들이 '버락 오바마'로서 지칭하는 것은 m이다'라고 말할 수 있다. 그리고 이 경우 우리가 '버락 오바마'라는 이름을 그렇게 사용함에 있어서 아무런 오류가 없다고 가정해 보자. 다시 말해 어떤 오류가 밝혀짐으로써 그 이름의 기존 용법을 수정해야 하는 일은 발생하지 않는다고 가정해 보자. 우리는 이런 경우를 객관적 지칭의 사례라고 말할 수 있다. 그런데 이런 경우에 우리가 '버락 오바마'로서 지칭하는 것이 m인 이유는 우리가 그렇게 사용하기 때문이다. 따라서 객관적 지칭의 경우도 화자와 독립적이지 않다. 요컨대 지칭이 화자와 독립적이지 않다는 사실은 객관적 지칭의 개념과 양립한다.

주관적 참, 상호주관적 참, 그리고 객관적 참

참의 경우도 지칭의 경우와 다를 바 없다. 참도 우리의 태도와 독립적이지 않다. 또한 이 사실은 객관적 참의 개념과 양립한다.

앞서 언급했던 터닙의 사례를 다시 고려해 보자. d는 늙은 은둔자이다. 그리고 마을 사람들 중 오직 a만이 (12)를 참으로 여긴다고 가정해 보자.

(13) d는 터닙이다.

우리는 이런 경우를 주관적 참subjective truth의 사례라고 말할 수 있다. 그리고 이런 의미의 주관적 참은 특정인의 태도와 독립적이지 않다. 이제 a뿐 아니라 마을의 모든 사람들이 (13)을 참으로 여긴다고 가정해 보자. 우리는 이런 경우를 상호주관적 참intersubjective truth의 사례라고 말할 수 있다. 그런데 늙은 은둔자 d가 50여 년 전에 마을을 떠났던 터닙과 동일인이 아니라는 사실이 밝혀지면, 마을 사람들은 '(13)은 결국 참이 아니었다'라고 말해야 한다. 다시 말해 (13)을 참으로 여김에 있어서 오류가 있었음을 인정해야 한다. 이런 의미에서 상호주관적 참은 객관적 참objective truth과 여전히 구분된다. 그리고 이런 의미에서 객관적 참은 상호주관적 참보다 강한 개념이다.

이제 m이 제44대 미국 대통령이라고 가정해 보자. 그리고 우리 모두가 다음 진술 (14)를 참으로 여긴다고 가정해 보자.

(14) m은 버락 오바마이다.

그리고 (14)를 참으로 여김에 있어서 아무런 오류가 없다고 가정해 보자. 이런 경우 오류가 밝혀짐으로써 (14)에 대한 승인을 철회해야 하는 상황은 발생하지 않을 것이다. 이런 경우를 우리는 객관적 참의 사례라고 말할 수 있다. 그리고 이런 의미의 객관적 참은 우리의 태도와 독립적이지 않다. 왜냐하면 (14)를 참으로 여기는 것은 우리의 태도이기 때문이다. 따라서 진리(또는 참)가 우리의 태도와 독립적이지 않다는 사실은 객관적 진리의 개념과 양립한다.

진리의 현상학적 이론

진리가 우리의 태도와 독립적이지 않다는 논점에 대해 좀 더 부연설명을 하면 다음과 같다.

첫째, 옳고 그름을 평가할 수 있는 최소단위는 문장으로 표현되는 명제이다. 조금 달리 표현하면, 진리치의 담지자는 명제이다. 그리고 명제는 개념들에 의해 구성된다. 예컨대 '지구는 둥글다'라는 문장이 표현하는 명제는 지구의 개념과 둥긂의 개념으로 구성된다. 그리고 개념 전체론 conceptual holism에 따르면 각 개념은 개념체계와 독립적이지 않다.[139]

그래서 개념체계와 독립된 진리는 없다. 이런 의미에서 '물은 H₂O이다'의 참도 우리의 개념체계와 독립적이지 않다. 이 점에서 우리가 옳고 그름을 평가하고자 하는 '물은 H₂O이다'라는 진술이 우리가 이해할 수 있는 진술임에 주목할 필요가 있다.

둘째, 진리대응이론the correspondence theory of truth이 설득력이 없다는 사실에 또한 주목할 필요가 있다. 진리대응이론의 가장 큰 문제점은, 우리가 우리 자신의 개념적 판단과 객관적 사실을 우리의 개념체계에서 벗어나 직접 비교할 수 없다는 사실이다.

그런데 진리가 언어적 진술(또는 개념적 판단)과 실재 사이의 대응이 아니라면, 진리(또는 참)는 과연 무엇인가? 어떤 것을 진지하게 주장하거나 승인하는 것은 그것을 참인 것으로 여기는 것이다. 따라서 브랜덤(Brandom, 1994)에 의하면 참의 개념은 참인 것으로 여김taking-as-true의 개념에 의해 이해돼야 한다. 이 설명이 넓은 의미에서 '현상학적'phenomenalistic 접근인 이유는, 진리의 현상에 우리가 어떤 것을 참인 것으로 여기는 것의 적절성 이상의 것이 없다고 주장하기 때문이다.[140]

이제 다음의 진리조건을 살펴보자.

(15) '지구는 둥글다'는 참이다 ↔ 지구는 둥글다('The earth is round' is true if and only if the earth is round).

제14장에서 언급한 것처럼, 진리 대용어이론에 따르면 'x는 참이다' 형식의 문장은 대문장이다. 그리고 선행문장을 대용어적으로 지시하는 용어 x를 상술하는 한 가지 방법은 그 선행문장에 이름을 붙이는 것이다. 예컨대 (15)의 왼쪽 문장의 선행문장은 (15)의 오른쪽 문장의 사례일 수 있다. 이 경우 (15)의 왼쪽 문장은 그 선행문장을 인용하는 이름에 '참이다'

라는 대문장 형성어를 적용함으로써 형성된 대문장이다. 그리고 이 대문장은 그 선행문장을 승인한다는 사실을 표현한다. 따라서 (15)의 왼쪽 문장을 정당하게 주장할 수 있기 위해서는 (15)의 오른쪽 문장 '지구는 둥글다'를 정당하게 주장할 수 있어야 한다. 그리고 (15)의 오른쪽 문장을 정당하게 주장하기 위해서는 이를 옹호해 주는 적절한 증거들이 있어야 한다. 따라서 우리가 (15)의 왼쪽 문장을 주장할 수 있는 이유는 '지구는 둥글다'를 참인 것으로 여기기 때문이고, 그렇게 여기는 이유는 (15)의 오른쪽 문장을 옹호해 주는 적절한 증거들이 존재하기 때문이다.

그런데 우리는 '지구는 둥글다'가 객관적으로 참이라고 생각한다. 그렇다면 우리는 무슨 근거에서 이 진술을 객관적으로 참이라고 여기는가? 앞서 언급했던 것처럼, 'p는 참이다'라는 대문장은 선행문장 p가 성립하는 경우에 옳다. 이런 이유에서 우리가 p를 정당하게 주장할 수 있을 때, 마찬가지로 'p는 참이다'라는 대문장을 정당하게 주장할 수 있다. 달리 말해 'p'가 정당화될 때 'p는 참이다'도 마찬가지로 정당화된다. 그렇다면 어떤 조건하에서 우리는 p를 믿음에 있어서 정당화되는가?

어떤 믿음이 정당화된다고 말하는 것은 인식목적과 관련하여 그 믿음이 긍정적 위상을 가진다고 말하는 것이다. 셀라스에 따르면 우리의 인식목적은 최고의 설명적 정합성을 가지는 세계상을 획득하는 것이다. 그리고 이를 위해 우리의 개념체계를 점진적으로 개선하는 것이다. 그런데 어떤 개인도 혼자서 세계의 모든 측면을 파악할 수 없다. 다시 말해 각자가 혼자서 획득할 수 있는 정보는 매우 제한적일 수밖에 없다. 따라서 우리의 인식적 노력은 협동을 요구한다. 즉 서로 정보를 주고받는 것이 매우 중요하다. 또한 우리는 신神이 아니기 때문에 우리의 믿음들은 오류 가능하다. 그래서 우리가 다른 사람들이 제공하는 정보를 어느 것이든 아무런 의심 없이 받아들인다면 잘못된 정보로 인해 우리의 생존과 복지가 위험에 처할 수 있다. 따라서 인식목적을 위해 우리가 할 수 있는 최선은 적절한 이유 또는 근거에 의해 옹호되는 명제들을 믿는 것이다. 이를 위해 우리 인류는 아주 오래전부터 다른 사람의 주장을 받아들이기 전에 그것의 신빙성을 평가하는 사회실천을 해 왔다. 즉 정당화를 요구하고 이에 응답하는 사회실천을 해 왔다. 이 점에서 우리는 또한 과학탐구가 과학자들 사이의 협동을 필요로 한다는 점에 주목할 필요가 있다. 이러한 협동은 과학자들이 서로 공유함으로써 그들의 의견이 합리적으로 수렴될 수 있도록 해 주는 중립적 심판자로서의 증거에 의존한다. 그런데 증거가 이와 같이 중립적인 심판자의 역할을 하기 위해서는 공적公的인 성격을 가져야 한다. 즉 다수의 개인들에 의해 평가될 수 있는 그런 종류의 것이어야 한다. 이런 이유들에서 우리의 정당화 개념은 정당화를 요구하고 이에 응답하는 사회실천을 배경으로 발전되어 온 상호주관적 개념이다. 다시 말해 우리는 정당화 개념을 이와 같은 상호주관적 정당화 모델에 따라 이해해야 한다.

그렇다면 상호주관적 참과 객관적 참은 어떻게 구분되는가? 브랜덤에 따르면 우리는 어떤 시점에 우리 모두가 참인 것으로 여기는 것이 나중에 거짓으로 밝혀질 수 있다는 것이 무슨 뜻인지를 이해함으로써 상호주관적 참과 객관적 참 사이의 구분을 이해할 수 있다. 정당화의 평가는 접근 가능한 증거에 상대적이다. 그리고 반대증거가 나중에서야 알려질 수 있다. 따라서 현재 접근 가능한 증거들에 의해 정당화의 위상을 갖고 있는 믿음이 나중에 알려지게 된 반대증거에 의해 정당화의 위상을 잃을 가능성을 완전히 배제하기 어렵다. 예컨대 뉴턴역학은 한때 정당화되는 것으로 여겨졌지만, 지금은 더 이상 정당화되는 이론이 아니다. 따라서 현 시점에서 상호주관적인 진리도 나중에 적절한 반대증거가 제시되면 논박될 수 있다. 그러므로 '정당화되는 것으로 여겨지는 것'being deemed justified과 '실제로 또는 객관적으로 정당화되는 것'being really or objectively justi-fied을 구분할 필요가 있다. 그렇지만 현재 정당화되는 믿음들의 일부는 나중에 논박되는 불운을 겪지 않을 것이다. 어떤 믿음이 현재 접근 가능한 증거들에 의해 상호주관적 정당화의 위상을 가지고 있고, 또한 나중에 그 믿음을 논파할 수 있는 누락된 반대증거가 실제로 없으면, 그 믿음은 단지 정당화되는 것으로 여겨지는 데 불과한 것이 아니라 실제로 즉 객관적으로 정당화된다. 예컨대 우리가 지구는 둥글다고 믿음에 있어서 객관적으로 정당화된다고 가정해 보자. 그러면 나중에 이 믿음을 논박할 수 있는, 누락된 반대증거가 없을 것이다. 따라서 지구는 태양 주위를 공전한다는 믿음은 나중에도 정당화의 위상을 잃지 않을 것이다.

그렇다면 정당화를 요구하고 이에 응답하는 '우리'의 사회실천에서 '우리'는 누구인가? 앞서 언급했던 것처럼, 우리가 '상호주관적 정당화' 보다 강한 개념인 '객관적 정당화' 개념을 필요로 하는 이유는, 특정 공동체 내에서 상호주관적으로 정당화된 믿음도 나중에 새로운 증거나 근거를 제시하는 어떤 존재에 의해 논박될 수 있기 때문이다. 이처럼 새로운 증거나 근거를 제시하는 존재는 다른 공동체 내에 있을 수도 있고, 미래 세대에 출현할 수도 있다. 따라서 상호주관성을 넘어선 객관성의 관점에서 어떤 명제의 참·거짓을 따지는 경우에는 정당화를 요구하고 이러한 요구에 응답하는 '우리'의 사회실천에서 '우리'의 멤버십에 제한이 없다. 정당화를 요구하고 이에 응답하는 정당화 게임에 참여할 수 있는 지성적인 존재는 누구나 '우리'의 일원이 될 수 있다. 여기에는 인간 이외의 지성적 존재들도, 만약 있다면 포함되며, 더 나아가 미래세대의 지성적 존재들도 포함된다. 어떤 주장이 이처럼 포괄적인 '우리'의 관점에서 상호주관적으로 정당화되는 것이라면 나중에 이를 논박하는 새로운 증거나 근거를 제시하는 어떤 존재가 나타날 수 없다. 왜냐하면 그런 존재는 이미 포괄적인 '우리'의 일원이기 때문이다. 따라서 어떤 주장이 이처럼 포괄적인 '우리'의 관점에서 상호주관적으로 정당화되면 그것은 객관적으로 정당화되는 주장이다. 따라서 객관적 정당화는 상호주관적 정당화와 질적으로 다른 종류의 정당화가 아니다. 어떤 믿음의 객관적 정당화는 그 믿음의 상호주관적 정당화에서 정당화 여부에 영향을 주는 중요한 증거들 또는 근거들 중 그 어떤 것도 누락되는 것이 없도록 상호주관적 정당화의 범위를 넓힌 정당화이다. 따라서 어떤 주장이 객관적으로 정당화된다는 말은 그 주장이 객관적으로 참이라는 말과 마찬가지다. 다시 말해 객관적으로 참인 믿음들은 상호주관적으로 정당화되는 믿음들 중 미래에도 논박되지 않는 그런 믿음들이다. 이런 이유에서 객관적 정당화는 객관적 진리와 다를 바가 없고, 객관적 정당화는 상호주관적 정당화의 한 특색으로 이해될 수 있다.

추론주의는 위와 같은 방식으로 '지구는 둥글다'와 같은 객관적 참 또는 진리를 설명할 수 있다. 우리가 이와 같은 믿음이 객관적 진리라고 여기는 이유는 현재 이것이 매우 강력한 증거에 의해 정당화되며, 또한 나중에 이것이 현재 우리가 누락하고 있는 어떤 반대증거에 의해 논박될 것이라고 생각할 만한 그 어떤 적극적인 증거나 근거가 없기 때문이다. 그렇다면 인류가 멸망하여 아무도 존재하지 않게 되면 '지구는 둥글다'의 인식적 위상은 어떻게 되는가?

우선 우리는 문장과 문장의 사용을 구분해야 한다. 앞서 지적했던 것처럼, 오직 문장의 사용만이 진리치를 가진다. 따라서 '지구는 둥글다'라는 문장이 객관적으로 참인지 여부를 고려할 때, 우리가 고려하는 것은 이 문장의 현재의 사용이다. 즉 현재 사용된 것으로서 이 문장이 표현하는 명제가 객관적으로 참인지 여부를 고려하는 것이다. 이런 이유에서 '지구는 둥글다'라는 명제는 우리의 관점과 독립적이지 않다. 물론 인류가 멸망한 이후에도 인류가 남긴 여러 흔적들 중에서 이 문장이 포함된 자료를 발견하고, 많은 연구 끝에 '지구는 둥글다'라는 문장의 의미를 이해하게 되는 어떤 지성적 존재가 있을 수 있다. 그렇지만 그 지성적 존재가 이 문장의 의미를 옳게 이해한다는 말은, 우리가 이 문장을 어떻게 사용했는지를 이해하게 됐다는 말과 같다. 그런 경우에만 그 지성적 존재가 이 문장 속에 있는 '지구'의 의미와 '둥글다'의 의미를 우리가 의미하는 바대로 이해하게 되었다고 말할 수 있다. 또한 위와 같은 지성적 존재가 그렇게 이해할 수 있게 된다면, 이 문장이 표현하는 명제를 참인 것으로 평가해야 한다. 그리고 이 평가는 반대증거에 의해 논박되지 않을 것이다. 이런 의미에서 '지구는 둥글다'라는 문장이 표현하는 명제는 인류가 멸종한다손 치더라도 여전히 참이라고 말할 수 있다. 마찬가지의 의미에서 우리는 이 명제를 객관적으로 참인 것으로 평가할 수 있다. 그렇지만 이 문장의 의미는 여전히 이 문장이 어떻게 사용되었는지에 의존한다. 따라서 객관적 참의 문제는 추론주의 의미론에 심각한 문젯거리가 아니다.

제 16 장

의미 불안정성 문제

비표상주의 의미론

의미 전체론meaning holism에 따르면 한 언어에 속하는 모든 표현들의 의미들은 상호의존적이다. 그리고 추론주의 의미론에 따르면 한 진술의 의미는 전체 체계를 구성하는 다른 진술들과의 추론관계들에 의해 주어진다. 그래서 각 진술의 의미는 다른 진술들과 독립적으로 결정될 수 없다. 따라서 추론주의 의미론은 의미 전체론을 받아들인다. 의미 전체론은 포더Jerry Fodor가 적절히 지적한 것처럼, "현재의 언어철학에서 거의 공인된 견해의 위상"을 갖고 있다.[141] 왜냐하면 의미 전체론은 콰인, 셀라스, 데이비드슨, 데넷Daniel Dennett, 블록Ned Block, 브랜덤 등등을 포함하여 수많은 영미 철학자들에 의해 옹호되는 견해이기 때문이다.

그런데 추론주의 의미론이 의미 전체론을 함축한다는 사실은 이른바 '의미 불안정성meaning instability 문제'를 야기한다.[142] 한 진술의 의미는 전체 체계 속에서 그것의 추론적 역할에 의해 주어진다. 그런데 전체 체계가 조금만 달라져도 그 전체 체계에 상대적인 그 진술의 추론적 역할에 변화가 발생하고, 이에 따라 그것의 의미가 변하게 된다. 같은 문제가 개념의 차원에서도 발생한다. 즉 한 사람의 믿음이 바뀌면 그 사람이 가지는 개념도 바뀌게 된다. 예컨대 어떤 사람이 개는 시끄럽고 무서운 것이라고 믿다가 애완견을 기른 후 개가 귀엽고 사랑스러운 것이라고 믿게 되면 그 사람이 가지는 개의 개념이 바뀌게 된다. 그런데 그렇게 되면 어느 누구도 엄밀한 의미에서 동일한 믿음을 갖기 어렵게 된다. 따라서 의미 전체론은 아무도 엄밀한 의미에서 동일한 개념을 공유할 수 없다는 부조리한 귀결을 함축하는 것처럼 보인다. 또한 한 사람의 경우를 통시적으로 살펴봐도, 새로운 믿음이 추가될 때마다 전체 믿음 체계가 바뀌게 되므로 어떤 특정 개념을 계속 유지하는 것이 사실상 불가능해진다. 더 나아가, 의미 전체론은 과학의 진보를 설명하기 어려운 것처럼 보인다. 과학이 진보함에 따라 물리적 대상들, 예컨대 전자electron에 대해 과거에 비해 점점 더 많은 정보를 갖게 되고, 또한 더 정확한 예측을 할 수 있게 된다. 그런데 새로운 믿음이 추가될 때마다 '전자'의 의미가 바뀐다면, 전자에 대한 우리의 지식이 증가한다고 말하기 어렵게 된다.

따라서 의미 전체론이 직면하는 한 가지 중요한 문제는 서로 다른 개념을 가진 사람들이 어떻게 성공적으로 커뮤니케이션을 할 수 있는지를 설명하는 것이다. 예컨대 통상적으로 '개는 동물이다'는 개념적으로 참인 문장으로 간주된다. 그렇지만 우리 주위에 있는 개들이 동물이 아니라 외계인들이 지구인들을 감시하기 위해 보낸 스파이 로봇이라고 믿는 과대망상증 환자가 있을 수 있다. 이 경우 그 과대망상증 환자의 개 개념은 우리의 개 개념과 사뭇 다르다고 말할 수 있다. 그렇지만 이런 극단적인 경우에서도 우리는 여전히 그 사람과 과연 개가 외계인들이 보낸 스파이 로봇인지에 대해 논쟁을 할 수 있다. 그렇다면 서로 다른 개념을 가진 사람들이 어떻게 성공적으로 커뮤니케이션을 할 수 있는가?

1. 브랜덤의 평등주의적 전체론

브랜덤(Brandom, 1994)에 따르면 한 주장을 이해하기 위해서는 그것의 모든 추론적 의의들推論的 意義, inferential significances을 평가할 수 있어야 한다. 그리고 이와 같은 추론적 의의들은 주체가 갖고 있는 믿음들에 상대적이다. 한 가지 예를 살펴보자. 어떤 아이 a가 황소 싸움을 관람한 후 모든 갈색 소들은 위험하다는 우연적 믿음을 갖게 되었다고 가정해 보자. 그래서이 믿음을 토대로 다음과 같은 추론을 하게 되었다고 가정해 보자.

모든 갈색 소들은 위험하다. 워낭이는 갈색 소이다. 따라서 워낭이는 위험하다.

이 경우 a에게 있어서 '워낭이는 갈색 소이다'라는 주장은 '워낭이는 위험하다'는 추론적 함축을 지닌다. 그리고 이 추론적 함축이 성립하는 이유는 a가 '모든 갈색 소들은 위험하다'는 우연적 믿음을 갖고 있기 때문이다. 그런데 다른 아이 b는 집에서 농사일을 돕는 매우 순한 황소와 더불어 자란 경험 때문에 '모든 갈색 소들은 위험하다'라는 믿음을 갖고 있지 않다고 가정해 보자. 그러면 b에게 있어서 '워낭이는 갈색 소이다'라는 주장은 '워낭이는 위험하다'라는 추론적 함축을 지니지 않는다. 다시 말해 '워낭이는 갈색 소이다'의 추론적 함축은 a와 b에게 서로 다르다. 따라서 한 주장의 추론적 함축은 주체가 어떤 믿음들을 갖고 있는지에 상대적이다. 이런 이유에서 브랜덤은, 한 주체가 '모든 갈색 소들은 위험하다'와 같은 우연적 믿음을 새로 갖게 되는 경우조차도 관련된 용어들의 추론적 함축에 영향을 주고, 그에 따라 관련된 용어들의 의미에 영향을 준다고 주장한다. 그래서 브랜덤의 평등주의적 전체론egalitarian holism에 따르면 용어들 사이의 추론관계들 중에서 의미를 결정하는 데 특권적 위상을 가지는 것은 없다. 따라서 한 언어표현의 의미론적 내용은 그것이 연루된 모든 추론관계들에 의해 결정된다. 다시 말해 그는 부수적 정보에 의존된 추론들도 의미를 구성하는 추론들이라고 주장한다.[143]

그런데 위 견해를 받아들이면, 우리가 엄밀하게 말해서 동일한 개념을 공유하기 어렵다는 사실을 받아들여야 한다. 그래서 같은 개념을 공유하지 않는 사람들 사이에서 어떻게 성공적인 커뮤니케이션이 가능한지에 대한 의문이 제기된다. 이에 대해 브랜덤은 커뮤니케이션이 과연 무엇인지에 대해 다시 생각할 필요가 있다고 주장한다.

커뮤니케이션에 관한 상식적 모델에 따르면 커뮤니케이션은 어떤 공통적인 것을 서로 공유하는 과정이다. 즉 성공적인 커뮤니케이션이 일어나면, 커뮤니케이션 이전에 단지 전달하려는 사람만이 소유하고 있던 어떤 정보를 커뮤니케이션 이후엔 전달받은 사람도 마찬가지로 소유하게 된다. 브랜덤에 따르면 의미 불안정성 문제가 발생하는 것은 우리가 이 상식적 모델을 받아들이기 때문이다. 따라서 그는 이 상식적 모델을 포기해야 한다고 주장한다. 그가 제안하는 새로운 커뮤니케이션 모델에 따르면, 커뮤니케이션은 어떤 공통적인 것을 공유하는 것이 아니라, 단지 "실천 속에서의 일종의 협동" 또는 "공동의 활동 속에서 서로 협동하는 것"이다.[144]

브랜덤에 따르면 커뮤니케이션에서 가장 본질적인 것은 다른 사람의 말로부터 정보를 추출하는 것이다.[145] 그렇다면 다른 사람의 말로부터 정보를 추출한다는 것은 어떤 것인가? 앞 장에서 언급했던 주술사의 예를 다시 살펴보자. 한 언어학자가 아프리카에서 어떤 부족의 주술사를 만나게 되었고, 그 주술사가 다음과 같이 말했다고 가정해 보자.

(1) 일곱 번째 신神이 방금 일어났다.

위 진술에서 '일곱 번째 신'이 무엇에 관한 것인지를 알지 못하면, 그 언어학자는 그 주술사의 말로부터 유의미한 정보를 얻을 수 없다. 그렇지만 그 언어학자가 그 부족의 언어를 오랫동안 연구한 끝에 다음과 같이 말할 수 있게 되었다고 가정해 보자.

(2) 그 주술사가 '일곱 번째 신'이라고 지칭한 것은 태양이다.

이 경우 그 언어학자는 주술사가 말한 내용을 대물적 서술을 이용하여 다음과 같이 보고할 수 있다.

(3) 그 주술사는 <u>태양에 관하여</u> 그것이 방금 떴다고 말했다.

제8장 3절과 제15장 2절에서 지적한 바와 같이, 대물적 서술의 경우에는 보고자가 승인하는 동일성을 이용할 수 있다. 그리고 우리는 (3)과 같은 대물적 서술을 통해서 해가 떴다는 유용한 정보를 얻을 수 있다. 따라서 커뮤니케이션에서 중요한 것은 화자의 표현이 무엇에 관한 것인지를 청자의 입장에서 해석하는 것이다. 예컨대 '일곱 번째 신'이란 주술사의 표현을 언어학자의 표현인 '태양'으로 해석함으로써, 비록 같은 대상에 관해 서로 다른 개념을 가짐에도 그 언어학자는 여전히 유용한 정보를 추출할 수 있다. 이 점에 대해 부연설명을 하면 다음과 같다.

두 사람 a와 b 앞에 탁자가 하나 있다고 하자. 그리고 a와 b 모두 '내 앞에 탁자가 있다'는 지각믿음을 갖고 있다고 하자. 데이비드슨(Davidson, 2001)에 따르면, 우리가 단지 a만을 고려하면 이 지각믿음에서 '탁자'가 지칭하는 것이 근접원인proximal cause인지 아니면 원격원인distal cause인지를 결정할 수 없다. 근접원인은 a 앞에 있는 타자가 야기한 a의 근접자극prox-imal stimulus이고, 원격원인은 a와 b가 각기 가지는 상이한 근접자극들의 공통원인으로서의 타자이다. a와 b가 각기 가지는 근접자극은 서로 다른 것이므로, a와 b 사이에서 타자에 관한 커뮤니케이션이 가능하기 위해서는 '타자'가 지칭하는 것이 a와 b가 공유하는 원격원인이어야 한다. 그러나 각 사람의 주관적 입장에서 원격원인이 근접원인보다 더 중요하다고 볼 아무런 이유가 없다. 따라서 데이비드슨은 지각믿음의 내용을 적절하게 결정하기 위해서는 타자他者, the second person가 필요하다고 주장한다. 브랜덤은 이러한 데이비드슨의 인과적 삼각작용 논증the causal triangulation argument을 받아들인다. 그러나 a와 b가 타자에 인과적으로 적절히 반응하는 것이 타자에 관한 커뮤니케이션이 가능하기 위한 필요조건이기는 하지만, 이런 원초적 능력만으로는 타자의 개념을 소유하기에 불충분하다. 한 개념을 파악하기 위해서는 그 개념이 관련된 추론들에 대한 실천적인 숙달이 또한 필요하기 때문이다. 따라서 브랜덤은 "신빙성 있는 차별적 반응 성향과 연관된 인과적 삼각작용causal triangulation은 다른 개념들과 연관된 추론적 삼각작용inferential triangulation에 의해 보강돼야만 한다"고 주장한다.[146]

위 논점을 앞서의 논의에 적용하면 다음과 같다. 비록 주술사의 일곱 번째 신 개념과 우리의 태양 개념은 추론적 함축이 다르므로 서로 다른 개념들이지만, 양자는 동일한 대상과 인과적으로 연관되어 있다. 따라서 대물적 믿음의 차원에서 주술사의 주장이 무엇인지를 우리의 관점에서 이해할 수 있다. 해가 방금 뜬 비언어적 상황에서 주술사는 (1)과 같이 말할 수 있다. 우리는 이것을 대물적 서술을 이용해 (3)과 같이 해석할 수 있다. 따라서 동일한 개념을 공유하지 않음에도 우리는 상호간에 정보를 추출할 수 있다. 이런 이유에서 브랜덤은 이른바 '의미 불안정성 문제'가 자신의 견해에 큰 문젯거리가 아니라고 주장한다.

2. 셀라시안 비평등주의적 전체론

제13장에서 언급했던 것처럼, 비논리적 용어들의 의미를 구성하는 추론들은 실질적으로 타당한 추론들이다. 예컨대 다음 추론들을 살펴보자.

(4) x는 개이다. 따라서 x는 동물이다.
(5) 서울은 인천의 동쪽에 있다. 따라서 인천은 서울의 서쪽에 있다.
(6) 방금 번개가 보였다. 따라서 천둥소리가 곧 들릴 것이다.
(7) x는 갈색 소이다. 따라서 x는 위험하다.

그렇다면 왜 (4), (5), (6)과 같은 추론은 의미를 구성하는 추론이지만, (7)과 같은 추론은 그렇지 않은가? 셀라스에 따르면 개념내용은 세 가지 종류의 언어규칙들, 즉 언어-진입 규칙들, 언어-언어 규칙들, 그리고 언어-이탈 규칙들에 의해 구성된다. 그리고 이러한 실질적 추론관계들은 조건문에 의해 명시화될 수 있다. 예컨대 (6)과 같은 실질적 추론은 '방금 번개가 보였다면 천둥소리가 곧 들릴 것이다'라는 가정법적 조건문sub-junctive conditional에 의해 명시적으로 표현될 수 있다. 그러한 가정법적 조건문은, 셀라스의 견해에 따르면 이유를 묻고 답하는 언어 게임 속에서 어떤 자극에 대한 반응으로서가 아니라, 필요시 언제든지 아무 조건 없이 자유롭게 도입될 수 있는 '자유 위치'free position를 차지한다.[147] 다시 말해 정당화를 요구하고 이에 응답하는 사회실천 속에서 (6)과 같은 추론을 하는 것은 항상 허용되기 때문에 '방금 번개가 보였다면 천둥소리가 곧 들릴 것이다'라는 언명은 우리의 언어 게임 내에서 언제든 주장될 수 있다.[148] 또한 우리가 그러한 언명들을 어떤 경우에든 정당하게 주장할 수 있는 이유는 실질적으로 타당한 추론들이 사물들의 법칙성the lawfulness of things에 대한 우리의 의식을 반영하기 때문이다. 그는 다음과 같이 말한다.

> '모든 A는 B이다'가 자연법칙이라고 말하는 것은 실질적으로 'x는 A이다'로부터 'x는 B이다'를 추론할 수 있다고 말하는 것이다. ……언어가 사물들의 법칙성에 대한 우리의 의식을 구현하는 것은 (언어 게임 내에서 특정 문장들이) 실질적으로 수행하는 역할(또는 같은 말이지만, 그것들의 실질적인 보조 위치material auxiliary positions)을 통해서이다(Sellars, 1963b, p. 331).

> 이제 언어 게임이 '모든 A는 B이다'라는 보조 위치를 포함한다면, 우리는 이 문장이 보조 위치를 가진다는 사실을 알려 주는 어떤 신호를 상상할 수 있다. 그러한 신호는 '필연적으로'의 패턴, 즉 '모든 A는 (필연적으로) B이다'일 수 있다(Sellars, 1963b, p. 330).

필자는 의미를 구성하는 추론과 그렇지 않은 추론이 반사실적 강건성counterfactual robustness에 의해 구별된다는 셀라스의 주장(Sellars, 1980a, 1980b)을 받아들인다. 다음의 두 추론들을 다시 고려해 보자.

(4) x는 개이다. 따라서 x는 동물이다.
(7) x는 갈색 소이다. 따라서 x는 위험하다.

(4)가 실질적으로 타당한 추론인 이유는 이 추론이 반사실적 강건성을 가지기 때문이다. 따라서 우리는 'x는 개이다'라고 정당하게 언명할 수 있는 모든 상황하에서 'x는 동물이다'를 또한 정당하게 언명할 수 있다. 다시 말해 우리는 이유를 묻고 답하는 사회실천 속에서 항상 이 추론을 할 수 있다. 반면 (7)이 실질적으로 타당한 추론이 아닌 이유는 반사실적 강건성이 성립하지 않기 때문이다. 예컨대 어떤 갈색 소가 양처럼 얌전한 가능세계가 있을 수 있다. 따라서 이유를 묻고 답하는 사회실천 속에서 (7)은 항상 정당화되는 그런 종류의 추론이 아니다.

그렇다면 의미를 구성하는 추론과 관련된 '반사실적 강건성'을 어떻게 이해해야 하는가? 우선 어떤 추론이 (실질적으로) 타당한 추론이라는 것은 이유를 묻고 답하는 사회실천 속에서 항상 허용되는 추론이라는 뜻이다. 그리고 '방금 번개가 보였다'로부터 '천둥소리가 곧 들릴 것이다'를 추론하는 것이 항상 허용되는 이유는 이러한 추론이 사물들의 법칙성에 대한 우리의 의식을 반영하기 때문이다. 예컨대 방금 번개가 보였다면 곧 천둥소리가 들리게끔 해 주는 인과법칙이 있다. 또한 (6)과 같은 추론을 허용하는 사회실천이 지금까지 잘 작동해 온 이유는 번개와 천둥소리 사이에 이러한 인과법칙이 실제로 성립하기 때문이다.[149]

그렇지만 위와 같은 추론에 관련된 규범적 힘은 이유를 묻고 답하는 사회실천에서 비롯되는 것이기 때문에 사실의 규칙성으로 환원되지 않는다. 한 가지 예는 다음과 같다. 길이를 측정하는 사회실천이 가능하기 위해선 많은 조건들이 필요하다. 예컨대 대상의 위치가 바뀔 때 길이가 변하지 말아야 하며, 길이를 재는 자의 길이가 시간을 통해 유의미하게 변하지 말아야 하며, 또한 누가 재든지 길이가 일정해야 하는 등등의 조건들이 필요하다.[150] 그런데 길이 측정이 이러한 조건들을 선제한다고 해서 미터법 체계가 가지는 규범성이 이러한 조건들로 환원될 수 있는 것은 아니다. 마찬가지로 (6)과 같은 추론들이 사물들의 법칙성에 대한 우리의 의식을 반영한다고 해서, 이러한 추론들에 연관된 규범성이 이러한 인과적 법칙성으로 환원될 수 있는 것은 아니다.

이제 앞서 언급했던 추론 (5)를 다시 고려해 보자.

(5) 서울은 인천의 동쪽에 있다. 따라서 인천은 서울의 서쪽에 있다.

위와 같은 추론에는 인과법칙이 아니라 개념적 규약이 관련되어 있다. 우리는 동쪽, 서쪽과 같은 개념들을 필요로 한다. 왜냐하면 방향에 대한 규약은 장소를 찾는 경우처럼 우리의 행동을 인도하는 데 매우 요긴하기 때문이다. 그리고 우리가 이러한 규약을 유지하는 한에 있어서 (5)와 같은 실질적 추론은 모든 가능세계에서 성립한다. 예컨대 세계의 지형이 바뀌는 경우에도 '서울이 인천의 동쪽에 있으면 인천은 서울의 서쪽에 있다'는 조건적 주장의 정당성은 변하지 않는다. 또한 (5)와 관련된 규범적 힘은 이것을 규범으로서 받아들이는 우리의 사회실천에서 비롯하는 것이다. 따라서 x가 y의 동쪽에 있는 경우, 우리는 y가 x의 서쪽에 있음을 어떤 상황에서도 정당하게 추론할 수 있다.

여기서 한 가지 가능한 비판을 고려해 보자. 먼저 실질적으로 타당한 추론과 경험적으로 명백한 사실에 토대를 둔 추론을 어떻게 구분할 수 있는가? 예컨대 'x는 지구이다'로부터 'x는 둥글다'로의 추론은 대다수 사람들에게 명백한 추론이지만, 그렇다고 이것이 의미를 구성하는 추론은 아니다. 그렇다면 그 이유는 무엇인가? 사물들의 법칙성에 대한 우리의 의식을 반영하는 실질적으로 타당한 추론은 '모든 A는 (필연적으로) B이다'의 형태로 명시화될 수 있어야 한다. 그러나 '지구'는 구체적 대상을 지칭하는 단칭어이다. 또한 이유를 묻고 답하는 사회실천 속에서 'x는 구체적 대상이다'로부터 'x는 둥글다'로의 추론은 타당하지 않다. 왜냐하면 많은 구체적 대상들이 둥글지 않기 때문이다. 따라서 의미를 구성하는 추론과 경험적으로 명백한 사실에 토대를 둔 추론은 반사실적 강건성에 의해 구분된다. 즉 '지구는 둥글다'는 판단은 사물들의 법칙성에 대한 우리의 의식을 반영하는 판단이 아니며, 따라서 이유를 묻고 답하는 사회실천 속에서 우리는 지구가 둥글지 않을 가능성을 배제할 수 없다.

3. 브랜덤의 두 가지 비판

앞 절에서 지적한 것처럼, 셀라스에 따르면 반사실적 강건성을 지닌 추론들만이 의미를 구성한다. 따라서 그는 한 표현(또는 개념)이 연관된 상이한 추론들에 대해 의미를 구성하는 추론들과 그렇지 않은 추론들을 구분하는 '비평등주의적 태도'를 취한다. 반면 콰인은 의미에 의한 추론과 사실에 의한 추론을 원리적으로 구분하는 것을 거부한다. 따라서 콰인식의 접근방식에 따르면 모든 추론들은 평등하다. 브랜덤은 다음과 같이 말한다.

> 나는 이 두 가지 전략들이 현대의 의미론적 추론주의자들에게 열려져 있다고 생각한다. 셀라스의 접근방식은 전적으로 실행 가능한 것처럼 보인다. 비록 내가 아는 한 다른 이론가들에 의해 아직 추구되지 않았지만 말이다. 『명시화하기』*Making It Explicit*에서 나는 콰인식의 전략의 한 버전을 채택했다(Brandom, 2010, p. 168).

다시 말해 브랜덤은 평등주의적 전체론을 주장한다. 이에 따르면 한 표현과 연관된 모든 추론관계들은 그 표현의 의미와 관련이 있다.[151] 그렇다면 왜 브랜덤은 셀라스처럼 반사실적 강건성을 기준으로 의미를 구성하는 추론들과 그렇지 않은 추론들을 구분하지 않는가? 그는 두 가지 이유를 제시한다.

특징적인 추론들의 특별한 부분집합(예컨대 반사실적으로 강건한 추론들)을 숙달하는 것은 개념을 파악하기 위한 일반적인 충분조건이 아니다. 왜냐하면 그러한 파악을 하기 위해서는 보조 가설로 이용될 수 있는 부수적인 커미트먼트들을 논항으로 취하고 추론적 의의를 값으로 산출하는 함수를 파악해야 하기 때문이다. ……(반사실적 강건성 또는 여타의 다른 방식으로) 개념을 구성하는 추론들을 구별하는 특권들을 어떻게 해석하든지 이 특권적 추론들의 승인은 여전히 관점에 따라 다를 수 있다(Brandom, 1994, p. 635).

먼저 첫 번째 논점에 대해 살펴보자. 브랜덤에 따르면, 한 사람의 주장을 이해하기 위해서는 그것의 모든 추론적 의의들을 평가해야 한다. 왜냐하면 그것이 결론의 역할을 하는 추론들의 집합과 그것이 전제의 역할을 하는 추론들의 집합은 그 주장을 하는 사람이 받아들이고 있는 여타 믿음들에 상대적이기 때문이다. 그는 다음과 같이 말한다.

우리는 각각 상이한 지각적 및 실천적 관점들을 구현한다. 따라서 결코 정확히 동일한 인식적 및 실천적 커미트먼트들을 할 수 없다. ……한 문장에 의해 표현된 주장의 내용을 평가하기 위해 필요한 부수적인 커미트먼트들의 집합에서 차이가 있는 한에서, 한 사람이 발화한 문장은 다른 사람이 발화한 같은 문장과 다른 것을 의미한다(Brandom, 1994, p. 510).

또한 브랜덤은 의미에 의한 추론과 사실에 의한 추론 사이의 명확한 구분을 부정한다. 조금 달리 말하면, 그는 언어적 오류linguistic mistake와 사실적 오류factual mistake 사이의 명확한 구분을 부정한다. 그는 다음과 같이 말한다.

나는 관련된 개념의 내용에 의해 옳은 추론과 세계가 어떠한지에 의해 옳은 추론을 구분해야 할 이론적 필요성이 없다고 생각한다(Brandom, 1997, p. 190).

따라서 브랜덤에 의하면 한 표현과 연관된 모든 추론관계들은 모두 그 표현의 의미와 관련이 있다. 따라서 어떤 사람 s가 '모든 갈색 소들은 위험하다'와 같은 우연적 믿음을 소유하게 되면, 이로 말미암아 '갈색', '소', '위험하다'와 같은 표현들에 암묵적으로 포함된 개념내용들이 변화하게 된다. 그리고 그런 이유에서 앞서 언급했던 (4)와 (7)은 모두 의미를 구성하는 추론들이다.

(4) x는 개이다. 따라서 x는 동물이다.
(7) x는 갈색 소이다. 따라서 x는 위험하다.

그러나 양자 사이에는 범주적 차이가 있다. 첫째, 직관적으로 (4')은 개념적 진리이지만 (7')은 그렇지 않다.

(4') 모든 개들은 동물이다.
(7') 모든 갈색 소들은 위험하다.

우리는 어떤 가능성에 대해 생각하기 위해서 우리의 개념들을 사용해야 한다. 예컨대 우리는 미국의 SF 영화 〈유인원들의 행성〉Planet of the apes에서 묘사된 상황, 즉 원숭이들이 인간보다 진화하여 인간들을 노예로 부리는 가능성을 상상할 수 있다. 그런데 그런 상상을 하기 위해서는 원숭이의 개념과 인간의 개념을 사용해야 한다. 그리고 이 개념들은 우리의 개념들이다. 따라서 개념적 진리들은 모든 가능세계에서 성립해야 한다. 다시 말해 개념적 진리들은 필연적으로 참이어야 한다. 예컨대 위와 같은 가능세계에서도 '모든 원숭이들은 동물이다', '모든 원숭이들은 인간들과 다른 종이다', '모든 개들은 동물이다' 등등의 개념적 진리들은 여전히 성립한다. 조금 달리 표현하면, 우리는 '원숭이', '인간', '개'와 같은 표현들을 다음의 언어-언어 규칙들에 따라 사용해야 한다.

(8) 'x는 원숭이다' → 'x는 동물이다'

(9) 'x는 원숭이다' → 'x는 인간이 아니다'

(4″) 'x는 개이다' → 'x는 동물이다'

그리고 이것들은 각각 '원숭이', '인간', '개'의 의미를 부분적으로 구성하는, 실질적으로 타당한 추론들이다. 그런데 이것들이 실질적으로 타당한 추론들인 이유는 이 추론들이 반사실적으로 강건하기 때문이다. 따라서 우리는 예컨대 'x는 개이다'라고 정당하게 언명할 수 있는 모든 상황하에서 'x는 동물이다'라고 또한 정당하게 언명할 수 있다. 다시 말해 우리는 이유를 묻고 답하는 사회실천 속에서 항상 이 추론을 할 수 있다. 마찬가지 이유에서 (4')은 이유를 묻고 답하는 사회실천 속에서 필요시 언제든지 아무 조건 없이 주장될 수 있는 '자유 위치'를 갖는다. 따라서 어떤 가능세계에 동물이 아닌 어떤 대상 x가 있으면, 우리는 이 x가 개가 아니라고 말할 수 있다. (4')은 이런 이유에서 필연적으로 참이다.

반면 (7)이 실질적으로 타당한 추론이 아닌 이유는 반사실적으로 강건하지 않기 때문이다. 예컨대 어떤 갈색 소가 양처럼 얌전한 가능세계가 있을 수 있다. 따라서 이유를 묻고 답하는 사회실천 속에서 (7)은 항상 정당화되는 그런 종류의 추론이 아니다. 다시 말해 (7')은 필연적으로 참인 진술이 아니다. 그래서 우리가 (7')을 옹호하고자 한다면, 이것이 참임을 보여 주는 경험적 증거를 제시해야 한다. 이런 이유에서 (7)은 축약삼단논법이고, 따라서 다음과 같이 명시적으로 표현될 수 있다.

(7'') 모든 갈색 소들은 위험하다(암묵적 전제). x는 갈색 소이다. 따라서 x는 위험하다.

여기서 우리는 이 추론이 형식적으로 타당한 추론임에 주목할 필요가 있다. 또한 우리는 오직 '모든 갈색 소들은 위험하다'라는 암묵적 전제를 옹호할 수 있는 한에서만 (7'')의 결론을 옹호할 수 있다.

반면 우리는 (4')이 참인지를 실제로 모든 개들이 동물인지 여부를 일일이 경험적으로 확인하지 않고서도 알 수 있다. 그 이유는 앞서 언급한 바와 같이 (4'')이 '개'의 의미를 부분적으로 구성해 주는 언어-언어 규칙이기 때문이다. 즉 우리는 '개'란 표현을 이 언어규칙에 따라 사용해야 한다. 따라서 아무리 개와 비슷하게 생겨도 동물이 아닌 것은 결코 개로 분류돼서는 안 된다. 이런 이유에서 (4')은 개념적 진리이다. 왜냐하면 이것은 우리가 채택한 언어규범인 (4'')에 의해서 참이기 때문이다. 요컨대 이유를 묻고 답하는 사회실천 속에서 항상 정당화되는 추론인 (4)와 그런 추론이 아닌 (7) 사이에는 범주적 차이가 있다.

둘째, 세계에 관한 우연적 믿음은 대상언어의 문장으로 기술되지만,

한 표현의 의미를 구성하는 언어규칙은 메타언어의 문장으로 표현된다. 다음 두 문장들을 비교해 보자.

(10) 지금 내 앞에 개 한 마리가 있다.
(11) 지금 내 앞에 개 한 마리가 있는 비언어적 상황에서 '지금 내 앞에 개 한 마리가 있다'라고 발화할 수 있다.

(10)은 오직 내 앞에 개 한 마리가 실제로 있는 경우에만 사실을 있는 그대로 옳게 기술해 주는 문장이다. 따라서 내 앞에 개 한 마리가 실제로 있는지 여부를 확인하기 전에는 (10)이 참인지 여부를 알 수 없다. 따라서 (10)은 우연적 사실을 기술하는 대상언어 진술이다. 반면 (11)은 언어-진입 규칙을 규정해 주는 메타언어 진술이다. 우리 각자는 자신 앞에 개 한 마리가 있는 비언어적 상황하에서 '지금 내 앞에 개 한 마리가 있다'라고 정당하게 발화할 수 있다. 따라서 지금 내 앞에 개 한 마리가 있는지 여부와 상관없이 (11)이 성립한다. 마찬가지로 (4″)도 언어규칙이기 때문에 경험적 관찰과 무관하게 항상 성립한다. 요컨대 우연적 사실을 기술하는 대상언어 진술과 문장을 어떻게 사용해야 하는지를 규정해 주는 메타언어 진술은 서로 범주가 다르다.

셋째, 위와 같은 구분에 따라 우리는 두 가지 종류의 오류를 구분할 수 있다. 언어규칙을 어기는 오류는 언어적 오류이다. 반면 언어규칙을 어기지 않으면서 거짓인 진술을 하는 경우는 사실적 오류를 범하는 경우라고 말할 수 있다. 앞서 언급한 것처럼, 우리 언어에서 현재 (4″)은 '개'의 의미를 부분적으로 구성해 주는 언어-언어 규칙이다. 따라서 만약 어떤 사람이 '어떤 개는 식물의 한 종류이다'라고 주장한다면, 그는 언어적 오류를 범한다. 그리고 그러한 언어적 오류를 교정하기 위해서 우리는 (4″)이 '개'

라는 표현을 사용할 때 따라야 하는 언어규칙임을 지적할 수 있다. 그리고 그렇게 지적함에 있어서 우리는 앞으로 식물의 일종인 개가 발견될 가능성에 대해 염려할 필요가 없다. 반면 어떤 사람이 '모든 고니들은 하얗다'라고 주장하는 경우를 생각해 보자. 이 경우 우리는 오스트레일리아에서 발견된 검은색 고니의 사례를 반례로 제시함으로써 그의 진술이 거짓임을 지적할 수 있다. 그런데 그렇게 말하는 것은 그가 어떤 언어적 오류를 범했음을 지적하는 것이 아니다. 단지 그의 주장이 경험적 사실과 불일치함을 지적하는 것이다.

또한 언어규칙에 관해 주목해야 할 점은 그것에 관한 공적公的인 표준들이 있다는 사실이다. 다시 말해 언어표현의 옳은 사용에 대한 공적인 표준들이 있다. 예컨대 (4″)과 같은 언어규칙은 '개'란 표현을 사용하고자 하는 사람들이라면 누구나 따라야 하는 공적인 규범이다. 그리고 언어표현의 의미를 이해하는 것으로 간주되기 위해서는 그와 같은 공적인 규범들에 어느 정도 숙달돼야 한다. 그렇지만 언어표현의 의미를 이해하기 위해 반드시 부수적 정보에 의해 보증되는 모든 추론들까지 숙달할 필요는 없다.

한 가지 예를 살펴보자. 이름의 의미는 그것의 적절한 적용 상황들과 그러한 적용의 적절한 귀결들 모두에 관련된다. 여기서 적절한 적용 상황은 비언어적 상황을 포함한다. 예컨대 리처드 파인먼이 앞에 있을 때, '앞에 있는 사람은 리처드 파인먼이다'라고 말할 수 있다. 또한 '리처드 파인먼'과 같은 이름의 의미를 제대로 이해한다고 여겨지기 위해선, 그러한 적용의 적절한 귀결들을 파악할 수 있어야 한다. 즉 'x는 리처드 파인먼이다 → x는 인간이다'와 같은 언어-언어 규칙을 파악해야 한다. 그렇지만 부수적 정보에 의해 보증되는 추론들까지 반드시 숙달할 필요는 없다. 예컨대 어떤 사람이 'x는 리처드 파인먼이다'로부터 'x는 세 번 결혼했다'를 추론하지 못한다고 해서 '리처드 파인먼'의 의미를 제대로 이해하지 못한다고 말할 수 없다. 만약 어떤 사람이 부수적 정보에 의해 보증되는 어떤 추론을 승인하지 않는다면, 그가 범하는 오류는 언어적 오류가 아니라 단지 사실적 오류이다. 따라서 부수적 정보에 의해 보증되는 추론들까지 굳이 이유를 묻고 답하는 사회실천 속에서 언어규칙들로서 채택할 필요가 없다. 이런 이유에서 우리는 공적 의미와 인식주체가 소유하는 믿음들의 관점에 상대적인 추론적 의의를 구분할 수 있다. 이것이 우리가 일상생활에서 의미의 불안정성 문제를 실제적으로 거의 느끼지 않는 이유이다.

그런데 우리가 브랜덤의 견해를 받아들이면, 비개념적 참/개념적 참, 우연적 참/필연적 참, 대상언어의 진술/메타언어의 진술, 사실적 오류/언어적 오류 사이의 범주적 구분을 하기 어렵다. 예컨대 우리는 (4)와 같은 추론은 의미와 관련된 추론이고, (7)과 같은 추론은 세계에 대한 우연적 믿음에 의거한 추론이라는 자연스러운 직관을 포기해야 한다. 또한 우리는 이러한 자연스러운 직관을 포기함으로써 '모든 갈색 소들은 위험하다'와 같은 우연적 믿음을 가지게 될 때마다 엄밀하게 말해서 우리의 개념들에 변화가 발생한다는 반직관적 견해를 받아들여야 한다.

더 나아가, 언어규칙을 배우는 것과 세계의 우연적 사실을 알게 되는 것 사이의 범주적 구분을 받아들여야, 우리가 유한한 수의 샘플 문장들의 적절한 용법을 배움으로써 어떻게 원리상 무한히 많은 수의 새로운 문장을 산출하고, 또한 이해할 수 있는가를 더 잘 설명할 수 있다.

이제 브랜덤의 두 번째 논점에 대해 살펴보자. 브랜덤에 따르면, 반사실적으로 강건한 추론들에 대해서도 사람들은 상이한 관점을 가질 수 있다. 다시 말해 모든 사람들이 공유하는 특권적인 추론들의 집합은 없다. 그러나 우리가 반사실적으로 강건한 추론들에 대해서 상이한 관점을 가질 수 있다는 사실은 우리가 상이한 언어규칙들에 종속됨을 의미하지 않는다. 단지 우리가 어떤 언어규칙을 채택하는 것이 옳은지에 대해 이견이 있을 수 있음을 말해 줄 뿐이다.

우선 우리는 이유를 묻고 답하는 사회실천에 참여함으로써 동일한 언어규칙들에 종속된다. 예컨대 s가 개들이 지구인들을 감시하기 위해 외계인들이 보낸 스파이 로봇이라는 충격적인 음모론을 신봉하는 사람이라고 가정해 보자. 그러면 s는 다음 추론을 승인한다.

(12) 'x는 개이다' → 'x는 외계인들에 의해 조종되는 스파이 로봇이다'

그러나 우리는 개들을 동물로 범주화한다. 다시 말해 다음은 우리의 개 개념을 (부분적으로) 구성해 주는 언어-언어 규칙이다.

(4") 'x는 개다' → 'x는 동물이다'

따라서 s는 (12)와 (4") 중 어느 것이 '개'에 관한 옳은 언어규칙인지에 대해 우리와 견해를 달리한다고 말할 수 있다. 그러나 (4")은 현재 우리가 받아들이는 공적인 언어규범이다. 따라서 s가 이것의 철회를 요구하는 적절한 반대증거를 제시하지 못하는 한에서 우리는 이 언어-언어 규칙에 종속된다. 따라서 '개'라는 일반명사는 동물이 아닌 것으로 범주화되는 그 어떤 것에도 적용돼서는 안 된다. 그렇기 때문에, 만약 s가 적절한 반대증거 없이 (4)의 타당성을 받아들이지 않는다면, 우리는 그가 '개'의 의미에 관해 언어적 오류를 범하는 것으로 간주할 수 있다.

브랜덤의 새로운 커뮤니케이션 모델에 따르면, 커뮤니케이션은 어떤 공통적인 것을 공유하는 것이 아니라, 단지 "실천 속에서의 일종의 협동" 또는 "공동의 활동 속에서 서로 협동하는 것"이다. 즉 우리가 정확히 동일한 개념을 공유하지 않는다 해도, 각자의 사용이 실천적 협동을 함에 있어서 큰 문제가 없을 정도로 일치하면 된다는 주장이다. 필자도 커뮤니케이션이 가능하기 위해 언어규칙들을 반드시 동일한 정도로 이해해야 한다고 생각하지 않는다. 왜냐하면 언어규칙들을 이해하는 정도가 사람마다 다를 수 있기 때문이다. 그렇지만 실질적으로 타당한 추론들에 대한 우리의 승인은 서로 많이 다르지 않다. 왜냐하면 어떤 실질적 추론이 이유를 묻고 답하는 사회실천 속에서 타당한 것으로 여겨지는지 여부는 공적公的인 문제이기 때문이다. 우리는 함께 참여하고 있는 언어실천 속에서 개에 관한 실질적으로 타당한 추론들을 승인하도록 훈련받음으로써 개의 개념을 습득한다. 예컨대 우리는 'x는 개이다'로부터 'x는 동물이다'의 추론을 승인하도록 훈련받는다. 그리고 우리는 이러한 종류의 실질적으로 타당한 추론들을 많이 공유한다. 물론 우리는 예외적으로 서로 다른 개념들을 가질 수 있다. 예컨대 a는 개들이 동물이라고 믿고, b는 개들이 지구인들을 감시하기 위해 외계인들에 의해 조종되는 스파이 로봇들이라고 믿을 수 있다. 이 경우 a와 b는 상이한 개의 개념들을 가진다. 그렇지만 그런 경우에도 a와 b는 개의 본성에 대해 논쟁을 할 수 있다. 그리고 그와 같은 논쟁을 하기 위해서는 많은 개념들을 공유해야 한다. 예를 들면, a와 b는 'x는 동물이다'로부터 'x는 생물이다'로의 추론, 'x는 생물이다'로부터 'x는 언젠가 죽는다'로의 추론, 'x는 로봇이다'로부터 'x는 생물이 아니다'로의 추론 등등을 언어규칙으로서 공유해야 한다. 또한 위와 같은 논쟁을 통해서 a와 b는 누구의 개 개념이 옳은지에 대해 합의를 볼 수 있다. 요컨대 사람들은 어떤 추론들이 언어공동체의 모든 일원들이 따라야 하는 언어규칙들에 속하는지에 대해 일부 다른 의견을 가질 수 있다. 그렇지만 언어규칙들은 공적인 사회규범들이기 때문에 이유를 묻고 답하는 사회실천을 통해서 그와 같은 불일치를 원리상 해소할 수 있다. 우리가 실제로 의미의 불안정 문제를 크게 느끼지 않는 것은 바로 그런 이유 때문이다.

또한 의미를 구성하는 추론과 그렇지 않은 추론을 구분하지 않으면, 우리는 개념 수정에 관해 유의미한 논쟁을 하기 어렵다. 이 점을 이해하기 위해 다음의 사례를 고려해 보자.

(13) 명왕성은 행성이다.

이제 어떤 사람 a가 명왕성이 다음의 두 조건들을 충족한다는 이유에서 (13)을 받아들인다고 가정해 보자.

(14) 행성은 태양을 중심으로 공전한다.
(15) 행성은 자신의 중력으로 둥근 구체球體를 형성할 정도로 큰 질량을 가진다.

그런데 2006년에 열린 제26차 국제천문연맹 총회에서 '행성'의 정의의 일부로서 다음 조건이 추가됐다.

(16) 행성은 주변 궤도상의 미微행성체들planetesimals을 쓸어버리는 물리적 과정을 완료했다.

그 이유는 대략적으로 다음과 같다. 1970년 후반에 토성과 천왕성 사이에서 소행성 카이론이 발견되었고, 또한 그 후 2005년에 명왕성보다 더 멀리 떨어진 태양계 궤도에서 명왕성보다 큰 천체인 에리스가 발견됐다. 더 나아가 명왕성의 위성 카론은 명왕성과 거의 비슷한 크기를 가지기 때문에 서로 궤도에 영향을 주어서 카론이 명왕성 주위를 도는 것이 아니라 서로 마주 보고 돌고 있는 것으로 밝혀졌다. 그와 같은 발견들에 따라 '행성'의 기존 정의가 태양계의 천체들을 분류하기에 더 이상 적합하지 않다는 사실이 알려지게 됐고, 그런 이유에서 태양계의 천체들에 대한 기존의 개념 분류를 수정할 필요가 생겼다. 좀 더 구체적으로 말하면, 행성들과 태양계 소천체들 사이에 왜소행성dwarf planet이라는 중간 카테고리를 도입하여 태양계의 천체들을 재분류할 필요가 생겼다. 따라서 2006년 국제천문연맹 총회에서 명왕성은 행성의 지위를 상실하고 왜소행성으로 재분류되었다.

이제 위와 같은 이유에서 어떤 사람 b가 (13)을 거부한다고 가정해 보자. 그렇지만 a는 여전히 (13)을 주장한다고 가정해 보자. 다시 말해 a는 다음의 추론을 거부하는 반면, b는 승인한다고 가정해 보자.

(16') 'x는 행성이다' → 'x는 주변 궤도상의 미행성체들을 쓸어버리는 물리적 과정을 완료했다'

이 경우 a와 b는 서로 (13)의 주장이 옳은지 여부에 대해 진정한 이견을 가질 수 있고, 또한 이에 따라 진정한 논쟁을 할 수 있다. 그런데 우리는 두 가지 종류의 논쟁을 구분할 필요가 있다. 위의 경우 a와 b는 명왕성에 관한 경험적 사실들 자체에 대해서는 이견이 없을 수 있다. 즉 이들은 명왕성이 (14)와 (15)의 조건들을 충족하지만, (16)의 조건은 충족하지 못함에 대해서 전적으로 동의할 수 있다. 그럼에도 여전히 b는 a를 다음과 같이 비판할 수 있다. 단지 (14)와 (15)의 조건들만으로는 행성들을 체계적으로 분류할 수 없다. 따라서 (16)을 행성의 추가적 조건으로 도입해야 한다.

그러나 브랜덤이 주장하는 것처럼 각자의 믿음체계에 상대적으로 한 문장의 의미가 해석될 수밖에 없는 강한 형태의 관점주의perspectivism를 받아들이게 되면, 그래서 의미를 구성하는 추론들과 그렇지 않은 추론들 사이의 구분을 부정하게 되면, a는 (14), (15)와 같은 믿음들을 토대로 b의 주장과 무관하게 (13)을 계속 받아들일 수 있고, a와 b 사이에 어떻게 '행성'의 개념을 수정하면 좋을지에 대해 진정한 논쟁을 하기가 어렵게 된다. 다시 말해 커뮤니케이션을 '실천 속에서의 일종의 협동'으로 보는 브랜덤의 견해는 진정한 논쟁을 설명하기 어렵다. 그러나 a와 b는 진정한 논쟁을 통해 (13)을 받아들일지 말지에 대해 합의할 수 있다. 예컨대 (16')을 '행성'의 개념을 부분적으로 구성하는 언어-언어 규칙으로 간주해야 태양계의 천체들을 좀 더 정합적으로 분류할 수 있다는 데 동의할 수 있다.

또한 의미를 구성하는 추론들과 그렇지 않은 추론들 사이의 구분을 받아들여야 a와 b는 서로의 주장을 잘 이해할 수 있다. 예컨대 태양계 끝에서 어떤 새로운 천체 γ가 발견되었다고 하자. 그래서 b는 γ가 (16)의 조건을 만족하지 못한다는 이유에서 'γ는 행성이 아니다'라고 주장한다고 가정해 보자. 이 경우 'γ는 행성이 아니다'는 처음 사용된 문장이다. 이런 경우에도 a는 이 새로운 주장을 이해할 수 있다. 그리고 b가 의도한 방식으로 이 문장을 이해하고, 또한 이런 이해를 바탕으로 b와 논쟁을 하기 위해서 a는 b가 '행성'의 의미를 부분적으로 (16)이라는 언어규칙에 따라 사용하고 있음을 이해해야 한다. 그렇지만 b가 발화한 문장 'γ는 행성이 아니다'를 이해하기 위해서 b가 갖고 있는 행성에 관한 수많은 우연적 믿음들을 알 필요는 없다. 따라서 의미를 구성하는 추론들과 그렇지 않은 추론들을 구분해야 우리가 어떻게 새로운 문장들을 산출하고, 또한 새로운 문장들이 주장하는 바를 서로 잘 이해할 수 있는지를 더 적절히 설명할 수 있다.

요컨대 필자는 대략적으로 다음과 같은 이유들에 의해서 브랜덤의 평등주의적 전체론보다 셀라스의 비평등주의적 전체론이 훨씬 더 설득력이 있다고 생각한다.

① 필자의 셀라시안 접근은 왜 우리가 의미의 불안정성 문제를 심하게 느끼지 않는지를 잘 설명해 준다. 실질적으로 타당한 추론들에 대한 우리의 승인은 서로 많이 다르지 않다. 왜냐하면 앞서 언급했던 것처럼 어떤 실질적 추론이 이유를 묻고 답하는 사회실천 속에서 타당한 것으로 여겨지는지 여부는 공적公的인 문제이기 때문이다. 우리는 함께 참여하고 있는 언어실천 속에서 '개'에 관해 실질적으로 타당한 추론들을 승인하도록 훈련받음으로써 개의 개념을 습득한다. 예컨대 우리는 'x는 개이다'로부터 'x는 동물이다'로의 추론을 승인하도록 훈련받는다. 그 결과 우리는 실질적으로 타당한 추론들을 많이 공유한다. 우리가 실제로 의미의 불안정성 문제를 크게 느끼지 않는 것은 바로 이런 이유 때문이다.

② 셀라시안 접근을 받아들이게 되면, 비개념적 참/개념적 참, 우연적 참/필연적 참, 대상언어의 진술/메타언어의 진술, 사실적 오류/언어적 오류 사이의 범주적 구분을 더 자연스럽게 잘 유지할 수 있다. 특히 (4)와 같은 추론은 의미에 의한 추론이고, (7)과 같은 추론은 사실에 의한 추론이라는 직관을 잘 유지할 수 있다.

(4) 래시는 개이다. 따라서 래시는 동물이다.
(7) x는 황소이다. 따라서 x는 위험하다.

③ 셀라시안 접근은 우리가 어떻게 진정한 논쟁을 할 수 있는지를 잘

설명할 수 있다. 진정한 논쟁을 하기 위해서는 많은 개념들을 공유해야 한다. 또한 우리가 사실에 관해 논쟁을 하는 경우와 의미(또는 개념)를 어떻게 수정해야 하는지에 관해 논쟁을 하는 경우를 잘 구분할 수 있다.

4. 지칭이론의 네 가지 문제

이제 추론주의 의미론이 지칭이론이 직면하는 네 가지 문제들에 왜 직면하지 않는지에 대해 간략히 살펴보자.

존재하지 않는 것을 지칭하는 것처럼 보이는 문제

(17) 셜록 홈즈는 탐정이다.

추론주의 의미론에 의하면 허구의 이름 '셜록 홈즈'의 의미는 이 이름의 옳은 사용을 규정하는 언어규칙들에 의해 구성된다. 그리고 이 이름의 유의미성은 이 이름의 담지자가 있음에 의존하지 않는다. 따라서 추론주의 의미론은 (17)의 의미를 큰 문제 없이 설명할 수 있다. 필자는 다음 장 '허구의 이름에 관한 추론주의 의미론'에서 이에 대한 자세한 설명을 제시할 것이다.

부정존재진술의 문제

(18) 셜록 홈즈는 존재하지 않는다.

앞서 언급한 바와 같이, '셜록 홈즈'의 의미는 이 허구의 이름의 옳은 사용을 규정하는 언어규칙들에 의해 결정된다. 그리고 순수하게 허구적인 이름에 관한 언어규칙에 따르면 세계 속에 실재하는 그 어떤 대상도 이 허구의 이름이 옳게 적용되는 대상이 아니다. 이런 의미에서 우리는 '셜록 홈즈는 존재하지 않는다'고 말할 수 있다. 필자는 이에 대한 좀 더 자세한 설명을 다음 장에서 제시할 것이다.

동일성에 관한 프레게 퍼즐

(19) 마크 트웨인은 마크 트웨인이다.

(20) 마크 트웨인은 새뮤얼 클레먼스이다.

(19)와 (20)에 포함된 '마크 트웨인'과 '새뮤얼 클레먼스'는 동일인의 이름이다. 따라서 직접지칭이론에 의하면 (19)와 (20)은 동일한 명제를 표현한다. 그러나 양자 사이에는 인지적 차이가 있다. (19)는 단지 '마크 트웨인'이 진정한 이름이라는 사실만을 알면, 실질적인 경험적 조사 없이 참임을 알 수 있는 명제인 데 반하여 (20)은 실질적인 경험적 조사 없이는 그것의 진리치를 알 수 없는 명제이다. 그렇다면 양자 사이에 왜 이와 같은 인지적 차이가 발생하는가?

우선 동일성 관계는 재귀적reflexive이다. 즉 '$(\forall x)(x = x)$'가 성립한다. 조금 달리 표현하면, 동일성 도입 규칙에 의하여, 임의의 진정한 이름 'a'에 대해 'a = a'가 성립한다. 따라서 우리는 (19)를 이와 같은 논리규칙에 의해 승인할 수 있다. 만약 (19)를 승인하지 못하는 사람이 있다면, 그는 동일성 개념을 이해하지 못하는 사람이다. 이런 이유에서 (19)의 참은 '마크 트웨인'의 의미론적 내용과 실질적으로 무관하다.[152] 조금 달리 표현하면, 다음은 형식적으로 타당한 추론이다.

(19') x는 마크 트웨인이다. 따라서 x는 마크 트웨인이다.

동일성과 관련하여 이 추론이 타당한 이유를 다음과 같이 설명할 수 있다. '마크 트웨인'을 'm'으로 기호화하면, 동일성 도입규칙에 의해 'm = m'이 성립한다. 그리고 'x = a'란 전제가 성립하고, 또한 'a = b'라는 동일성 관계가 성립하면, 동일성 제거규칙에 의해 동일성 기호 왼쪽에 있는 'a'를 동일성 기호 오른쪽에 있는 'b'로 대체함으로써 'x = b'를 얻을 수 있다. 마찬가지로 'x = m'이란 전제가 성립하면, 'm = m'이라는 동일성 관계가 성립하기 때문에, 동일성 제거규칙에 의해 동일성 기호 왼쪽에 있는 'm'을 동일성 기호 오른쪽에 있는 'm'으로 대체함으로써 'x = m'을 얻을 수 있다. 따라서 (19')의 타당성은 비논리적 표현인 '마크 트웨인'의 의미론적 내용과 실질적으로 무관하다.

이제 다음 추론을 고려해 보자.

(20') 'x는 마크 트웨인이다' → 'x는 새뮤얼 클레먼스이다'

(19')과 달리 (20')은 '마크 트웨인'이라는 이름의 의미를 부분적으로 구성하는 실질적으로 타당한 추론이다. 마크 트웨인과 새뮤얼 클레먼스가 동일인이라는 사실은 물론 경험적으로 정당화된다. 그러나 일단 마크 트웨인이 새뮤얼 클레먼스와 동일인으로 개념 분류가 되면, 새뮤얼 클레먼스가 아닌 것은 마크 트웨인과 동일인이 아니므로 결코 마크 트웨인으로 분류될 수 없다. 모든 가능세계에서 새뮤얼 클레먼스가 아닌 것은 그 어떤 것도 마크 트웨인이 될 수 없는 이유는 바로 이 때문이다. 또한 이런 이

유에서 우리는 (20')을 '마크 트웨인'의 의미를 (부분적으로) 구성하는 언어-언어 규칙으로 받아들일 수 있다. 이렇게 (20')을 언어-언어 규칙으로 채택하면 '마크 트웨인'을 새뮤얼 클레먼스에 적용하는 것은 항상 옳고, 새뮤얼 클레먼스가 아닌 것에 적용하는 것은 항상 옳지 않다.[153] 요컨대 (19')은 형식적으로 타당한 추론이지만, (20')은 실질적으로 타당한 추론이기 때문에 (19)와 (20)은 각각 주장하는 바가 다르다. 이것이 양자 사이에 인지적 차이가 존재하는 이유이다.

대체실패의 문제

> (21) 수전은 마크 트웨인이 마크 트웨인이라고 믿는다(Susan believes that Mark Twain is Mark Twain).
> (22) 수전은 마크 트웨인이 새뮤얼 클레먼스라고 믿는다(Susan believes that Mark Twain is Samuel Clemens).

마크 트웨인은 새뮤얼 클레먼스와 동일인이다. 그럼에도 (21)에 포함된 이름 '마크 트웨인'을 '새뮤얼 클레먼스'로 대체했을 때 진리치가 바뀔 수 있다. 즉 (21)은 참이고, (22)는 거짓일 수 있다. 그렇다면 왜 (21)과 (22)의 진리치가 다를 수 있는가?

(21)의 경우 수전의 믿음의 내용은 '마크 트웨인 = 마크 트웨인'이고, 이것은 논리적 진리이다. 반면 (22)의 경우 수전의 믿음의 내용은 '마크 트웨인 = 새뮤얼 클레먼스'이고, 이것은 논리적 진리가 아니다. 따라서 앞서 언급한 바와 같이 위 두 믿음내용들은 동일한 명제를 표현하지 않는다. 그렇기 때문에 (21)과 (22)도 동일한 명제를 표현하지 않는다. 이런 이유에서 (21)과 (22)의 진리치는 서로 다를 수 있다.

또한 추론주의 의미론은 위와 같은 간접화법의 현상을 대언적 믿음귀속과 대물적 믿음귀속의 구분을 통해 잘 설명할 수 있다. 우선 (21)은 대언적 믿음귀속의 예이다. 대언적으로 귀속되는 믿음의 내용은 피귀속자가 승인할 수 있는 것에 한정된다. 따라서 (21)이 참이기 위해서 수전은 '마크 트웨인은 마크 트웨인이다'가 표현하는 동일성 명제를 승인해야 한다. 이제 수전 자신은 마크 트웨인과 새뮤얼 클레먼스가 동일인임을 모른다고 가정해 보자. 그래서 그녀는 '마크 트웨인은 새뮤얼 클레먼스이다'가 표현하는 명제는 승인하지 않는다고 가정해 보자. 이 경우 (22)는 거짓이다. 이제 다음의 믿음문장이 대물적 믿음귀속의 예라고 가정해 보자.

(23) 수전은 <u>새뮤얼 클레먼스에 대해</u> 그가 마크 트웨인이라고 믿는다(Susan believes *of Samuel Clemens* that he is Mark Twain).

대물적으로 귀속되는 믿음의 내용에는 귀속자가 승인하는 대체추론들이 추가될 수 있다. 예컨대 영수가 '마크 트웨인 = 새뮤얼 클레먼스'라는 동일성 진술을 받아들인다고 가정해 보자. 그러면 비록 수전 자신은 '마크 트웨인은 새뮤얼 클레먼스이다'가 표현하는 명제를 승인하지 않는다고 할지라도, 영수는 수전에게 (23)과 같은 대물적 믿음귀속을 할 수 있다.

요컨대 대언적으로 귀속되는 믿음의 내용은 피귀속자가 승인할 수 있는 것에 한정된다. 따라서 (21)은 수전이 '마크 트웨인은 마크 트웨인이다'가 표현하는 명제를 승인함을 함축하지만, '마크 트웨인은 새뮤얼 클레먼스이다'가 표현하는 명제를 승인함은 함축하지 않는다. 다시 말해 (21)과 (22)로부터 추론할 수 있는 내용이 다르다. (22)와 달리, (21)로부터 수전이 '마크 트웨인은 새뮤얼 클레먼스이다'가 표현하는 명제를 승인함을 추론할 수 없기 때문이다. 따라서 (21)이 표현하는 내용과 (22)가 표현하는 내용은 서로 다르다. 이것이 (21)과 (22)가 다른 진리치를 가질 수 있는 이유다. 결론적으로 이 두 진술들이 다른 명제를 표현하기 때문에 추론주의 의미론은 대체실패의 문제에 직면하지 않는다.

5. 지칭의 불가해성 논제

제11장에서 다루었던 콰인이 제시한 '지칭의 불가해성 논제'에 따르면 한 용어가 무엇을 지칭하는지는 모든 행동적 증거가 제시돼도 알 수 없다. 끝으로, 그 문제를 추론주의 의미론이 어떻게 다룰 수 있는지에 대해서 간략히 논의해 보자.

우선 필자의 추론주의 의미론은 제14장에서 지적한 것처럼 지칭의 대용어이론을 받아들인다. 이 이론에 따르면 지칭은 한 언어표현과 세계 속의 특정한 비언어적 대상 사이에 성립하는 실질적 관계가 아니라, 대용어적 단어-단어 관계이다. 이제 s가 지금까지 알려진 적이 없었던 한 원시부족의 언어를 최초로 번역해야 하는 원초적 번역자라고 가정해 보자. 또한 원주민들이 '가바가이'라고 발화하는 경우 항상 근처에 토끼가 있었다는 사실이 관찰됐다고 가정해 보자. 그리고 s가 원주민들의 언어를 오랫동안 연구한 끝에 다음과 같이 주장한다고 가정해 보자.

> (24) 원주민들이 '가바가이'라고 지칭한 것들은 토끼들이다(The ones the natives referred to as 'gavagai' are rabbits).

여기서 '원주민들이 '가바가이'라고 지칭한 것들'이란 간접 기술구는 원주민들이 사용한 대상언어 표현 '가바가이'의 대용어이다. 그리고 이 대용어의 내용은 선행어의 내용에 의해 결정된다. 또한 (24)가 하는 기능은 대상언어의 표현 '가바가이'와 우리의 표현 '토끼'를 연결시켜 주는 것이다. 다시 말해 원주민들이 사용한 표현 '가바가이'와 우리가 이해하는 표현 '토끼'가 동일한 것들에 관한 것임을 알려 주는 것이다.

　그렇다면 어떤 경우 '가바가이'의 의미론적 내용과 '토끼'의 의미론적 내용이 일치하는가? 추론주의 의미론에 따르면 '가바가이'의 추론적 사용과 '토끼'의 추론적 사용이 기능적으로 동일하면 양자의 의미론적 내용은 일치한다. 그렇다면 '가바가이'가 '토끼'와 추론적 사용이 동일한지, 아니면 예컨대 '토끼의 분리될 수 없는 한 부분'과 추론적 사용이 동일한지를 어떻게 결정할 수 있는가? 우리는 이것을 전체론적 고려를 통해 원리상 결정할 수 있다. 추론주의 의미론이 벽돌쌓기 모델이 아니라, 전체론 모델을 택한다는 사실에 주목할 필요가 있다. 그리고 '토끼', '토끼의 분리될 수 없는 한 부분' 등과 같은 표현들은 그것들의 추론적 함축에서 차이가 있다. 예컨대 'x는 한 토끼이다'로부터 'x는 포유류이다'로의 추론은 성립하지만, 'x는 토끼의 분리될 수 없는 한 부분이다'로부터 'x는 포유류이다'로의 추론은 성립하지 않는다. 따라서 원주민들의 '가바가이' 이외의 다른 언어사용들을 전체론적으로 고려함으로써 원리상 '가바가이'의 추론적 사용이 '토끼'의 추론적 사용에 부합하는지 여부를 원리상 결정할 수 있다. 따라서 지칭의 불가해성은 추론주의 의미론에 심각한 문젯거리가 아니다.

제 17 장

허구의 이름에 관한 추론주의 의미론

비표상주의 의미론

'셜록 홈즈'와 같은 허구의 이름fictional name의 의미는 어떻게 설명할 수 있는가? 이 장에서 필자는 이 물음에 대한 추론주의 의미론의 설명을 제시할 것이다. 또한 이를 토대로 '존재하지 않는 것을 지칭하는 것처럼 보이는 문제'와 '부정존재진술의 문제'가 필자의 추론주의 설명에 전혀 문젯거리가 아님을 주장할 것이다.

1. 허구의 이름과 비허구의 이름 사이의 차이

추론주의 의미론에 따르면, 실재 대상의 이름의 의미는 그것에 관한 세 가지 종류의 언어규칙들에 의해 구성된다. 즉 그것의 언어-진입 규칙들, 언어-언어 규칙들, 그리고 언어-이탈 규칙들에 의해 구성된다. 우리는 허구의 이름의 의미도 비슷한 방식으로 이해할 수 있다. 예컨대 '셜록 홈즈'의 의미는 이것의 언어-진입 규칙들, 언어-언어 규칙들, 그리고 언어-이탈 규칙들에 의해 구성된다. 그리고 허구의 이름과 실재 대상 또는 비허구의 이름 사이의 핵심적 차이는 그것들의 옳은 사용을 규정하는 언어규칙들에서의 차이이다.

첫째, 허구의 이름에 관한 언어-진입 규칙들은 비허구의 이름에 관한 언어-진입 규칙들과 크게 다르다. 앞서 언급한 바와 같이, 실재 대상의 이름의 의미는 부분적으로 그것의 언어-진입 규칙들에 의해 구성된다. 예컨대 리처드 파인먼이 우리 앞에 있는 비언어적 상황에서, 우리는 '내 앞에 있는 사람은 리처드 파인먼이다'라고 말할 수 있다. 그리고 이와 같은 언어-진입 규칙은 이 이름이 옳게 적용되는 비언어적인 상황을 확정할 것을 요구한다. 브랜덤이 지적하는 것처럼, "어떤 확정적인 [실재] 대상을 지칭하고자 의도하는 것은 그 대상을 재인지recognize하는 것이 어떤 것인지가 확정되었는지에 의존한다."[154] 달리 말해 "한 대상의 이름으로 어떤 새로운 용어를 도입할 권리를 갖기 위해서는 어떤 경우가 식별된 그 대상을 같은 대상으로 옳게 재인지하는 것인지가 확정되어야 한다."[155]

예컨대 어떤 사람이 어떤 실재 대상의 이름을 도입하고자 한다고 가정해 보자. 만약 우리가 그 대상을 재인지할 수 없다면, 우리는 그가 도입한 이름이 무엇의 이름인지, 다시 말해 그 이름의 옳음 조건이 무엇인지 알 수 없다. 그런 경우에 그 이름의 도입은 실패한다.

위 점에서 허구의 이름은 비허구의 이름과 구별된다. 순수하게 허구적인 이름은 그것에 대응하는 대상이 실제로 존재하지 않는다. 다시 말해 그 이름을 붙여 줄 대상이 실제로 없다. 따라서 허구 작가는 단순히 새로운 이름을 도입하고, 그렇게 도입한 허구의 이름을 사용해 여러 가지 허구적인 상황들을 묘사하는 문장들을 구성함으로써 허구의 스토리를 창작한다. 따라서 우리는 '셜록 홈즈'와 같은 허구의 이름을 셜록 홈즈를 재인지하는 것이 어떤 것인지를 확정함이 없이 도입할 수 있다. 그러므로 어떤 이름 a가 순수하게 허구적인 이름으로 도입되는 경우에는 다음과 같은 종류의 언어-진입 규칙이 존재하지 않는다. "a가 우리 앞에 있는 비언어적 상황에서 우리는 '내 앞에 있는 사람은 a이다'라고 말할 수 있다." 왜냐하면 우리 앞에 a가 있는 비언어적 상황이 애당초 성립하지 않기 때문이다.

여기서 한 가지 주목할 점은 허구의 이름은 담지자가 없음에도 여전히 유의미할 수 있다는 점이다. 허구의 이름의 의미는 그 이름의 옳은 사용을 규정하는 언어규칙들에 의해 구성된다. 또한 제14장에서 논의한 바와 같이 필자의 추론주의 의미론은 지칭의 대용어이론을 받아들인다. 이 이론은 '지칭한다'를 언어표현과 비언어적 대상 사이의 실질적인 지칭관계가 아니라, 대용어적 의존이라는 단어−단어 관계에 의해 이해한다. 따라서 비허구의 이름과 마찬가지로 허구의 이름은 대용어적 연쇄를 시작할 수 있고, 또한 대용어 관계에 의해 이런 연쇄가 지속될 수 있다. 그래서 허구 작가는 다음과 같은 방식으로 스토리를 전개할 수 있다.

설록 홈즈는 탐정이다. 그는 런던 베이커가街에 산다. 그의 절친한 친구는 왓슨 박사이다, 등등.

여기서 '설록 홈즈'라는 허구의 이름이 한 대용어적 연쇄를 시작하고, 이 연쇄는 대명사 '그'에 의해 지속된다. 그리고 그러한 대명사는 그것이 대용어적으로 의존하는 허구의 이름과 동일한 의미론적 기능을 한다. 따라서 지칭의 대용어이론은 허구의 캐릭터에 대해 존재론적 커미트먼트를 하지 않아도, 허구의 이름이 허구의 캐릭터의 이름으로 어떻게 성공적으로 도입되고, 사용될 수 있는지를 잘 설명할 수 있다.

그런데 여기서 허구의 이름의 두 가지 사용을 구분할 필요가 있다. 하나는 대상−허구적 사용object-fictional use이고, 다른 하나는 메타−허구적 사용meta-fictional use이다. 한 허구의 이름이 대상−허구적으로 사용되는 경우는 그 이름이 허구의 스토리 내에서 참인 것을 기술하기 위해 사용되는 경우이다. 예컨대 '설록 홈즈는 탐정이다'라는 문장이 코넌 도일의 소설 『바스커빌 가의 개』 내에서 기술된 문장이면, 이 문장은 대상−허구적으로 사용된 경우이다. 그리고 한 허구의 이름이 메타-허구적으로 사용되는 경우는 그 이름이 어떤 허구의 스토리에 관한 실제 사실을 기술하기 위해 사용되는 경우이다. 예컨대 어떤 사람이 '셜록 홈즈는 코넌 도일에 의해 창조된 허구의 캐릭터이다'라고 말하는 경우에 '셜록 홈즈'는 허구의 스토리 속에서 참인 사실이 아니라, 허구 밖에서 성립하는 사실, 좀 더 구체적으로 코넌 도일이 쓴 허구의 스토리와 관련하여 성립하는 실제 사실을 기술하기 위해 사용된 경우이다. 따라서 위에서 언급한 예, 즉 '셜록 홈즈'라는 이름이 한 대용어적 연쇄를 시작하고, 그 연쇄가 대명사 '그'에 의해 지속된 경우는 그 이름이 대상-허구적으로 사용된 경우이다.

이제 허구의 이름의 언어-언어 규칙들에 대해 살펴보자. 예컨대 '리처드 파인먼'이란 실재 대상의 이름과 '셜록 홈즈'라는 허구의 이름을 비교해 보자. 앞서 언급했던 것처럼, 우리가 허구의 스토리를 이해할 수 있는 이유는 허구의 스토리 속에 포함된 용어들의 의미를 이해할 수 있기 때문이다. 따라서 한 허구의 이름이 대상-허구적으로 사용되는 맥락에서, 즉 그 이름이 허구의 스토리 속에서 참인 것을 기술하기 위해 사용되는 맥락에서 우리는 허구의 이름을 실재 대상의 이름과 별반 다를 바 없이 이해할 수 있다. 따라서 허구의 이름이 대상-허구적으로 사용되는 맥락에서 다음과 같은 추론들은 '셜록 홈즈'의 의미를 구성한다.

'x는 셜록 홈즈이다' → 'x는 인간이다'
'x는 셜록 홈즈이다' → 'x는 포유류이다'
'x는 셜록 홈즈이다' → 'x는 새가 아니다'
'x는 셜록 홈즈이다' → 'x는 식물이 아니다'

위와 같은 이유에서 우리가 허구의 스토리를 독자로서 소비하는 경우에 실재 대상의 이름과 허구의 이름은 언어-진입 규칙에서 크게 다르지 않다. 그렇지만 허구의 이름이 메타-허구적으로 사용되는 맥락에서, 즉 허구의 이름이 어떤 허구에 관한 실제 사실을 기술하기 위해 사용되는 맥락에서, 허구의 이름과 비허구의 이름은 일부의 언어-언어 규칙들에서 다를 수밖에 없다. 예컨대 '셜록 홈즈'의 의미를 이해하는 사람은 'x는 셜록 홈즈이다'에서 'x는 허구의 캐릭터이다'로의 추론을 승인해야 하며, '리처드 파인먼'의 의미를 이해하는 사람은 'x는 리처드 파인먼이다'에서 'x는 허구의 캐릭터가 아니다'에로의 추론을 승인해야 한다. 이 점에 대해 부연설명을 하면 다음과 같다.

먼저 '셜록 홈즈'란 이름을 제대로 사용할 수 있는 의미론적 능력이 어떤 것인지에 대해 생각해 보자. 이것은 비허구의 이름을 제대로 사용할 줄 아는 능력과 별반 차이가 없다. 비록 필자가 리처드 파인먼에 대해 아는 사실이 고작 미국의 유명한 물리학자라는 것뿐임에도 필자는 '리처드 파인먼은 유명한 물리학자이다'라는 문장을 성공적으로 사용할 수 있다. 이처럼 리처드 파인먼에 대해 아는 바가 거의 없음에도 '리처드 파인먼'이란 이름을 성공적으로 사용할 수 있는 이유는 언어의 노동 분업 때문이다. 즉 비록 이 이름의 옳음 조건에 대해 잘 알지 못하지만, 필자는 이 조건에 대한 판단을 이를 잘 알고 있는 사람에게 미룰 수 있다. 그렇지만 이와 같은 언어의 노동 분업에도 불구하고, 만약 어떤 사람이 '리처드 파인먼'이 실존 인물의 이름이라는 것을 알지 못한 채 이 이름을 사용한다면, 이 이름을 적절히 사용하는 경우로 보기 어렵다. 따라서 'x는 리처드 파인먼이다'에서 'x는 인간이다'에로의 추론은 '리처드 파인먼'이란 이름의 의미를 부분적으로 구성하는 추론이다. 마찬가지로 어떤 사람이 인간은 포유류이고, 식물과 다르다는 것 등등을 모른다면, 그가 인간에 대한 적절한 개념을 갖고 있다고 말하기 어렵다. 따라서 'x는 리처드 파인먼이다'에서 'x는 식물이 아니다'에로의 추론도 의미를 구성하는 추론이다.

마찬가지로 'x는 셜록 홈즈이다'에서 'x는 허구의 캐릭터이다'에로의 추론은 '셜록 홈즈'란 이름의 의미를 구성하는 추론이다. 또한 셜록 홈즈에 대해 자세히 알지 못하는 사람이 '셜록 홈즈'란 허구의 이름을 성공적으로 사용할 수 있는 이유는, 코넌 도일에 의해 도입된 이 허구의 캐릭터에 대해 잘 알고 있는 사람에게 이 이름의 옳음 조건을 미룰 수 있기 때문이다. '리처드 파인먼'이란 이름의 옳음 조건을 잘 알고 있는 사람은 리처드 파인먼을 확인할 수 있는 사람이다. 반면 '셜록 홈즈'란 허구의 이름의 옳음 조건을 잘 아는 사람은 이 이름이 코넌 도일에 의해 도입된 허구의 캐릭터의 이름임을 아는 사람이다. 즉 이 이름이 어떻게 도입됐고, 어떤 허구의 캐릭터에 대한 이름인지를 아는 사람이다. 또한 어떤 사람이 '셜록 홈즈'란 이름의 의미를 제대로 이해한다면, 그는 그 이름의 의미를 대상-허구적인 맥락뿐 아니라 메타-허구적인 맥락에서도 이해할 수 있어야 한다. 그리고 메타-허구적인 맥락에서 그 이름을 적절히 이해하기 위해서는 'x는 셜록 홈즈이다'에서 'x는 허구의 캐릭터이다'에로의 추론이 타당함을 알아야 한다. 이것 이외에도 허구의 이름과 비허구의 이름은 언어-언어 규칙에서 중요한 차이가 있지만, 이에 대해서는 다음 절에서 논의할 것이다.

끝으로 허구의 이름과 관련된 언어-이탈 규칙에 대해 살펴보자. 허구의 이름과 관련된 언어-이탈 규칙도 비허구의 이름과 관련된 언어-이탈 규칙과 크게 다르다. 우선 세계에 대한 정보를 전달해 주는 것은 허구의 정상적 기능이 아니다. 따라서 실재세계에 관한 정보와 달리, 허구 속의 정보는 행동을 인도하는 기능을 갖지 않는다. 예컨대 우리가 여주인공이 악한에게 잔인하게 공격받는 연극을 관람하고 있다고 가정해 보자. 이 경우 우리는 그녀를 구출하기 위해 무대에 뛰어오르거나 또는 경찰에 연락

하는 등의 행동을 취하지 않을 것이다. 왜냐하면 허구는 관객이 여주인공의 허구적인 운명에 영향을 미칠 수 있는 방식으로 창작되지 않기 때문이다. 다시 말해 허구 속 운명은 작가에 의해 규정되는 것이고, 관객의 역할은 단지 주어진 허구가 요구하는 대로 상상하는 것이다. 이것이 허구와 관련된 우리의 사회적 규약이다. 그렇다면 우리는 왜 허구의 스토리를 감상하는가? 우리는 왜 허구와 관련된 사회적 제도를 갖고 있는가? 월튼은 이에 대해 다음과 같이 답한다.

> 실제 삶에서 악한이 승리하면, 그러한 경험을 통해 배우는 바가 없진 않겠지만, 혹독한 대가를 치러야 한다. 믿는 척하기는 그러한 경험을 공짜로 제공해 준다. 허구적으로 재난이 닥치는 경우는 일반적으로 재난이 진짜로 발생하는 경우가 아니다. 허구성과 진리의 이러한 차이는 실재세계에서 우리가 마주치게 되는 아픔과 고난을 피할 수 있게 해 준다. 우리는 중요한 경험의 혜택을 대가 없이 누릴 수 있다(Walton, 1990, p. 68).

요컨대 우리는 허구의 스토리를 통해 간접 경험을 할 수 있고, 그를 통해 중요한 경험의 혜택을 실제 경험의 대가 없이 누릴 수 있다. 그렇지만 앞서 언급한 바와 같이 허구의 역할은 비허구의 역할과 사뭇 다르다. 예컨대 레오 톨스토이의 『안나 카레니나』를 읽고 영희가 다음과 같은 문장을 진지하게 주장한다고 가정해 보자.

(1) 나는 안나 카레니나를 동정한다.

그리고 영희가 (1)을 승인하는 이유는 안나가 브론스키 백작과의 로맨스로 인해 고통을 과도하게 겪었다고 생각하기 때문이라고 하자. 이 경우 안나에 대한 영희의 동정이 진심이라고 해도, 영희는 안나가 열차에 뛰어들어 자살한 것을 막지 못한 점에 대해 유감을 갖지 않을 것이다. 앞서 언급한 바와 같이, 허구의 캐릭터의 허구적인 운명에 대해 영희가 할 수 있는 일은 아무것도 없기 때문이다. 그렇다면 허구의 이름과 관련된 언어-이탈 규칙들은 비허구의 이름과 관련된 언어-이탈 규칙들과 어떻게 다른가?

앞서 제13장에서 언급했던 바와 같이, 언어-이탈 규칙은 언어자극에 대해 비언어적인 반응을 하는 경우들에 관련된다. 전형적인 경우는 의도진술이다. 정상적인 조건하에서 A를 하겠다는 어떤 사람의 의도는, 그가 마음을 바꾸지 않는 한 그가 A를 하는 행동을 야기한다. 예컨대 정상적인 조건하에서 s가 '지금 난 손을 올릴 거야'라는 의도진술을 진지하게 하고 또한 그가 도중에 마음을 바꾸지 않는다면, 그가 그의 손을 올리는 행동이 발생한다. 그리고 우리는 허구의 이름을 포함하는 의도진술을 할 수 있다. 예컨대 어떤 사람은 '셜록 홈즈의 지속적인 인기는 설명이 필요하다. 그래서 나는 셜록 홈즈의 캐릭터에 대해 연구를 해 볼 생각이다' 또는 '나는 탐정 쪽 전문가와 셜록 홈즈가 에르퀼 푸아로Hercule Poirot보다 머리가 좋은지에 관해 논의할 것이다'와 같은 의도진술을 할 수 있다. 그리고 앞서 언급한 것처럼, 허구의 중요한 가치는 중요한 경험의 혜택을 큰 대가 없이 누릴 수 있게 해 주는 점이다. 예컨대 어떤 여성은 '난 안나와 같은 어리석은 실수를 저지르지 않겠어!'라고 말하고, 그녀의 혼외정사를 중단할 수 있다. 여기서 주목할 점은, 이와 같은 의도진술 속에서 허구의 이름은 대상-허구적이 아니라, 메타-허구적으로 사용된다는 사실이다. 그래서 허구의 이름의 언어-이탈 규칙은 비허구의 이름의 언어-이탈 규칙과 중요한 점에서 다를 수밖에 없다. 예컨대 '셜록 홈즈'와 같은 허구의 이름은 담지자가 없기 때문에, 우리는 '나는 아직 미제未濟 상태에 있는 사건을 해결하기 위해 셜록 홈즈를 고용할 것이다'와 같은 의도진술을 할 수 없다. 만약 이와 같은 의도진술을 진지하게 하는 사람이 있다면, 그는 '셜록 홈즈'와 같은 허구의 이름의 의미를 제대로 이해하지 못하는 사람이다.

2. 허구의 캐릭터의 비실재론

앞 절에서 지적한 것처럼, 필자의 추론주의 접근방식은 직접지칭이론을 거부하고, 그 대신 지칭의 대용어이론을 받아들인다. 따라서 '지칭한다'는 표현은 이름과 비언어적 대상 사이의 실질적 관계가 아니라, 대용어적 의존이라는 단어-단어 관계로 이해돼야 한다. 그래서 '셜록 홈즈'와 같은 허구의 이름의 도입 및 성공적인 사용은 그 이름이 어떤 비언어적 대상을 지칭할 것을 요구하지 않는다. 따라서 필자의 추론주의 설명은 허구의 이름의 의미를 설명하기 위해서 허구의 캐릭터에 대해 존재론적 커미트먼트를 할 필요가 없다.

그렇다면 허구의 캐릭터는 무엇인가? 그리고 허구와 비허구는 어떻게 구분되는가? 켄들 월턴Kendall Walton에 따르면, 비허구는 믿음을 요청하지만, 허구는 믿음이 없는 상상imagining without belief을 요청한다. 그래서 비허구와 달리, 허구는 본질적으로 상상하라는 제안 또는 요청을 포함한다. 그는 다음과 같이 말한다.

> 허구적 명제들은, 이것들이 실제로 상상되는지와 무관하게, 상상해야만 하는 명제들이다(Walton, 1990, p. 39).

허구성과 상상함 사이의 관계는 참과 믿음 사이의 관계에 대응한다. 믿음
이 참을 목표로 하는 것처럼 상상함은 허구성을 목표로 한다. 참인 것은
믿어져야 하는 것이고, 허구적인 것은 상상돼야 하는 것이다(Walton, 1990,
p. 41).

월턴 이외에도 여러 학자들이 '허구에 대해 상상할 것을 요청하는 설
명'의 여러 버전들을 옹호한다.[156] 이 여러 버전들 중에서 필자는 허구의
규범들이 허구의 담론을 구성한다는 견해를 받아들인다. 이 구성적 견해
에 따르면, 비허구에 대해 적절한 태도는 믿음이고, 허구에 대해 적절한
태도는 상상하는 것이다. 그리고 그 차이는 허구와 비허구를 구분해 주는
단지 증후에 불과한 것이 아니라, 양자를 구분해 주는 결정적인 특성이
다. 또한 허구의 스토리 F가 성공적으로 출판되면, 허구와 관련된 다음과
같은 특정한 규범들이 확립된다. 우리가 F를 허구의 소비자로서 소비한
다면, 우리는 다음과 같은 규범에 종속된다.

허구 F에서 p인 경우에 p라고 상상하라(Imagine that p if, according to fiction
F, p).

여기서 허구의 규정들prescriptions은 강한 명령이라기보다는 제안이나
요청으로 간주돼야 한다.[157] 우리는 허구의 스토리가 말해 주는 대로 상
상할 것을 요청받을 때 그 요청을 거부할 수 있다. 그렇지만 우리가 허구
의 스토리를 읽거나 감상한다는 것은 그와 같은 요청을 (암묵적으로) 받아들
이는 것이고, 그런 한해서 우리는 허구의 스토리가 말하는 대로 상상해야
한다. 그렇게 상상하기를 거부하는 것은 허구의 소비자이기를 거부하는
것이기 때문이다. 이제 다음의 진술을 살펴보자.

(2) 셜록 홈즈는 탐정이다.

이것은 홈즈 스토리에 명시적으로 기술되어 있는 문장이다. 따라서 우리가 홈즈 스토리를 읽는다면 '셜록 홈즈는 탐정이다'라고 상상해야 한다.

앞 절에서 지적한 것처럼 허구의 이름과 비허구의 이름의 핵심적 차이는 이것들의 옳은 사용을 규정하는 언어규칙들에서의 차이이다. 그리고 양자는 앞 절에서 지적한 차이점들 이외에도 대물적 양상주장*de re modal claim*과 관련하여 큰 차이점을 가진다. '버락 오바마'와 '셜록 홈즈'를 비교해 보자.

제14장 4절에서 지적했던 것처럼, '버락 오바마'는 실재하는 특정인의 이름으로서 우리 언어에 도입되었다. 그래서 그 이름과 관련해서 우리는 다음과 같은 것을 할 수 있다. 먼저 그 특정인을 가리키면서 그를 그 이름의 지칭체로서 고정한다. 그런 다음에 그 이름을 그 특정인을 지칭하는 이름으로서 계속 사용하면서 여러 가능한 상황들을 기술한다. 그런데 그 특정인이 애당초 없으면, 그를 '버락 오바마'의 지칭체로서 고정할 수 없다. 따라서 버락 오바마의 기원에 해당하는 속성은 그를 '버락 오바마'의 지칭체로서 고정할 때 같이 고정된다. 그리고 '버락 오바마'는 특정인의 이름으로 도입된 것이기 때문에 우리는 버락 오바마에 대해서 '그는 인간이 아닐 수도 있었다'와 같은 대물적 양상주장을 할 수 없다. 반면 시카고 베어즈의 팬임은 버락 오바마의 기원에 해당하는 속성이 아니다. 따라서 우리는 버락 오바마에 대해서 '그는 미식축구에 대한 흥미를 잃을 수 있었다'와 같은 대물적 양상주장을 할 수 있다. 달리 말해서, 인간임은 버락 오바마의 본질적 속성이지만, 시카고 베어즈의 팬임은 버락 오바마의 우연적 속성에 불과하다. 이것이 우리가 크립키의 양상논증으로부터 배울 수 있는 교훈이다.

그런데 '셜록 홈즈'와 같은 허구의 이름에 대해서는 다음과 같은 것을 할 수 없다. 먼저 한 허구의 캐릭터를 가리키면서 그 캐릭터를 그 이름의 지칭체로서 고정하고, 그런 다음 그 이름을 그 허구의 캐릭터를 지칭하는 이름으로서 계속 사용하면서 여러 가능한 상황들을 기술한다. 그 이유는 다음과 같다. 허구의 이름 '셜록 홈즈'는 세계 속에 실재하는 대상을 지칭하지 않는다. 그래서 그것에 관해 대물적 양상주장을 하기 위해서 그 이름의 지칭체로서 고정할 수 있는 진정한 대상이 애당초 없다. 따라서 '셜록 홈즈는 담배를 끊을 수도 있었다'와 같은 대물적 양상주장을 할 수 없다. 물론 우리는 코넌 도일이 '셜록 홈즈'라는 이름을 사용해 현재와는 조금 다른 스토리를 썼을 가능성에 대해서 상상할 수 있다. 그러나 만약 그러한 반사실적 상황이 성립한다면, 우리는 엄밀하게 말해서 조금 다른 허구의 스토리를 가지게 되며, 또한 현재와는 조금 다른 허구의 캐릭터를 가지게 된다. 그러나 홈즈 스토리가 이미 코넌 도일에 의해 출판된 현 조건하에서, '셜록 홈즈는 탐정이다'라고 상상해야 한다는 것이 현재 성립하는 허구에 관한 규범이다. 또한 프란츠 카프카가 쓴 소설 『변신』의 경우가 보여 주는 것처럼, 어떤 작가는 인간이 다른 종류의 생물체로 변형되는 허구의 스토리를 구성할 수 있다. 다시 말해 작가는 필연성, 가능성, 그리고 불가능성 사이의 구분을 무시하는 방식으로 허구의 캐릭터를 구성할 수 있다. 이런 이유에서 허구의 캐릭터에 관해서는 본질적 속성들과 우연적 속성들 사이의 진정한 구분이 없다.

지금까지의 논의를 요약하면 다음과 같다. 홈즈 스토리 속에서 '셜록 홈즈'를 이해할 때 우리는 다음과 같은 언어-언어 규칙에 따라 그 이름의 의미를 이해해야 한다.

(3) 'x는 셜록 홈즈이다' → 'x는 인간이다'

그런데 위에서 지적한 바와 같이 허구의 캐릭터에 관해서는 본질적 속성과 우연적 속성 사이의 진정한 구분이 없다. 따라서 홈즈 스토리 속에서 '셜록 홈즈'를 이해할 때 우리는 또한 다음과 같은 언어-언어 규칙에 따라 그 이름의 의미를 이해해야 한다.

(2') 'x는 셜록 홈즈이다' → 'x는 탐정이다'

달리 말하면, 이 언어규칙은 '셜록 홈즈'의 의미를 부분적으로 구성해 준다. 따라서 어떤 사람이 '셜록 홈즈'의 의미를 충분히 이해한다면, 오직 그 의미에 대한 이해만을 통해 (2)를 참인 것으로 승인할 수 있다. 이런 의미에서 (2)는 '셜록 홈즈'의 의미(또는 셜록 홈즈의 개념)에 의해서 참이라고 말할 수 있다.

끝으로 필자의 추론주의 설명의 중요한 장점들은 다음과 같다.

첫째, 필자의 추론주의 접근방식은 지칭의 대용어이론을 받아들인다. 그래서 '지칭한다'는 표현을 이름과 비언어적 대상 사이의 실질적 관계가 아니라, 대용어적 의존이라는 단어-단어 관계로 이해한다. 따라서 허구의 이름의 의미를 설명하기 위해서 허구의 캐릭터에 대해 존재론적 커미트먼트를 할 필요가 없다.

둘째, 필자의 추론주의 설명에 의하면 한 허구의 이름의 의미는 그것의 언어규칙들에 의해 구성된다. 따라서 이 의미론은 허구의 이름을 진정한 이름으로 간주한다. 그렇기 때문에 이 견해는 허구의 이름의 사용에 대해 '척하기' 접근방식an 'as if' approach을 취하지 않는다. 허구의 이름과 비허구의 이름은 전자가 후자와 달리 척하는 사용을 가진다는 것이 아니라, 올바른 사용을 규정하는 언어규칙들에서 차이가 난다. 따라서 이름에 대한 척하기 사용은 진정한 이름을 산출하지 않는다는 문제에 직면하지 않는다.

셋째, 필자의 추론주의 설명은 허구의 진술이 갖고 있는 원래의 논리적 형식을 유지할 수 있다. 예컨대 우리는 허구의 캐릭터에 대한 기술이 비허구의 캐릭터에 대한 기술이 가지는 동일한 주어-술어 형식을 가지는 것으로 해석할 수 있다. 예컨대 '조너선 위처Jonathan Whicher는 탐정이었다'와 '셜록 홈즈는 탐정이었다'는 동일한 주어-술어 형식을 가진다. 양자의 차이는 비허구의 이름의 옳은 사용을 규정하는 언어규칙들과 허구의 이름의 옳은 사용을 규정하는 언어규칙들이 서로 다르다는 데에 있다.

넷째, 필자의 추론주의 설명은 '존재하지 않는 것을 지칭하는 것처럼 보이는 문제'에도 직면하지 않는다. 예컨대 다음의 허구의 진술을 살펴보자.

(2) 셜록 홈즈는 탐정이다.

위 문장에서 '셜록 홈즈'란 이름은 비록 담지자가 없지만 여전히 유의미하다. 왜냐하면 그것의 의미는 그것의 언어규칙들에 의해 구성되기 때문이다. 따라서 (2)의 유의미성은 추론주의 의미론에 아무런 문젯거리가 아니다.

다섯째, 필자의 추론주의 설명은 '부정존재진술의 문제'에 직면하지 않는다. 예컨대 다음의 허구의 진술을 살펴보자.

(4) 셜록 홈즈는 존재하지 않는다.

앞서 언급한 것처럼, '셜록 홈즈'는 비록 담지자가 없지만 유의미하게 사용될 수 있다. 따라서 추론주의자는 (4)와 같은 부정존재 문장을 문자 그대로의 뜻at face value으로 이해할 수 있다. 즉 부정존재 문장을 유의미하게 이해하기 위해 굳이 다른 방식으로 해석할 필요가 없다. '셜록 홈즈'는 허구의 이름으로 도입됐기 때문에 우리가 세계 속에서 발견할 수 있는 실존 인물에게 적용되지 않는다. 따라서 (4)는 셜록 홈즈가 실재세계에 존재하지 않기 때문에 참이다.[158]

제 18 장

필연성과 개념의 수정가능성

비표상주의 의미론

'물은 필연적으로 H_2O이다'와 같은 필연성 주장과 '물은 H_2O가 아닌 것으로 밝혀질 수도 있다'와 같은 오류가능성 주장은 양립할 수 있는가? 필자는 이 장에서 추론주의 의미론이 이 문제에 대해서도 적절한 답을 제시할 수 있음을 주장할 것이다.

1. 필자의 제안

먼저 우리가 해결하고자 하는 퍼즐이 무엇인지에 대해 살펴보자. 물은 두 가지 종류의 화학원소들이 결합하여 만들어진 화합물이다. 이와 같은 화합물들은 각 화합물을 구성하는 상이한 화학적 구성을 통해 구분된다. 예컨대 '물'은 H_2O로 구성되어 있는 화합물을 지칭하는 자연종명사이고, '소금'은 $NaCl$로 구성되어 있는 화합물을 지칭하는 자연종명사이다. 이처럼 화합물들은 서로 다른 화학적 구성을 통해 구분되기 때문에 H_2O로 구성된 액체는 물이고, 그렇지 않은 액체는 물이 아니다. 달리 말하면 물의 본질은 H_2O이다. 따라서 어떤 가능세계에 H_2O로 구성되어 있지 않은 어떤 화합물이 있다면 이 화합물은 물이 아니다. 왜냐하면 우리 언어에서 '물'은 오직 H_2O로 구성되어 있는 화합물에만 옳게 적용되는 자연종명사이기 때문이다. 따라서 모든 가능세계에서 물은 H_2O이다. 이런 이유에서

'물은 H_2O이다'는 필연적으로 참이다.

그런데 우리는 유한한 인식주체이기 때문에 화합물의 화학적 구성에 관해 틀린 판단을 할 수 있다. 따라서 우리는 물이 H_2O가 아닌 것으로 밝혀지는 시나리오를 상상할 수 있다. 이런 이유에서 다음 문장들은 둘 다 정당하게 주장될 수 있는 것처럼 보인다.

(1) '물은 H_2O이다'는 필연적으로 참이다.
(2) 물은 H_2O가 아닌 것으로 밝혀질 수 있다.

그런데 (1)이 참이라면 물은 모든 가능세계에서 H_2O이다. 즉 물이 H_2O가 아닌 상황은 불가능하다. 그렇다면 어떻게 우리는 '물은 H_2O가 아닌 것으로 밝혀질 수 있다'고 주장할 수 있는가? 여기서 퍼즐이 발생하는 이유는 (1)과 (2)가 한편 양립 불가능한 것처럼 보임에도, 다른 한편 둘 다 정당하게 주장될 수 있는 것처럼 보이기 때문이다. 이 퍼즐을 해결하기 위해서는 왜 (1)과 (2)가 한편 서로 양립 불가능한 것처럼 보임에도, 다른 한편 둘 다 정당하게 주장될 수 있는지를 설명할 수 있어야 한다.

위 퍼즐에 대한 필자의 답변은 다음과 같다. 첫째, (1)과 (2)가 양립 불가능한 것처럼 보이는 이유는 다음의 조건문이 참이기 때문이다.

(3) '물은 H_2O이다'가 이 세계에서 참이면, 이 세계에서 물은 H_2O가 아닌 것으로 밝혀질 수 없다.

현재 우리는 '물은 H_2O이다'가 참임을 보여 주는 강력한 증거를 갖고 있다. 따라서 '물은 H_2O이다'라는 믿음은 정당화된다. 그런데 거짓인 믿음도 때때로 정당화될 수 있다. 이와 같은 믿음은 나중에 기존 증거를 논박하는 강력한 반대증거가 제시될 경우 포기돼야 한다. 그렇지만 '물은 H_2O이다'라는 현재의 믿음은 그런 경우가 아니라고 가정해 보자. 다시 말해 (3)의 전건이 실제로 참이라고 가정해 보자. 여기서 주목할 점은 이처럼 오류가 아닌 것은 나중에 오류로 밝혀질 수 없다는 점이다. 다시 말해 '물은 H_2O이다'라는 믿음이 실제로 오류가 아닌 경우에 앞으로 이 믿음이 오류임을 입증해 주는 반대증거가 제시될 수 없다. 이런 의미에서 (3)의 전건이 성립할 때 후건도 성립한다. 달리 말하면, '물은 H_2O이다'가 필연적으로 참인 경우에 (3)의 전건도 성립하고, (3)의 후건도 성립한다. 따라서 (1)과 (2)는 양립 불가능하다.

위와 같은 의미에서 (1)과 (2)가 양립 불가능하다면, 우리가 실제로 물이 H_2O라고 믿고 있음에도 여전히 물이 H_2O가 아닌 것으로 밝혀지는 시나리오를 상상할 수 있는 이유는 무엇인가? 그 이유는 개략적으로 다음과 같다.

우리는 우리의 개념들을 사용해 세계를 파악한다. '지구', '태양', '물', '개' 등등은 모두 우리의 개념들이다. 그리고 우리는 이러한 개념들을 사용하여 여러 가지 가능세계들을 상상할 수 있다. 예컨대 우리는 원숭이들이 인간들을 노예로 부리는 가능세계를 상상할 수 있다. 그런데 이 경우에 사용되는 '원숭이', '인간', '노예' 등의 개념들은 바로 우리의 개념들이다. 마찬가지로 우리가 현재 물에 관한 여러 가지 가능세계들을 상상하기 위해서는 현재 우리가 갖고 있는 물 개념을 사용해야 한다. 현재 우리가 갖고 있는 물 개념에 따르면 물은 H_2O이다. 추론주의 의미론에 따르면 'x는 물이다'로부터 'x는 H_2O이다'에로의 추론은 '물'의 의미(또는 물의 개념)를 부분적으로 구성해 주는 언어규칙이다. 따라서 현재 우리의 물 개념에 의하면 물이 H_2O가 아닌 상황은 불가능하고, 물이 H_2O가 아닌 것으로 밝혀지는 시나리오도 불가능하다. 그렇다면 우리는 어떻게 '물은 H₂O가 아닌 것으로 밝혀질 수 있다'고 주장할 수 있는가? 그 이유는 다음과 같다.

앞서 언급한 바와 같이, 우리는 물에 관한 여러 가능세계들을 생각하기 위해 현재 우리가 갖고 있는 물 개념을 사용할 수밖에 없지만, 우리는 현재의 물 개념에 관한 메타판단을 할 수 있다. 만약 우리가 '물'이라고 불러왔던 액체의 화학적 구성이 H₂O가 아님을 보여 주는 새로운 증거가 제시된다면, 우리는 다음의 언어규칙을 수정할 수 있다.

(4) 'x는 물이다' → 'x는 H₂O이다'

다시 말해 현재의 물 개념을 수정할 수 있다. '물은 H₂O가 아닌 것으로 밝혀질 수 있다'는 주장은 이와 같은 의미로 해석돼야 한다. 다시 말해 (2)를 현재의 물 개념이 사용되는 대상언어의 문장으로 해석하지 않고, 현재의 물 개념(또는 '물'의 의미)의 수정가능성에 관한 메타언어의 문장으로 해석해야 한다. (2)를 이렇게 해석함으로써 우리는 '물이 H₂O가 아닌 것은 불가능하다'라는 필연성 주장과 '물은 H₂O가 아닌 것으로 밝혀질 수 있다'라는 오류가능성 주장을 동시에 정당하게 할 수 있다.

필자의 제안을 조금 달리 표현하면 다음과 같다. 추론주의 의미론에 따르면, (4)는 현재의 물 개념을 부분적으로 구성해 주는 언어규칙이다. 따라서 현재의 물 개념에 의하면 물이 H₂O가 아닌 것으로 밝혀지는 시나리오는 불가능하다. 그래서 우리는 (1)을 정당하게 주장할 수 있다. 이제 (2)를 살펴보자. 우리는 (2)를 두 가지 방식으로 해석할 수 있다. 첫 번째 해석에 따르면 (2)에서 '물'은 현재의 물 개념을 표현하는 것으로 사용된다. 현재의 물 개념에 따르면 물이 H₂O가 아닌 것으로 밝혀지는 시나리오는 불가능하고, 따라서 (2)는 거짓이다. 이런 의미에서 (1)과 (2)는 서로 양립하지 않는다. 다시 말해 (2)의 첫 번째 해석과 (1)이 서로 충돌하는 이유는, 현재 우리가 갖고 있는 물 개념에 따르면 물이 H_2O가 아닌 것은 불가능하고, 또한 이런 이유에서 물이 H_2O가 아닌 것으로 밝혀지는 시나리오도 불가능하기 때문이다. 두 번째 해석에 따르면 (2)는 '물은 H_2O이다'라는 문장이 참이 아닌 것으로 밝혀지는 가능성을 표현하는 메타언어 문장이다. 현재 우리가 갖고 있는 증거에 비추어 '물은 H_2O이다'는 참이다. 그렇지만 현재의 증거를 논박하는 강력한 반대증거가 나중에 제시될 가능성을 완전히 배제할 수 없다. 그 가능성이 실현되는 경우에 '물은 H_2O이다'라는 문장은 참이 아닌 것으로 밝혀진다. 이런 의미에서 (1)과 (2)는 동시에 정당하게 주장될 수 있다. 다시 말해 (2)의 두 번째 해석과 (1)이 둘 다 정당하게 주장될 수 있는 이유는, 현재 우리가 갖고 있는 증거에 비추어 볼 때 '물은 H_2O이다'는 필연적으로 참이지만, 그렇다고 해서 이 증거가 나중에 논파될 가능성을 완전히 배제할 수 없기 때문이다.

　　결론적으로 필연성과 오류가능성 퍼즐이 발생하는 이유는 (2)의 두 해석을 명확하게 구분하지 않기 때문이다. 이 두 해석들을 명확히 구분하면 퍼즐은 사라진다.

2. 개념적 진리와 개념적 오류

필자가 옹호하는 추론주의 의미론에 따르면 다음은 '개'의 의미를 부분적으로 구성해 주는 언어규칙이다.

　　(5) 'x는 개이다' → 'x는 동물이다'

따라서 '모든 개들은 동물이다'는 개념적으로 참이다. 그렇지만 우리가 '개'라고 불러왔던 것들이 사실은 외계인들이 지구인들을 감시하기 위해 보낸 스파이 로봇들임이 밝혀지면, 우리는 '개'에 관한 언어규칙들 중의 하나였던 (5)를 철회하고 그 대신 다음을 새로운 언어규칙으로 받아들여야 한다.

(6) 'x는 개이다' → 'x는 로봇이다'

이런 경우 개의 개념은 수정되고, '모든 개들은 동물이다'는 더 이상 개념적 참이 아니게 된다.

우리는 세계 속의 대상들을 현재 우리가 갖고 있는 개념들을 사용해 분류할 수밖에 없다. 그런데 우리는 유한한 존재이기 때문에 이와 같은 개념 분류에 근본적인 오류가 있을 수 있다. 만약 그러한 근본적인 오류가 밝혀지면 그 오류를 수정해야 한다. 즉 지금까지와는 다른 방식으로 대상들을 분류해야 한다. 또한 개념 사용과 관련하여 근본적인 오류가 드러난 상황에서도 그와 같은 오류를 어떻게 바로잡을지에 대한 궁극적 선택은 우리에게 달려 있다.

한 가지 가능한 시나리오를 생각해 보자. 일처다부제를 택하는 어떤 외계행성의 여왕은 가능하면 많은 남자들과 결혼함으로써 자신의 권위를 높이고자 한다. 그래서 지구에 있는 수많은 어린 남자들을 몰래 자신의 행성으로 납치한 후 자신의 행성의 관습과 혼인법에 의해 결혼식을 올리고, 또한 혼인신고를 한다. 그렇게 하고 난 뒤 이 모든 일에 대한 기억을 지운 다음에 그 어린 남자들을 지구에 돌려보낸다. 그런데 일반 사람들에게는 알려지지 않았지만 그 외계행성의 강력한 권력 때문에 그 행성과 지구의 모든 나라들 사이에 행성간 결혼의 법적 효력을 인정하는 비밀협정이 이미 체결된 상태라고 하자. 이 경우 우리가 '총각'이라고 분류하는 어린 남자들의 대다수는 이미 법적으로 결혼을 한 상태이다.[159] 그런데 이제 이 엄청난 사실이 우리 모두에게 알려지게 되었다고 가정해 보자. 또한 그럼에도 외계행성의 강력한 권력 때문에 이와 같은 부조리한 상황을 종식시킬 수 없다고 가정해 보자. 이 경우 결혼 상태에 있지 않은 젊은 남성들이 실질적으로 지구상에 별로 없게 되는 셈이어서 '총각'이라는 단어를 현재와 같은 방식으로 적용할 대상이 없게 된다. 이 경우 현재 우리가 의도하는 의미의 '총각'이라는 단어는 지구상에서 쓸모가 없게 된다. 따라서 우리는 '총각'이라는 단어를 비록 외계행성의 여왕과는 결혼관계에 있지만 지구의 어떤 여성과도 결혼관계에 있지 않은 젊은 남성에 적용되는 단어로 계속 사용하기로 결정할 수 있다. 그리고 '총각'의 옳은 사용을 결정하는 언어규칙을 그렇게 수정하게 되면 총각의 개념도 그에 따라 수정된다.[160]

물론 위와 같은 선택이 우리가 택할 수 있는 유일한 선택은 아니다. 비록 지구에 있는 대부분의 젊은 남성들이 외계행성의 여왕과 결혼관계에 있지만 일부의 젊은 남성들이 그렇지 않다면, '총각'이라는 단어를 오직 후자의 경우에만 적용하기로 결정할 수도 있다. 그 경우 '모든 총각은 결혼하지 않았다'는 여전히 개념적으로 참이지만, 우리는 '총각'이라는 단어를 극히 예외적인 경우에만 사용할 수 있게 된다. 또한 외계행성의 여왕과 결혼관계를 맺고 있지만 어떤 지구 여성과도 결혼관계에 있지 않은 젊은 남성들과 어떤 지구 여성과 결혼관계를 맺고 있는 젊은 남성들을 구분하기 위해 새로운 개념을 도입할 필요성이 대두된다. 그렇다면 개념 사용의 근본적 오류를 바로잡는 여러 가능한 방식들 중 어떤 것이 진정으로 옳은 방식인가? 앞서 언급한 것처럼, 개념 사용과 관련하여 심각한 오류가 드러난 상황에서 그와 같은 오류를 어떻게 바로잡을지에 대한 궁극적 선택은 우리에게 달려 있다. 따라서 여러 가능한 방식들 중 어느 것이 실용적으로 더 나은지를 평가할 수는 있지만 그중 하나가 진정으로 옳은 방식이라고 말할 수 있는 궁극적 기준은 없다. 왜냐하면 규칙은 법칙과 달리 우리가 정하는 것이고, 언어규칙도 궁극적으로 우리가 선택하고 유지하는 규칙들 중의 하나이기 때문이다. 따라서 앞서 논의한 다양한 시나리오들이 보여 주는 교훈은 추론주의 의미론이 우리의 실제 언어사용에 훨씬 잘 부합하는 의미론이라는 사실이다.

3. 개념적 진리와 경험적 정당화

앞서 언급했던 것처럼 추론주의 의미론에 따르면 '모든 개들은 동물이다'는 개념적 진리이다. 따라서 개의 개념을 제대로 소유하고 있는 사람이라면 경험적 조사 없이 단지 개념 분석에 의거하여 그것이 참임을 승인할 수 있다. 또한 '모든 개들은 동물이다'는 귀납적 일반화에 불과한 것이 아니라 개념적 진리이기 때문에 앞으로 개와 아무리 유사하게 생긴 대상과 마주치게 되더라도 그것이 동물이 아닌 한, 우리는 그것을 개로 분류해서는 안 된다. 마찬가지 이유에서 '모든 산호들은 동물이다'와 같은 진술도 개념적 진리이다.

위 논점에 대해 좀 더 자세히 살펴보자. 우선 경험적으로 정당화되는 필연성 진술들을 다시 고려해 보자.

(7) 샛별은 개밥바라기이다.
(8) 물은 H_2O이다.

이러한 진술들은 후험적 진술들인가? 아니면 선험적 진술들인가? 이와 같은 동일성 진술들은 경험적으로 알려지지만, 일단 알려진 이후에는 의미에 의해 참인 진술들이다.

(7') '이것은 샛별이다' → '이것은 개밥바라기이다'

샛별과 개밥바라기가 동일한 행성이라는 사실은 경험이론에 의해 정당화된다. 그러나 일단 샛별이 개밥바라기와 동일한 것으로 개념 분류가 되면, 개밥바라기가 아닌 것은 샛별과 동일한 것이 아니므로 결코 샛별로 분류될 수 없다. 모든 가능세계에서 개밥바라기가 아닌 것은 그 어느 것도 샛별이 될 수 없는 이유는 바로 이 때문이다. 또한 이런 이유에서 우리는 (7')을 '샛별'의 의미를 (부분적으로) 구성하는 언어-언어 규칙으로 받아들일 수 있다. 즉 '샛별'이라는 표현을 개밥바라기에 적용하는 것은 항상 옳고, 개밥바라기가 아닌 것에 적용하는 것은 항상 옳지 않다. 일단 우리가 (7')을 '샛별'의 의미를 (부분적으로) 구성하는 언어-언어 규칙으로 받아들이면 (7)은 '샛별'의 의미에 의해 참인 문장이 된다.

'물은 H_2O이다'의 경우도 마찬가지이다. 다음의 추론관계를 고려해보자.

(8') '이 액체는 물이다' → '이 액체는 H_2O이다'

'물은 H_2O이다'는 이론적 동일화theoretical identification이다. 이러한 이론적 동일화는 경험이론에 의해 정당화된다. 그러나 일단 물이 H_2O와 동일한 것으로 개념 분류가 되면 H_2O가 아닌 것은 물과 동일한 것이 아니므로 결코 물로 분류될 수 없다. 모든 가능세계에서 H_2O가 아닌 것은 그 어느 것도 물이 될 수 없는 이유는 바로 이 때문이다. 또한 이런 이유에서 우리는 (8')을 '물'의 의미를 (부분적으로) 구성하는 언어-언어 규칙으로 받아들일 수 있다. 즉 '물'을 H_2O에 적용하는 것은 항상 옳고, H_2O가 아닌 것에 적용하는 것은 항상 옳지 않다. 일단 (8')을 '물'의 의미를 (부분적으로) 구성하는 언어-언어 규칙으로 받아들이면 (8)은 '물'의 의미에 의해 참인 문장이 된다. 물론 우리는 물을 H_2O와 동일한 것으로 분류하기 이전에도 '물'이란 표현을 사용했고, 이 표현이 적용되는 전형적인 액체 샘플이 무엇인지 알고 있었다. 그렇지만 '물'이란 표현이 적용되는 정확한 외연을 알고 있었던 것은 아니다. '물'의 정확한 외연은 물이 H_2O와 동일한 것으로 분류됨으로써, 다시 말해 우리가 (8')을 '물'의 의미를 구성하는 언어-언어 규칙으로 받아들임으로써 좀 더 정교하게 확정된 것이다. 따라서 이 언어규칙을 받아들이기 이전의 '물'의 의미와 이후의 '물'의 의미는 엄밀하게 말해서 동일하지 않다. 달리 표현하면, '물'의 정확한 외연을 H_2O로 확정함으로써 '물'의 의미가 좀 더 세련화refined된 것이다.

위와 같은 이유에서 '모든 산호는 동물이다'는 개념적으로 참이다. 개념의 핵심적인 기능은 대상들을 분류하는 것이다. '산호'라고 불러왔던 것들을 동물로 분류하는 것과 식물로 분류하는 것은 매우 상이한 개념 분류이다. 따라서 전자를 포기하고 후자를 받아들이면 산호의 개념이 수정된다.[161] 추론주의 의미론에 따르면 한 언어표현의 의미는 그 표현의 옳은 사용을 규정하는 언어규칙들에 의해 구성된다. '산호'는 자연종명사이다. 그리고 산호는 식물과 달리 동물의 세포구조, 신경계, 소화기관이 있고 또한 먹이활동을 하는 강장동물의 일종이다. 물론 산호가 동물임은 경험적 조사를 통해 알게 된 사실이다. 그렇지만 일단 이 사실이 잘 알려져 있는 현 상황에서 '산호'라는 자연종명사는 결코 동물이 아닌 대상에 옳게 적용될 수 없다. 다시 말해 '산호'를 결코 동물이 아닌 대상에 적용해서는 안 된다는 것이 현재 이 언어표현의 옳은 사용규칙이다. 또한 산호가 동물임이 알려진 현 상황에서 이 사용규칙은 옳은 언어규칙이다. 우리가 이 언어규칙을 유지하는 한에서, 어떤 가능세계에 동물이 아닌 어떤 대상이 겉으로 산호와 전혀 구분되지 않는다고 할지라도 우리는 이 대상을 결코 산호로 분류해서는 안 된다. 따라서 추론주의 의미론에 의하면 다음은 '산호'의 의미를 (부분적으로) 구성하는 언어규칙이다.

(9) 'x는 산호이다' → 'x는 동물이다'

그렇다면 '개는 척추동물이 아닌 것으로 밝혀질 수 있었다'와 같은 오류가능성은 어떻게 설명될 수 있는가? 개가 척추동물인지 아닌지를 고려할 때 우리가 '개'라고 부르는 대상들의 샘플은 고정되어 있다. 우리는 이 고정된 샘플에 대해 여러 가지 가능한 시나리오들을 생각할 수 있다. 한 가지 가능한 시나리오는 우리가 '개'라고 부르는 대상들에 '척추동물이다'라는 술어를 적용해서는 안 되는 경우이다. '개는 척추동물이 아닌 것으로 밝혀질 수 있었다'라는 주장은 이와 같은 시나리오를 실제로 받아들였어야 하는 경우를 상상할 수 있다는 것이다. 다시 말해 '개는 척추동물이 아닌 것으로 밝혀질 수 있었다'라는 주장은 '개는 척추동물이 아니다'라는 문장을 참인 것으로 받아들였어야 하는 경우를 표현하는 메타언어 문장이다.

그렇다면 개가 척추동물이라는 사실을 알지 못하는 사람도 '개'의 의미를 알 수 있는가? 추론주의 의미론은 개념 원자론concept atomism이 아니라, 개념 전체론concept holism이다. 먼저 왜 우리가 많은 개념들을 공유한다고 느끼는지에 대해 생각해 보자. 예컨대 우리는 왜 개의 개념을 공유한다고 느끼는가? 제16장에서 지적했던 것처럼, 우리는 우리가 속한 언어공동체 속에서 개에 관한 공적公的인 언어규칙들, 다시 말해 개에 관한 실질적으로 타당한 추론들을 따르도록 훈련받음으로써 개의 개념을 습득한다. 예컨대 우리는 'x는 개이다'로부터 'x는 동물이다'에로의 추론을 승인하도록 훈련받는다. 그리고 우리는 이러한 종류의 많은 실질적으로 타당한 추론들을 공유한다. 달리 말해 '개'라는 표현이 옳게 적용되는 상황들과 또한 그러한 적용의 적절한 귀결들은 이유를 묻고 답하는 사회실천 속에서 결정되고, 우리는 이러한 실천에 함께 참여하고 있기 때문에 개의 개념을 공유한다고 생각한다. 그러나 임의의 두 사람이 각자 받아들이는 실질적으로 타당한 추론들의 집합이 서로 정확히 일치하는 경우는 드물 것이다. 특히 동물학자는 일반 사람에 비해 개와 관련된 실질적으로 타당한 추론들을 훨씬 많이 받아들일 것이기 때문에 동물학자의 개 개념이 일반 사람의 개 개념보다 훨씬 풍부할 것이다. 이런 이유에서 각자의 개 개념은 경험과 학습을 통해 점차 풍부해질 수 있다. 그러나 그렇다고 해서 동물학자와 일반 사람 사이에 심각한 커뮤니케이션 문제가 발생하는 것은 아니다. 그들은 '개'에 관한 많은 실질적으로 타당한 추론들을 공유할 것이다. 또한 '개'란 표현이 옳게 적용되는 상황과 그런 적용의 중요한 귀결들에 대해서도 대부분 동의할 것이다. 그리고 이견이 있는 경우에도 이를 해소하는 공적인 절차가 있다. 왜냐하면 언어규칙들은 공적인 것들이기 때문이다.

위와 같은 이유에서 추론주의 의미론에 따르면 개념의 이해는 '전부 또는 전무의 문제'가 아니라, '정도의 문제'이다. 따라서 개가 척추동물이라는 사실에 대해 아는 사람과 다른 부분들에서는 일치하지만 이를 알지 못하는 사람이 있다면, 전자의 개 개념이 후자의 개 개념보다 조금 더 풍부하다고 말할 수 있다. 여기서 한 가지 주목할 점은 우리가 언어의 노동 분업을 한다는 사실이다. 필자는 느릅나무와 너도밤나무를 구별하는 구체적 특징들에 대해 전혀 알지 못한다. 그럼에도 필자는 '느릅나무와 너도밤나무는 다르다'라고 주장할 수 있다. 이와 같은 주장을 필자가 성공적으로 할 수 있는 이유는 '느릅나무'와 같은 용어가 옳게 적용되는 대상들이 무엇이냐에 관한 공적인 언어규칙들이 존재하고, 이 규칙들의 적용 조건들을 잘 아는 전문가들이 있기 때문이다. 따라서 필자는 비록 느릅나무에 대해 거의 아는 바가 없음에도, 이와 같은 언어의 노동 분업에 의존하여 '느릅나무'란 표현을 성공적으로 사용할 수 있다. 이런 의미에서 필자는 '느릅나무'의 의미를 전혀 모르는 사람이 아니다. 마찬가지로 개가 척추동물임을 모르는 사람도 언어의 노동 분업에 의존하여 '개'란 용어를 성공적으로 사용할 수 있다. 그렇기 때문에 그런 사람도 '개'의 의미를 전혀 모르는 사람이 아니다.[162]

제 19 장

규칙주의, 규칙성주의 그리고 중도中道의 길

비 표 상 주 의 의 미 론

언어표현의 사용은 언어규칙에 종속된다. 즉 한 표현의 사용은 그것의 옳은 사용을 규정하는 언어규칙에 일치하면 옳고, 그렇지 않으면 옳지 않다. 따라서 언어를 배운다는 것은 언어규칙에 지배되는 방식으로 언어행동을 할 수 있게 되는 것이다. 그렇다면 우리는 어떻게 언어규칙에 지배되는 행동을 할 수 있는가? 그리고 언어규칙에 지배되는 행동은 단순히 언어규칙에 부합하는 행동과 어떻게 구분되는가? 이 장의 목적은 이와 같은 물음들에 답하는 데 있다.

1. 규칙주의와 규칙의 무한퇴행 문제

규칙에 의해 지배되는 행동은 무질서한 행동과 달리 어떤 규칙성regularity을 산출한다. 그렇지만 규칙에 의해 지배되는 행동은 법칙에 의해 지배되는 행동과는 달리 예외를 허용할 수 있다. 다시 말해 주어진 규칙을 어기는 것이 원리상 가능하다. 또한 행동들의 어떤 규칙성이 우연히 성립할 수 있다. 따라서 어떤 행동들과 관련하여 단지 어떤 규칙성이 성립한다는 사실만으로는 그 행동들이 규칙에 의해 지배된다는 것이 함축되지 않는다. 따라서 어떤 행동이 규칙에 의해 지배되는 것이기 위해서는 그 행동이 '규칙 때문에' 행해진 것이어야 한다. 그렇다면 한 언어행동은 어떤 조건하에서 규칙 때문에 행해진 것인가? 다시 말해 우리는 어떻게 언어규칙에 지배되는 행동을 할 수 있는가?

위 물음에 대한 한 가지 답은 이른바 '규칙주의'Regulism이다. 이 견해에 따르면 한 언어를 이해하기 위해서는 그 언어의 규칙들을 명시적으로 이해해야 한다. 또한 규칙들에 대한 명시적 이해를 토대로 언어행위를 해야 한다. 그런데 이 견해에는 치명적 난점이 있다. 언어규칙은 대상언어의 표현을 어떻게 사용해야 하는지를 규정해 주는 규칙이다. 따라서 이것의 형태는 다음의 예가 보여 주듯이 메타언어적이다.

(1) (다른 사정이 같다면) 우리는 햇빛 하에 빨간 대상이 앞에 있는 상황에서 '이것은 빨갛다'라고 말해야만 한다(Ceteris paribus, one ought to say 'this is red' in the presence of red objects in sunlight).

위 문장은 메타언어 문장이다. 그리고 그 문장에는 '빨갛다'라는 메타언어 표현이 포함되어 있다. 따라서 (1)을 명시적으로 이해하기 위해서는 이 메타언어 표현의 의미를 이해해야 한다. 그런데 규칙주의에 따르면 이 메타언어 표현의 의미를 이해하기 위해서는 이것의 옳은 사용을 규정해 주는 언어규칙을 명시적으로 이해해야 한다. 그리고 이 언어규칙은 메타-메타언어의 문장으로 표현된다. 따라서 (1)을 이해하기 위해서는 이 메타-메타언어를 이해해야 한다. 그런데 이와 같은 퇴행에는 끝이 없다. 따라서 규칙주의는 규칙의 무한퇴행 문제the infinite regress of rules에 직면한다.[163]

위 논점을 조금 다른 방식으로 표현하면 다음과 같다. 대상언어 표현의 옳은 사용을 규정하는 규칙 R_1을 명시적으로 이해하는 것은, 그 대상언어 표현의 옳은 사용을 어떤 의미에서 메타언어로 해석하는 것이다. 그렇다면 그와 같은 해석이 옳음을 어떻게 알 수 있는가? 규칙주의에 따르면 그와 같은 해석의 옳고 그름을 판정하기 위해서는 이를 판정해 주는 또 다른 명시적 규칙 R_2가 있어야 한다. 그런데 그렇게 되면 해석들의 무한퇴행 문제가 발생한다. 왜냐하면 R_2의 옳고 그름을 해석하기 위해 또 다른 규칙 R_3가 필요하고, 또한 R_3의 옳고 그름을 해석하기 위해 또 다른 규칙 R_4가 필요하기 때문이다. 이와 같은 퇴행에는 끝이 없다.

2. 규칙성주의와 규칙성의 게리맨더링 문제

그렇다면 해석에 의존하지 않는 방식으로 언어규칙을 따르는 것이 가능한가? 한 가지 답은 이른바 '규칙성주의'Regularism이다. 이 견해에 따르면 명시적 규칙이 없는 근본적인 레벨이 있다. 그리고 그러한 근본적인 레벨에서 언어규칙에 대해 말하는 것은 언어행동과 관련된 규칙성에 대해 말하는 것이다.[164] 다시 말해 가장 근본적인 레벨에서 어떤 언어규칙을 따르는 것은 어떤 언어적 규칙성에 부합하게 행동하는 것이며, 그 언어규칙을 어기는 것은 그 규칙성에 부합하지 않게 행동하는 것이다. 따라서 이 견해는 옳은 언어수행과 옳지 않은 언어수행의 구분을 규칙적인regular 언어수행과 비규칙적인irregular 언어수행의 구분을 통해 이해한다.

만약 우리가 위와 같은 방식으로 언어규칙을 따를 수 있다면 규칙의 무한퇴행 문제는 발생하지 않을 것이다. 그렇지만 규칙성주의는 비트겐슈타인이 제기하는 규칙성의 게리맨더링gerrymandering 문제에 직면한다. 그 어떤 유한한 범위의 행동들도 다수의 규칙들과 양립할 수 있다. 따라서 그 어떤 유한한 범위의 행동들도 특정한 언어규칙과 관련하여 옳은 언어

수행과 옳지 않은 언어수행을 구분할 수 없다. 크립키(Kriple, 1982)는 다음과 같은 예를 제시한다. 어떤 화자 공동체가 지금까지 어떤 특정한 큰 수보다 작은 수들과 관련된 연산만을 수행해 왔다고 가정해 보자. 간결성을 위해 이 큰 수를 10,000이라고 하자. 이제 크립키가 '쿠스'quus라고 부른 다음과 같은 종류의 함수를 고려해 보자.

$$x, y < 10,000이면, x \oplus y = x + y.$$
$$그 밖의 경우이면, x \oplus y = 5.$$

이제 위 공동체의 화자들이 '10,001 + 10,002 =?'란 물음에 5라고 답한다고 가정해 보자. 이것은 틀린 답인가? 그렇다면, 왜 그런가? 여기서 한 가지 주목할 점은 위 공동체의 화자들이 지금까지 '+' 기호를 어떻게 사용해 왔는지에 관한 사실은 그들이 이 기호로 플러스plus를 의미했다는 해석뿐 아니라, 쿠스quus를 의미했다는 해석과도 양립한다는 점이다. 이런 이유에서 지금까지 관찰된 행동들의 규칙성을 토대로 '10,001 + 10,002 = ?'란 물음에 5라고 답한 것이 옳은지 여부를 확정할 수 없다.

위 논점과 관련하여 주목할 점은 '+'가 플러스를 의미한다는 것의 함의는 우리가 '10,001 + 10,002 = 20,003'에 동의할 것이다가 아니라, 동의해야만 한다는 것이다. 다시 말해 어떤 사람이 어떤 용어로 무엇을 의미하는지를 말해 주는 진술은 당위ought 진술을 함축한다. 따라서 위 공동체의 화자들이 '+'로 플러스를 의미했다면, 그들은 위 질문에 20,003이라고 답해야만 한다. 그리고 만약 그들이 '+'로 쿠스를 의미했다면, 그들은 대신 5라고 답해야만 한다. 따라서 '+' 기호의 규범적 함의는 사람들이 '+'를 사용하는 행동성향을 넘어선다. 이 점에 대해 좀 더 부연설명을 하면 다음과 같다.

사실은 인과적으로 우리에게 강제되는 것이기 때문에 위반하는 것이 불가능하지만, 규범을 위반하는 것은 가능하다. 따라서 규범은 인과적 강제가 아니라, 긍정적 보상과 부정적 제재에 의한 규범적 강제에 의해 유지된다. 그런데 규범에 대한 우리의 평가에는 원칙상 항구적 오류가능성이 있다. 즉 우리가 어떤 행위를 규범에 맞는 것으로 평가한 경우, 나중에 이 평가가 잘못된 것으로 밝혀질 가능성을 사전에 완전히 배제하기 어렵다. 따라서 실제로 평가된 것과 마땅히 그렇게 평가돼야 하는 것 사이에 원칙상 항상 간극이 존재한다. 다시 말해 규범적 보상은 '실제로 보상된다'가 아니라, '옳게 보상된다'의 개념으로 이해돼야 한다. 마찬가지로 규범적 제재는 '실제로 처벌된다'가 아니라, '옳게 처벌된다'의 개념으로 이해돼야 한다. 이와 같은 항구적 오류가능성 때문에 언어규칙의 규범성은 단지 기술적인 사실의 영역으로 환원되지 않는다.[165] 이런 이유에서 규칙성주의는 정당화되지 않는다.

3. 비트겐슈타인의 제안

앞서 논의한 바와 같이, 규칙주의는 규칙의 무한퇴행 문제에 직면하는 반면, 규칙성주의는 규칙성의 게리맨더링 문제에 직면한다. 그렇다면 규칙주의와 규칙성주의 사이의 진퇴양난에서 벗어날 수 있는 길이 있는가? 비트겐슈타인은 한 가지 출구를 제시한다.

우리의 역설은 다음과 같다. 어떤 행위방식도 한 규칙에 의해 확정될 수 없다. 왜냐하면 모든 행위방식은 그 규칙과 부합하는 것으로 이해될 수 있기 때문이다. 이 역설에 대한 답은 다음과 같다. 만약 모든 행위방식이 그 규칙과 일치하는 것으로 이해될 수 있다면, 그것은 또한 그 규칙과 충돌하는 것으로도 이해될 수 있다. 그렇게 되면 일치도 충돌도 존재하지 않게 된다.

여기에 어떤 오해가 연루되어 있음은 다음의 단순한 사실로부터 알 수 있다. 위 논증 속에서 우리는, 마치 한 해석이 그 해석 뒤에 놓여 있는 또 다른 해석을 생각해 내기 전까지 우리에게 만족스러운 것이었던 것처럼, 한 해석 다음에 또 다른 해석을 제시한다. 이것이 보여 주는 바는 **해석에 의존하지 않는 방식으로 규칙을 파악할 수 있는 길이 있어야 한다는 것이다.** 그와 같은 길은 우리가 '그 규칙을 따른다'라고 부르는 것과 '그 규칙에 어긋나게 행위한다'라고 부르는 것들 속에 드러난다(Wittgenstein, 1953, §201; 굵은 글자는 필자의 강조임).

비트겐슈타인에 따르면 규칙 따르기 역설은 규칙의 파악이 항상 일종의 해석이라는 잘못된 가정에서 비롯된다. 따라서 역설에서 벗어나기 위해서는 그 잘못된 가정을 배격해야 한다. 그는 다음과 같이 말한다.

"그런데 그 규칙은 내가 이 시점에서 무엇을 해야만 하는지를 어떻게 보여 줄 수 있는가? 내가 무엇을 하든 어떤 해석에 따르면 그 규칙에 부합한다." ─ 그렇게 말해서는 안 되고, 오히려 다음과 같이 말해야 한다. 임의의 해석은 그것이 해석하는 것과 더불어 여전히 허공에 떠 있고, 그래서 아무런 도움이 되지 않는다. 해석들은 그 자체로 의미를 결정하지 않는다(Wittgenstein, 1953, §198).

내가 한 규칙을 따를 때, 나는 선택하지 않는다. 나는 그 규칙을 맹목적으로 따른다(Wittgenstein, 1953, §219).

한 단어를 정당화 없이 사용함은 그것을 옳지 않게 사용함을 뜻하지 않는다(Wittgenstein, 1953, §289).

그렇기 때문에 규칙을 따름은 하나의 실천이다. 단지 규칙을 따른다고 생각하는 것은 규칙을 따르는 것이 아니다. 따라서 규칙을 사적私的으로 따르는 것은 불가능하다. 그렇지 않으면 규칙을 따른다고 생각하는 것이 규칙을 따르는 것과 다를 바가 없게 된다(Wittgenstein, 1953, §202).

또한 비트겐슈타인에 따르면 한 언어표현의 의미를 파악하는 것은 그 표현의 옳은 사용과 그른 사용을 구분할 수 있는 것이고, 그런 경우 옳은 사용의 규범적 힘normative force은 인과적 힘causal force과 구분된다.

"어떻게 나는 한 규칙을 따를 수 있는가?" — 이것이 원인들에 관한 물음이 아니라면, 이것은 내가 하는 방식으로 그 규칙을 따르는 것의 정당화에 관한 물음이다(Wittgenstein, 1953, §217).

따라서 규칙 따르기는 단순히 규칙성의 차원으로 환원될 수 없다. 그렇다면 규칙을 어떻게 해석에 의존함이 없이 파악할 수 있는가? 다시 말해 어떻게 한 행동이 한편 어떤 상황에 대한 맹목적 반응이면서, 다른 한편 규칙 따르기의 사례일 수 있는가? 비트겐슈타인에 따르면, 그 답은 그 행동이 관습custom,[166] 실천practice,[167] 또는 제도institution[168]에 속하기 때문이다. 한 가지 예는 다음과 같다.

어떤 원시사회에서 까마득한 옛날부터 대대로 남자아이들이 성인이

될 무렵 특정 시기에 '숲속에서 홀로 하룻밤을 보내고 오라!'는 명령을 마을 어른들로부터 받아 왔다고 가정해 보자. 그래서 어떤 아이가 그 명령에 따라 숲속에서 하룻밤을 홀로 보내는 행동을 한다고 가정해 보자. 이 경우 숲속에서 하룻밤을 홀로 보내는 그 아이의 행동은 규칙 따르기의 사례이다. 그렇지만 이 경우 그 마을의 어느 누구도 왜 그와 같은 규범을 유지해 왔는지에 대한 명시적 이해를 결여할 수 있다. 이와 같은 경우가 어떤 규칙을 해석함이 없이 암묵적으로 실천 속에서 파악하는 사례일 수 있다.

그런데 여기서 한 가지 주목할 점은, '규칙을 따름은 하나의 실천이다'라는 논제를 비트겐슈타인이 건설적인 이론으로서 제시하지 않았다는 사실이다. 그의 침묵주의Quietism에 따르면 이른바 '철학적 문제들'은 근본적인 개념적 혼란에서 비롯된 것들이기 때문에 이런 문제들은 관련된 개념적 혼란을 해명함으로써 자연스럽게 해소되는 것들이다. 그래서 그는 철학의 역할이 이른바 철학적 문제들을 해결해 주는 건설적인 이론들을 제시하는 데 있는 것이 아니라, 우리의 개념체계 속에서 발생하는 개념적 혼란들을 해소함으로써 지적 평정intellectual quietude을 회복하도록 도와주는 일종의 치료적therapeutic 활동이라고 보았다. 규칙 따르기 역설의 경우도 마찬가지다. 이 역설은 이것이 전제하고 있는 잘못된 가정, 즉 규칙의 파악이 항상 일종의 해석이라는 생각을 버리면 자연스럽게 해소되는 것이다.

그렇지만 공동체의 실천communal practice에 호소함으로써 정확히 어떻게 규칙주의가 직면하는 무한퇴행의 문제와 규칙성주의가 직면하는 게리맨더링의 문제 사이의 진퇴양난에서 벗어날 수 있는가? 이 물음에 대해 좀 더 자세한 설명이 제시되지 않는 한, 비트겐슈타인의 제안을 규칙 따르기 역설에 대한 완전한 해결책이라고 말하기 어렵다. 예컨대 비트겐슈타인이 제시하는 '공동체의 실천'이라는 개념은 그 자체로 단지 규칙에 부합하게 행동하는 것과 규칙에 따라 행동하는 것 사이를 구분해 주지 않는다.[169] 그렇다면 대안은 무엇인가? 셀라스는 규칙주의와 규칙성주의 사이의 딜레마에서 벗어날 수 있는 건설적인 해결책이 있다고 주장한다. 필자는 이 장의 나머지 부분에서 셀라스가 제시하는 규칙주의와 규칙성주의 사이의 중도中道, via media의 길을 소개하고, 옹호할 것이다.

4. 행위규칙과 비판규칙

앞서 언급한 것처럼, 규칙주의가 직면하는 규칙의 무한퇴행 문제를 피하기 위해서 우리는 규칙을 명시적으로 인식하지 못해도 규칙 때문에 행동할 수 있어야 한다. 이와 같은 언어행동을 설명하기 위해 셀라스는 두 가지 종류의 규칙을 구분한다. 첫 번째 종류의 규칙은 그가 '그렇게 해야만 하는 규칙'ought-to-do rules 또는 '행위규칙'rules of action이라고 부르는 것이고, 두 번째 종류의 규칙은 그가 '그렇게 돼야만 하는 규칙'ought-to-be rules 또는 '비판규칙'rules of criticism이라고 부르는 것이다.[170] 먼저 그렇게 해야만 하는 규칙 또는 행위규칙은 다음과 같은 형태이다.

행위주체는 C 상황하에서 A를 해야만 한다(If one is in C, one ought to do A).

이와 같은 규칙은 행위주체가 주어진 상황하에서 무엇을 해야 하는지를 알려 주는 것이다. 그리고 이와 같은 규칙을 이해함으로써 행위주체가 적절한 행동을 하기 위해서는 'C 상황에 있음'being in C과 'A를 함'doing A

이 무엇인지 이해해야 한다. 반면 그렇게 돼야만 하는 규칙 또는 비판규칙은 다음과 같은 형태이다.

그러그러한 상황하에서 X들은 φ 상태에 있어야만 한다(Xs ought to be in state φ, whenever such and such is the case).

그와 같은 규칙은 행위주체가 무엇을 해야 하는지가 아니라, 어떤 상태가 실현돼야 하는지를 상술해 주는 것이다. 그리고 그와 같은 규칙은 그 규칙의 적용 대상인 X들이 'φ 상태에 있음'being in state φ이나 '그러그러한 상황임'such-and-such being the case의 개념들을 소유해야 함을 가정하지 않는다.[171]

셀라스(1963b, 1969, 1980b)에 따르면 행위규칙은 언어교육자들이 따르는 규칙인 데 반하여, 비판규칙은 언어학습자들이 따르는 규칙이다. 예컨대 1절에서 언급했던 언어규칙을 다시 살펴보자.

(1) (다른 사정이 같다면) 우리는 햇빛 하에 빨간 대상이 앞에 있는 상황에서 '이것은 빨갛다'라고 말해야만 한다.

위와 같은 언어규칙이 언어공동체 내에서 유지되도록 어른들은 아이들이 다음과 같은 비판규칙에 부합하게 행동하도록 훈련시킬 수 있다.

(2) (다른 사정이 같다면) 아이들은 햇빛 하에서 빨간 대상들에 '이것은 빨갛다'라고 발화하는 반응을 하거나 또는 그런 성향을 가져야만 한다(Ceteris paribus, children ought to respond to red objects in sunlight by uttering or being disposed to utter 'this is red').

그리고 언어학습자들이 위와 같은 비판규칙에 부합하는 행동을 하도록 훈련시키기 위해서 언어교육자들은 다음과 같은 행위규칙을 따라야 한다.

(3) 우리는 햇빛 하에서 빨간 대상이 앞에 있는 상황에서 사람들이 '이것은 빨갛다'라고 발화하는 반응을 하거나 또는 그런 성향을 가지도록 해야만 한다(We ought to bring it about that people respond to red objects in sunlight by uttering or being disposed to utter 'this is red').

그런데 어른들이 위와 같은 행위규칙을 따르기 위해서는 '빨간 대상', '햇빛', "'이것은 빨갛다'라고 발화함' 등과 같은 개념들을 소유해야 한다. 그런 개념들을 가지고 있어야, 아이들의 언어행동들에 대해 적절히 보상하거나 제재함으로써 아이들의 행동들이 (2)에 부합하도록 만들 수 있다. 반면 언어학습자인 아이들은 (2)에 부합하는 행동을 하기 위해 (2)를 스스로 인식할 필요가 없다. 이와 같은 언어규칙에 부합하는 행동을 하도록 성공적으로 훈련된 아이들은, 비록 이와 같은 언어규칙을 스스로 인식하지 못해도, '규칙 때문에 행동한다'라고 기술될 수 있다. 따라서 셀라스에 의하면 아이들은 기본적인 언어규칙들을 스스로 의식함이 없이 따를 수 있다. 다만 규칙에 부합하지 않는 행동을 할 경우에 비판에 직면할 수 있고, 이에 따라 행동을 수정하도록 규범적으로 강제될 뿐이다. 이와 같이 언어교육자들이 따르는 행위규칙과 언어학습자가 따르는 비판규칙을 구분함으로써 셀라스는 어떻게 사람들이 언어규칙을 명시적으로 이해함이 없이 모국어를 배울 수 있는지를 잘 설명한다.

그리고 그는 (2)와 같은 비판규칙에 따른 행동을 '패턴에 지배되는pattern-governed 행동'이라고 부른다. 이러한 행동은 주체가 관련된 규칙을 따르고자 의도함이 없이도 할 수 있는 것이다. 따라서 규칙주의가 요구하는 규칙에 복종하는rule-obeying 행동일 필요가 없다. 다른 한편, (2)와 같은 비판규칙들에 의해 지배되는 행동은 언어교육자들이 따르는 행위규칙들에 의해 규제되는 것이기 때문에 단지 우연에 의해 주어진 규칙들에 부합하게 되는 그런 행동도 아니다. 따라서 규칙성주의가 주장하는 단지 규칙에 부합하는rule-conforming 행동에 불과한 것도 아니다. 이런 이유에서 셀라스는 규칙에 관한 행동이 규칙에 단지 부합하는 행동과 규칙에 복종하는 행동으로 양분된다는 생각은 잘못된 이분법이라고 주장한다.[172]

그렇지만 규칙에 단지 부합하는 행동과 규칙에 복종하는 행동 이외에도 패턴에 지배되는 행동이 있다는 사실을 지적하는 것만으로는 규칙주의와 규칙성주의 사이의 딜레마가 해결되지 않는다. 이 문제를 해결하기 위해서는 우선 행위규칙과 비판규칙 사이의 관계에 주목할 필요가 있다. 비판규칙은 사람들의 행동패턴이 그 규칙에 부합하도록 강제하는 행위자들이 없다면 유지될 수 없다. 또한 언어규칙은 주체에게 인과적으로 강제되는 것이 아니라, 규범적으로 강제되는 것이다. 다시 말해 언어규칙은 이를 따르면 보상을 하고, 이를 어기면 제재하는 방식으로 강제된다. 그런데 어떤 주체에게 이런 방식으로 언어규칙을 강제하기 위해서는 그 주체가 언어규칙을 따르는 경우와 어기는 경우의 차이를 인식할 수 있어야 한다. 또한 자신의 판단이나 행동이 언어규칙에 어긋난다는 비판을 받았을 때 이를 이해하고, 자신의 판단이나 행동을 교정할 수 있어야 한다. 그런 경우에만 그 주체는 진정한 의미에서 언어규칙을 따를 수 있는 존재로 간주될 수 있다. 왜냐하면 그런 능력 자체가 없는 존재에게 언어규칙을 따르라는 규범적 의무를 부가하는 것은 실제로 수행할 수 없는 일을 부당하게 강제하는 것이기 때문이다. 따라서 아이들과 같은 언어학습자가 언어공동체의 일원이기 위해서는, 자신의 언어행동이 주어진 언어규칙에 어긋난다는 비판을 받았을 때 이를 이해하고, 자신의 판단이나 행동을 교정할 수 있어야 한다. 그러기 위해서 아이들과 같은 언어학습자도 언어규칙에 대한 어느 정도의 메타사고를 할 수 있어야 한다.[173] 또한 언어를 충분히 숙달하기 위해서는 언어규칙들을 인식해야 한다. 따라서 비판규칙은 행위규칙을 함축한다.[174] 셀라스는 다음과 같이 말한다.

> 어떤 사람이 언어적 비판규칙들 또는 언어적 허용규칙들에 부합하는 규칙적 행동을 하더라도, 이 비판규칙들과 허용규칙들을 또한 파악하지 못하면 (즉 그 언어의 규칙들을 알지 못하면), 그 언어공동체의 충분히 훈련된 구성원이 아니다(Sellars, 1969, p. 513).

요컨대 충분히 숙달된 언어사용자가 되기 위해서는 비판규칙에 부합하는 행동을 할 뿐만 아니라, 행위규칙도 이해해야 한다. 다시 말해 패턴에 지배되는 행동을 하는 것만으로는 숙달된 언어사용자가 될 수 없다.

그런데 셀라스의 설명에는 여전히 미진한 점이 있다. 우리는 어렸을 적에 어른들로부터 모국어를 배웠다. 그리고 그 어른들은 자신들이 어렸을 때 선대의 어른들로부터 모국어를 배웠다. 그와 같은 언어학습의 인과·역사적 연쇄를 거슬러 올라가면, 궁극적으로 인류가 최초로 언어를 사용하게 된 시기에 이르게 될 것이다. 그렇다면 과연 언어는 최초에 어떻게 시작된 것인가? 자기 자신은 선대로부터 언어를 배우지 않았지만, 최초로 언어를 사용하게 된 그런 사람이 과연 있었던 것인가? 그 어느 누구도 이와 같은 질문에 단정적인 답을 제시하기 어렵다. 인류가 언어를 사용하기 시작한 것은 인류가 문자를 사용하기 훨씬 이전의 일이기 때문에 이에 대한 결정적인 증거를 찾기 어렵기 때문이다.

그렇다면 언어는 과연 애당초 어떻게 시작된 것일까? 셀라스의 견해에 따르면 언어가 출현하기 위해서 반드시 충족돼야 하는 조건이 있다. 파란색 대상을 보고 '이것은 파랗다'라고 발화할 수 있도록 훈련된 앵무새가 있다고 가정해 보자. 그리고 그 앵무새가 과연 파랑의 개념을 소유할 수 있는지에 대해 생각해 보자. 그 앵무새는 '파랑은 색의 일종이다', '파랑은 빨강과 다르다'와 같은 파랑과 관련된 추론관계들을 전혀 이해하지 못한다. 다시 말해 그 앵무새는 파랑과 관련된 자극들을 다른 종류의 자극들로부터 행동적으로 구별할 수 있는 능력은 갖고 있으나, 그러한 자극들을 개념적으로 분류할 수 있는 능력은 결여한다. 이런 이유에서 그 앵무새는 파랑의 개념을 소유한다고 간주될 수 없다. 셀라스는 다음과 같이 말한다.

> 규칙에 의해 규제되는 기호활동과 이와 결합된 행동이 서로 맞물려야만, 규칙에 의해 규제되는 기호활동과 외적 환경이 서로 연결될 수 있다(Sellars, 1980b, p. 141).

아이 때 우리는 '파랑'이라는 소리를 이해하는 법을, 개가 '뼈다귀'란 소리를 이해하는 법을 배우는 거의 같은 방법으로 배운다. 그러나 우리는 다음과 같은 점에서 개를 추월한다. '파랑'이란 소리는 규칙에 의해 규제되는 기호활동의 체계 내에서 우리에게 특정한 역할을 수행한다. 또한 '파랑'이란 소리는 이것이 오직 이 언어체계 내에서 특정한 역할을 수행하는 한에서만 단어, 언어적 사실, 규칙에 의해 규제되는 기호활동이다(Sellars, 1980b, p. 142).

요컨대 '파랑'과 같은 언어표현의 사용이 특정한 의미를 가지기 위해서는 환경적 자극과 인과적으로 연결돼야 한다. 그러나 단지 그러한 인과적 연결만으로는 불충분하다. 그 위에 규칙들에 의해 지배되는 기호활동의 상부구조가 있어야 한다.

그렇다면 규칙에 의해 지배되는 기호활동의 상부구조가 있는 인간의 표상체계와 그와 같은 상부구조가 없는 단순한 동물의 표상체계에는 어떤 차이가 있는가? 이에 대해 셀라스(Sellars, 1981)는 두 가지 종류의 표상체계를 구분한다. 하나는 논리를 사용하는 표상체계이고, 다른 하나는 논리 이전의 표상체계이다.[175]

그렇다면 인간들은 어떻게 규칙에 의해 지배되는 기호활동의 상부구조를 갖게 된 것인가? 다시 말해 어떻게 세계를 개념적으로 표상할 수 있는 존재들이 세계 속에 출현하게 된 것인가? 셀라스에 따르면 이와 같은 물음은 발생적 물음이다.[176] 그리고 이와 같은 발생적 물음에 대해서는 언어의 진화적 기원을 설명해 주는 과학이론이 답해야 한다. 따라서 철학자가 아니라, 과학자에 의해서 수행돼야 할 과제이다. 그래서 셀라스는 위와 같은 문제를 직접적으로 다루지 않았다. 그러나 드브리스Willem A. deVries는 다음과 같이 지적한다.

어떻게 언어가 발생했는지에 대해서는 그 어느 누구도 만족스러운 답을 제시할 수 없다. 그래서 셀라스는 이 물음을 직접적으로 다루지 않는다. 그러나 셀라스가 말해야 하는 스토리의 대략적인 개요를 스케치하는 것은 어렵지 않다. 인간종의 표상 겸 커뮤니케이션 체계가 점점 더 복잡해지는 진화적 발전을 거듭함에 따라, 이 체계가 어느 시점에서 반성적 메타표상을 할 수 있는 복잡성의 단계에 도달하게 된다. 언어에 관한 언어가 가능해진다. 그 체계의 유용성이 주어지면, 사람들은 그 체계에 당연히 관심을 갖게 되고 또한 발전시키게 된다. 그 진화된 표상-커뮤니케이션 체계 속의 항목들의 구조들과 기능들은 그렇게 됨으로써 정상적임(즉 자연선택에 의해서 현존하게 됨)에서 규범적임(즉 일이 행해지는 방식에 따라 언어공동체에 의해 선택됨으로써 현존하게 됨)으로 변형될 수 있다 (DeVries, 2005, p. 45).

요컨대 다른 고등동물들과 크게 다를 바 없이 인간들은 특정한 환경적 자극들을 특정한 소리들로 구별할 수 있다. 그렇지만 다른 고등동물들과 달리 인간들은 진화적 발전의 어느 시점에서 자신들이 내는 소리기호의 역할에 관한 메타사고를 할 수 있게 됐다. 예를 들면 어떤 사람이 '파랑'과 같은 소리기호를 언어공동체에서 유지되고 있는 규칙성과 어긋나게 사용하는 경우에―예컨대 빨간색 대상에 반응하여 '파랑'이라고 소리를 내는 경우에―이를 비판할 수 있게 되었다. 그리고 인간들은 이와 같은 비판 능력을 갖게 됨으로써 셀라스가 "이유를 묻고 답하는 게임"이라고 부르는 사회실천을 할 수 있게 되었다. 그럼으로써 인간들은 비로소 언어를 사용할 수 있게 된 것이다.

제레미 쿤스Jeremy Koons도 드브리스와 유사한 설명을 제시한다. 그는 다음과 같이 말한다.

통시적 비판의 이러한 실천은 사람들의 행동이 단어의 의미와 적절한 이론적 역할을 확정하는 규칙들에 부합하도록 만든다. 그래서 사람들이 어떤 단어를 사용하는 것과 그 단어의 사용을 확정하는 규칙 사이의 관계는 규칙에 단순히 부합하는 것보다는 강하지만, 규칙에 복종하기보다는 약하다.

단지 규칙에 부합하는 행동과 규칙에 복종하는 행동 사이의 중도中道에 관한 이 설명은 본질적으로 통시적이다. 이것은 사람들의 단어 사용이 그 단어들의 의미와 적절한 이론적 역할을 확정하는 규칙에 부합하도록 통시적으로 강요하는 (사람들의 단어사용에 관한 비판의 형태로 이루어지는) 진화적 압력의 개념에 의존한다. 행동이 규범에 의해 지배되는 것으로 간주되기 위해서는 이 행동이 계속 진행하는 이유를 묻고 답하는 실천의 일부이고, 성공적으로 정당화된 메타언어적 주장들에 대해 반응하여 수정된 것이어야 한다(Koons, 2004, p. 144).

지금까지 살펴본 것처럼 셀라스, 드브리스 및 쿤스에 따르면 규칙주의와 규칙성주의 사이의 중도의 길이 가능하다. 그런데 아쉽게도 그들의 설명은 지나치게 개략적이다. 따라서 이 장의 나머지 부분에서 필자는 좀더 자세한 설명을 제시하고자 한다.

5. 추정과 도전의 정당화 구조와 정당화에 관한 정합성 이론

우선 규칙 따르기는 왜 규칙성주의가 주장하는 언어적 규칙성보다는 강한 조건을 요구하는지 그리고 이 조건을 셀라스가 제시하는 중도의 길이 어떻게 충족하는지에 대해 살펴보자.

제2절에서 지적한 바와 같이, 규칙성주의에 따르면 근본적인 레벨에서 언어행동과 관련된 규칙성이 있다. 셀라스는 이와 같은 언어적 규칙성을 부정하지 않는다. 앞 절에서 언급했던 것처럼, '파랑'과 같은 표현의 사용이 특정한 색을 의미하기 위해서는 특정한 종류의 환경적 자극들과 인과적으로 연결돼야 한다. 그리고 그와 같은 인과적 연결은 상이한 종류의 자극들을 행동적으로 구별할 수 있는 능력과 밀접히 관련되어 있다. 또한

그와 같이 인과적으로 연결되어 있는 환경적 자극들에 대한 언어반응들은 특정한 언어적 규칙성들을 산출한다. 셀라스의 논점은 그런 규칙성들이 중요하지 않다는 것이 아니라, 그것만으로는 불충분하다는 것이다. 앞서 언급한 바와 같이, 그 어떤 유한한 범위의 행동들도 다수의 규칙들과 양립할 수 있고, 따라서 그와 같은 규칙성들은 게리맨더링의 문제에 직면한다. 따라서 언어규칙에 지배되는 행동은 단지 규칙에 부합하는 행동에 불과한 것이 아니라, 패턴에 지배되는 행동이어야 한다. 그렇다면 이와 같은 행동은 규칙성의 게리맨더링 문제를 어떻게 피할 수 있는가?

제2절에서 다뤘던 크립키의 예를 다시 살펴보자. 어떤 화자 공동체가 지금까지 10,000보다 작은 수들과 관련된 연산만을 수행해 왔다. 또한 쿠스 함수는 다음과 같이 정의된다.

$$x, y < 10,000이면, x \oplus y = x + y.$$
$$그 밖의 경우이면, x \oplus y = 5.$$

이제 위 공동체의 어떤 화자가 '10,001 + 10,002 = ?'란 물음에 '5'라고 답했다고 가정해 보자. 그렇다면 이 답은 어떤 경우에 틀렸다고 말할 수 있는가? 앞 절에서 지적한 바와 같이 패턴에 지배되는 행동은 행위규칙에 의해 규제된다. 예컨대 위 공동체의 화자들의 '+' 기호와 관련된 언어행동들이 현재 우리 언어공동체의 경우가 그런 것처럼 쿠스 함수가 아니라 플러스 함수의 행위규칙에 의해 규제되는 행동들이라고 가정해 보자. 그런 경우 우리는 위 화자의 답 '5'가 옳지 않다고 말할 수 있다. 이런 이유에서 패턴에 지배되는 행동은, 단지 규칙에 부합하는 행동과 달리, 규칙성의 게리맨더링 문제를 피할 수 있다. 그 이유는 규칙성주의와 달리, 화자들의 언어행동을 규제하는 행위규칙에 호소할 수 있기 때문이다.

한 가지 예를 더 살펴보자. '파랑'이라는 표현이 특정한 의미를 가지기 위해서는 이 표현의 사용이 다음과 같은 종류의 언어규칙에 의해 지배되는 것이어야 한다.

(4) 파란색 대상이 내 앞에 있는 비언어적 상황에서 나는 '내 앞에 파란색 대상이 있다'라고 발화할 수 있다.

그런데 앵무새도 파란색과 관련된 외부 자극들을 다른 종류의 자극들로부터 행동적으로 구별할 수 있는 능력을 훈련을 통해 형성할 수 있다. 그리고 그와 같은 훈련을 통해 파란색 대상을 식별할 때마다 '이것은 파랗다'라고 발화할 수 있다. 그런 경우 앵무새의 발화 '이것은 파랗다'는 규칙 따르기의 사례인가? 다시 말해 그 앵무새가 발화한 '파랗다'라는 소리는 파랑을 의미하는가? 앞 절에서 지적한 바와 같이, 언어규칙은 언어사용자에게 인과적이 아니라 규범적으로 강제된다. 그리고 어떤 주체에게 언어규칙을 규범적으로 강제하기 위해서는 그 주체의 언어행동이 기존의 언어규칙에 어긋나는지 여부에 관한 메타사고를 할 수 있는 존재가 있어야 한다. 또한 그런 메타사고를 토대로 그의 언어행동이 기존의 언어규칙에 어긋난다고 판단되는 경우에 이를 비판함으로써 그의 행동을 교정할 수 있어야 한다. 위 예에서 앵무새의 발화행동을 언어규칙에 의거하여 규제하는 존재는 그 앵무새를 훈련시킨 사람이다. 그렇지만 그 앵무새가 발화한 '파랗다'라는 소리는 다음과 같은 이유에서 여전히 파랑을 의미하지 않는다.

언어행동의 주체는 언어규칙을 따르는 경우와 어기는 경우의 차이를 인식할 수 있어야 한다. 그래서 자신의 언어행동이 언어규칙에 어긋난다는 비판을 받았을 때 이를 이해하고, 자신의 행동을 교정할 수 있어야 한다. 그런 경우에만 그 주체는 진정한 의미에서 언어규칙을 따를 수 있는 존재로 간주될 수 있다. 그런데 자신의 행동이 언어규칙에 어긋난다는 비판을 받았을 때 이를 이해하고, 자신의 행동을 교정할 수 있기 위해서는 언어규칙에 대해 메타사고를 할 수 있어야 한다. 그렇지만 위에서 언급한 앵무새는 그와 같은 메타사고를 하지 못한다. 따라서 앵무새를 훈련시키는 사람은 앵무새가 언어규칙에 부합하지 않는 행동을 할 경우에 앵무새를 처벌함으로써 인과적으로 조건화시킬 수는 있지만, 앵무새를 합리적으로 나무랄 수는 없다. 왜냐하면 메타사고를 하지 못하는 앵무새는 규칙을 규칙으로서 인식하지 못하기 때문이다. 따라서 앵무새가 파란색 대상에 반응하여 '이것은 파랗다'라고 발화하는 것은 반복적 훈련에 의한 인과적 반응일 뿐이지, 결코 규칙을 이해함에 따른 규범적 반응이 아니다. 이런 이유에서 앵무새는 파랑의 개념을 소유하지 못한다.[177] 앵무새와 같은 단순한 동물들과 달리, 아이들이 언어공동체의 일원일 수 있는 이유는, 자신의 언어행동이 주어진 언어규칙에 어긋난다는 비판을 받았을 때 이를 최소한 어느 정도 이해하고, 자신의 행동을 교정할 수 있기 때문이다.

앞서 언급한 바와 같이, 규칙성주의는 규칙성의 게리맨더링 문제에 직면한다. 셀라스가 제시하는 중도의 길은 이 문제를 해결하고자 하는 제안이다. 따라서 규칙성주의와 중도의 길 사이의 중요한 차이는 규칙성의 게리맨더링 문제를 해결하는지 여부에 있다. 그런데 사실의 차원에서의 그 어떤 규칙성도 다수의 규칙들과 양립할 수 있다. 따라서 셀라스에 의하면 규칙의 규범성은 사실의 영역으로 환원되지 않는다. 어떤 규칙이 옳은지 여부는 지금까지 언어공동체 내에서 성립해 온 언어적 규칙성에 의해 결정되는 것이 아니라, 이유를 묻고 답하는 사회실천 속에서 상호주관적으로 결정될 수 있는 문제이다. 예컨대, 우리가 '+' 기호와 관련된 우리의 언어행동들을 지금껏 쿠스 함수가 아니라 플러스 함수의 행위규칙에 의해 규제해 왔고 또한 이 행위규칙을 옳지 않은 것으로 거부할 만한 적극적인 이유가 없으면, 우리는 '10,001 + 10,002 = ?'란 물음에 대한 정답이 '20,003'이라고 말할 수 있다. 이 논점에 대해서는 이 장의 끝부분에서 좀 더 부연설명을 할 것이다.

더 나아가, 언어규칙은 옳거나(정당하거나) 또는 옳지 않다고(정당하지 않다고) 평가될 수 있는 것이다. 그리고 우리의 판단은 원칙상 오류 가능하다. 언어규칙에 관한 판단도 예외가 아니다. 따라서 그 어떤 언어규칙도 이유를 묻고 답하는 사회실천 속에서 부적절한 것으로 판정되면 수정되거나 기각될 수 있다. 또한 제2절에서 지적한 바와 같이, 규범에 대한 우리의 평가에는 원칙상 항구적 오류가능성이 있다. 따라서 언어규칙의 규범성은 결코 기술적인 사실의 영역으로 환원되지 않는다. 요컨대 지금까지 제시한 이유들에 따라 언어규칙에 의해 규제되는 우리의 언어행동은 규칙성주의가 요구하는 조건, 즉 기존의 언어적 규칙성에 부합한다는 조건보다 강한 조건을 충족해야 한다.

이제 남은 문제는 언어규칙들에 의해 규제되는 우리의 언어행동이 왜 규칙의 무한퇴행 문제를 피할 수 있는지, 다시 말해 왜 (규칙주의가 요구하는) 규칙에 복종하는 행동보다는 약한 조건을 요구하는지를 설명하는 것이다. (4)의 예를 다시 살펴보자. 앞서 언급했던 것처럼, '파랑'과 같은 표현의 사용이 특정한 색을 의미하기 위해서는 특정한 종류의 환경적 자극들과 인과적으로 연결돼야 한다. 그리고 그와 같이 인과적으로 연결되어 있는 환경적 자극들에 대한 언어반응들은 특정한 언어적 규칙성을 산출한다. (4)와 같은 언어규칙은 이런 종류의 언어적 규칙성에 토대를 둔 것이다. 그런데 앵무새와 달리 우리는 이런 종류의 언어적 규칙성에 관한 메타인식을 통해서 (4)와 같은 언어규칙을 승인할 수 있다. 그리고 그렇게 승인된 언어규칙은 추정적 정당화default justification의 위상을 가진다. 즉 그 규칙의 승인을 거부해야 하는 적절한 이유가 제시됨으로써 그 규칙이 성공적으로 논박되지 않는 한에서 그 규칙은 긍정적 정당화의 위상을 유지한다. 요컨대 (4)와 같은 언어규칙은 환경적 자극과 인과적으로 결합된 언어행동들이 산출하는 규칙성에 기반을 둔 것이지만, 이유를 묻고 답하는 사회실천 속에서 추정적 정당화의 위상을 지닌다.[178] 따라서 그와 같은 언어규칙에 대한 입증의 부담은 그 규칙을 논박하고자 하는 사람에게 있고, 이에 따라 언어규칙의 정당화와 관련하여 무한퇴행의 문제는 발생하지 않는다.

위 논점을 좀 더 명확히 하기 위해 이솝우화에 나오는 양치기 소년의 사례를 살펴보자. 늑대가 나타나면 양치기 소년은 어른들이 늑대를 쫓기 위해 무기를 들고 달려올 수 있도록 '늑대가 나타났다!'라고 소리쳐야 한다. 그런데 양치기 소년은 늑대가 나타나지 않은 경우에도 심심하면 '늑대가 나타났다!'라고 소리 지른다. 이런 경우 그 소년의 언어행동은 비판의 대상이 된다. 그리고 이런 비판을 통해 늑대가 나타나지 않은 경우에는 그런 소리를 지르지 못하도록 해야 한다. 이 조건이 성립해야 '늑대가 나타났다!'라고 소리침으로써 늑대가 나타났다는 옳은 정보를 마을 어른들에게 성공적으로 전달할 수 있고, 그 결과로서 늑대에게 소중한 양들을 잃게 되는 낭패를 피할 수 있다. 이와 같은 낭패를 막기 위해 과거 어느 시기부터 인류는 상황에 부합하지 않는 소리를 낼 경우 비판을 가함으로써 언어사용자들이 더 이상 그런 소리를 내지 못하도록 하는 사회실천을 해왔다. 그리고 그와 같은 비판을 할 수 있게 되었음은 특정한 소리를 내는 사람들의 행동에 규범성의 차원이 생겼음을 의미한다. 그와 같은 규범성의 차원은 규칙성주의가 주장하는 조건 즉 단순한 언어적 규칙성보다는 강한 조건이다. 그렇지만 언어행동을 이와 같은 방식으로 교정하기 위해 규칙의 메타-메타 정당화가 반드시 요구되는 것은 아니다. 그 이유는 다음과 같다.

양치기 소년은 자신의 거짓말이 비판받게 될 때, 왜 오직 늑대가 나타난 경우에만 '늑대가 나타났다!'라고 소리쳐야 하는지에 대해 반문할 수 있다. 우선 늑대가 목격되면 '늑대가 나타났다!'라고 소리치는 언어반응을 하는 것은 상이한 종류의 자극들을 행동적으로 식별할 수 있는 능력과 밀접히 관련되어 있다. 그리고 그러한 식별능력과 연관된 언어적 규칙성은 늑대가 나타났다는 정보를 성공적으로 마을 사람들에게 제공함으로써 양들을 늑대로부터 보호하는 사회적 역할을 수행할 수 있다. 그래서 마을 사람들은 다음과 같은 언어규칙을 승인할 수 있다.

(5) 오직 늑대가 나타난 경우에만 '늑대가 나타났다!'라고 소리쳐야 한다.

이 규칙이 현재까지 성공적으로 사회적 역할을 해 왔다면, 이 규칙은 추정적으로 정당화된다. 그래서 이것을 뒤엎을 수 있는 더 강력한 이유가 제시되지 않는 한에서 규범적 힘을 유지할 수 있다. 이에 따라 위 양치기 소년은 위 규칙을 따라야 하는 이유를 뒤엎는 더 강력한 반대 이유를 제시하지 못하는 한에서 마을 사람들의 비판으로부터 자유로울 수 없다. 다시 말해 이유를 묻고 답하는 사회실천 속에서 기존의 언어규칙을 뒤엎는 더 강력한 반대 이유를 위 양치기 소년이 제시하지 못하는 한에서 마을 사람들은 (5)를 그 소년에게 규범적으로 강제할 수 있다. 그리고 이러한 규범적 강제를 위해 반드시 (5)에 대한 메타-메타 정당화가 필요한 것은 아니다. 단지 (5)를 뒤엎는 더 강력한 반대 이유가 아직껏 제시되지 않았다는 조건이 성립하는 것으로 충분할 수 있다. 따라서 마을 사람들은 이 규칙에 대한 메타-메타 정당화를 제시함이 없이도 양치기 소년의 행동을 성공적으로 비판할 수 있다. 이런 이유에서 (5)와 같은 언어규칙들에 의해 지배되는 언어행동들은 규칙의 무한퇴행 문제를 야기하지 않는다.

또한 우리는 위와 같은 방식의 정당화를 정합론을 토대로 설명할 수 있다. 레러(Lehrer, 2000, 특히 p. 170)는 정합성을 '비판들에 답함'answering objections 또는 '경쟁 주장들을 물리침'beating competitors의 개념으로 설명한다. 그에 따르면, 대략적으로 한 믿음은 주어진 믿음체계를 바탕으로 그 믿음에 대한 모든 비판들을 물리칠 수 있으면 그 믿음체계와 정합적인 것으로 간주될 수 있다. 레러의 정당화 모델과 달리, 셀라스의 정당화 모델은 상호주관적이면서 또한 통시적通時的, diachronic이다. 따라서 우리는 '정합성'에 관한 레러의 아이디어를 이와 같이 상호주관적이면서 통시적인 모델에 맞게 수정하여 이해할 수 있다. 이 상호주관적·통시적 모델에 따르면, 대략적으로 정당화의 사회실천 속에서 p에 대해 제기될 수 있는 모든 비판들 또는 경쟁 주장들을 물리칠 수 있는 경우에 p는 긍정적 정당화의 위상을 지닌다. 물론 우리는 p의 정당화의 위상이 미래에 더 강력한 비판에 의해 뒤엎어질 가능성을 사전에 완전히 배제할 수 없다. 그러나 그런 상황이 발생하지 않는 한, p는 정당화의 위상을 유지할 수 있다.[179] 믿음의 정당화를 이와 같이 제기되는 비판들을 물리치는 통시적 노력으로 이해하면, 정당화에 관한 무한퇴행의 문제는 발생하지 않는다.[180] 이것은 규칙의 정당화의 경우에도 마찬가지이다. 사람들의 단어 사용이 단어의 의미를 구성하는 규칙들에 부합하게 되는 과정은 통시적이다. 또한 기존 규칙이 적절한 비판을 통해 좀 더 정합적인 규칙으로 수정되는 과정도 통시적이다.

끝으로, 셀라스가 제시하는 중도의 길이 규칙성의 게리맨더링 문제를 피할 수 있는 이유를 다시 한 번 강조하면 다음과 같다. 앞서 언급한 것처럼, 사실의 차원에서 그 어떤 규칙성도 다수의 규칙들과 양립할 수 있다.

따라서 언어적 규칙성에 호소함으로써 규칙 따르기를 설명하고자 하는 규칙성주의는 규칙성의 게리맨더링 문제에서 벗어날 수 없다. 반면 셀라스의 설명적 정합성 이론에 따르면 모든 정당화는 이유를 묻고 답하는 사회실천 속에서 정합론적인 방식으로 결정된다. 언어규칙의 정당화도 예외가 아니다. 따라서 우리는 이유를 묻고 답하는 사회실천 속에서 특정한 언어규칙을 — 예컨대 '+' 기호를 쿠스 함수 대신에 플러스 함수의 언어규칙에 따라 해석하는 것을 — 가장 정합적인 것으로 승인할 수 있다. 따라서 셀라스가 제시하는 중도의 길은 원리상 규칙성의 게리맨더링 문제에서 벗어날 수 있다.

6. 브랜덤의 규범적 현상주의

우리는 언어행동을 세 가지 레벨에서 논의할 수 있다.

    (i) 언어규범을 명시적 규칙으로서 설명하는 레벨
    (ii) 언어규범을 실천 속에서 암묵적인 것으로 설명하는 레벨
    (iii) 실제의 규칙성의 레벨

    규칙의 무한퇴행 문제가 보여 주는 것은 언어규범을 단지 (i)의 차원에서 설명할 수 없다는 것이다. 또한 규칙성의 게리맨더링 문제가 보여 주는 것은 언어규범이 (iii)의 차원으로 환원되지 않는다는 것이다. 따라서 브랜덤은 규범을 (ii)의 차원, 즉 실천 속에서 암묵적인 것으로 설명해야 한다고 주장한다. 또한 자신이 그런 설명을 제시할 수 있다고 주장한다.

개념들의 적용에 (그래서 논증적 또는 명제적 내용이 있는 지향적 상태들과 수행들의 중요성에) 근본적인 규범적 차원이 있다는 칸트적 직관을 구성하는 것이 있다면, 규범들이 실천들 속에서 암묵적으로 존재한다는 것이 무엇인지에 관해 설명해야 한다. 그런 실천들은 명시적 규칙들을 포함하지 않을 수 있는 것이면서 또한 단순한 규칙성들과는 구분되는 것으로 해석돼야 한다. 원칙에 입각한 이론적 침묵주의자인 비트겐슈타인은 그와 같은 실천에 관한 이론을 제시하고자 시도하지 않았을 뿐만 아니라, 그렇게 하는 프로젝트를 승인하지도 않았을 것이다. 그가 생각하기에 더 많은 철학 이론들을 생산해 내는 것은 결코 우리가 해야 할 일이 아니다. 그럼에도 이 책의 나머지 부분에서 추구하는 프로젝트의 하나는, 비트겐슈타인의 논증이 확립한 적절성의 기준을 만족하는, 실천 속에 암묵적으로 존재하는 규범에 관한 설명을 제시하는 것이다(Brandom, 1994, pp. 29~30).

이 마지막 절의 목적은 규칙주의와 규칙성주의 사이의 딜레마에서 벗어나기 위한 브랜덤의 설명, 즉 실천 속에 암묵적으로 존재하는 규범에 관한 설명을 살펴보고, 그런 다음 그 설명과 셀라스의 제안을 간략히 비교해 보는 데 있다.

우선 브랜덤은 규범에 관한 자신의 입장을 "규범에 관한 넓은 의미의 현상론적 노선",[181] "규범에 관한 현상론적 접근" 또는 "규범적 현상주의"[182]라고 부른다. 그는 다음과 같이 말한다.

규범에 관한 넓은 의미의 현상론적 노선에 따르면, 규범은 중요한 의미에서 바라보는 사람의 시각에 의존하며, 따라서 우리는 암묵적 규범이 무엇인지를 실천 속에서 규범을 승인하는 것이 무엇인지와 독립적으로 답할 수 없다. 그래서 여기서 추구해야 하는 설명의 순서는 먼저 '어떤 것을 실천에 따라 옳은 것으로 여기는' 실천적 태도에 관한 설명을 제시하고, 그런 다음에 그러한 태도에 호소함으로써 '실천에 따라 옳음'이라는 위상을 설명하는 것이다. 규범적 태도를 규범적 위상의 평가로서 설명하는 스토리를 채우는 것, 그리고 어떻게 그러한 태도가 그러한 위상뿐 아니라 실제로 행해지는 것과 연결되는지를 설명하는 것은, 그 결과가 규칙의 퇴행 논증에 의해 실천의 개념에 부과된 적절성의 기준을 충족하는 한에서 "실천 속에 암묵적인 규범"의 의미를 상술하는 것으로 간주될 것이다(Brandom, 1994, p. 25).

브랜덤의 규범적 현상주의에 따르면, 규범적 위상은 우리의 규범적 평가에 의해 설명된다. 다시 말해 우리의 규범적 평가에 관한 모든 사실이 결정되면, 규범적 위상에 관한 모든 사실도 마찬가지로 결정된다. 그런데 규범적 평가는 옳거나 틀릴 수 있다. 그래서 규범적 평가 자체도 본질적으로 규범적이다. 또한 규범에 대한 우리의 평가에는 원칙상 항구적 오류가능성이 있다. 즉 우리가 어떤 행위를 규범에 맞는 것으로 평가한 경우, 나중에 그 평가가 잘못된 것으로 밝혀질 가능성을 사전에 완전히 배제하기 어렵다. 따라서 실제로 평가된 것과 마땅히 그렇게 평가돼야 하는 것 사이에 원칙상 항상 간극이 존재한다. 이와 같은 항구적 오류가능성 때문에 언어규칙의 규범성은 단지 기술적인 사실의 영역으로 환원되지 않는다. 따라서 규범적 태도는 "처음부터 끝까지 규범적"norms all the way down이다.[183] 그리고 이런 이유에서 규범적 위상은 비규범적으로 상술될 수 있는 성향성으로 환원되지 않는다.

그렇다면 실천 속에 암묵적인 규범들 중에서 과연 어떤 것들이 객관적으로 옳은 규범들인가? 이 물음에 대한 브랜덤의 답변은 다음과 같다. 우선 우리의 언어실천은 이유를 묻고 답하는 사회실천 속에서 수행된다.

우리는 항상 이미 이유를 묻고 답하는 게임 내부에 있다. 우리는 규범적 공간 속에 거주한다. 그리고 우리가 질문을 구성하고, 서로를 해석하고, 개념 적용의 적절성을 평가하는 것은 그러한 암묵적으로 규범적인 실천들 내부로부터이다(Brandom, 1994, p. 648).

다시 말해 우리는 무엇이 객관적으로 옳은 규범인지를 오직 이유를 묻고 답하는 사회실천 속에서 판단할 수밖에 없다. 그리고 무엇이 객관적으로 옳은 규범들인지에 관한 최종적인 답은 없다.

무엇이 옳은지에 관해 결코 최종적인 답이란 없다. 그러한 옳음에 관한 우리의 평가를 포함하여 모든 것은 그 자체로 대화의 주제이고 그 이상의 평가, 도전, 옹호, 그리고 교정의 주제이다. '무엇이 한 해석을 다른 것보다 나은 것으로 만드는가?'의 유일한 답은 한 대화를 다른 것보다 나은 것으로 만드는 것이다. 그 답은 여기 홈그라운드에서 서로를 이해하는 우리의 실천적 규범의 문제이다(Brandom, 1994, p. 647).

따라서 한 화자가 발화한 문장의 의미를 해석하는 과정은 이유를 묻고 답하는 우리의 사회실천 속에서 끊임없이 계속하여 진행되는 통시적 과정이다. 이와 같은 논증에 의거하여 게리맨더링 문제는 해소될 수 있다고 브랜덤은 주장한다.

다른 공동체의 특정한 논증적 해석에 대해 외부 관점에서 대안들이 존재한다는 사실에 의해 야기되는 게리맨더링 문제는 우리 자신의 공동체 내에서 해석되고 투사되는 맥락으로 대치될 수 있다. 우리 자신의 해석적 실천들 속으로 이와 같은 변환이 일어나면, 규칙성과 규범 사이의 관계에 관한 게리맨더링 문제는 해결되기보다는 해소된다. 왜냐하면 다양한 반사실적 상황들에서 무엇을 말하는 것이 옳은지를 — 우리가 그것을 제대로 할 위치에 있든 없든, 무엇을 말하고자 공언했는지를 — 결정하기 위해서 우리가 무엇을 하는지 또한 세계가 어떠한지를 어떻게 이해할 수 있는지에 관한 일반 문제는 암묵적으로 규범적인 논증적 실천들 속에서 발생하지 않기 때문이다(Brandom, 1994, pp. 647~648).

그렇다면 브랜덤의 규범적 현상주의는 규칙의 무한퇴행 문제와 규칙성의 게리맨더링 문제를 해결(또는 해소)하는가? 로젠Gideon Rosen은 이 물음에 대해 부정적이다. 그는 규범적 현상주의를 다음과 같이 비판한다.

E의 허용가능성이 허용되는 것으로 옳게 여겨지는 것과 동등하다면, 우리는 왜 이 두 번째 규범적 사실이 무엇과 동등한지, 그리고 특히 이것이 어떻게 우리의 산물로 이해될 수 있는지 알고 싶어진다.

여기서 퇴행 속에 도피처를 찾고 싶은 유혹이 생길 수 있다. 우리는 E의 규범적 위상이 그것에 대해 특정한 실천적 태도를 옳게 취하는 데 의존한다는 얘기를 들었다. 그리고 이 두 번째 옳음이 무엇에 의해 구성되는지에 대한 질문을 받게 되면, 우리는 그 절차를 '다음과 같은 방식으로' 반복할 수 있다.

E를 허용되는 것으로 여기는 것이 옳다고 말하는 것은 E를 허용하는 에피소드를 옳은 것으로 여기는 것이 그 자체로 옳다고 말하는 것이다.

그러나 이것은 도움이 되지 않는다. 한 주어진 규범적 사실에 대해서 [위와 같은] 퇴행이 그 사실이 성립하도록 해 주는 또 다른 사실을 언급하도록 허용해 준다는 것은 사실이다. 그러나 그 어떤 단계에서도 이 추가적 사실은 그 어떤 명백한 의미에서도 우리가 스스로 만든 것이 아니다. 그 퇴행은 우리가 하는 어떤 행동이 우리의 실천 속에 암묵적인 규범들에 따라 어떻게 옳은 것으로 결정되는지에 관한 통찰을 제시해 주지 않는다(Rosen, 1997, pp. 167~168).

요컨대, 로젠의 불만은 규범적 태도가 처음부터 끝까지 규범적이기 때문에, 실천 속에 암묵적인 규범이 규범적 태도에 의해 실제로 어떻게 구성되는지에 대해 규범적 현상주의가 통찰을 제시해 주지 않는다는 것이다. 비슷한 맥락에서 글뤼어Kathrin Glüer와 비크포르스Åsa Wikforss도 다음과 같은 비판을 제시한다.

규범에 관한 브랜덤적 퇴행은 양성良性, benign이 아니다. 그 과정의 각 단계에서 평가되는 임의의 규범적 위상에 대해서 그 평가가 그 자체로 항상 그 다음 레벨에서 평가될 수 있다는 것은 사실이 아니다. 브랜덤의 실천적 현상주의에 따르면, 규범적 위상들은 규범적 평가들에 의해 설명된다. 이것은 규범들의 형이상학에 관한 견해이다. 형이상학적으로 평가는 규범적 위상에 선행한다. 그러나 평가는 그 자체로 본질적으로 규범적이다. 어떤 평가든 평가이기 위해 이미 규범적 위상을 가져야 하기 때문이다. 따라서 특정한 평가에 대해서 그 평가 자체의 규범적 위상을 결정하는 또 다른 규범이 이미 구성되어 있어야 한다. 물론 그것도 또 다른 평가에 의해서만 가능한 일이다. 이런 방식으로 퇴행에는 끝이 없다. 그래서 실천적 현상주의의 형이상학은 임의의 규범이 구성되기 위해 무한한 수의 선행하는 규범들이 이미 구성되어 있어야 함을 보여 준다. 물론 이 경우 그 퇴행은 암묵적 규범들의 퇴행이다. 그렇다고 해서 그 퇴행에 끝이 있음을 보여 주는 것은 아니다(Glüer and Wikforss, 2009, pp. 62~63).

앞서 지적한 바와 같이 브랜덤에 따르면, 실천 속에 암묵적인 규범이 있고, 이와 같은 규범의 위상은 우리의 규범적 태도에 의존하며, 더 나아가 이와 같은 규범적 태도는 처음부터 끝까지 규범적이다. 그렇지만 로젠, 글뤼어와 비크포르스는 이런 주장만으로는 규칙주의와 규칙성주의 사이의 딜레마에서 벗어날 수 없다고 비판한다. 그렇다면 이들의 비판은 옳은가? 필자는 그렇지 않다고 생각한다.

먼저 브랜덤의 견해가 규칙의 무한퇴행 문제를 피할 수 있는 이유에 대해 살펴보자. 규칙주의는 규범의 본성에 관한 지성주의적 설명이다. 이 지성주의적 설명은 명시적인 원리를 근본적으로 간주하고, 이를 토대로 규범에 관한 우리의 실천을 설명하고자 한다. 그런데 이러한 설명은 해석의 무한퇴행 문제를 야기한다. 그래서 브랜덤은 설명의 순서를 뒤집어야 한다고 주장한다. 즉 우리의 실천 속에 내재해 있는 암묵적 규범을 원초적인 것으로 간주하고, 명시적 규범은 이와 같은 암묵적 규범을 단지 명시화making explicit하는 것으로 봐야 한다는 것이다. 그리고 이것을 "실천주의자의 설명 순서"라고 부른다. 또한 지성주의적 설명 대신에 실천주의자의 설명 순서를 받아들여야 한다는 것이 비트겐슈타인으로부터 우리가 배울 수 있는 교훈이라고 주장한다.[184] 또한 브랜덤은 이유를 묻고 답하는 우리의 사회실천이 추정default과 도전challenge의 정당화 구조를 가진다고 주장한다.[185] 따라서 언어규칙들이 추정적 정당화의 위상을 가진다면 언어규칙들의 정당화와 관련하여 무한퇴행의 문제는 발생하지 않는다.

그런데 위 논점은 셀라스의 견해를 통해 좀 더 보강될 수 있다. 셀라스의 설명적 정합성 이론에 따르면, 우리의 인식목적은 최고의 설명적 정합성을 갖는 세계상을 획득하는 것이다. 그리고 이를 위해 우리의 개념체계를 좀 더 나은 설명적 정합성을 갖도록 점진적으로 개선하는 것이다.[186] 언어규칙의 경우도 예외가 아니다. 우리의 개념체계를 부분적으로 구성하는 그 어떤 언어규칙도 원리상 불변의 것이 아니다. 그 어떤 언어규칙도 그것을 수정 또는 대체함으로써 우리의 개념체계의 설명적 정합성을 증진시킬 수 있다면 그렇게 하지 말아야 할 이유가 없다. 그렇지만 앞 절에서 지적한 바와 같이, 기존의 언어규칙이 지금껏 성공적으로 사회적 역할을 해 왔다면 그 규칙은 추정적으로 정당화된다. 그래서 그것을 뒤엎을 수 있는 더 강력한 이유가 제시되지 않는 한에서 규범적 힘을 유지할 수 있다. 따라서 언어규칙은 이처럼 이유를 묻고 답하는 사회실천 속에서 정합론적인 방식으로 정당화될 수 있기 때문에 언어규칙의 정당화와 관련하여 무한퇴행의 문제는 발생하지 않는다.

그렇다면 브랜덤의 견해는 규칙성의 게리맨더링 문제를 어떻게 해결 (또는 해소)할 수 있는가? 달리 말해 그의 견해는 근본적인 레벨에서 규칙에 의해 지배되는 행동과 단지 규칙적인 행동을 어떻게 구분할 수 있는가? 이 물음에 대한 브랜덤의 답변은 셀라스의 답변과 크게 다르지 않다. 우선 우리는 무엇이 객관적으로 옳은 언어규칙인지를 오직 이유를 묻고 답하는 사회실천 속에서 판단할 수밖에 없다. 또한 그와 같은 판단을 하는 과정은 이유를 묻고 답하는 사회실천 속에서 끊임없이 계속하여 진행되는 통시적 과정이다. 따라서 무엇이 객관적으로 옳은지를 이유를 묻고 답하는 우리의 상호주관적 사회실천 속에서 할 수밖에 없다는 관점주의를 받아들이면 이른바 게리맨더링의 문제는 원리상 해소될 수 있다. 필자는 이 견해에 기본적으로 동의한다. 그렇지만 셀라스의 제안이 브랜덤의 제안보다 좀 더 구체적인 측면에서 다소 나은 점들이 있다고 생각한다.

첫째, 앞서 언급한 것처럼 브랜덤은 규범의 본성에 관해 실천주의의 설명 순서를 받아들인다. 즉 우리의 실천 속에 내재해 있는 암묵적 규범을 원초적인 것으로 간주하고, 명시적 규범은 이와 같은 암묵적 규범을 단지 명시화하는 것으로 본다. 그런데 그가 주장하는 이른바 '실천 속에 내재해 있는 암묵적 규범'에 따른 언어행동이 셀라스가 주장하는 것처럼 행위규칙에 의해 규제되는 행동인지는 분명치 않다. 왜냐하면 브랜덤은 규칙 따르기가 패턴에 지배되는 행동, 즉 행위규칙에 의해 규제되는 행동이라는 주장을 명시적으로 하지 않기 때문이다.[187] 반면 셀라스는 우리의 규칙 따르기 행동을 행위규칙에 의해 규제되는 것으로 설명한다. 또한 제4절에서 언급한 것처럼, '파랑'과 같은 언어표현의 사용이 특정한 의미를 가지기 위해서는 환경적 자극과 인과적으로 연결되는 것만으로는 불충분하고, 그 위에 규칙에 의해 지배되는 기호활동의 상부구조가 있어야 한다고 주장한다. 그런데 그와 같은 상부구조의 역할을 하는 행위규칙이 있으면, 그것을 어떤 언어행동을 해야 하는 이유로서 제시할 수 있다. 따라서 규칙 따르기 행동은 그와 같은 이유가 제시될 수 없는 단지 규칙에 부합하는 행동과는 명확히 구분된다. 따라서 셀라스가 주장하는 '패턴에 지배되는 행동'은 단지 규칙에 부합하는 행동과는 명확히 구분된다. 또한 이와 같은 행동은 특정한 행위규칙에 의해 규제되는 것이고, 이런 행위규칙은 오직 이유를 묻고 답하는 사회실천 속에서 판단될 수 있는 것이기 때문에 규칙성의 게리맨더링 문제는 원리상 해소될 수 있다. 결론적으로, 규칙성주의가 직면하는 규칙성의 게리맨더링 문제와 규칙주의가 직면하는 규칙의 무한퇴행 문제를 동시에 피할 수 있는 중도의 길을 좀 더 명료하게 제시하는 것은 셀라스라고 말할 수 있다.

제 20 장

데이비드슨의 진리조건 의미론과 그 한계

비표상주의 의미론

현대 언어철학에서 데이비드슨의 진리조건 의미론truth-conditional seman-tics은 지금껏 거의 주류 의미론의 역할을 해 왔다. 따라서 이 의미론의 성격과 한계에 대해 자세히 살펴볼 가치가 있다. 이것이 이 마지막 장의 목적이다.

1. 번역과 해석의 차이

먼저 데이비드슨의 해석이론을 정확히 이해하기 위해 해석interpretation과 번역translation의 차이에 대해 살펴보자.

첫째, 해석을 위해 요구되는 지식과 번역을 위해 요구되는 지식은 다르다. 예컨대 독일어와 영어를 잘 모름에도 'Es regnet'이 'It is raining'으로 번역됨을 아는 사람이 있을 수 있다. 반면 'Es regnet'을 해석하기 위해서는 자신이 아는 언어로 이 문장을 이해할 수 있어야 한다. 이런 의미에서 번역은 기본적으로 구문론적syntactical인 반면, 해석은 의미론적se-mantical이다.

둘째, 문자적으로 번역하기는 어렵지만, 그럼에도 적절히 해석할 수있는 문장들이 있다. 예컨대 'I am so blue'는 '나는 너무 우울하다', 'Sue me!'는 '마음대로 해봐!'로, 그리고 'I'm committed to victory'는 '나는 승리를 위해 노력하고 있다'로 해석할 수 있다. 그렇지만 이것들을 문자적 의미의 번역이라고 말하기는 어렵다. 또한 'neutrino'라는 과학용어는 1930년에 오스트리아 물리학자 볼프강 파울리에 의해 처음 제안되었다. 그러므로 기존 한국어에는 'neutrino'에 대응하는 개념이 없었고, 이에 따라 기존의 한국어 표현으로 번역될 수 없었다. 이런 경우에도 '뉴트리노' 또는 '중성미자中性微子'와 같은 새로운 한국어 표현을 도입하고 이 표현의 의미를 기존의 한국어 개념들을 사용해 해석할 수 있다. 이런 의미에서 해석은 번역보다 일반적이다.

셋째, 해석의 문제는 외국어뿐 아니라 모국어에도 발생한다. 예컨대 아이들은 처음 모국어를 배울 때 이미 알고 있는 언어가 없으므로 어른들이 하는 말을 번역을 통해 이해할 수 없다. 따라서 아이들이 어른들이 하는 말을 이해하기 위해선 어떤 의미에서 그 말을 해석해야 한다.

2. 데이비드슨의 해석이론

그렇다면 해석은 어떻게 가능한가? 데이비드슨은 다음의 두 조건들을 충족하는 이론을 제시함으로써 이 질문에 답하고자 한다.

① 조합성 조건
우리는 원리상 무한히 많은 새로운 문장들을 산출하고 이해할 수 있다. 이런 의미에서 언어는 생산적이다. 적절한 해석이론은 이처럼 원리상 무한히 산출될 수 있는 새로운 발화들을 해석할 수 있어야 한다. 따라서 적절한 해석이론은 조합적compositional이어야 한다.

② 경험적 적절성 조건

개념적 내용과 언어적 의미는 근본적으로 동등한 지위를 갖는다. 예컨대 빨강의 개념적 내용과 '빨강'의 언어적 의미는 동전의 양면이다. 즉 빨강의 개념은 '빨강'의 의미에 의해 고정되고, 그 역도 마찬가지다. 그런데 화자의 믿음에는 개념적 내용이 포함된다. 또한 의미론은 이것이 설명하고자 하는 바를 미리 가정함으로써 선결문제 가정begging the question의 오류를 범해서는 안 된다. 따라서 적절한 해석이론은 화자의 명제적 태도에 관한 상세한 지식을 미리 가정함이 없이 확증될 수 있어야 한다.

그렇다면 위 두 조건들을 충족하는 이론은 어떠한 것인가?

데이비드슨 프로그램

폴란드 논리학자 알프레드 타르스키는 그의 논문 「형식화된 언어 속에서의 진리 개념」(Tarski, 1956)에서 형식적으로 옳고, 실질적으로 적합한 '진리'에 관한 엄밀한 정의를 제시한다.

먼저 '참이다'is true의 정의definition는 다음과 같은 형태로 표현된다.

(1) x는 참이다 = df ⋯ x ⋯

이와 같은 형태의 정의를 제시하는 목적은 '참이다'라는 술어의 의미를 명료하게 제시하기 위함이다. 따라서 정의항에 포함된 용어들의 의미는 피정의항에 있는 '참이다'의 의미보다 명료해야 한다. 이 조건을 충족하는 정의가 '형식적으로 옳은'formally correct 진리정의이다.

그렇다면 '실질적으로 적합한'materially adequate 진리정의는 무엇인가?

다음 형태의 쌍조건문들을 고려해 보자.

(2) 'p'는 언어 L에서 참이다 ↔ p('p' is true in L if and only if p).

(2)의 한 사례는 다음과 같다.

(2') '지구는 둥글다'는 한국어에서 참이다 ↔ 지구는 둥글다('The earth is round' is true in English if and only if the earth is round).

위와 같은 쌍조건문은 통상적으로 T-문장이라고 불린다. 이러한 T-문장들은 옳다. 따라서 이러한 T-문장들과 양립하지 않는 진리이론은 옳지 않다. 그러므로 실질적으로 적합한 진리정의는 이러한 T-문장들을 모두 산출할 수 있어야 한다. 다시 말해 언어 L에 관한 타르스키적 진리술어가 L에 관한 옳은 진리술어이기 위해서는 타르스키의 진리술어의 외연이 L의 실제 진리술어의 외연과 일치해야 한다.

타르스키는 형식언어에 관해 위 두 조건들을 충족하는, 즉 형식적으로 옳을 뿐만 아니라 실질적으로도 적합한 '진리'에 관한 엄밀한 정의를 제시한다. 데이비드슨의 아이디어는 타르스키 스타일의 진리이론을 자연언어에 확대하여 적용하는 것이다. 그에 따르면 타르스키 스타일의 진리이론을 자연언어에 적용될 수 있도록 적절히 변형하면 앞 절에서 언급한 해석이론의 두 조건, 즉 조합성 조건과 경험적 적절성 조건을 충족할 수 있다. 이 점에 대해 간략하게 살펴보면 다음과 같다.

우선 우리는 의미론의 조합성을 설명해 주는 훌륭한 모델을 갖고 있다. 형식언어의 의미론이 바로 그것이다. 이제 다음과 같은 형식언어 L을 고려해 보자.

(i) L의 구문론

　　이름: a, e.

　　일항술어: F, G.

　　논리적 연결사: ~, &.

위 구문론에 따르면 다음과 같은 표현들은 모두 구문론적으로 옳다.

Fa. Fe. Ga. Fa & ~Ge. ~Fe & Ge.

(ii) L의 의미론

　　① 'F'는 뚱뚱한 것들에 적용된다.

　　② 'G'는 탐욕스러운 것들에 적용된다.

　　③ 'a'는 아담을 지칭한다.

　　④ 'e'는 이브를 지칭한다.

　　⑤ 'Pn'는 참이다 ↔ 이름 'n'이 지칭하는 것에 술어 'P'가 적용된다.

　　⑥ '~A'는 참이다 ↔ 'A'는 참이 아니다.

　　⑦ 'A & B'는 참이다 ↔ 'A'도 참이고 또한 'B'도 참이다.

　위와 같은 구문론과 의미론이 주어지면 L의 모든 가능한 문장들에 대해 적절한 진리조건을 제시할 수 있다. 예컨대 'Fa & ~Ge'의 진리조건은 다음과 같다.

　'Fa & ~Ge'는 참이다 ↔ 아담은 뚱뚱하고 또한 이브는 탐욕스럽지 않다.

　위에서 살펴본 것처럼, L과 같은 형식언어의 진리조건들은 새로운 문장의 진리조건이 어떻게 구성요소들의 진리조건들에 의해 결정되는지를 잘 보여 준다. 다시 말해 형식언어 L의 진리조건들은 L의 조합성을 잘 설명해 준다. 그렇다면 위 진리조건들은 L의 의미들을 마찬가지로 잘 설명해 주는가? 의미가 진리조건에 의해 주어진다면, 'Fa & ~Ge'의 의미는 '아담은 뚱뚱하고 또한 이브는 탐욕스럽지 않다'이다. 따라서 형식언어의 경우 그것의 진리조건들은 우리가 의미론에 대해 기대하는 모든 것들을 제시한다. 따라서 데이비드슨은 자연언어에 적용될 수 있도록 적절히 변형한 타르스키 스타일의 진리이론이 해석이론의 조합성 조건을 잘 충족할 수 있다고 주장한다.

그렇다면 자연언어에 적용되도록 적절히 변형한 타르스키 스타일의 진리이론은 해석이론의 경험적 적절성 조건을 어떻게 충족할 수 있는가? 언어 L을 위한 진리이론은, 실질적 적합성 조건을 충족하기 위해서 L의 각 문장 s에 대해 다음 형태의 T-문장을 정리theorem로 산출해야 한다.

(T) s는 L에서 참이다 ↔ p(s is true in L if and only if p).

T의 각 사례는 L의 문장의 진리조건을 제시하는 메타언어 L*의 문장이다.[188] 그리고 'p'는 메타언어 L*의 문장으로서 대상언어 문장 s의 번역이다. 예컨대 s가 독일어 문장 'Es regnet'이고, L*가 영어인 경우 다음이 성립한다.

(T1) 'Es regnet' is true in German if and only if it is raining.

적합한 진리이론은 이와 같은 형태의 모든 T-문장을 정리로 산출할 수 있어야 한다. 따라서 진리이론은 그것이 산출하는 T-문장들과 주어진 언어 L의 T-문장들이 서로 실제로 부합하는지 여부에 의해 경험적으로 테스트될 수 있다.

그런데 타르스키의 T-도식은 '나'나 '지금'과 같이 맥락에 따라 지칭체가 바뀌는 표현을 포함하고 있는 문장들을 다루기 어렵다. 그래서 데이비드슨은 진리를 화자와 시점에 상대화시킨다. 따라서 우리가 테스트해야 하는 T-문장은 다음과 같은 형태이다.

(T) 'Es regnet'은 시점 t에서 화자 x에 의해 발화되었을 때 독일어에서 참이다 ↔ t에 x 근처에서 비가 온다('Es regnet' is true-in-German when spoken by x at t if and only if it is raining near x at t).[189]

그리고 위와 같은 T-문장은 다음과 같은 관찰증거를 토대로 테스트될 수 있다.

(E) 쿠르트는 독일어 공동체의 일원이고, 그는 토요일 정오에 'Es regnet'이라는 문장을 참인 것으로 여긴다. 또한 그 시간에 쿠르트 근처에서 비가 온다(Kurt belongs to the German speech community and Kurt holds true 'Es regnet' on Saturday at noon and it is raining near Kurt on Saturday at noon).

다시 말해 E는 T를 옹호하는 증거이다. 그렇지만 T는 보편양화문장이므로, 이것을 확증하기 위해서는 다음을 옹호해 주는 더 많은 증거가 있어야 한다.

(GE) (∀x)(∀t)(x가 독일어 공동체의 일원이면, (x는 시점 t에 'Es regnet'이라는 문장을 참인 것으로 여긴다 ↔ t에 x 근처에서 비가 온다)). (∀x)(∀t)(if x belongs to the German speech community, then x holds true 'Es regnet' at t if and only if it is raining near x at t).

GE를 옹호하는 충분한 증거들이 수집되면 T는 확증된다. 따라서 진리이론을 확증하는 증거는 화자들이 어떤 상황하에서 어떤 문장들을 참인 것으로 여기는지에 관한 경험적 증거이다. 그런데 그런 증거는 화자의 명제적 태도에 관한 상세한 지식을 미리 가정함이 없이 관찰될 수 있다. 따라서 타르스키 스타일의 진리이론은 해석이론의 두 번째 조건, 즉 경험적 적절성 조건을 또한 충족할 수 있다.

그렇지만 위와 같은 경험적 테스트를 위해 여전히 해결해야 할 문제가 있다. 위 경우 화자는 근처에 비가 오는지 여부에 대해 오류를 범할 수 있다. 다시 말해 근처에 비가 실제로 오지 않음에도 착각에 의해 화자는 'Es regnet'이라는 문장을 참인 것으로 여길 수 있다. 따라서 E는 GE나 T를 위한 결정적 증거가 아니다. 화자가 'Es regnet'이라는 문장을 참인 것으로 여긴다는 사실은 단지 그 문장이 참임을 옹호해 주는 추정적 증거 *prima facie* evidence에 불과하다.[190] 또한 화자가 우리와 유사한 상황에 있을 때 세계의 특성들에 대해 우리와 마찬가지로 반응할 수 있음을 가정해야 한다. 예컨대 해석자인 우리가 비가 오고 있다고 판단할 수 있는 상황하에서 피해석자인 화자도 마찬가지로 비가 오고 있다고 판단할 수 있음을 가정해야 한다. 이것이 이른바 '자비의 원리'the principle of charity이다. 예컨대 진리이론을 테스트하기 위해서는 다음과 같은 종류의 증거가 필요하다.

(E) 쿠르트는 'Es regnet'이라는 문장을 참인 것으로 여긴다 ↔ 쿠르트 근처에서 비가 온다(Kurt holds true 'Es regnet' if and only if it is raining near Kurt).

그런데 이런 종류의 증거가 성립하기 위해서는 해석자가 비가 온다고 관찰할 수 있는 상황하에서 화자도 비가 온다고 관찰할 수 있다고 가정해야 한다. 그런 가정이 성립하지 않으면 'Es regnet'이라는 문장을 참인 것으로 여기는 이유가 비가 오고 있기 때문이라고 말할 수 없다. 따라서 자비의 원리에 호소할 수 없으면 화자의 발화를 관찰증거를 통해 해석할 수 없다. 이런 이유에서 데이비드슨은 자비의 원리를 해석을 하기 위한 경험적 제약조건으로 받아들인다.

위와 같은 이유들에 따라 데이비드슨은 해석하고자 하는 언어 L을 타르스키 스타일의 진리이론으로 해석할 수 있다고 주장한다. 다시 말해 L의 진리이론이 L의 의미론의 역할을 대신할 수 있다고 주장한다. 이 주장이 옳다면 '의미'에 대해 존재론적 커미트먼트를 하지 않고서도 언어의 의미를 해명할 수 있는 길이 열리게 된다.[191] 이처럼 해석이론의 역할을 할 수 있는 타르스키 스타일의 진리이론을 제시하고자 하는 것을 '데이비드슨 프로그램'이라고 부른다.

의미와 진리

앞서 언급했던 것처럼, 진리정의의 실질적 적절성 조건에 따르면 주어진 언어 L을 위한 진리정의는 L의 각 문장 s에 대해 다음 형태의 T-문장을 정리로 산출해야 한다.

(T) s는 L에서 참이다 ↔ p(s is true in L if and only if p).

그리고 T-도식에서 'p'를 대체하는 메타언어 문장은 대상언어 문장 s의 적절한 번역이어야 한다. 예컨대 s가 독일어문장 'Es regnet'이고, L*

가 영어이면 다음이 성립해야 한다.

(T1) 'Es regnet' is true in German if and only if it is raining.

이 예에서 대상언어는 독일어이고, 메타언어는 영어이다. 그리고 'It is raining'이라는 영어 문장은 'Es regnet'이라는 독일어 문장의 적절한 번역이다. 따라서 타르스키의 진리이론은 번역의 개념을 가정한다. 그런데 적절한 번역은 한 언어의 표현을 같은 의미를 가진 다른 언어의 표현으로 대체하는 것이다. 예컨대 'It is raining'이 'Es regnet'의 적절한 번역인 이유는 전자와 후자가 같은 의미를 갖기 때문이다. 따라서 타르스키의 진리 정의는 의미의 개념을 선제한다. 이런 이유에서 타르스키의 목표는 의미의 개념을 선제한 후 이를 토대로 진리의 개념을 정확하게 정의하는 것이었지, 의미론적 분석을 제시하는 것이 아니었다. 반면 데이비드슨 프로그램은 의미론 프로젝트이다.

위 문제를 해결하기 위한 데이비드슨의 제안은 타르스키와 정반대로 진리를 원초적 개념으로 가정하고, 이를 토대로 의미를 해명하는 것이다. 그는 다음과 같이 말한다.

내가 제안하는 것은 설명의 방향을 뒤집는 것이다. 타르스키는 번역을 원초적인 것으로 가정하고 진리를 정의하였다. 내 아이디어는 진리를 원초적인 것으로 가정하고 번역 또는 해석의 설명을 이끌어 내는 것이다(Davidson, 1984e, p. 134).

따라서 데이비드슨의 제안은 대략적으로 다음과 같다. 적합한 진리이론은 대상언어 L의 각 문장 s에 대해 다음 형태의 모든 문장들을 산출해야 한다.

(T) s는 L에서 참이다 ↔ p.

위 도식에서 '참이다'는 원초적 술어이다.[192] 또한 'p'는 s가 참인 경우 그리고 오직 그런 경우에만 참인 문장에 의해 대체된다. 그리고 주어진 진리이론은 그것이 산출하는 T-문장들이 실제로 성립하는지 여부에 의해 경험적으로 테스트된다. 이와 같은 테스트의 결과로서 주어진 진리이론이 조합성 조건과 경험적 적절성 조건을 충족하는 것으로 판정되면 'p'는 s의 해석으로 간주될 수 있다.

요컨대 자연언어에 적용되도록 적절히 변형된 타르스키 스타일의 진리이론은 다음 조건들을 만족한다고 데이비드슨은 주장한다.

① 이 이론은 타르스키 스타일의 진리이론이기 때문에 해석의 조합성 조건을 만족한다.

② 우리는 화자의 명제태도에 관한 상세한 지식을 미리 가정함이 없이 이 이론을 확증할 수 있다. 왜냐하면 우리는 화자가 어떤 문장들을 어떤 조건하에서 참인 것으로 여기는지를 경험적으로 관찰함으로써 주어진 진리이론이 옳은지 여부를 테스트할 수 있기 때문이다. 따라서 이 이론은 해석의 경험적 적절성 조건을 또한 만족한다.

③ 이 이론은 타르스키 스타일의 진리이론이기 때문에 오직 진리의 개념만을 원초적 개념으로 상정한다. 따라서 이 이론은 이른바 '의미'라는 것에 대해 존재론적 커미트먼트를 하지 않는다.

전체론적 제약조건

앞서 언급한 것처럼, 적합한 진리이론은 대상언어 L의 각 문장 s에 대해 다음 형태의 T-문장들을 산출해야 한다.

(T) s는 L에서 참이다 ↔ p.

그런데 위 형태의 모든 T-문장에서 'p'가 s와 같은 의미를 가져야 타르스키 스타일의 진리이론이 해석이론의 역할을 할 수 있다. 그런데 문제는 이와 같은 해석이론의 역할을 하지 못하는 진리이론이 있을 수 있다는 점이다. 예컨대 다음과 같은 종류의 T-문장을 산출하는 진리이론이 있을 수 있다.

(S) '눈은 희다'는 참이다 ↔ 잔디는 푸르다.

위 쌍조건문의 양항은 둘 다 참이다. 따라서 (S)는 참이다. 그렇지만 '눈은 희다'를 '잔디는 푸르다'로 해석하는 것은 옳지 않다.[193] 위 문제를 해결하기 위한 데이비드슨의 전략은 해석에 전체론적 제약조건을 부과하는 것이다. 이 조건에 따르면 T-문장들은 개별적이 아니라, 전체론적으로 확증돼야 한다. 또한 해석을 산출할 수 있는 T-문장들은 참일 뿐만 아니라 반사실적 주장들을 옹호할 수 있어야 한다. 데이비드슨은 다음과 같이 말한다.

T-문장들은 화자들에 관한 경험적 일반화들이다. 따라서 참일 뿐만 아니라 법칙적이어야 한다. 그런데 (S)는 법칙적이지 않다. 왜냐하면 이것은

적절한 반사실적 조건문들을 옹호하지 않기 때문이다. '그것은 눈이다'의 (시간 및 화자에 상대화된) 진리조건들을 받아들이기 위한 증거는 화자가 지시된 눈을 봄으로써 그 문장을 승인하게 되는 인과적 연결에 토대를 둔다는 사실이 또한 중요하다(Davidson, 1984b, p. 26. 각주 11).

위와 같은 이유에서 단 하나의 T-문장만으로는 T-도식의 좌항의 문장을 해석할 수 없다. T-문장들 전체가 조합성 조건과 경험적 적절성 조건을 만족시키는 방식으로 확증되는 경우에만 T-문장들의 우항은 좌항의 문장들을 해석할 수 있도록 해 준다. 이 주장에 대해 부연설명을 하면 다음과 같다.

베를린에서 비가 내리는 어느 날 오후에 쿠르트가 'Es regnet'이라는 문장을 발화했고 또한 바로 그때 쿠르트 머리 위로 비행기 한 대가 지나가고 있었다고 가정해 보자. 그러면 다음의 쌍조건문이 성립한다.

(3) 쿠르트에 의해 발화된 'Es regnet'는 참이다 ↔ 쿠르트 머리 위로 지나가는 비행기 한 대가 있다('Es regent', as uttered by Kurt, is true if and only if there is an airplane passing overhead).

그렇다면 위와 같이 부적절한 T-문장을 어떻게 배제할 수 있는가? (3)이 적절한 해석이론의 일부이기 위해서는 'regnet'의 외연이 '비행기'의 외연과 같다고 여길 수 있어야 한다. 그러면 주어진 진리이론은 다음과 같은 양화문장을 포함해야 한다.

(4) (∀x)(x는 'regnet'을 만족한다 ↔ x는 비행기이다.) (∀x)(x satisfies 'reg-net' if and only if x is an airplane.)

그러면 위 진리이론은 다음과 같은 T-문장을 정리로 산출하게 된다.

(5) 쿠르트에 의해 발화된 'Das ist regnet'은 참이다 ↔ 지시된 대상은 비행기이다('Das ist regnet', as uttered by Kurt, is true if and only if the demonstrated object is an airplane).

그런데 위 T-문장은 다음과 같은 종류의 증거를 요구한다.

(6) 쿠르트는 'Das ist regnet'이라는 문장을 참인 것으로 여긴다 ↔ 지시된 대상은 비행기이다(Kurt holds true 'Das ist regnet' if and only if the demonstrated object is an airplane).[194]

그러나 위 쌍조건문은 성립하지 않는다. 예컨대 우리가 쿠르트로 하여금 지시된 비행기에 주목하도록 하는 경우에 그는 'Das ist regnet'이라는 문장을 발화하는 성향을 보이지 않을 것이다. 그와 같은 방식으로 우리는 (3)을 정리로 산출하는 진리이론을 배제할 수 있다. 따라서 해석에 전체론적 제약조건을 부과하면, 원리상 (3)과 같은 부적절한 T-문장들을 제거할 수 있다.

끝으로 한 가지 주목할 점은 다음과 같다. 데이비드슨의 주장은 언어 L에 대한 타르스키 스타일의 진리이론으로 L을 해석할 수 있다면, L의 진리이론이 L의 의미론의 역할을 대신할 수 있다는 것이지, 진리이론으로 의미를 설명할 수 있다는 것이 아니다. 앞서 언급한 것처럼 데이비드슨은 의미들을 어떤 것들로 간주하지 않는다. 따라서 대상언어의 문장을 해석하는 것은 의미가 무엇인지를 설명하는 것이 아니다. 다시 말해 의미들이라는 것들은 애당초 존재하지 않기 때문에, 데이비드슨 프로그램의 목표는 의미의 본성을 밝히는 데 있다기보다는 대상언어의 문장들을 진리이론을 사용해 해석할 수 있음을 보이는 데 있다.

3. 데이비드슨 프로그램의 난점들

① 데이비드슨 프로그램의 가장 큰 난점은 이것이 아직도 여전히 연구 프로그램에서 벗어나지 못하고 있다는 사실이다. 앞서 논의한 것처럼 데이비드슨은 타르스키 스타일의 진리이론을 해석이론으로 사용하고자 했다. 그런데 타르스키 스타일의 진리이론은 형식화된 외연 언어에만 적용된다. 따라서 이 이론을 자연언어에 적용하기 위해서는 자연언어를 어떻게든 외연 언어와 유사하게 형식화시켜야 한다. 그러나 자연언어에는 외연 언어와 유사하게 형식화하기 어려운 내포적 표현들이 많이 있다. 예컨대 양상문장들, 명제태도에 관한 문장들, 물질명사들mass terms, 부사적 용법들adverbial modifications, 및 한정 형용사들attributive adjectives을 외연적으로 형식화하기 쉽지 않다.[195] 물론 이것들을 외연적으로 다루기 위한 여러 시도들이 있어 왔고, 또한 이러한 시도들이 일정 부분에서 성공적이었음은 부인할 수 없는 사실이지만, 자연언어를 완전히 외연적으로 형식화할 수 있을지에 대해선 여전히 낙관적이지 않다.

② 진리조건이론은 사실을 기술하는 언어에는 적용될 수 있다. 그렇지만 자연언어에는 진리조건이 없는 많은 문장들이 있다. 예컨대 '제2의 한국전쟁이 발발하리라 생각합니까?'와 같은 의문문들이나 '빌린 책을 내일까지 반납하라!'와 같은 명령문들은 진리치를 갖지 않는다. 진리조건이

론은 이와 같은 한계를 극복해야 한다.

③ '원초적 해석'은 매우 의심스러운 개념이다. 데이비드슨에 따르면 언어를 공유하는 화자들 사이의 상호 이해도 근본적으로는 원초적 해석의 상황과 다를 바가 없으며, 따라서 이들 사이에 언어적 커뮤니케이션이 가능하기 위해서 요구되는 것은 단지 각 화자가 자신의 말을 상대방이 해석할 수 있도록 의도해야 한다는 것이다. 그는 다음과 같이 말한다.

> 만약 당신과 내가 세계 속의 유일한 화자들이고, 당신이 셰르파족 언어를 말하고, 내가 영어를 말하는 경우에, 우리는 비록 각자 다른 '규칙'(규칙성)을 따르지만, 서로 이해하는 것이 가능하다. 중요한 것은 물론, 우리가 각각 언어로서 이해할 수 있는 바를 서로에게 제공해야 한다는 점이다. 이것이 화자들이 가져야 하는 의도이다. 그런데 이러한 의도를 실행하기 위해서는 상대방이 어느 정도 일관되게 지각할 수 있도록 행동하는 것이 필요하지만, 그렇다고 해서 공유된 규칙 또는 규약을 반드시 따를 필요는 없다. 우리는 성대 구조의 차이로 인해 같은 소리를 내지 못할 수도 있고, 따라서 동일한 언어를 말하지 못할 수도 있기 때문이다(Davidson, 2001, p. 114).

그렇지만 데이비드슨의 이러한 주장을 맥다월John McDowell은 다음과 같이 비판한다.[196]

> 언어에 관해 첫 번째로 말할 수 있는 것은 언어가 전통의 저장소 역할을 한다는 것이다. 언어에 입문하는 것은 이유의 공간의 배치에 대한 지속적인 이해 속에 입문하는 것이다. 이것은 인간이 단순한 동물에서 시작하여 어떻게 이유의 공간의 주인으로서 성숙하는지를 이해하도록 해 주는 전망을

갖도록 해 준다. 이 견해에 따르면 언어를 공유하는 것은 이해의 일차적 수단이다. ……그러나 데이비드슨은 공유된 언어에 대한 이와 같은 중요성을 인정하지 않는다. ……그의 생각에 따르면 커뮤니케이션에 참여하는 자들은 자립적인 존재들이다. 그들은 커뮤니케이션의 참여자 또는 개념 능력을 요구하는 다른 활동의 참여자가 될 수 있도록 해 주는 언어의 공유, 즉 이유의 공간을 형성해 주는 전통의 구체적 저장소의 공유를 필요로 하지 않는다. 그의 견해에 따르면, 커뮤니케이션 참여자 사이에 언어가 공유돼야만 한다는 생각은 기껏해야 개인 방언들 사이에 서로 해석될 수 있는 정도의 대응이 필요하다는 생각에 불과하다. 그러한 대응은 사람들이 서로를 해석하기 위한 가설을 수립하는 것을 용이하게 해 준다. 그러나 우리가 언어를 공유한다고 생각하는 사람들 사이의 상호 이해는 가장 원초적인 해석과 원리상 다를 바 없다. '공유된 언어'는 그것 없이 수행될 수 있는 인지 작업을 손쉽게 해 주는 보조물 이상의 것이 아니다. 상호 이해의 능력은 철학적으로 흥미로운 배경을 필요로 하지 않는다(McDowell, 1994, pp. 184~185).

한 인식주체가 다른 인식주체의 언어를 해석하기 위해선 언어를 해석하기 위해 필요한 능력을 가져야 한다. 그런데 아직 모국어도 획득하지 못한 존재가 과연 타자의 언어를 해석할 수 있을까? 위의 인용문이 보여주듯이, 맥다월은 이 질문에 대해 부정적이다. 제대로 된 모국어 사용자가 되기 위해서는 오랜 기간의 언어훈련이 필요하고, 또한 이런 오랜 언어훈련을 거쳐야 제대로 생각할 수 있다. 그리고 그러한 사고 능력을 획득한 후에야 비로소 타자의 언어를 해석할 수 있다. 또한 오랜 언어훈련을 통해 모국어를 완벽하게 구사할 수 있게 된 화자는 동일한 모국어를 사용하는 다른 화자의 발화의 의미를 그가 내는 소리로부터 의미를 추론하는 방식을 통해 이해하지 않는다. 대신 직접적으로 그 발화의 의미를 이해한다. 즉 우리가 처음 언어를 배울 때 단지 이해할 수 없는 소음으로만 들렸던 타자의 소리는 언어를 완벽하게 배운 이후에는 소음이 아니라, 유의미한 발화로서 직접적으로 이해된다. 이런 이유에서 원초적 해석에 대한 데이비드슨의 견해는 설득력이 없다.[197]

④ 데이비드슨의 진리조건 의미론은 대상언어 문장들의 의미를 해석하기 위해 타르스키 스타일의 진리이론을 이용한다. 앞서 언급했던 것처럼, 타르스키의 진리정의는 의미의 개념을 선제하고, 이를 토대로 진리의 개념을 정의한다. 반면 데이비드슨 프로그램은 타르스키와 정반대로 진리를 원초적 개념으로 가정하고, 이를 토대로 의미를 해명하고자 한다. 데이비드슨은 다음과 같이 말한다.

> 의미는 진리의 개념보다 더 불명료한 개념이다. 그리고 이것은 명백히 다음을 포함한다. 당신이 한 발화가 의미하는 바를 이해하면 당신은 그것의 진리조건들을 안다(Davidson, 2005, p. 37).

따라서 데이비드슨의 견해에서 진리 개념은 대상언어 문장들의 의미를 설명함에 있어서 핵심적인 역할을 한다. 앞서 언급했던 T-문장을 다시 살펴보자.

(T) s는 L에서 참이다 ↔ p.

여기서 '참이다'라는 술어는 최소한 대상언어 문장 s가 성립할 때 메타언어 문장 'p'도 반드시 성립해야 한다는 진리조건을 충족시켜야 한다. 또한 데이비드슨에게 있어 (T)의 사례들은 대상언어 문장들의 진리조건들에 관한 경험적 가설들이다. 따라서 이 가설들을 이해하기 위해서는 진리 개념에 대한 선행적 이해가 필요하다. 그렇다면 타르스키 스타일의 진리이론 속에서 '참이다'라는 술어는 진정으로 실질적 개념을 표현하는가?

제14장에서 다뤘던 진리 대용어이론에 따르면, '참이다'는 대용어의 차원에서 이해돼야 한다. 앞서 언급했던 T-문장의 한 사례를 다시 살펴보자.

(T₁) 'Es regnet' is true if and only if it is raining.

대용어이론은 왜 이와 같은 동치관계가 성립하는지를 잘 설명해 준다. 'Es regnet'이 해석하고자 하는 대상언어의 특정한 발화라고 가정해 보자. 대용어이론에 따르면 이 경우 (T₁)의 좌항은 이 특정한 발화의 의미를 계승하는 대문장이다. 그리고 (T₁) 전체는 그 대문장과 (T₁)의 우항에서 사용된 문장 'It is raining'이 동치임을 주장한다. 따라서 (T₁)이 성립하면, 'It is raining'은 그 대문장뿐 아니라, 그 대문장의 선행문장인 'Es regnet'과도 동치이다. 선행문장과 그것의 대문장은 같은 내용을 갖기 때문에 하나가 성립할 때 다른 하나도 반드시 성립하기 때문이다. 그런데 이와 같은 대용어 메커니즘은 선행문장의 의미를 계승하는 메커니즘이기 때문에 의미의 개념을 선제한다. 따라서 대용어이론의 관점에서 보면, 진리 개념을 토대로 문장의 의미를 해석하는 것은 본말이 전도된 시도이다.

또한 앞서 언급한 것처럼 타르스키 스타일의 진리이론이 산출하는 T-문장들은 대상언어 문장들의 진리조건들에 관한 경험적 가설들이다. 그렇다면 이 경험적 가설들을 해석하고, 경험적 증거들에 비추어 이 가설들을 테스트하기 위해 사용하는 메타언어의 의미는 어떻게 설명해야 하는가?

데이비드슨의 해석이론은 우리가 실제로 데이비드슨이 제시한 방식으로 다른 언어를 해석한다는 것이 아니다. 타르스키 스타일의 진리이론을 구성하고, 이것이 함축하는 모든 T-문장들이 실제 언어에 성립하는지를 경험적으로 테스트하고, 그런 다음에 이를 통해 그 실제 언어를 해석하는 방식으로 일반 사람들은 언어를 해석하지 않는다. 따라서 그의 제안은 단지 타르스키 스타일의 진리이론을 사용해 언어를 해석하는 것이 이론적으로 가능함을 보여 주는 데 있는 것이지, 실제로 우리가 그가 제안하는 방식으로 언어를 해석한다고 주장하는 것이 아니다. 따라서 우리는 실제로 데이비드슨이 제시한 방식으로 다른 언어를 해석하지 않는다. 또한 ③에서 언급한 바와 같이 우리는 모국어를 원초적 해석의 방식으로 배우지 않는다. 그렇다면 우리가 다른 언어를 해석하기 위해 사용하는 모국어 문장들의 의미는 어떻게 설명할 수 있는가? 예컨대 해석하고자 하는 대상언어가 독일어이고, 이 대상언어를 해석해 주는 모국어가 영어라고 가정해 보자. 그리고 (T1)이 대상언어의 해석이론의 역할을 하는 타르스키 스타일의 진리이론이 함축하는 T-문장의 사례라고 가정해 보자. 이 경우 (T1)의 우항에서 사용된 문장 'It is raining'의 의미를 이해하지 못하면 'Es regnet'을 'It is raining'의 의미로 해석할 수 없다. 앞서 1절에서 지적한 바와 같이 'Es regnet'을 해석하기 위해서는 자신이 아는 언어로 이 문장을 이해할 수 있어야 한다. 그렇다면 우리가 다른 언어를 해석하기 위해 사용하는 메타언어의 문장들의 의미는 어떻게 설명할 수 있는가?

위 물음과 관련하여 두 가지 종류의 의미론을 구분할 필요가 있다. 하나는 이른바 '구조적 의미론'a structural theory of meaning이다. 이 의미론은 일차적으로 '특정한 문장의 의미는 무엇인가?'라는 물음에 답하고자 하지만, '왜 그 문장은 바로 그 의미를 가지는가?'라는 물음에 대해서는 답하지 않는다. 다른 하나는 이른바 '토대론적 의미론'a foundational theory of meaning이다. 이 의미론은 구조적 의미론과 달리 '왜 특정한 문장은 그 문장이 가지는 바로 그 의미를 가지는가?'라는 물음에 답하고자 한다. 데이비드슨이 제시하는 의미론은 토대론적 의미론이 아니라 구조적 의미론이다.[198] 따라서 데이비드슨의 의미론은 우리가 사용하는 문장들이 왜 특정한 의미들을 가지는지에 대해 답하지 않는다. 다시 말해 우리가 사용하는 용어들이 어떻게 특정한 의미론적 속성들을 가지게 되는지를 설명하지 않는다. 예컨대 '샛별'이라는 표현이 어떻게 금성을 지칭체로 가지게 되는지를 설명해 주지 않는다.

결론적으로, 진리조건 의미론보다는 추론주의 의미론이 의미를 해명하는 좀 더 포괄적이고, 또한 훨씬 더 유망한 접근방식이다.

맺음말

언어표현의 의미는 무엇인가? 이것은 언어철학의 핵심 문제이고, 또한 철학의 근본 문제들 중의 하나이다. 필자는 이 책에서 이 근본적인 문제에 대한 답으로서 추론주의 의미론을 설명하고 또한 옹호했다. 이 책에서 제시한 답의 핵심을 요약하면 다음과 같다.

우선 의미론에는 크게 두 가지 접근방식이 있다. 하나는 벽돌쌓기 모델이고, 다른 하나는 전체론 모델이다. 전자는 상향적 접근방식이고, 후자는 하향식 접근방식이다. 추론주의 의미론에 따르면 우리는 후자의 접근방식을 택해야 한다. 왜냐하면 옳고 그름을 평가할 수 있는 최소단위는 단어가 아니라 문장으로 표현되는 판단 또는 주장이기 때문이다. 그래서 우리는 먼저 문장 전체의 의미를 설명하고, 그 다음 이를 기반으로 문장의 구성요소들을 설명해야 한다.

그리고 추론주의 의미론은 크게 세 가지 요소로 구성된다. 가장 중요한 첫 번째 요소는 추론이다. 비트겐슈타인이 지적한 것처럼, 한 문장의 의미를 이해하는 것은 그것의 사용을 이해하는 것과 불가분의 관계가 있다. 그런데 한 문장의 모든 가능한 사용이 그 문장의 의미를 구성하는 것은 아니다. 그렇다면 의미를 구성하는 사용과 그렇지 않은 사용을 어떻게 구분할 수 있는가? 추론주의 의미론에 따르면 의미를 구성하는 사용은 추론적 사용이다. 다시 말해 문장의 의미론적 내용은 문장이 추론들 속에서 전제 또는 결론으로서 수행하는 추론적 역할에 의해 결정된다. 따라서 두 문장 S_1과 S_2가 추론들 속에서 전제 또는 결론으로서 가지는 추론적 역할이 동일하면 같은 의미론적 내용을 가진다. 그런데 추론에는 형식적으로 타당한 추론도 있고, 실질적으로 타당한 추론도 있다. 추론주의 의미론에 따르면 논리적 표현의 의미는 그것의 옳은 사용을 규정하는 형식적으로 타당한 추론규칙들에 의해 구성된다. 예컨대, '&'의 의미는 &-제거 규칙들과 &-도입 규칙에 의해 구성된다. 반면 비논리적 표현의 의미는 그것이 관련된 실질적으로 타당한 추론들에 의해 구성된다. 실질적으로 타당한 추론들은 기본적으로 세 가지 종류의 언어규칙들, 즉 언어-진입 규칙들, 언어-언어 규칙들, 그리고 언어-이탈 규칙들이다. 그런데 여기서 주목할 점은, 한 표현의 의미가 그 표현의 사용규칙들을 결정하는 것이 아니라, 그 표현과 관련된 언어규칙들이 그 표현의 의미를 구성한다는 점이다.

추론주의 의미론의 두 번째 요소는 대체추론이다. 앞서 언급한 것처럼, 추론주의 의미론은 하향식 접근방식을 택한다. 또한 추론관계는 문장들 사이의 관계이다. 그렇다면 추론주의 의미론은 문장 내부의 표현들의 의미를 어떻게 설명하는가? 다시·말해 문장 내부의 표현 E1과 E2는 어떤 경우에 같은 의미론적 내용을 가지는가? E1과 E2는 그것들이 포함된 문장들 속에서 하나를 다른 하나로 대체했을 때 그 문장들의 추론적 역할에 변화가 없으면 같은 내용을 가진다. 그리고 E1을 E2로 대체했을 때 옳은 추론이 옳지 않은 추론으로 바뀌는 경우가 있다면 E1과 E2는 같은 내용을 표현하지 않는다.

그리고 추론주의 의미론의 세 번째 요소는 대용어 메커니즘이다. 우리는 대용어 메커니즘을 통해 고정지시어의 특성뿐 아니라, 어떻게 한 이름이 오랫동안 이어진 인과·역사적 연쇄 속에서도 공지칭 관계를 유지할 수 있는지를 잘 설명할 수 있다. 크립키에 따르면 고정지시어는 (그 고정지시어가 지칭하는 대상이 존재하는) 모든 가능세계에서 동일한 대상을 지칭하는 단칭어이다. 예컨대 '버락 오바마'는 모든 가능세계에서 버락 오바마를 지칭한다. 이와 같은 고정지시의 개념을 추론주의 의미론은 대용어 관계로 설명할 수 있다. '버락 오바마'는 특정인의 이름으로 도입됐고, 또한 그렇게 사용된다. 따라서 우리는 그렇게 이미 사용된 '버락 오바마'의 선행 사례의 의미론적 내용을 계승하도록 대용어 메커니즘을 이용할 수 있다. 좀 더 구체적으로 말하면, '지칭한다'는 's가 'a'라고 지칭한 것'과 같은 형태의 대용어적 간접 기술구를 형성하기 위해 사용되는 대명사 형성어이다. 따라서 '지칭한다'는 한 언어표현과 세계 속의 특정한 비언어적 대상 사이에 성립하는 실질적 관계가 아니라, 선행어와 후행어 사이에 성립하는 대용어적 의존이라는 단어–단어 관계를 표현한다. 따라서 '버락 오바마'의 선행 사례와 후행 사례 사이에 대용어 관계가 성립하면, 후자의 의미론적 내용은 전자의 내용과 동일하게 된다. 또한 그와 같은 대용어 관계가 성립하는 한에서 '버락 오바마'의 여러 사례들은 여러 가능한 반사실적 상황 속에서도 같은 대상의 이름으로 사용된다.

그리고 대용어이론은 인과·역사이론이 설명하는 인과·역사적 연쇄에 대해서도 잘 설명할 수 있다. 이름의 인과·역사이론에 따르면 화자 s가 이름 n을 사용함으로써 대상 o를 지칭하기 위해서는, 이 사용으로부터 o가 그 이름을 처음 부여받았던 사건에 이르기까지 공지칭 관계를 유지시켜 주는 인과·역사적 연쇄가 있어야 한다. 예컨대 '리처드 파인먼'의 사용과 관련하여 a로부터 b, c, d에 걸친 인과·역사적 연쇄가 성립한다고 가정해 보자. 이 경우 b가 사용하는 이름 '리처드 파인먼'은 a가 사용하는 '리처드 파인먼'의 대용어이고, c가 사용하는 '리처드 파인먼'은 b가 사용하는 '리처드 파인먼'의 대용어이고, d가 사용하는 '리처드 파인먼'은 c가 사용하는 '리처드 파인먼'의 대용어라고 말할 수 있다. 그러면 대용어 관계가 이행적이므로, d가 사용하는 '리처드 파인먼'은 a가 사용하는 '리처드 파인먼'의 대용어라고 말할 수 있다. 따라서 우리는 왜 d가 비록 리처드 파인먼을 확인해 줄 수 있는 확정기술구를 몰라도 '리처드 파인먼'이라는 이름을 사용함으로써 리처드 파인먼을 성공적으로 지칭할 수 있는지를 이와 같은 대용어 관계를 통해 잘 설명할 수 있다.

더 나아가, 대용어이론은 인과·역사이론이 직면하는 난점들도 성공적으로 피할 수 있다. 인과·역사이론에 따르면 한 이름과 한 대상 사이에 인과·역사적 연쇄가 존재하면, 그 이름은 그 대상을 지칭한다. 그렇지만 그러한 인과·역사적 연쇄 과정에서 오류나 실수가 발생할 수 있다. 따라서 단지 한 이름과 한 대상 사이에 인과·역사적 연쇄가 존재한다는 사실만으로는 그 이름의 성공적 사용이 보장되지 않는다. 그렇다면 대용어이론은 이와 같은 문제들을 어떻게 피할 수 있는가? 우선 화자 s_1이 이름 a를 우리의 공적 언어에 도입하기 위해서는 a의 지칭체를 고정하기 위해 요구되는 적절한 커미트먼트를 해야 할 뿐만 아니라, 그와 관련된 적절한 자격을 갖춰야 한다. 그리고 s_1의 a의 사용과 다른 화자 s_2의 a의 사용 사이에 대용어 관계가 성립하기 위해서는, 후자가 동일한 커미트먼트와 자격을 s_1로부터 계승해야 한다. 그런데 그런 자격을 가지기 위해서 s_2가 반드시 a의 지칭체를 직접 확인할 수 있는 능력을 가질 필요는 없지만, 그와 관련된 요구가 제기되면 그 작업을 그 이름의 지칭체를 실제로 확인할 수 있는 사람에게 적절하게 미룰 수 있는 능력은 있어야 한다. 그리고 화자가 선행 화자가 언급한 이름을 차용함에 있어서 부주의함이나 실수에 따른 심각한 오해에 빠져 있는 경우는 선행 화자의 커미트먼트와 자격을 계승하는 데 실패하는 경우라고 말할 수 있다. 따라서 대용어이론은 대용어 메커니즘에 호소함으로써 인과·역사이론의 난점들을 피할 수 있다.

앞서 지적한 바와 같이, 추론주의 의미론의 가장 근본적인 개념은 참인 표상이 아니라 옳은 추론이다. 따라서 언어표현의 의미는 표상되는 것에 의해서가 아니라, 추론적 역할에 의해 설명된다. 그렇다면 추론주의 의미론은 표상주의 의미론이 잘 설명하는 것처럼 보이는 언어와 세계 사이의 관계를 어떻게 설명할 수 있는가? 어떤 언어학자가 아프리카의 어떤 부족의 주술사를 만나게 되었고, 그 주술사가 그에게 '일곱 번째 신이 방금 일어났다'고 말했다고 가정해 보자. 그리고 오랜 연구 끝에 그 언어학자가 다음과 같이 주장할 수 있게 되었다고 가정해 보자. 그 주술사가 '일곱 번째 신'이라고 지칭한 것은 태양이다. 여기서 주목할 점은, 한 언어표현과 세계 속의 특정한 대상 사이의 관계를 표현하기 위해 우리는 문장 또는 판단을 사용할 수 밖에 없다는 사실이다. 그래서 위 언어학자는 주술사의 표현 '일곱 번째 신'이 무엇에 관한 것인지를 위와 같은 메타언어 문장으로 표현할 수 있다. 그리고 이 메타언어 문장에서 주술사의 대상언어의 표현 '일곱 번째 신'은 언급되고, 언어학자의 메타언어의 표현 '태양'은 사용된다. 또한 이 메타언어 문장에서 '그 주술사가 '일곱 번째 신'이라고 지칭한 것'은 그 주술사가 사용한 특정한 대상언어 표현의 대용어이고, 언어학자가 사용한 표현 '태양'은 특정한 별에 관해 말하기 위해 그 언어학자와 우리가 상호주관적으로 사용하는 표현이다. 따라서 우리는 이와 같은 메타언어 문장을 통해서 '일곱 번째 신'과 같이 언급된 표현이 무엇에 관한 것인지를 우리가 이해하는 표현을 통해 이해할 수 있다. 요컨대 추론주의 의미론은 메타언어 문장을 이용하여 언어와 세계 사이의 관계를 설명할 수 있다.

끝으로, 필자는 이 책에서 추론주의 의미론에 대해 제기되어 온 여러 문제들이 심각한 문젯거리가 아님을 주장하였다. 그중 두 가지에 대해서만 간략히 다시 설명하면 다음과 같다.

첫째, 우리는 원리상 무한히 많은 새로운 문장들을 산출하고 이해할 수 있다. 추론주의 의미론은 이와 같은 '언어의 생산성'의 문제를, 제15장 3절에서 자세히 논의한 바와 같이 브랜덤이 제시하는 두 단계 조합 전략을 통해 설명할 수 있다.

둘째, 추론주의 의미론은 제19장에서 자세히 논의한 바와 같이 규칙주의가 직면하는 '규칙의 무한퇴행의 문제'와 규칙성주의가 직면하는 '규칙성의 게리맨더링의 문제' 사이의 딜레마를 셀라스가 제안하는 중도의 길을 통해 해결할 수 있다. 우선, 사실의 차원에서 그 어떤 규칙성도 다수의 규칙들과 양립할 수 있다. 따라서 언어적 규칙성에 호소함으로써 규칙 따르기를 설명하고자 하는 규칙성주의는 규칙성의 게리맨더링 문제에서 벗어날 수 없다. 그러나 셀라스가 지적하는 것처럼 '파랑'과 같은 언어표현의 사용이 특정한 의미를 지니기 위해서는 환경적 자극과 인과적으로 연결되는 것만으로는 불충분하고, 그 위에 규칙에 의해 지배되는 기호활동의 상부구조가 있어야 한다. 그리고 그와 같이 상부구조의 역할을 하는 언어규칙이 있으면 그것을 어떤 언어행동을 해야 하는 이유로서 제시할 수 있다. 따라서 단지 규칙에 부합하는 행동과는 달리, 언어행동은 언어규칙에 의해 규제되는 것이다. 또한 셀라스의 설명적 정합성 이론에 따르면 우리는 이런 언어규칙의 옳고 그름을 이유를 묻고 답하는 사회실천 속에서 정합론적으로 결정할 수 있다. 예컨대 우리는 '+' 기호를 플러스 함수의 언어규칙에 따라 해석하는 것을 이유를 묻고 답하는 사회실천 속에서 정합적으로 정당화할 수 있다. 이런 방식으로 셀라스가 제시하는 중도의 길은 원리상 규칙성의 게리맨더링 문제를 피할 수 있다. 그렇다면 규칙의 무한퇴행 문제는 어떻게 피할 수 있는가? 브랜덤이 주장하는 것처럼, 이유를 묻고 답하는 우리의 사회실천은 추정과 도전의 정당화 구조를 가진다. 따라서 지금껏 성공적으로 사회적 역할을 해 온 기존의 언어규칙은 이를 거부해야 할 적극적인 이유가 제시되지 않는 한, 추정적 정당화의 위상을 지닌다. 이처럼 추정과 도전의 정당화 구조에 호소함으로써 추론주의 의미론은 언어규칙들의 정당화와 관련한 무한퇴행의 문제를 피할 수 있다.

결론적으로, 추론주의 의미론은 '언어표현의 의미는 무엇인가?'라는 물음과 관련하여 현재까지 제시된 제안들 중에서 가장 설득력이 있고, 가장 유망한 접근방식이다. 따라서 필자는 이 책을 통해 많은 독자들이 추론주의 의미론에 대해 좀 더 관심을 가지게 되고, 또한 이를 통해 언어표현의 의미에 관하여 바르고 깊은 통찰을 가질 수 있게 되길 기대한다.

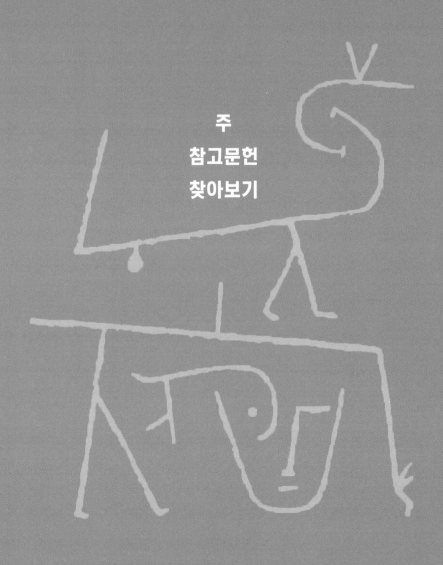

주
참고문헌
찾아보기

제1부
표상주의 의미론

제1장 의미지칭이론

1 앞으로 특별히 달리 언급하지 않으면, '이름'은 '고
유 이름'(proper name)을 의미한다.

2 스콜라 논리학(Scholastic logic)에서 여범주 용어
는 명제의 주어 또는 술어의 역할을 할 수 없고, 따
라서 범주를 나타내지 못하는 용어이다. 그리고 여
범주 용어는 범주 용어와 달리 독립적으로 실질적
내용을 표현하지 못한다. 이런 이유에서 '모든', '그
리고', '만약'과 같은 논리적 용어들도 여범주 용어
들이다.

3 Francis Herbert Bradley(1846~1924): 브래들리
는 J. S. 밀과 버트런드 러셀 사이에 활동했던 영국
철학자들 중에서 가장 중요한 철학자였다. 그는 그
의 책 『현상과 실재』에서 대부분의 일상적 대상들
이 단지 현상에 불과함을 주장했다.

4 3절에서 지적한 의미지칭이론의 세 가지 난점들은
윌리엄 라이컨이 지적한 것이다. Cf. Lycan, 2000,
pp. 5~7.

5 이 전략은 1805년 12월 2일 아우스터리츠 전투에서 프랑스의 황제 나폴레옹 1세가 사용했던 전략에서 유래한다. 러시아의 알렉산드르 1세가 지휘한 오스트리아-러시아 연합군은 나폴레옹의 군대보다 15,000명 정도 많았다. 연합군은 프랑스 군의 우측면에 대규모 공격을 감행했다. 공격을 미리 예상한 나폴레옹은 연합군의 중앙으로 쳐들어가, 그들의 병력을 둘로 갈라놓았다. 둘로 나눠진 병력은 각각 나폴레옹의 군대와 상대가 되지 못했기 때문에 패하고 퇴각하지 않을 수 없었다. 마찬가지로 매우 복잡한 문제를 작은 부분들로 쪼갠 후 각각의 작은 문제를 하나씩 해결하는 것이 주어진 복잡한 문제를 한꺼번에 해결하고자 하는 것보다 훨씬 손쉬울 수 있다.

6 Alexius Meinong(1853~1920): 오스트리아의 비엔나 대학을 졸업했고, 프란츠 브렌타노의 제자였다. 그리고 오스트리아의 그라츠(Graz) 대학에서 철학을 가르쳤다.

7 Bertrand Russell(1872~1970): 영미분석철학의 태동기에 매우 결정적인 영향력을 미친 영국 철학자였다. 그는 철학뿐 아니라 다방면에 큰 영향을 끼친 위대한 사상가였다.

8 러셀은 『수학원리』(Russell, 1903)를 썼을 때에는 마이농주의자였다. 그러나 그는 2년 후에 쓴 「지시에 관하여」(Russell, 1905b)에서는 마이농주의를 부정한다. Cf. Sainsbury, 2010, p. 48.

9 여기서 '~'는 부정(negation)을 표현하는 기호이다.

10 Russell, 1907, p. 93.

11 Willard Van Orman Quine(1908~2000): 2차대전 이후 미국에서 가장 영향력이 있었던 철학자들 중의 한 명이었고, 하버드 대학의 철학교수였다.

12 Cf. Quine, 1961; Quine, 1969, p. 23.

13 여기서 '∨'는 선언(disjunction)을 표현하는 기호이다.

14 Cf. Brandom, 1994, pp. 70~71.

15 Meinong, 1907, pp. 8~14. Cf. Chisholm, 1973, p. 37.

16 Cf. Van Inwagen, 2003, pp. 139~141.

17 Gottlob Frege(1848~1925): 현대수리논리학의 창시자이다. 그는 논리학자로서는 아리스토텔레스에 비견되는 위상을 지닌다. 또한 수리철학자로서는 역사상 그에 비견될 수 있는 인물이 없을 정도로 위대한 업적을 남겼다.

18 지구의 바로 안쪽에서 태양의 주위를 도는 행성을 금성(金星)이라고 한다. 그런데 이 행성이 초저녁 하늘에 비치면 장경성(長庚星), 태백성(太白星), 개밥바라기 등의 이름으로 불리고, 새벽하늘에 보이면 샛별, 명성(明星) 또는 계명성(啓明星)이라고 불린다. 샛별은 새벽녘 동쪽 하늘에 나타나는 별이라고 하여 붙어진 이름이고, 개밥바라기는 저녁에 개가 배가 고파서 저녁밥을 바랄 무렵에 서쪽 하늘에 잘 보인다고 해서 붙어진 이름이다.

제3장 프레게의 뜻 이론

19 프레게는 확정기술구들과 이름들을 같은 범주에 속하는 것으로 본다. Frege, 1884의 §51, §57, 그리고 §66의 주석 2를 참조하기 바람.

20 프레게에 따르면 한 이름에 의해 지칭되는 것은 그것이 무엇이든 한 대상(an object)이다.

21 술어들에는 일항술어들(one-place predicates)만 있는 것이 아니라, 다항술어들(many-place predicates)도 있다. 예컨대 'x는 y를 사랑한다'는 이항술어(two-place predicate)는 관계 개념을 지칭한다. 프레게에 따르면 이와 같은 관계 개념들도 객관적인 것들이다.

22 이 견해에 따르면 존재는 개별자의 속성이 아니기 때문에 특정한 개별자에 관하여, 그것이 존재한다고 말하는 것은 부적절하다. 예컨대 '버락 오바마는 존재한다'고 말하는 것은 부적절하다.

23 Cf. Davidson, 1984a.

24 Cf. Soames, 2010, p. 17.

25 Cf. Daly, 2013, p. 80.

26 Cf. Evans, 1982, p. 22.

27 Cf. Frege, 1892, p. 71.

28 왜 의미론적 내재주의가 옳지 않은지에 대한 더 자세한 논의는 제8장과 제10장에서 이루어질 것이다.

29 허구의 이름의 의미에 대한 자세한 논의는 제8장 1절과 제17장에서 이루어질 것이다.

30 Cf. Perry, 1977; Perry, 1979.

31 프레게는 그의 논문 「뜻과 지칭체에 관하여」에서 맥락 의존적 표현들을 고려하지 않았다. 그는 수학자로서 주로 수학의 언어에 관심이 있었고, 수학의 언어는 맥락 독립적인 언어이기 때문이다. Cf. McGuinn, 2015, p. 111.

제4장 러셀의 확정기술이론

32 Ramsey, 1950, p. 263.

33 프레게와 마찬가지로, 러셀은 '존재한다'를 개별자들의 술어로 보지 않았다. 프레게와 러셀은 둘 다 존재를 'Sx'와 같은 일항술어 앞에 존재양화사를 붙인 경우, 즉 '(∃x)Sx'와 같은 존재양화문장에 의해 표현되는 고차 속성과 동일시했다. 그런데 이에 대해 크립키(Kripke, 1973/2011, p. 55)는 다음과 같이 비판한다. 특정한 대상의 존재는 우연적이다. 예컨대 크립키의 어머니와 아버지가 만나지 않았다면, 크립키는 존재하지 않았을 것이다. 따라서 우리는 특정한 대상에 관하여 그가 특정 조건하에서 존재하지 않을 수도 있었다고 말할 수 있다. 또한 '(∃y)(y = x)'가 존재를 정의하는 일차개념 또는 개별자들의 술어임을 부정하기 어렵다. 그렇지만 이런 비판에 대해 다음과 같이 답할 수 있다. 어떤 이름이 의미를 가진다면, 우리는 그 이름이 한 단칭개념을 표현한다고 말할 수 있다. 단칭개념은 '개'와 같은 일반개념과 달리 오직 특정한 대상에만 옳게 적용되는 개념이다. 이런 경우 우리는 '버락 오바마는 존재한다'는 문장은 '이 세계에 '버락 오바마'라는 이름이 표현하는 단칭개념의 사례가 있다'를 표현한다고 말할 수 있다. 또한 '(∃y)(y = x)'는 'x와 동일하다'라는 단칭개념의 사례가 있다'를 표현한다고 말할 수 있다. 이런 의미에서 우리는 '존재한다' 또는 존재양화사 '(∃x)'가 '사례가 있다'라는 이차개념을 표현한다고 여전히 말할 수 있다.

34 이것은 다음의 연언 문장과 논리적으로 동치이다. (∃x)Fx & (∀x)(∀y)((Fx & Fy) ⊃ x = y) & (∀x)(Fx ⊃ Bx).

35 Peter F. Strawson(1919~2006)은 칸트 해석서인 『The Bounds of Sense』(1966)로 잘 알려진 영국의 논리학자 및 형이상학자이다. 그의 대표 저작은 1959년에 출판된 『Individuals』이다.

36 여기서 크립키(Kripke, 1977)가 구분한 의미론적 지칭(semantic reference)과 화자의 지칭(speaker's reference)의 차이에 대해 살펴볼 필요가 있다. 다음과 같은 상황

을 고려해 보자. 영희는 철수와 어느 공원에서 즐거운 시간을 보내고 있다. 철수가 영희에게 매우 다정하게 행동하는 것을 a와 b가 목격한다. 그런데 a는 철수를 영희의 남편으로 생각한다. 그래서 철수를 지칭하기 위해 '그녀의 남편'이라는 표현을 사용한다. 그러나 철수는 영희의 정부(情夫)이고, 영희의 실제 남편은 길수이다. 이런 가정하에서 다음의 두 대화를 고려해 보자.

대화 I: a: 그녀의 남편은 그녀에게 친절하다(Her husband is kind to her).

　　　b: 그는 그녀에게 친절하지 않다. 네가 지칭하는 남자는 그녀의 남편이 아니다 (No, he isn't. The man you are referring to isn't her husband).

대화 II: a: 그녀의 남편은 그녀에게 친절하다(Her husband is kind to her).

　　　 b: 그는 그녀에게 친절하다. 그러나 그는 그녀의 남편이 아니다(He is kind to her, but he isn't her husband).

첫 번째 대화에서 b는 대명사 '그'(he)를 a가 사용한 표현 '그녀의 남편'이 문자적으로 의미하는 것, 즉 그것의 의미론적 지칭체(the semantic referent)를 지칭하기 위해 사용한다. 그리고 영희의 남편은 길수이므로 b가 사용한 대명사 '그'는 길수를 지칭한다. 반면 두 번째 대화에서 b는 대명사 '그'를 화자 a가 '그녀의 남편'이라는 표현을 사용함으로써 지칭하고자 의도한 것, 즉 화자의 지칭체(the speaker's referent)를 지칭하기 위해 사용한다. 위 상황에서 a는 '그녀의 남편'을 철수를 지칭하기 위해 사용했다. 따라서 b가 사용한 대명사 '그'는 철수를 지칭한다.

첫 번째 대화가 보여 주는 것처럼 우리는 '그녀의 남편'과 같은 표현을 그 표현이 문자적으로 의미하는 것을 지칭하기 위해 사용할 수 있다. 그러나 두 번째 대화가 보여 주는 것처럼 우리는 때때로 어떤 표현을 그것이 문자적으로 의미하지 않는 것을 지칭하기 위해 사용할 수 있다. 러셀의 기술이론은 후자의 경우에 적용되지 않는다. 그렇지만 이 사실이 러셀의 기술이론에 문제가 있음을 보여 주는 것은 아니다. 왜냐하면 러셀의 기술이론은 의미론(semantics)에 속하는 이론이지, 화용론(pragmatics)에 속하는 이론이 아니기 때문이다. 의미론은 발화되는 문장들의 의미론적 내용들(semantic contents)에 관한 연구이다. 그리고 화용론은 적절한 발화들을 산출함으로써 수행되는 행위들에 관한 연구이다. 위 예에서 '그녀의 남편'이 의미론적으로 지칭하는 것은 그것의 의미론적 지칭체, 즉 길수이다.

37 이름 'a'에 대해서 'a는 누구죠?'라고 묻는 것은 'a'의 의미를 해명할 것을 요구하는 일
종의 테스트라고 볼 수 있다. 라이컨(Lycan, 2000, p. 39)은 이것을 '즉석 확인 테스
트'(the spot-check test)라고 부른다.

38 의미론적 내재주의의 난점들에 대한 좀 더 자세한 논의는 제8장과 제10장에서 이루
어질 것이다.

39 그러나 러셀과 달리 프레게는 제3장에서 지적했던 것처럼 확정기술구와 이름을 같은
범주에 속하는 것으로 보았다.

40 Cf. Frege, 1892, p. 58: "'아리스토텔레스'와 같은 실제 이름의 경우에 그 뜻에 관해
의견들이 다를 수 있다. 그 이름의 뜻은 예컨대 '플라톤의 학생이면서 알렉산더 대왕
의 스승이었던 사람'으로 여겨질 수 있다. 그런데 이렇게 여기는 사람은 '아리스토텔
레스는 스타기라에서 태어났다'는 문장에 그 이름의 뜻을 '알렉산더 대왕의 스승이면
서 스타기라에서 태어났던 사람'으로 여기는 사람이 부여하는 것과 다른 뜻을 부여할
것이다. 뜻의 그러한 변화는 지칭체가 동일하게 유지되는 한에서 용인될 수 있다. 비
록 그런 변화는 증명적인 과학의 이론적 구조 속에서는 회피돼야 하며 또한 완전한
언어에서는 발생되지 말아야 하지만 말이다."; Cf. Russell, 1917, p. 216: "이름을 옳
게 사용하는 사람의 마음속 생각은 일반적으로 오직 이름을 기술구에 의해 대체함으
로써 명시적으로 표현될 수 있다. 또한 그 생각을 표현하기 위해 요구되는 기술구는
다른 사람들에게, 또는 같은 사람의 경우에도 다른 시점들에서는 달라질 수 있다. (그
이름이 옳게 사용되는 한에서) 유지되는 것은 그 이름이 적용되는 대상이다."

41 Cf. Searle, 1958, p. 173: "'아리스토텔레스는 존재한 적이 없다'는 진술은 '아리스
토텔레스'의 지칭적 사용들에 관한 충분한 수의 관례적 선제들(conventional presup-
positions), 기술적 진술들이 거짓임을 주장한다. 정확하게 어떤 진술들이 거짓이라
고 주장되는지는 아직은 명확하지 않다. 왜냐하면 정확히 어떤 조건들이 '아리스토텔
레스'의 적용기준들을 구성하는지가 언어에 의해 아직 규정되지 않았기 때문이다."

42 Cf. Lycan, 2000, pp. 45~46.

43 Cf. Kripke, 1980, pp. 74~77.

44 Cf. Kripke, 1980, pp. 83~84.

45 첫 번째 불완전성 정리에 따르면 수이론(number theory)을 포함하며 모순이 없는 모든 형식체계에는 증명할 수도 반증할 수도 없는 문장이 존재한다. 두 번째 불완전성 정리에 따르면 수이론을 포함한 형식체계의 일관성은 그 체계 내에서 증명될 수 없다. 괴델의 두 불완전성 정리들은 20세기 논리학, 수학뿐 아니라 철학, 언어학, 컴퓨터 과학, 인지과학, 물리학 등에 깊은 영향을 끼쳤다.

46 Cf. Kripke, 1980, pp. 80~81.

47 우연적 참과 필연적 참은 형이상학적 구분이다. 따라서 크립키의 양상논증은 형이상학적 논증이라고 말할 수 있다. 그리고 선험적 참과 후험적 참은 인식론적 구분이다. 따라서 크립키의 오류로부터의 논증은 인식론적 논증이라고 말할 수 있다. 끝으로 언어표현이 무엇을 지칭하느냐는 의미론적 문제이다. 따라서 크립키의 무지로부터의 논증은 의미론적 논증이라고 말할 수 있다. Cf. Soames, 2002, pp. 18~22.

48 John Stuart Mill(1806~1873): 영국 공리주의의 창시자 제임스 밀(James Mill)의 아들이다. 그는 경험주의와 자유주의라는 영국의 전통을 정점에까지 발전시킨 19세기의 가장 위대한 영국 철학자였다.

49 크립키(1980, p. 21, 주석 21)는 규정상의 고정지시어(*de jure* rigid designator)와 사실상의 고정지시어(*de facto* rigid designator)를 구분한다. 규정상의 고정지시어는 그것의 의미론적 규칙에 의해서 고정지시어인 경우이다. 예컨대 '벤저민 프랭클린'은 그것이 의미론적으로 밀주의적 이름이기 때문에 모든 가능세계에서 동일한 대상, 즉 벤저민 프랭클린을 직접적으로 지칭한다. 반면 사실상의 고정지시어는 '9의 양의 제곱근'과 같은 확정기술구이다. 그것은 의미론적으로 고정지시어이기 때문에 모든 가능세계에서 동일한 대상을 지칭하는 것이 아니라, 모든 가능세계에서 그것이 옳게 적용되는 대상이 항상 동일하다는 사실이 성립함으로써 고정지시어의 위상을 가지게 된 경우이다. 따라서 '벤저민 프랭클린'과 같은 밀주의적 이름과 '9의 양의 제곱근'과 같은 확정기술구는 고정지시어라는 점에서는 같지만, 여전히 범주적으로 다르다.

50 Lycan, 2000, p. 59.

51 크립키 자신은 위 구분에 대해 충분히 강조하지 않았다. 처음으로 위 구분을 강조한

철학자는 데빗(Michael Devitt)이다. 데빗(Devitt, 1989, p. 209)은 "인과·역사이론은 이름의 의미, 정보적 가치 등에 관하여 아무것도 말하지 않는다"고 지적한다.

52 고정지시어를 이 책이 옹호하는 추론주의 의미론의 관점에서 어떻게 이해할 수 있는지에 대해서는 제15장에서 다룰 것이다.

제7장 인과·역사이론

53 Cf. Kripke, 1980, p. 67.

54 접합체는 난자와 정자의 결합으로 생긴 수정란이다.

55 그렇다면 (2)는 분석적으로 참인가, 아니면 종합적으로 참인가? 제6장에서 논의한 밀주의에 따르면 이름 '버락 오바마'에는 내포가 없다. 따라서 이름 '버락 오바마' 속에 '사람임'이라는 내포가 포함되어 있지 않다. 그래서 밀주의가 옳다면 (2)는 분석적으로 참일 수 없다. 그러나 이 견해에는 논란의 여지가 많다. 이에 대해서는 제9장 주 76을 참조하기 바람.

제8장 직접지칭이론의 난점들

56 Kripke, 1973/2011, p. 59.

57 Kripke, 1973/2013, p. 78.

58 Kripke, 1973/2013, p. 71.

59 Cf. Kripke, 1973/2013, p. 71.

60 Cf. Kripke, 1973/2013, p. 78.

61 Cf. Kripke, 1973/2013, p. 73.

62 허구의 이름의 의미에 관한 좀 더 자세한 논의를 위해서는 제17장 '허구의 이름에 관한 추론주의 의미론'을 참조하기 바람.

63 이 콜럼버스의 예는 라이컨의 책 『Philosophy of Language』에서 차용한 것이다. Cf. Lycan, 2000, p. 57.

64 브랜덤에 따르면 대언적 믿음귀속과 대물적 믿음귀속은 두 가지 종류의 믿음이 아니

라, 두 가지 종류의 귀속(two kinds of attribution)에 대한 구분이다. 즉 귀속시킨 내용이 피귀속자도 승인하는 내용인지, 아니면 귀속자는 승인하지만 피귀속자는 승인하지 않을 수 있는 내용인지에 따른 구분이다. Cf. Brandom, 1994, pp. 504~508; Brandom, 2000, p. 176.

65 병렬문(parataxis)은 접속사 없이 문장들 또는 구들(clauses)을 병렬로 나열하는 문장이다. 한 가지 예는 줄리어스 시저가 말한 다음과 같은 문장이다. '나는 왔다, 나는 보았다, 나는 이겼다.' (I came, I saw, I conquered.)

66 데이비드슨의 진리조건 의미론에 대한 자세한 설명은 제20장 '데이비드슨의 진리조건 의미론과 그 한계'에서 제시될 것이다.

67 Cf. Davidson, 1984f, 특히 p. 166.

68 의미론에 대한 전체론적 접근방식에 대해선 제11장 '벽돌쌓기 모델과 전체론 모델'을 참조하기 바람.

69 예컨대 맥다월(McDowell, 1977)은 한 언어에 대한 타르스키 스타일 진리이론이 의미론의 역할을 할 수 있다는 데이비드슨의 견해를 토대로 이른바 '이름들의 간결이론'(an austere theory of names)을 주장한다. 이 이론에 따르면, 적절한 진리이론은 각 이름의 뜻을 그 이름이 포함된 문장들의 진리조건들에 그것이 공헌하는 바에 의해 표현할 수 있다. 그리고 각 이름의 뜻은 다음과 같은 방식으로 제시된다. "'마크 트웨인'은 마크 트웨인을 지칭한다'는 공리는 '마크 트웨인'의 뜻을 제시하고, "'새뮤얼 클레먼스'는 새뮤얼 클레먼스를 지칭한다'는 공리는 '새뮤얼 클레먼스'의 뜻을 제시한다. 그리고 '마크 트웨인'과 '새뮤얼 클레먼스'의 뜻 차이는 명제태도 맥락에서 대체가 실패한다는 사실을 통해 드러난다.

70 Cf. Schiffer, 1989, p. 125.

71 데이비드슨의 병렬적 분석이 직면하는 또 다른 문제점들에 대해서는 Schiffer, 1987, pp. 122~138을 참조하기 바람.

제9장 인과·역사이론의 난점들

72 Cf. Evans, 1973, pp. 22~225.

73 Cf. Evans, 1973, p. 223.

74 이것은 에번스의 예이다. 'Turnip'은 영국의 속어로 '멍청이'라는 뜻이다. Cf. Evans, 1973, pp. 225~226.

75 이 예를 위해선 Evans, 1973, p. 218을 참조하기 바람.

76 제6장에서 논의했던 것처럼 밀주의에 따르면 이름에는 내포가 없다. 그런데 범주문 제는 이름을 성공적으로 사용하기 위해서 화자가 이름의 지칭체에 대해서 범주오류 를 범해서는 안 된다는 것을 알려 준다. 예컨대 우리가 '버락 오바마'라는 이름을 성 공적으로 사용하기 위해서는 그 이름이 사람의 이름임을 알아야 한다. 따라서 '버락 오바마'라는 이름의 의미를 이해하는 사람은 '버락 오바마는 사람이다'를 승인해야 한다. 이런 의미에서 '버락 오바마'의 의미 속에 '사람임'이라는 내포가 포함되어 있 다고 말할 수 있다. 따라서 범주문제가 보여 주는 교훈은 '이름에는 내포가 없다'는 밀 주의가 매우 반직관적이라는 사실이다. 이 논점에 대해서는 제10장 6절을 또한 참조 하기 바람.

77 Cf. Evans, 1973, p. 213.

78 이름을 적절히 사용하기 위해 요구되는 자격에 대해서는 제15장에서 자세히 다룰 것 이다.

79 인과·역사이론을 이 책이 옹호하는 추론주의 의미론의 관점에서 어떻게 이해할 수 있는지에 대해서는 제15장에서 다룰 것이다.

제10장 자연종명사들과 퍼트넘의 쌍둥이지구논증

80 색과 맛은 이와 같은 속성을 인식하는 주체에 부분적으로 의존하는 이차속성이다. 따 라서 대부분의 사람들에게 무색으로 보이는 것을 색이 있는 것으로 인식하는 사람 또 는 다른 생물체가 있을 수 있다. 맛의 경우도 마찬가지이다.

81 "Meanings just ain't in the head."(Putnam, 1973, p. 154).

82 좁은 의미의 심리 상태는 한 개인의 내적인 요소들에 의해서 규정되는 심리 상태이 다. 이런 의미에서 오스카와 토스카는 좁은 의미에서 동일한 심리 상태를 가진다. 그 러나 의미론적 외재주의에 의해 이해되는 넓은 의미의 심리 상태에서 양자는 서로 다 르다.

83 Cf. Locke, 1975, Book III, Chapter 6, §11, p. 445.

84 이 논점에 대한 좀 더 자세한 논의를 위해서는 제18장 '필연성과 개념의 수정가능성'을 참조하기 바람.

제2부
비표상주의 의미론

제11장 벽돌쌓기 모델과 전체론 모델

85 공간적으로 ⟨x, y, z⟩의 삼차원을 가진 한 대상에 시간의 차원이 더해지면 사차원체가 된다.

86 '≡'는 논리적 동치를 나타내는 기호이다.

87 콰인(1960, 1969, 1970)은 이 주장을 넘어서서 '한 단어 또는 문장을 어떻게 번역하는 것이 옳은지에 관한 사실은 없다'고 주장한다. 즉 이른바 번역의 불확정성 논제를 주장한다. 더 나아가, 그는 '우리의 단어들이나 문장들이 의미하는 것에 관한 사실이 없다'고 주장한다. 다시 말해 의미 회의주의를 주장한다. 그러나 콰인의 논거가 번역의 불확정성 논제나 의미 회의주의를 정당화하는 데 성공적인지에 대해서는 많은 논란들과 비판들이 있다. 그렇지만 그와 같은 논란을 야기하는 의미 회의주의의 이슈와 독립적으로, 콰인의 불가해성 논제는 매개되지 않은 지칭관계의 개념을 비판하기 위해 활용될 수 있다.

88 개념에 관한 칸트의 견해를 위한 자세한 논의를 위해서는 Lee, 2019를 참조하기 바람.

89 Frege, 1997, pp. 329~330.

90 Frege, 1884, §60.

91 문장이 단어보다 화용론적 우선성을 가지는 또 한 가지 이유는 다음과 같다. 우리는 행위자의 행동을 설명하기 위해 행위자에게 믿음을 귀속한다. 예컨대 어떤 사람 s가 '갈증이 난다'라고 말하고 냉장고로 걸어가서 물병을 꺼내 물을 마셨다고 가정해 보자. 그런 경우 우리는 s의 행동을 다음과 같이 설명할 수 있다. s가 그렇게 행동한 이유는 '물은 갈증을 해소한다'고 믿기 때문이다. 이 경우 '물은 갈증을 해소한다'는 s의

믿음내용은 그가 '갈증이 난다'라고 발화한 언어행위 및 냉장고에서 물병을 꺼내 물을 마신 비언어행위를 설명하기 위한 것이라고 말할 수 있다. 또한 이러한 설명에서 동원되는 것은 화자의 발화들과 그 화자의 믿음들이다. 그리고 이와 같은 발화들과 믿음내용들은 단어 차원이 아니라 문장 차원에서 표현된다.

제12장 비트겐슈타인의 의미사용이론

92 비트겐슈타인에 따르면 우리는 한 단어의 의미를 그것의 사용을 통해 이해해야 한다. 우선 어떤 사람이 한 단어로 무엇을 의미하는지는 그가 그 단어를 어떻게 사용하는지를 관찰함으로써 확립된다. 또한 한 아이가 어떤 단어의 의미를 파악했는지 여부는 그가 그 단어를 우리가 사용하는 방식과 기본적으로 같은 방식으로 사용하는지를 평가함으로써 결정한다. 비트겐슈타인은 단어의 의미를 이해함에 있어서 그와 같은 사실에 주목해야 한다고 주장한다. 그런데 그는 이것을 이론으로서 즉 '사용이론'으로서 주장하지 않았다. 비트겐슈타인에 따르면 이른바 '철학적 문제들'은 근본적으로 개념적 혼란에서 비롯된 것들이기 때문에 이런 문제들은 관련된 개념적 혼란을 해명함으로써 자연스럽게 해소되는 것들이다. 따라서 그는 철학을 철학적 문제들을 해결하는 이론들을 제시하는 활동으로 보지 않았다. 그렇지만 우리는 편의상 이 책에서 의미에 관한 비트겐슈타인의 통찰을 일종의 이론으로 다룰 것이다.

93 Cf. Dummett, 1979.

제13장 추론주의 의미론

94 Cf. Sellars, 1963a, p. 169: "한 에피소드 또는 상태를 앎의 경우로 특성화함에 있어서 우리는 그 에피소드 또는 상태를 경험적으로 기술하는 것이 아니다. 우리는 그것을 주체가 말하는 것을 정당화하거나 할 수 있는 이유의 논리적 공간에 위치시키는 것이다"; Cf. Brandom, 1994, p. 89: "셀라스에 따르면 한 개념을 파악하거나 이해하는 것은 그것이 연루된 추론들을 실천적으로 숙달하는 것이다."
95 여기서 'A → B'는 'A'로부터 'B'로의 추론이 성립함을 의미한다.

96 앞서 언급한 앵무새나 빨간색 식별장치도 빨간색 대상들을 신빙성 있게 구별할 수 있
   다. 그러나 그것들이 빨간색이 아닌 물체에 반응하여 '이것은 빨갛다'라고 소리를 내
   는 경우가 발생하더라도 합리적 비판의 대상이 될 수 없다. 단지 그런 어긋난 행동이
   나 오작동을 줄일 수 있도록 좀 더 조건화 훈련을 시키거나 또는 오작동의 원인을 찾
   아 고쳐야 한다. 반면 어떤 사람이 빨간색이 아닌 물체를 보고 '이것은 빨갛다'라고 발
   화하는 경우에는 합리적 비판의 대상이 될 수 있다. 즉 왜 빨간색이 아닌 대상에 빨강
   의 개념을 적용하느냐는 비판을 받을 수 있다. 따라서 상이한 종류의 자극들을 행동적
   으로 구별할 수 있는 능력과 달리, 그러한 자극들을 개념적으로 분류할 수 있는 능력
   을 가진 존재는 합리적 비판의 대상이 될 수 있다. 따라서 상이한 종류의 자극들을 행
   동적으로 구별할 수 있는 능력만으로는 개념을 소유하는 데 불충분하다. 추가로 그 개
   념과 관련된 추론들에 대한 실천적인 숙달이 필요하다. 오직 그런 경우에만 상이한 종
   류의 자극들을 개념적으로 분류할 수 있는 능력을 가진다고 말할 수 있다. 그리고 이
   와 같은 개념적 능력을 가진 존재들만이 진정한 의미에서 언어를 소유할 수 있다.

97 Dummett, 1981, 13장, 특히 p. 153을 참조하기 바람.

98 개념 원자론(concept atomism)에 의하면 한 개념의 내용은 다른 개념들과의 관계에
   의해 결정되지 않는다. 그런데 추론주의 의미론은 의미 전체론(meaning holism)을
   받아들이기 때문에 개념 원자론을 거부한다. 논리적 개념들도 예외가 아니다. 따라
   서 연언의 개념을 제대로 이해하기 위해서 &-제거규칙들과 &-도입규칙을 아는 것만
   으로는 불충분하다. 연언의 개념은 선언의 개념과 다르다는 것, 연언의 개념은 동일
   성의 개념과 다르다는 것 등등을 또한 이해해야 한다. 의미 전체론에 대한 좀 더 자
   세한 논의를 위해선 제6절을 참조하기 바람.

99 Cf. Sellars, 1963b, pp. 327~331.

100 언어규칙들은 명령(commands)이라기보다는 제약사항(constraints)이다. 다시 말해
   언어규칙들은 우리에게 무엇을 하라고 직접적으로 말해 주는 것이라기보다는 허용
   되는 것과 허용되지 않는 것을 알려 주는 것이다. Cf. Sellars, 1974, p. 422; Peregrin,
   2012, p. 76.

101 이와 같은 인식목적에 대한 자세한 논의를 위해서는 필자의 2013년도 책 『현대인식
   론: 정당화의 사회실천에 의한 접근』을 참조하기 바람.

102 Cf. Brandom, 1994, p. 98.

103 조건문의 의미에 대한 자세한 논의를 위해서는 필자의 논문 「직설법적 조건문에 대

한 추론주의적 설명」(2008a)을 참조하기 바람.

104 여기서 'A → B'는 '(만약) A이면 B이다' 형태의 조건문을 기호화한 것이다.

105 이와 같은 개념의 수정가능성에 관한 자세한 논의를 위해서는 제18장 '필연성과 개념의 수정가능성'을 참조하기 바람.

106 언어적 규범은 우리가 채택하는 것이고, 따라서 필요하면 수정할 수 있다. 그리고 어떤 사람이 규범에 어긋나게 행동하면 부정적 제재를 가함으로써 더 이상 규범에 어긋나지 않게 행동하도록 만들 수 있다. 반면 자연법칙은 우리에게 인과적으로 강제된다. 따라서 자연법칙은 우리가 수정할 수 있는 것이 아니다. 그러므로 현재 우리가 받아들이는 물리이론에 의해 설명할 수 없는 어떤 사건이 발생하면, 그러한 사건을 수정할 수 있는 것이 아니라, 그러한 사건을 설명할 수 있도록 현재의 물리이론을 수정해야 한다.

107 셀라스는 문장 내부의 표현들이 전체 문장의 의미에 어떤 공헌을 하는지에 대해 명확한 설명을 제시하지 않았다. 이 점을 보완하는 작업을 브랜덤은 그의 1994년 책 『Making It Explicit』에서 수행한다.

108 이에 대한 좀 더 자세한 논의를 위해서는 Brandom, 1994, Chapter 6을 참조하기 바람.

109 의미 원자론 또는 개념 원자론을 옹호하는 대표적인 현대 철학자는 포더(Jerry Fodor)이다. 그의 1988년 책을 참조하기 바람.

110 Sellars, 1980b, p. 149.

111 Cf. Sellars, 1957, p. 286.

112 '□P'는 'P'가 필연적임을 뜻한다. 즉 '□'는 필연성을 표현하는 조작어(operator)이다.

113 '◇P'는 'P'가 가능함을 뜻한다. 즉 '◇'는 가능성을 표현하는 조작어이다.

114 Sellars, 1980c, p. 280.

115 이처럼 '필연적으로'와 같은 양상표현의 역할이 그 맥락에서 타당한 추론관계가 작동하고 있음을 단지 명시화하는 것이라는 견해는 다음을 함축한다. '물'과 같은 일상적인 경험적 개념들을 적절히 사용하는 법을 우리가 터득했다면, 우리는 이미 '필연적으로'와 같은 양상표현을 도입하기 위해 필요한 모든 것을 이미 암묵적으로 알고 있는 셈이다. 그래서 양상표현의 가장 중요한 특징은 일상적인 경험적 개념의 사용 속에 이미 암묵적으로 작동하고 있는 추론관계를 명시적으로 드러내 주는 표현적 역할을 한다는 것이다. 브랜덤은 이 견해를 '양상성에 관한 칸트-셀라스 논제'라고 부른다. Cf. Brandom, 2008, p. 102.

116 양상성에 관한 셀라스의 견해에 대한 좀 더 자세한 논의를 위해서는 Brandom, 2008
　　과 Brandom, 2011을 참조하기 바람.

제14장 대용어 메커니즘

117 Brandom, 1994.

118 Grover, Camp & Belnap, 1975.

119 Ramsey, 1931.

120 Geach, 1962, p. 151.

121 Cf. Partee, 1972, p. 435.

122 대용어이론은 양화사에 대한 대상적 해석(objectual interpretation) 대신 대체적 해
　　석(substitutional interpretation)을 받아들인다. 대체적 해석에 따르면, '(∃x)Fx'는
　　적어도 'Fx'의 한 대체예(substitution instance)가 참임을 의미한다.

123 Cf. Brandom, 1994, p. 301.

124 라틴어에서 'pro'는 '대신'(in place of)이라는 뜻이다. 따라서 'pronoun'은 대명사
　　(代名詞), 그리고 'prosentence'는 대문장(代文章)이라고 번역될 수 있다.

125 Grover, Camp & Belnap, 1975, p. 92.

126 진리 대용어이론에 대한 좀 더 자세한 논의를 위해서는 필자의 논문 「진리 대용어
　　이론과 이에 대한 비판들」(2015a)을 참조하기 바람.

127 Cf. Brandom, 1994, p. 305; 2005b, pp. 265~266.

128 Cf. Brandom, 1994, pp. 316~322.

129 브랜덤에 따르면 (17')은 일상적 기술구를 포함한, 다음과 같은 부정존재진술로 이해
　　할 수 있다. '현재의 프랑스 왕은 존재하지 않는다'(The present King of France does
　　not exist). 그리고 이와 같은 부정존재진술은 러셀식의 기술이론으로 분석될 수 있
　　다. Cf. Brandom, 2005b, p. 273.

130 '↔'는 필요충분조건을 나타내는 쌍조건문 기호이다.

131 지칭의 대용어이론에 대한 좀 더 자세한 논의를 위해서는 필자의 논문 「지칭의 대용
　　어이론과 이에 대한 비판들」(2015b)을 참조하기 바람.

132 Cf. Wolf, 2006, pp. 372~373.

133 이 논점에 대한 좀 더 자세한 논의를 위해서는 제18장 '필연성과 개념의 수정가능성' 을 참조하기 바람.

134 이 논점에 대한 더 자세한 논의는 제19장에서 이루어질 것이다.

135 우리는 셜록 홈즈나 둥근 정사각형과 같이 존재하지 않는 것들에 대해서도 생각할 수 있다. 그런데 표상주의에 따르면 '셜록 홈즈'와 같은 표현도 유의미하기 때문에 어떤 비언어적 대상을 표상해야 한다. 따라서 그와 같은 비언어적 대상이 과연 무엇 인지에 관한 존재론적 문제가 발생한다. 그러나 추론주의에 따르면 '셜록 홈즈'와 같 은 허구의 표현이 유의미하기 위해 그 표현이 적용되는 대상이 실재할 필요가 없다. 왜냐하면 그 표현의 의미는 그 표현의 옳은 사용을 규정하는 언어규칙들에 의해 구 성되기 때문이다. 이에 대한 좀 더 자세한 논의를 위해서는 제17장 '허구의 이름에 관한 추론주의 의미론'을 참조하기 바람.

136 브랜덤의 두 단계 조합 전략에 대해선 Brandom, 1994, pp. 366~367을 참조하기 바람.

137 브랜덤(Brandom, 2008, pp. 133~136)에 따르면 추론주의 의미론은 조합적이지 않 다. 따라서 복합 표현의 의미가 오로지 구성요소들의 의미들로부터 결정될 수 있다는 것은 사실이 아니다. 그러나 추론주의 의미론은 여전히 완전히 회귀적(fully recur-sive)이다. 따라서 복잡한 표현의 의미는 그것보다 한 단계 덜 복잡한 표현들의 의미 들에 의해 결정될 수 있다. 그리고 이와 같은 회귀성에 의해 언어의 체계성(system-aticity)뿐 아니라, 우리가 어떻게 언어를 학습할 수 있는지를 충분히 설명할 수 있다 고 주장한다. 그는 다음과 같이 말한다. "비록 그 의미론은 조합적이지 않지만, 그것 은 완전히 회귀적이다. 논리적으로 복잡적인 표현들의 의미값들은 논리적으로 더 단순한 표현들의 의미값들에 의해 완전히 결정된다. 그러나 한 복합 표현의 의미값 은 그것의 구성요소들의 의미값들로부터 계산될 수 없기 때문에, 그것은 전체론적 즉 비조합적이다. 그러나 구성적 복잡성의 각 레벨 내에서 이 전체론은 레벨들 사이 의 회귀성과 완전히 양립 가능하다. ……그래서 의미론적 투사가능성, 체계성, 그리 고 원리상 학습가능성이 요구하는 것은 의미론적 원자론과 조합성이 아니라 복잡성 에 관한 의미론적 회귀성(semantic recursiveness)이다. 그것은 의미론이 전체론적 임과 완전히 양립 가능하다."(Brandom, 2008, pp. 135~136)

138 제14장에서 지적했던 것처럼, '지칭한다'(refers)라는 표현은 'a가 '터닙'으로서 지칭

하는 것'(the one a refers to as 'Turnip')과 같은 대용어를 형성하는 데 필요한 대명사 형성어이다.

139 제13장 6절에서 지적했던 것처럼 추론주의 의미론은 의미 전체론을 받아들인다. 의미 전체론에 따르면 한 언어에 속하는 모든 표현들의 의미들은 상호의존적이다. 그리고 언어적 의미와 개념적 내용은 동전의 양면이다. 따라서 의미 전체론은 개념 전체론을 함축한다.

140 진리의 현상학적 견해에 대한 자세한 논의를 위해서는 필자의 2013년도 책『현대인식론』, 제9장 '실천적·현상학적 지식이론'을 참조하기 바람.

제16장 의미 불안정성 문제

141 Fodor, 1987, p. 57.

142 Cf. Fodor & LePore, 1992, pp. 17~21.

143 Cf. Brandom, 1994, pp. 590~591.

144 Brandom, 1994, p. 485; p. 479.

145 Cf. Brandom, 2000, p. 180.

146 Brandom, 1994, p. 430.

147 Sellars, 1963, p. 330.

148 대기 중에서 서로 반대되는 전기를 띤 입자들이 부딪쳐서 순간적으로 큰 방전현상이 일어나면 번개와 천둥이 동시에 발생한다. 그럼에도 빛의 속도가 소리의 속도보다 빠르기 때문에 우리에게 번개가 먼저 보이고, 그 다음 천둥소리가 들리는 것이다. 따라서 번개와 천둥은 동시에 발생하는 것이고, 빛의 속도가 소리의 속도보다 빠르다는 것은 물리법칙이므로, 우리가 천둥소리를 듣는 것을 방해하는 요소가 없는 한에서 (6)의 추론은 항상 타당하다.

149 어떤 추론이 이유를 묻고 답하는 사회실천 속에서 반사실적 강건성을 가지는 것으로 간주되기 위해서는, 전제가 성립하지만 결론이 성립하지 않는 경우가 있어서는 안 된다. 언어는 세계와 언어-진입 규칙들을 매개로 연결되어 있다. 따라서 전제를 승인하게 하는 언어-진입 상황이 있음에도, 이 전제를 토대로 도출된 결론과 부합하지 않는 언어-진입 상황이 존재하면, 주어진 추론규칙은 이유를 묻고 답하는 사회실

천 속에서 반사실적 강건성을 가지는 것으로 간주될 수 없다. 그런데 각주 148에서 언급했던 것처럼 번개와 천둥은 동시에 발생하는 것이고, 빛의 속도가 소리의 속도보다 빠르다는 것은 물리법칙이기 때문에 '번개가 방금 보였다'라는 비추론적 관찰이 성립할 때, 우리가 천둥소리를 듣는 것을 방해하는 요소가 없는 한, (6)의 추론이 성립하지 않는 상황은 발생하지 않는다. 이것이 이유를 묻고 답하는 사회실천 속에서 위와 같은 추론이 지금껏 실질적으로 타당한 추론으로 간주되어 옴에 있어서 아무런 문제가 없었던 이유이다.

150 Cf. Brandom, 1994, p. 46.

151 Brandom, 1994, p. 634; Cf. p. 484, p. 587.

152 추론주의 의미론은 개념 원자론을 거부한다. 동일성 개념도 예외가 아니다. 우선 동일성 관계는 재귀적일 뿐 아니라 대칭적(symmetric)이다. 즉 '$(\forall x)(\forall y)(x = y \supset y = x)$'가 또한 성립한다. 그리고 동일성 관계는 이행적(transitive)이다. 즉 '$(\forall x)(\forall y)(\forall z)((x = y \, \& \, y = z) \supset x = z)$'가 성립한다. 이와 같은 추론관계들이 성립함을 이해하지 못하는 사람은 동일성 개념을 제대로 이해하지 못하는 사람이다.

153 이 논점에 대한 좀 더 자세한 논의를 위해서는 제18장 '필연성과 개념의 수정가능성'을 참조하기 바람.

제17장 허구의 이름에 관한 추론주의 의미론

154 Brandom, 1994, p. 449.

155 Brandom, 1994, p. 419.

156 예컨대 다음을 참조하기 바람. Currie, 1990; Lamarque & Olson, 1994; Davies, 2007; Stock, 2011; García-Carpintero, 2013.

157 Cf. García-Carpintero, 2013, p. 346.

158 허구의 캐릭터의 의미와 관련된 더 자세한 논의를 위해서는 필자의 논문 「An Inferentialist Account of Fictional Names」를 참조하기 바람.

제18장 필연성과 개념의 수정가능성

159 Cf. Lormand, 1996, p. 67.

160 물론 우리는 '총각'이라는 용어를 '결혼하지 않은 젊은 남자'라는 용어의 축약어로 사용할 수 있다. 그렇지만 결혼하지 않은 젊은 남성들의 사례가 거의 없는 상황에서는 이와 같은 축약어를 사용하는 것이 더 이상 유용하지 않을 수 있다.

161 여기서 한 가지 주목할 점은 모든 경험적 발견이 자동적으로 개념의 수정을 요구하는 것은 아니라는 점이다. 오직 언어규칙의 수정을 요구하는 경험적 발견만이 개념의 수정을 요구하는 경험적 발견이 될 수 있다. 제16장 2절에서 지적한 것처럼, 언어규칙 또는 개념을 구성하는 추론은 반사실적 강건성을 가져야 한다. 즉 전제가 성립하지만 결론이 성립하지 않는 가능세계가 있어서는 안 된다. 예컨대 'a는 산호이다'가 성립하면서도 'a는 동물이 아니다'가 성립하는 가능세계가 있다면, (9)는 '산호'의 의미를 (부분적으로) 구성하는 언어규칙이 될 수 없다.

162 제18장의 대부분의 내용은 필자가 다음 논문들에서 주장한 바를 요약한 것이다. 「필연성과 오류가능성」(2008b), 「오류가능성과 개념의 수정가능성」(2009), 「잘못된 개념에 의한 잘못된 믿음」(2010), 「개념의 사용과 개념의 수정」(2011), 그리고 「언어적 오류와 추론주의 의미론」(2013).

제19장 규칙주의, 규칙성주의, 그리고 중도中道의 길

163 Cf. Sellars, 1963b, p. 321.

164 Cf. Brandom, 1994, pp. 26~30.

165 Cf. Brandom, 1994, p. 36.

166 Wittgenstei, 1953, §198.

167 Wittgenstein, 1953, §202.

168 Wittgenstein, 1978, VI-32.

169 Cf. Glüer & Wikforss, 2009, p. 58.

170 Cf. Sellars, 1967, p. 76, 157, 175; Sellars, 1969, pp. 508~509; Sellars, 1974, p. 423.

171 Cf. Sellars, 1969, p. 508.

172 Cf. Sellars, 1963b, p. 325.

173 이와 같은 이유에서 단순한 동물들과 달리, 아이들은 언어공동체의 일원이 될 수 있다. 그리고 아이들이 언어공동체의 일원이 될 수 있는 이유는 단순한 동물들은 단지 감각적 존재들(sentient beings)에 불과한 반면, 아이들은 합리적 비판의 대상이 될 수 있는 이성적 존재들(sapient beings)이기 때문이다. 이 논점에 대한 좀 더 자세한 논의를 위해선 필자의 2015년 논문 「소사의 동물 지식 이론과 인식적 규범성」을 참조하기 바람.

174 Cf. Sellars, 1967, p. 56; Sellars, 1969, p. 508.

175 예컨대 다음과 같은 표상들의 연쇄를 고려해 보자.

여기에 연기(smoke here), 근처에 불(fire nearby)

우리가 '지금 여기에 연기가 난다'라는 전제로부터 '근처에 불이 났다'는 결론을 추론하기 위해서는 전자가 결론을 옹호해 주는 이유의 역할을 한다는 것을 이해할 수 있어야 한다. 그런데 그렇게 할 수 있기 위해서는 '연기'와 '불' 사이의 추론관계에 대한 메타사고를 할 수 있어야 한다. 논리를 사용하는 표상체계는 그와 같은 메타사고를 할 수 있는 존재이다. 그리고 우리는 단순한 동물과 달리 기호의 역할에 관한 메타판단을 할 수 있는 존재이다. 다시 말해 우리는 언어표현들을 어떻게 사용해야 하는지에 관해 (이유를 묻고 답하는 사회실천 속에서) 논의할 수 있는 존재이다. 논리를 사용하는 표상체계와 논리 이전의 표상체계 사이의 구분에 대한 좀 더 자세한 논의를 위해선 필자의 2015년 논문 「소사의 동물 지식 이론과 인식적 규범성」을 참조하기 바람.

176 Cf. Sellars, 1979, pp. 179~180.

177 이 논점에 대한 좀 더 자세한 논의를 위해서는 필자의 2015년 논문 「소사의 동물 지식 이론과 인식적 규범성」을 참조하기 바람.

178 추정과 도전의 정당화 구조에 대한 좀 더 자세한 논의를 위해서는 필자의 2013년 책 『현대인식론』 제8장, 3절을 참조하기 바람.

179 이 논점에 대한 자세한 논의를 위해서는 필자의 2013년 책 『현대인식론』 제8장을 참조하기 바람.

180 셀라스에 따르면 우리의 인식목적은 세계를 성공적으로 설명하고 예측할 수 있도록 해 주는 최고의 설명적 정합성을 갖는 세계상(world picture)을 획득하는 것이다. 그

런데 우리 각자가 혼자 획득할 수 있는 정보는 매우 제한적일 뿐만 아니라, 오류 가
능하다. 따라서 다른 사람들로부터 정보를 얻는 것이 필요할 뿐만 아니라, 서로의 주
장을 받아들이기 전에 각 주장의 신빙성을 평가하는 것이 매우 중요하다. 우리가 상
호간에 언어적 커뮤니케이션을 하고, 또한 의심스러운 주장에 대해서는 적절한 근
거를 제시할 것을 요구하는 사회실천을 해 온 것은 바로 이 때문이다. 그런데 특정
공동체가 한때 상호주관적으로 승인했던 믿음도 나중에 새로운 반대 증거가 제시되
면 옳지 않은 것으로 철회될 수 있다. 따라서 최고의 설명적 정합성을 갖는 세계상을
획득하려는 인류의 인식적 노력은 어떤 특정 시점에서 끝나는 것이 아니라 끊임없
이 새로운 증거를 수집하고, 또한 끊임없이 기존의 세계상을 개선해 나가는 통시적
노력이다. 이와 같은 셀라시안 설명적 정합성 이론에 따르면 우리가 최고의 설명적
정합성을 갖는 세계상을 획득하는 길은 우리의 개념체계를 그 체계 내에서 점진적
으로 개선해 나가는 일이다. 그리고 그와 같이 우리의 개념체계를 점진적으로 개선
해 나가는 작업은 추정과 도전의 정당화 구조에 따라 "이유를 묻고 답하는 방식", 다
시 말해 정당화를 요구하고 이에 응답하는 방식으로 이루어진다.

181 Brandom, 1994, p. 25.

182 Brandom, 1994, p. 627.

183 Brandom, 1994, p. 44; p. 625.

184 Cf. Brandom, 1994, pp. 18~23.

185 Cf. Brandom, 1994, pp. 176~178.

186 셀라스의 설명적 정합성 이론에 대한 좀 더 자세한 논의를 위해서는 필자의 2013년
   책 『현대인식론』 제8장을 참조하기 바람.

187 이 논점과 관련하여 한 가지 주목할 점은 셀라스가 비평등주의적 전체론을 주장하
   는 데 반해 브랜덤이 평등주의적 전체론을 주장한다는 사실이다. 셀라스에 따르면
   의미를 구성하는 추론과 그렇지 않은 추론은 반사실적 강건성에 의해 구분된다. 그
   래서 그는 규정적 규범과 기술적 사실을 명확히 구분한다. 따라서 의미를 구성하는
   추론을 언어규칙으로 간주할 수 있다. 반면 브랜덤(Brandom, 1994)에 따르면 한 표
   현과 관련된 모든 추론적 관계들은 모두 그 표현의 의미와 관련이 있다. 다시 말해
   그 표현의 모든 추론적 사용들은 그 표현의 의미를 구성한다. 그런데 한 주장의 추론
   적 함축은 주체가 어떤 믿음들을 갖고 있는지에 상대적이다. 따라서 브랜덤은 의미
   를 구성하는 추론과 그렇지 않은 추론 사이의 명확한 구분을 거부한다. 그렇게 되면

한 언어표현의 의미를 구성하는 어떤 추론적 사용들은 공적인 언어규칙에 의한 것이 아니게 된다. 비평등주의적 전체론과 평등주의적 전체론의 구분에 대한 좀 더 자세한 논의를 위해서는 제16장 '의미 불안정성 문제'를 참조하기 바람.

제20장 데이비드슨의 진리조건 의미론과 그 한계

188 L*가 L의 모든 이름들을 포함하는 경우 s는 또한 L*의 이름이다.

189 이 예는 밀러의 책 『Philosophy of Language』에서 차용한 것이다. Cf. Miller, 2007, p. 294.

190 추정적 증거는 그것을 논박하는 반대증거가 제시되지 않는 한에서 증거로 간주되는 것이다.

191 데이비드슨은 한 문장의 의미를 그 문장의 진리조건에 의해 해석한다. 그리고 의미들을 어떤 것들(entities)로 간주함이 없이, 한 문장의 진리조건을 설명할 수 있다고 주장한다. 따라서 그는 의미들을 어떤 것들로 보는 견해를 거부한다. Cf. Davidson 1984b, p. 21.

192 데이비드슨(Davidson, 2005, p. 21)은 참을 정의할 수 없는(indefinable) 개념으로 간주한다.

193 Cf. Foster, 1976.

194 이 반례는 밀러의 책 『Philosophy of Language』에서 차용한 것이다. Cf. Miller, 2007, pp. 300~302.

195 Cf. Davidson, 1984c, pp. 62~63

196 이 논점에 대한 좀 더 자세한 논의를 위해선 필자의 2007년 논문 「데이빗슨의 정합론과 맥도웰의 고립반론」을 참조하기 바람.

197 Cf. Daly, 2013, pp. 227~228.

참고문헌

표상의 언어에서 추론의 언어로

언어표현이 의미하는 것은 무엇인가

이병덕 (2004), 「의미전체론과 의미 불안정성 문제에 관하여」, 『논리연구』 제7집, 제2호, pp. 1~14.

_____(2005), 「추론주의는 포도와 르포오의 비판들을 피할 수 있는가?」, 『철학적 분석』 제12호, pp. 47~76.

_____(2006), 「허구적 이름에 대한 밀주의 이론과 추론주의 의미론」, 『철학적 분석』 제13호, pp. 101~132.

_____(2007), 「데이빗슨의 정합론과 맥도웰의 고립반론」, 『철학논집』 제14집, 서강대학교 철학연구소, pp. 43~73.

_____(2008a), 「직설법적 조건문에 대한 추론주의적 설명」, 『철학적 분석』 제17호, pp. 135~164.

_____(2008b), 「필연성과 오류가능성」, 『철학』 제96집, pp. 109~132.

_____(2009), 「오류가능성과 개념의 수정가능성」, 『철학』 제99집, pp. 199~219.

_____(2010), 「잘못된 개념에 의한 잘못된 믿음」, 『철학』 제103집, pp. 159~179.

_____(2011), 「개념의 사용과 개념의 수정」, 『철학』 제108집, pp. 83~117.

_____(2013), 「언어적 오류와 추론주의 의미론」, 『철학』 제115집, pp. 143~173.

_____(2013), 『현대인식론: 정당화의 사회실천에 의한 접근』, 성균관대학교출판부.

_____(2015a), 「진리 대용어 이론과 이에 대한 비판들」, 『철학적 분석』 제 32호, pp. 1~37.

_____(2015b), 「지칭의 대용어 이론과 이에 대한 비판들」, 『논리연구』 제18집, 제2호, pp. 217~241.

_____(2015c), 「소사의 동물 지식 이론과 인식적 규범성」, 『철학연구』 제108집, pp. 185~208.

Bradley, Francis Herbert(1893), *Appearance and Reality*. London: Swan Sonnenschein.

Brandom, Robert(1994), *Making It Explicit*. Cambridge: Harvard University Press.

_____(1997), "Replies", *Philosophy and Phenomenological Research* 57(1), pp. 189~204.

_____(2000), *Articulating Reasons: An Introduction to Inferentialism*. Cambridge: Harvard University Press.

_____(2005a), "Expressive versus Explanatory Deflationism about Truth", in Bradley P. Armour-Garb and JC Beall (eds.), *Deflationary Truth*. Chicago and La Salle: Open Court, pp. 237~257.

_____(2005b), "Reference Explained Away: Anaphoric Reference and Indirect Description", in Bradley P. Armour-Garb and JC Beall (eds.), *Deflationary Truth*. Chicago and La Salle: Open Court, pp. 258~281.

_____(2008), *Between Saying and Doing: Towards an Analytic Pragmatism*. Oxford: Oxford University Press.

_____(2009), "Why Truth Is Not Important in Philosophy", in his *Reason in Philosophy: Animating Ideas*. Cambridge: Harvard University Press.

_____(2010), "Inferentialism and Some of Its Challenges", in Weiss & Wanderer, pp. 159~180.

_____(2011), *Perspectives on Pragmatism*. Cambridge: Harvard University Press.

Burge, Tyler(1979), "Individualism and the Mental", *Midwest Studies in Philosophy, Volume IV: Studies in Metaphysics*, pp. 73~121.

Carnap, Rudolf(1937), *The Logical Syntax of Language*, translated by Amethe Smeaton. London: Routledge & Kegan Paul.

Chisholm, Roderick(1973), "Homeless Objects", *Revue International de Philosophie* 27, pp. 207~223.

Currie, Greg(1990), *The Nature of Fiction*. Cambridge: CUP.

Daly, Chris(2013), *Philosophy of Language*. London: Bloomsbury.

Davidson, Donald(1984a), "Theories of Meaning and Learnable Languages", in his *Inquiries into Truth and Interpretation*. Oxford: Clarendon Press, pp. 3~15.

_____(1984b), "Truth and Meaning", in his *Inquiries into Truth and Interpretation*. Oxford: Clarendon Press, pp. 17~36.

_____(1984c), "Semantics for Natural Language", in his *Inquiries into Truth and Interpretation*. Oxford: Clarendon Press, pp. 55~64.

_____(1984d), "On Saying That", in his *Inquiries into Truth and Interpretation*. Oxford: Clarendon Press, pp. 93~108.

_____(1984e), "Radical Interpretation", in his *Inquiries into Truth and Interpretation*. Oxford:

Clarendon Press, pp. 125~139.

_____(1984f), "Thought and Talk", in his *Inquiries into Truth and Interpretation*. Oxford: Clarendon Press, pp. 155~170.

_____(2001), "The Second Person", in his *Subjective, Intersubjective, Objective*. Oxford: Clarendon Press, pp. 107~121.

_____(2005), "The Folly of Trying to Define Truth", in his *Truth, Language, and History*. Oxford: Clarendon Press, pp. 19~37.

Davies, David(2007), *Aesthetics and Literature*. London: Continuum.

Devitt, Michael(1981), *Designation*. New York: Columbia University.

_____(1989), "Against Direct Reference", *Midwest Studies in Philosophy* 14, pp. 206~240.

Devitt, Michael & Kim Sterelny(1999), *Language and Reality: An Introduction to the Philosophy of Language*. Second Edition. Cambridge: The MIT Press.

DeVries, Willem A.(2005), *Wilfrid Sellars*. Montreal & Kingston: McGill-Queen's University Press.

Dummett, Michael(1979), "What does the Appeal to Use Do for the Theory of Meaning?", in A. Margalit (ed.), *Meaning and Use*. Dordrecht: Reidel, pp. 123~135. Reprinted in Moore, 1993, pp. 137~149.

_____(1981), *Frege's Philosophy of Language*. Second Edition. Cambridge: Harvard University Press.

Evans, Gareth(1973), "The Causal Theory of Names", *Proceedings of the Aristotelian Society, Supplement*. Vol. 47, pp. 187~208. Reprinted in Moore, 1993, pp. 208~227.

_____(1982), *The Varieties of Reference*. Oxford: Oxford University Press.

Foster, J. A.(1976), "Meaning and Truth Theory", in Gareth Evans and John McDowell (eds.), *Truth and Meaning*. Oxford: Clarendon Press, pp. 1~32.

Fodor, Jerry(1987), *Psychosemantics*. Cambridge: The MIT Press.

_____(1988), *Concepts: Where Cognitive Science Went Wrong*. Oxford: Oxford University Press.

Fodor, Jerry, and Ernest LePore(1992), *Holism: A Shopper's Guide*. Cambridge: Blackwell.

Frege, Gottlob(1884), *Grundlagen der Aritmetik*, translated by J. L. Austin as *The Foundations of Arithmetic*. Second Edition. Evanston, Illinois: Northwestern University Press, 1980.

_____(1892), "On Sense and Reference", in Peter Geach and Max Black (eds.), *Translations from the Philosophical Writings of Gottlob Frege*. Oxford: Blackwell, 1952, pp. 56~78.

_____(1918), "Thought", in Michael Beaney (ed.), *The Frege Reader*. Oxford: Blackwell, 1997, pp. 325~345.

García-Carpintero, Manuel(2013), "Norms of Fiction-Making", *British Journal of Aesthetics* 53, pp. 339~357.

Geach, Peter(1962), *Reference and Generality*. Third Edition. Ithaca: Cornell University Press.

Gentzen, Gerhard(1934), "Untersuchugen über das logische Schliessen I", *Mathematische Zeitschrift* 39(2), pp. 176~210.

Gentzen, Gerhard(1935), "Untersuchugen über das logische Schliessen II", *Mathematische Zeitschrift* 39(3), pp. 405~431.

Glüer, Kathrin, and Åsa Wikforss(2009), "Against Content Normativity", *Mind* 118, pp. 31~70.

Grover, Dorothy L., Joseph L. Camp, and Nuel D. Belnap(1975), "A Prosentential Theory of Truth", *Philosophical Studies* 27, pp. 73~125.

Hobbes, Thomas(1651), *Leviathan*, edited by C. B. Macpherson. Pelican Classsics. Penguin Books. Published by Penguin Books in 1968.

Horwich, Paul(2010), *Truth-Meaning-Reality*. Oxford: Clarendon Press.

Hume, David(1739~1740), *A Treatise of Human Nature*, edited by L. A. Selby-Bigge, 2nd ed., revised by P. H. Nidditch, Oxford: Clarendon Press, 1975.

_____(1748), *An Enquiry concerning Human Understanding*, edited by Tom L. Beauchamp. Oxford: Oxford University Press, 1999.

Kant, Immanuel(1787/1963), *Critique of Pure Reason*, translated by Norman Kemp Smith. London: Macmillan & Co.

_____(1785/1996), *Groundwork of the Metaphysics of Morals*, in M. G. Gregor (trans, and ed.), *Practical Philosophy*. Cambridge: Cambridge University Press, pp. 37~108.

Koons, Jeremy(2004), "Disenchanting the World: McDowell, Sellars, and Rational Constraint by Perception", *Journal of Philosophical Research* 29, pp. 125~152.

Kripke, Saul(1977), "Speaker's Reference and Semantic Reference", in P. A. French, T. E. Uehling Jr, and H. K. Wettstein(eds.), *Midwest Studies in Philosophy II*. Minnesota: University of Minnesota Press, pp. 255~276.

_____(1980), *Naming and Necessity*. Cambridge: Harvard University Press.

_____(1982), *Wittgenstein on Rules and Private Language*. Oxford: Blackwell.

_____(1973/2011), "Vacuous Names and Fictional Entities", in his *Philosophical Troubles: Collected Papers, Volume I*. Oxford: Oxford University Press, pp. 52~74.

_____(1973/2013), *Reference and Existence: The John Locke Lectures*. Oxford: Oxford University Press.

Larmarque, P. & S. H. Olsen(1994), *Truth, Fiction and Literature*. Oxford: Clarendon Press.

Lee, Byeong D. (2019), "A Kantian-Brandomian View of Concepts and the Problem of a Regress of Norms", *International Journal of Philosophical Studies* 27, pp. 528~543.

_____(2022), "An Inferentialist Account of Fictional Names", *Organon F* 29(3), pp. 290~326.

Lehrer, Keith(2000), *Theory of Knowledge*. Second Edition. Boulder: Westview.

Locke, John(1975), *An Essay concerning Human Understanding*, edited by P. H. Nidditch. Oxford: Clarendon Press.

Lormand, Eric(1996), "How to Be a Meaning Holist", *Journal of Philosophy* 93(2), pp. 51~73.

Lycan, William G.(2000), *Philosophy of Language: a Contemporary Introduction*. London and New York: Routledge.

McDowell, John(1977), "On Sense and Reference of a Proper Name", *Mind* 86, pp. 159~185.

_____(1984), "Wittgenstein on Following a Rule", *Synthese* 58, pp. 325~363.

_____(1994), *Mind and World*. Cambridge: Harvard University Press.

McGuinn, Colin(2015), *Philosophy of Language: The Classics Explained*. Cambridge: The MIT Press.

Marsh, R. C. (ed.) (1956), *Bertrand Russell: Logic and Knowledge. Essays 1902~1950*. London: George Allen & Unwin.

Meinong, Alexius(1907), *Über die Stellung der Gegenstandstheorie im System der Wissenshaften*. Leipzig: R. Voitlander.

_____(1960), "The Theory of Objects", in Roderick Chisholm (ed.), *Realism and the Background of Phenomenology*. New York: The Free Press.

Mill, J. S.(1843), *A System of Logic, Ratiocinative and Inductive, being a Connected View of the Principles of Evidence and the Methods of Scientific Investigation*. London: Longmans, Green and Co.

Miller, Alexander(2007), *Philosophy of Language*. Second Edition. London: Routledge.

Moore, A. W. (ed.) (1993), *Meaning and Reference*. Oxford: Oxford University Press.

Partee, Barbara(1972), "Opacity, Coreference, and Pronouns", in Donald Davidson & Gilbert Harman (eds.), *Semantics of Natural Language*. Dordrecht: D. Reidel, pp. 415~441.

Peregrin, Jaroslav(2012), "Inferentialism and the Normativity of Meaning", *Philosophia* 40, pp. 75~97.

Perry, John(1977), "Frege on Demonstratives", *The Philosophical Review* 86, pp. 474~497.

_____(1979), "The Problem of the Essential Indexicals", *Noûs* 13, pp. 3~21.

Platts, Mark(1997), *Ways of Meaning*. Second Edition. Cambridge: The MIT Press.

Putnam, Hilary(1973), "Meaning and Reference", *Journal of Philosophy* 79, pp. 699~711. Reprinted in Moore, 1993, pp. 150~161.

_____(1975), "The Meaning of 'Meaning'", in his *Mind, Language and Reality: Philosophical Papers Volume 2*. Cambridge: Cambridge University Press, pp. 215~271.

Quine, W. V. O.(1960), *Word and Object*. Cambridge: The MIT Press.

_____(1961), "On What There Is", in his *From a Logical Point of View*. Second Edition. Cambridge: Harvard University Press, pp. 1~19.

_____(1969), "Ontological Relativity", in his *Ontological Relativity and Other Essays*. New York: Columbia University Press, pp. 26~68.

Ramsey, F. P.(1931), "Facts and Propositions", in R. M. Braithwaite (ed.), *The Foundations of Mathematics and other Logical Essays*. London: Routledge & Kegan Paul, pp. 138~155.

Ramsey, Frank P.(1950), *The Foundations of Mathematics*. New York: Humanities Press.

Rosen, Gideon(1997), "Who Makes the Rules Around Here?", *Philosophy and Phenomenological Research* 57, pp. 163~171.

Russell, Bertrand(1903), *The Principles of Mathematics*. Cambridge: Cambridge University Press.

_____(1905a), "Critical notice of Meinong's *Untersuchungen zur Gegenstandstheorie und Psychologie*", *Mind* 14, pp. 530~538. Reprinted in Russell, 1973.

_____(1905b), "On Denoting", *Mind* 14, pp. 479~493. Reprinted in Marsh, 1956.

_____(1907), "Review of: A. Meinong's *Über die Stellung der Gegenstandstheori im System der Wissenshaften*", *Mind* 16, pp. 436~439. Reprinted in Russell, 1973.

_____(1917), "Knowledge by Acquaintance and Knowledge by Description", in *Mysticism and Logic*. London: George Allen and Unwin, pp. 209~232.

_____(1919), *Introduction to Mathematical Philosophy*. London: George Allen & Unwin.

_____(1948), *Human Knowledge: Its Scope and Limits*. London: George Allen & Unwin.

_____(1956), "The Philosophy of Logical Atomism", in Marsh, 1956, pp. 175~281.

_____(1973), *Essays in Analysis*. London: George Allen & Unwin, pp. 120~126.

Sainsbury, R. M.(2010), *Fiction and Fictionalism*. London: Routledge.

Salmon, Nathan(1986), *Frege's Puzzle*. Cambridge: The MIT press.

_____(1998), "Nonexistence", *Nous* 32, pp. 277~319.

Schiffer, Stephen(1987), *Remnants of Meaning*. Cambridge: The MIT Press.

Searle, John(1958), "Proper Names", *Mind* 67, pp. 166~173.

Sellars, Wilfrid(1957), "Counterfactuals, Dispositions, and the Causal Modalities", in *Minnesota*

Studies in the Philosophy of Science, Vol. II, H. Feigl, M. Scriven & G. Maxwell (eds.), pp. 225~308. Minneapolis: University Minnesota Press.

_____(1963a), "Empiricism and the Philosophy of Mind", in his *Science, Perception, and Reality*. Routledge & Kegan Paul, pp. 127~196.

_____(1963b), "Some Reflections on Language Games", in his *Science, Perception, and Reality*. Atascadero: Ridgeview, pp. 321~358.

_____(1967), *Science and Metaphysics: Variations on Kantian Themes*. Atascadero: Ridgeview.

_____(1969), "Language as Thought and as Communication", *Philosophy and Phenomenological Research* 29, pp. 506~527.

_____(1974), "Meaning as Functional Classification", *Synthese* 27, pp. 417~437.

_____(1979), "More on Givenness and Explanatory Coherence", in George S. Pappas (ed), *Justification and Knowledge*. Dordrecht: Reidel.

_____(1980a), "Concepts as Involving Laws and Inconceivable without Them", in *Pure Pragmatics and Possible Worlds: The Early Essays of Wilfrid Sellars*, edited and introduced by Jeffrey F. Sicha. Ridgeview Publishing Company, pp. 87-123.

_____(1980b), "Language, Rules and Behavior", in *Pure Pragmatics and Possible Worlds: The Early Essays of Wilfrid Sellars*, edited and introduced by Jeffrey F. Sicha. Ridgeview Publishing Company, pp. 129~155.

_____(1980c), "Inference and Meaning", in *Pure Pragmatics and Possible Worlds: The Early Essays of Wilfrid Sellars*, edited and introduced by Jeffrey F. Sicha. Ridgeview Publishing Company, pp. 257~286.

_____(1981), "Mental Events", *Philosophical Studies* 39, pp. 325~345.

Soames, Scott(2002), *Beyond Rigidity: The Unfinished Semantic Agenda of Naming and Necessity*. Oxford: Oxford University Press.

_____(2010), *Philosophy of Language*. Princeton: Princeton University Press.

Stock, Kathleen(2011), "Fictive Utterance and Imagining", *Proceedings of the Aristotelian Society*, Supplementary Volume 85, pp. 145~162.

Strawson, P. F.(1950), "On Referring", *Mind* 59, pp. 320~344. Reprinted in Moore, 1993, pp. 56~79.

_____(1959), *Individuals*. London: Methen.

_____(1966), *The Bounds of Sense*. London: Methuen.

Tarski, Alfred(1956), "The Concept of Truth in Formalized Languages", in *Logic, Semantics, Metamathematics*. Oxford: Clarendon Press.

Van Inwagen, Peter(2003), "Existence, Ontological Commitment, and Fictional Entities", in Michael J. Loux and Dean W. Zimmerman (eds.), *The Oxford Handbook of Metaphysics*. Oxford: Oxford University Press, pp. 131~157.

Walton, Kendall(1990), *Mimesis as Make-Believe: On the Foundations of the Representational Arts*. Cambridge: Harvard University press.

Weiss, Bernhard, and Jeremy Wanderer(2010), *Reading Brandom: On Making It Explicit*. London: Routledge.

Wittgenstein, Ludwig(1953), *Philosophical Investigations*, translated by G. E. M. Anscombe. New York: The Macmillan Company.

____(1978), *Remarks on the Foundations of Mathematics*, edited by G. H. von Wright, R. Rhee and G. E. M. Anscombe, and translated by G. E. M. Anscombe. Third Edition. Oxford: Basil Blackwell.

Wolf, Michael(2006), "Rigid Designation and Anaphoric Theories of Reference", *Philosophical Studies* 130, pp. 351~375.

총서 <u>☲ 知의회랑</u>을 기획하며
arcade of knowledge

대학은 지식 생산의 보고입니다. 세상에 바로 쓰이지 않더라도 언젠가는 반드시 인류에 필요할 지식을 생산하고 축적하며 발전시키는 일을 끊임없이 해나갑니다. 오랫동안 대학에서 생산한 지식은 책이란 매체에 담겨 세상의 지성을 이끌어왔습니다. 그 책들은 콘텐츠를 저장하고 유통시키며 활용하게 만드는 매체의 차원을 넘어, 인간의 비판적 사유 능력과 풍부한 감수성을 자극하는 촉매의 역할을 충실히 해왔습니다.

이와 같은 '책을 읽는다'는 것은 단순히 지식과 정보를 습득하는 데 멈추지 않고, 시대와 현실을 응시하고 성찰하면서 다시 그 너머를 사유하고 상상함을 의미합니다. 그러므로 '세상의 밑그림'을 그리는 책무를 지닌 대학에서 책을 펴내는 것은 결코 가벼이 여겨선 안 될 일입니다.

이제 우리는 다양한 방식으로 존재하는 지식과 정보, 그리고 사유와 전망을 담은 책을 엮어 현존하는 삶의 질서와 가치를 새롭게 디자인하고자 합니다. 과거를 풍요롭게 재구성하고 미래를 창의적으로 기획하는 작업이 다채롭게 펼쳐질 것입니다.

대학의 심장부에 해당하는 도서관이 예부터 우주의 축소관이라 여겨져 왔듯이, 그곳에 체계적으로 배치된 다양한 책들이야말로 이른바 학문의 우주를 구성하는 성좌와 다름없습니다. 우리는 그 빛이 의미 없이 사그라들지 않기를, 여전히 어둡고 빈 서가를 차곡차곡 채워가기를 기대합니다.

앎을 쉽게 소비하는 시대를 살고 있지만, 다양한 앎을 되새김함으로써 학문의 회랑에서 거듭나는 지식의 필요성에 우리는 공감합니다. 정보의 홍수와 유행 속에서도 퇴색하지 않을 참된 지식이야말로 인간이 가야 할 길에 불을 밝혀줄 수 있기 때문입니다. 앞으로 대학이란 무엇을 하는 곳이며, 왜 세상에 남아 있어야 하는 곳인지 끊임없이 되물으며, 새로운 지의 총화를 위한 백년 사업을 시작하겠습니다.

총서 '知의회랑' 기획위원
안대회 · 김성돈 · 변혁 · 윤비 · 오제연 · 원병묵

지은이 이병덕

미국 인디애나대학교 철학과에서 세계적인 논리학자인 아닐 굽타의 지도하에 논리적 역설에 관한 연구로 박사학위를 받았다. 현재 성균관대학교 철학과 교수이다. 한국논리학회와 한국분석철학회가 각각 발행하는 등재지 『논리연구』와 『철학적 분석』의 편집위원장직을 역임했고, 또한 한국논리학회와 한국분석철학회의 회장직을 역임했다. 언어철학, 현대인식론 및 논리철학과 관련된 철학의 근본 문제들을 평생의 화두로 삼아 연구하고 있다. 대표 저서로는 『현대인식론』(성균관대학교출판부, 2022 개정판)과 『코어 논리학』(성균관대학교출판부, 2019)이 있다.

Ⅲ 知의회랑
arcade of knowledge
002

표상의 언어에서 추론의 언어로
언어표현이 의미하는 것은 무엇인가

1판 1쇄 발행 2017년 6월 30일
1판 7쇄 발행 2024년 2월 28일

지 은 이 이병덕
펴 낸 이 유지범
책임편집 현상철
편   집 신철호·구남희
마 케 팅 박정수·김지현

펴 낸 곳 성균관대학교출판부
등   록 1975년 5월 21일 제1975-9호
주   소 03063 서울특별시 종로구 성균관로 25-2
전   화 02)760-1252~4 팩스 02)762-7452
홈페이지 http://press.skku.edu

ISBN 979-11-5550-215-0 93110

⊙ 잘못된 책은 구입한 곳에서 교환해 드립니다.
⊙ 이 저서는 2014년 정부(교육부)의 재원으로 한국연구재단의
   지원을 받아 수행된 연구임.
   (NRF-2014S1A6A4024323)